中小学和幼儿园教师资格考试学习参考书系列

保教知识与能力

（适用于幼儿园教师资格申请者）

Baojiao Zhishi yu Nengli

(Shiyong yu You'eryuan Jiaoshi Zige Shenqingzhe)

组织编写　教育部考试中心教材研究所

本册主编　陈　虹　杭　梅

东北师范大学出版社

·长　春·

图书在版编目（C I P)数据

保教知识与能力/教育部考试中心教材研究所组织编写;陈虹,杭梅分册主编.—长春:东北师范大学出版社,2011.10(2019 重印)

(中小学和幼儿园教师资格考试学习参考书系列)
适用于幼儿园教师资格申请者
ISBN 978 - 7 - 5602 - 7455 - 3

Ⅰ.①保…　Ⅱ.①国…②教…③陈…④杭…
Ⅲ.①学前教育—幼教人员—师资培训—自学参考资料
Ⅳ.①G61

中国版本图书馆 CIP 数据核字(2011)第 204940 号

□责任编辑:韩　啸　□封面设计:张　曼
□责任校对:曲　颖　□责任印制:张允豪

东北师范大学出版社出版发行
长春净月经济开发区金宝街 118 号(邮政编码:130117)
销售电话:0431—85687213
传真:0431—85691969
网址:http://www.nenup.com
电子函件:sdcbs@mail.jl.cn
东北师范大学出版社激光照排中心制版
吉林省吉育印业有限公司印装
长春市经济开发区深圳街 935 号(邮政编码:130033)
2019 年 1 月第 2 版　2019 年 10 月第 19 次印刷
幅面尺寸:205 mm×280 mm　印张:20　字数:548 千

定价:52.00 元

中小学和幼儿园教师资格考试学习参考书
本册编委会

主　编：陈　虹　杭　梅

编　者：王华军　王长倩　汝茵佳　陶　虹

　　　　王　欣　周　燕　王　磊

编 者 的 话

为加快我国教师队伍建设，推进教育事业健康发展，严把教师从业资质，自 2011 年起，我国开始实行出国家统一命题的教师资格国家标准化考试，并着手建立"国标、省考、县聘、校用"的教师准入和管理制度。新标准的出台，是贯彻落实教育规划纲要的重要举措，是建设高素质专业化教师队伍的重要任务，是建立健全中国特色教师管理制度的重要内容，对于提升教师队伍的整体素质，提高教师社会地位，吸引优秀人才从教，推动教育改革发展，具有重要意义。

为帮助并指导参加教师资格考试的人员以及即将从事教师职业的群体迅速适应新标准所带来的新变化，达到考试大纲规定的理论与实际能力水平，形成符合教师职业从业要求的教育教学能力与素养，教育部考试中心教材研究所严格依据教育部最新出台的相关考试标准及考试大纲，总结之前各地实施教师资格考试经验，针对我国教师队伍建设实际要求和广大参考人员的实际需要，聘请教育改革及师资培训的国内资深专家学者策划、组织编写了本套《中小学和幼儿园教师资格考试学习参考书系列》丛书。

本套丛书以权威性、实用性、时效性、应试性为基本原则，紧扣考纲三级指标，全面解读考核知识点；采用实用的知识结构模式，以考核模块为单位，运用纲要式结构，以点带面标明各部分知识的内在关联，同时采用整体记忆，快速建立层次分明的知识体系；注重教师教育教学知识体系的构建、规律的探索和思路的创新，使学生在知识、能力、综合素质等方面都得到提高和发展；大量精选案例均来自一线教师多年的教学实践，突出对学习者实际教学能力的培养；章末小结具有内容梳理和重点复习的作用；模块自测严格模拟大纲样题，旨在帮助考生提前演练，查漏补缺。

本书是为幼儿园教师资格申请者编写的笔试用书。根据《中小学和幼儿园教师资格考试标准及大纲（试行）》，全书分为学前儿童发展、学前教育原理、生活指导、环境创设、游戏活动的指导、教育活动的组织与实施及教育评价七个模块：第一模块旨在帮助申请者掌握学前儿童发展知识，并能够运用这些知识了解幼儿；第二模块旨在帮助申请者掌握教育基本理论和学前教育基本原理，并能结合幼儿教育实践问题进行分析；第三模块旨在帮助申请者掌握幼儿生活指导的基础知识与能力；第四模块旨在帮助申请者掌握幼儿园环境创设的知识与能力；第五模块旨在帮助申请者掌握幼儿园游戏的知识与能力；第六模块旨在帮助申请者掌握幼儿园教育活动的组织与实施方法；第七模块旨在帮助申请者掌握幼儿园教育评价的基础知识与能力。本书注重考生运用知识解决实际问题的能力，结构清晰，重点突出。参加考试的教师资格申请者可通过模块自测题检验自己的学习效果，及时强化，从而达到学习要求。

由于时间及知识水平所限，本书在编写过程中难免有不足之处，恳请社会各界人士和广大考生批评指正，以便我们继续努力改进。

目　　录

模块二　学前教育原理

模块三　生　活　指　导

模块四　幼儿园环境创设

模块五　游戏活动的指导

模块六　教育活动的组织与实施

模块七　教　育　评　价

模块一　学前儿童发展

考试目标

1. 理解婴幼儿发展的含义、过程及影响因素等。

2. 了解儿童发展理论主要流派的基本观点及其代表人物，并能运用有关知识分析论述儿童发展的实际问题。

3. 了解婴幼儿身心发展的年龄阶段特征、发展趋势，能运用相关知识分析教育的适宜性。

4. 掌握幼儿身体发育、动作发展的基本规律和特点，并能够在教育活动中应用。

5. 掌握幼儿身体发育、动作发展的基本规律和特点，并能够在教育活动中应用。

6. 掌握幼儿情绪、情感发展的基本规律和特点，并能够在教育活动中应用。

7. 掌握幼儿个性、社会性发展的基本规律和特点，并能够在教育活动中应用。

8. 理解幼儿发展中存在的个体差异，了解个体差异形成的原因，并能够运用相关知识分析教育中的有关问题。

9. 掌握观察、谈话、作品分析、实验等基本研究方法，能运用这些方法初步了解幼儿的发展状况和教育需求。

10. 了解幼儿身体发育和心理发展中易出现的问题或障碍，如发育迟缓、肥胖、自闭倾向等。

内容详解

本模块首先介绍了儿童发展理论的主要流派，婴幼儿发展的含义、过程、影响因素以及年龄阶段特征。接着介绍了幼儿身体发育、动作发展的基本规律和特点，认知发展的基本规律和特点，情感发展的基本规律和特点，个性发展的基本规律和特点以及发展的个体差异性及其教育。最后介绍了观察、谈话、作品分析、实验等幼儿教育基本研究方法以及幼儿身心发展中的常见问题与预防方法。

第一章 儿童发展概述

 考纲提要

1. 了解儿童发展理论主要流派的基本观点及其代表人物，并能运用有关知识分析论述儿童发展的实际问题。

2. 理解婴幼儿发展的含义、过程及影响因素等。

 内容结构图

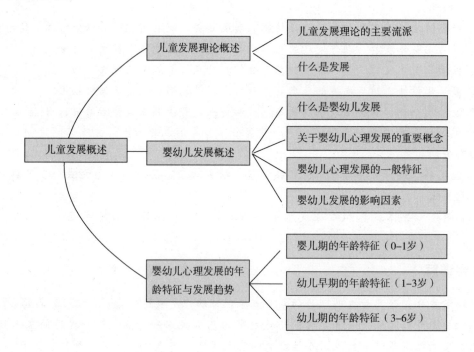

第一节 儿童发展理论概述

一、儿童发展理论的主要流派

关于儿童心理发展有以下几种主要的理论流派。

（一）成熟势力说

成熟势力说强调儿童心理的发展取决于个体生理，尤其是神经系统的成熟，外界环境只为正常生长提供必要的条件，不能改变发展本身的自然的成熟程序。这一学说的代表人物是美国的心理学家格赛尔（A. Gesell，1880—1961）。他在研究中发现，无论是胚胎期、胎儿期还是出生后，个体的发展都遵循着严格的顺序，按照其成熟顺序逐步发展。因此，儿童身心发展是一个自然成熟的过程，早期训练的得益是相当短暂的。

格赛尔为了证明自己的观点，设计并进行了著名的双生子爬楼梯实验。通过实验，他认为儿童的成熟不仅影响技能的学习，也影响个性的形成。根据自己的观点以及所进行的大量观察，格赛尔编制了一个测量幼儿动作、言语和社会行为的发展量表，在儿科诊断和儿童心理发展的研究上具有很高的应用价值。

 知识窗

双生子爬楼梯实验：格赛尔选择双生子 T 和 C 作为被试。在 T 出生后第 48 周接受爬楼梯训练，每天练习 10 分钟，连续 6 周。C 则从出生后第 53 周开始训练两周，却很快达到了 T 的爬楼梯水平。

（二）行为主义学说

强调儿童的行为是由环境中的刺激引起的，学习的决定因素是外部刺激。强调行为，反对以那些不可捉摸的内部过程（如心理状态、意志）作为研究对象，所以该学说又称为环境学习理论。行为主义的创始人是华生（J. B. Watson，1878—1958），新行为主义者斯金纳（B. F. Skinner，1904—1990）等的观点也归入该理论。

华生提出的学习学说，本质上是一个刺激与一个反应之间的联系。他认为人的心理本质是行为，行为是可以预测和控制的，已知刺激能预知反应，已知反应就能推断出刺激，这就是"刺激（S）－反应（R）"理论。这种"刺激－反应"的联系在某些简单的反射中表现得比较明显。

这一学说最突出的观点是人的发展完全是由外界环境决定的。华生否认遗传的作用，他从"刺激－反应"的公式出发，认为环境和教育是行为发展的唯一条件。条件反射是外部刺激，而外部刺激是可以控制的，不论多么复杂的行为，都可以通过控制外部刺激而形成。

斯金纳与华生强调的刺激反应模式有所不同，他更强调操作性或工具性条件反射在儿童心理发展中的作用。斯金纳认为只要使用好强化技术，就能控制行为反应，从而塑造出教育者所期望的行为。他强调积极强化与及时强化对儿童行为形成的重要作用。

（三）精神分析学说

该学说的创始人是奥地利精神病理学家弗洛伊德（S. Freud，1856－1939）。他的理论对儿童发展心理学的影响主要表现在两个方面。

1. 人格结构理论

弗洛伊德提出人格由本我、自我、超我构成。本我是人的意识的最底层，它包含基本的内驱力和反射，处于"潜意识"状态；自我处于本我和外界之间，根据外部世界的需要来对本我加以控制与压抑；超我是人的意识的最高层，是"道德化了的自我"，指导自我去限制本我的冲动，以社会道德标准或理想来控制行动。在正常情况下，本我、自我和超我三者处于相对平衡状态，如果平衡状态被破坏，就会产生精神疾病。

2. 性欲阶段理论

弗洛伊德将人的发展分为口唇期、肛门期、性器期及生殖期等。他认为儿童将来的发展是正常或变态，5 岁前已有决定意义。

新精神分析学说的代表人物是埃里克森，他在弗洛伊德人格结构理论的基础上建立了人格发展渐成说。他认为人格发展中，自我的作用很重要，人的发展是以自我为主导的并将人的内心生活与社会任务结合起来的过程。这一学说强调人格发展中自我与社会环境的相互作用，并重视社会文化教育的重要作用。

（四）认知发展学说

这一学说的代表人物是瑞士儿童心理学家皮亚杰（J. Piaget，1896—1980）。皮亚杰认为，儿童心理发展的因素有以下四个：

（1）成熟，即指机体的成长，特别是神经系统和内分泌系统的成长，这是儿童心理发展的必要条件；

（2）物理环境是指物理经验和逻辑数理经验；

（3）社会环境指的是儿童的教育、学习、训练等社会作用和社会传递；

（4）平衡化则是机体通过自我调节作用，使同化与顺应之间相互协调达到平衡的过程，即同化是把外界刺激纳入原有的认知结构，顺应则是当原有的认知结构不能接纳外界刺激时，做一定的改变或创新认知结构再来接纳外界刺激，最后平衡化的结果就形成了主体对环境的适应。

皮亚杰将儿童心理发展分为感知运动阶段、前运算阶段、具体运算阶段和形式运算阶段这四个阶段，它们相互之间是密切联系的，它们之间的顺序不会颠倒，也不能省略。每个儿童的发展都必须经历这四个阶段，教育可以影响发展的速度，但绝不能超越某一阶段。

儿童认知发展阶段

感知运动阶段 （0—2岁）	1. 婴儿依靠感觉体验（如看、听、摸）与肌肉（肢体）来建构对世界的理解。此时，儿童主要通过感知运动图式与外界发生相互作用，智力的进步体现为从反射行为向信号功能过渡 2. 在这一阶段，婴儿知道物体和事件虽然现在不能被直接看到、听到或触摸到，但它们仍然是存在的，这一现象皮亚杰称之为客体永久性
前运算阶段 （2—7岁）	1. 儿童开始用表象和词来描述外部世界，能用表象进行思维活动 2. 这一阶段儿童还没有"守恒"的概念，"自我中心"现象比较突出，不能从多方面条件考虑问题 3. "自我中心性"是指儿童还不能将自我与外界很好地区分开来，总是站在自己的角度去认识与适应外部世界。这种自我中心性不仅表现在儿童的心理过程，如感知、记忆、思维和情感等方面，也表现在他们的社会性发展方面
具体运算阶段 （7—12岁）	1. 儿童能在具体事物或具体形象的帮助下组织各种方法进行逻辑思维。儿童能够运用符号进行简单的逻辑推演，克服了思维的自我中心性。但其思维活动仍局限于具体的事物及日常经验，缺乏抽象性 2. 儿童智力发展上最大的收获是达到了思维上的守恒性，如数量守恒、液体守恒、体积守恒和形状守恒等
形式运算阶段 （12—15岁）	儿童不但能以具体的词语，而且能以抽象的词语进行思维，开始根据各种假设对命题进行逻辑运算

二、什么是发展

儿童心理学中的发展是指个体的心理从不成熟到成熟的整个过程。儿童心理发展具有以下几个特性。

（一）发展的连续性与阶段性

发展的连续性表现在两个方面：

（1）心理发展的前后阶段具有内在的必然联系，先前的发展是后来发展的基础，而后来的发展是先前发展的必然结果；

（2）心理发展进入高一级水平之后，原先的发展水平并不是简单地消亡，而是被高一级水平所包容和整合了。

儿童心理的发展是一个从量变到质变的过程，不同的质构成了不同的发展阶段，表现为心理发展的阶段性。儿童心理发展的阶段往往以年龄为标志，所以又称为"年龄阶段"。我国心理学工作者根据我国的国情和心理学研究资料，参照现行学制，将儿童心理发展划分为以下各阶段：

新生儿期（出生－1个月）；

婴儿期（1个月－1岁）；

幼儿早期（1－3岁）；

幼儿期（3－6岁）；

童年期（6－11、12岁）；

少年期（11、12－14、15岁）；

青年期（14、15－17岁）。

在儿童心理发展的每个年龄阶段，都具有一般的、典型的、本质的心理特征，称为年龄特征。年龄特征不是个别儿童或少数儿童偶然表现出来的特征，而是从许多儿童的发展过程中概括出来的普遍事实，是各年龄阶段中大多数儿童心理发展的一般趋势和典型特征。

（二）发展的定向性

心理发展的定向性有两层含义。

1. 心理的发展总是从低级向高级，从简单向复杂，从不完善向完善发展

发展的总趋势是向上的，虽然个体的心理发展有时会出现一些反复甚至倒退的现象，但并不影响心理发展的总趋势。

2. 儿童心理发展的具体过程具有不可逆性

以思维发展为例，发展的定向性决定着儿童的思维总是从动作思维开始，然后发展形象思维，最后发展抽象逻辑思维。

（三）发展的不平衡性

发展的不平衡性主要表现在两个方面。

1. 不同年龄阶段的心理发展具有不同的速度

儿童从出生到一周岁和青春期这两个时期，心理发展的速度最快，而其他年龄阶段的发展速度相对平缓一些。

2. 不同的心理过程具有不同的发展速度

例如，儿童掌握母语的速度惊人，而抽象逻辑思维的形成却要经过相当长时间的逐渐培养。

（四）发展的个体差异性

每个儿童在发展速度、发展的优势领域以及发展的最终水平上，都会表现出自身的特点，这就形成了个体间发展的差异性。例如，有的儿童擅长动作技能，有的儿童善于与人交往，有的儿童在认知方面优势明显等。

第二节　婴幼儿发展概述

一、什么是婴幼儿发展

幼儿期是儿童身心发展中的一个重要时期。幼儿的发展包括生理与心理两方面的发展。由于生理的发展是心理发展的前提与基础，因此，研究幼儿心理的发展也必须以幼儿生理的发展研究为基础。近年来，随着对婴儿身心研究的深化和适应早期教育，实现托幼一体化的需要，0—3岁婴幼儿也被纳入幼儿心理学的研究范畴。

二、关于婴幼儿心理发展的重要概念

（一）最近发展区

最近发展区是指主体现有的心理水平与其将要达到的心理水平之间的差距。对幼儿来说，就是指幼儿能独立表现出来的心理发展水平和在成人指导下能表现出来的心理发展水平之间的差距。

（二）关键期

关键期是指幼儿在某个时期最容易学习某种知识技能或形成某种心理特征，但过了这个时期，发展的障碍就难以弥补的时期。幼儿心理发展的关键期主要表现在语言发展和感知觉方面。

三、婴幼儿心理发展的一般特征

（一）心理随年龄增长而逐渐发展

不同年龄阶段的婴幼儿，心理活动水平也不相同。如幼儿园小班（3—4岁）、中班（4—5岁）、大班（5—6岁）的孩子在认知、情感、社会性等各方面都会显示出阶段性特征。

（二）认识活动以具体形象性为主，开始向抽象逻辑性发展

婴幼儿认识活动表现为具体性和形象性，其主要表现包括以下几个方面。

1. 对事物的认识主要依赖于感知

婴幼儿对事物的认识较多地依靠直接的感知，对事物的认识常常停留于表面现象，而不能认识事物的本质特点。不论是记忆、想象，还是思维，婴幼儿都离不开对事物的直接感知。

2. 表象活跃

表象虽然不是实际的事物，但它是直观的、生动形象的，因而也有具体性的特点。婴幼儿的头脑中充满了具体形象。

3. 抽象逻辑思维开始萌芽

整个幼儿期，思维的主要特点是具体的、形象的，但5—6岁的幼儿已明显地出现了抽象逻辑思维的萌芽。这个阶段，幼儿对事物因果关系的掌握等方面有所发展，初步的抽象能力明显地发展起来，他们回答问题时，不单从表面现象出发，还能从较抽象的方面来推断事物的因果关系。

（三）心理活动以无意性为主，开始向有意性发展

1. 认识过程以无意性为主

认识过程的无意性是指无预定目的，不需要意志努力，而自然地进行。主要是受客观事物的特点引起的。如鲜艳的色彩、新异的造型以及物体的运动与变化等，这些都非常容易引起幼儿的认识过程。认识过程的无意性也会受到幼儿主体的兴趣、需要、情绪与健康状态等因素的影响。

2. 情绪对活动的影响大，自我控制能力差

幼儿心理活动的无意性还表现为幼儿的心理活动易受情绪的影响。幼儿在情绪愉快的状态下，一般能够接受任务，坚持活动的时间也比较长，任务完成情况也比较好。反之，活动效果就比较差。幼儿心理活动的无意性还表现为随心所欲，以及自我控制能力比较差。正如俗话所言："小孩子的脸是'六月的天'——说变就变。"

3. 心理活动开始向有意性发展

随着年龄的增长和教育的影响，幼儿中期开始，已能初步按成人的要求做事；到了5—6岁时，已能初步控制自己的行为，有目的地进行活动，心理活动开始向有意性发展。

（四）情感由易外露开始向稳定和有意控制发展

1. 情绪情感稳定性的发展

婴幼儿的情绪情感非常容易变化，但随着年龄的增长和教育的影响，5—6岁的幼儿情绪情感开始逐渐稳定。

2. 情绪情感可控性的发展

幼儿的情绪情感大多是表露在外的，而且他们不会控制自己的情绪，常表现得比较冲动。但到了幼儿晚期，幼儿开始能有意识地控制自己情感的外部表现。

（五）个性开始形成，向稳定倾向性发展

幼儿期是人的个性开始形成的时期，在同周围的人与环境相互作用的过程中，逐渐表现出初步稳定的个性倾向性。突出表现为出现初步的具有一定倾向的兴趣爱好、明显的气质特点和性格特点。

四、婴幼儿发展的影响因素

影响婴幼儿心理发展的因素主要可以分为客观因素和主观因素。

（一）客观因素

1. 生物因素

生物因素是婴幼儿心理发展的物质前提与基础，它制约了婴幼儿发展的可能性。

（1）遗传素质

遗传是指祖先的生物特性传递给后代的生物现象。遗传素质是婴幼儿心理发展的物质前提与生物基础，婴幼儿正是在这种生物的物质前提下形成了自己的心理。

（2）生理成熟

生理成熟是指婴幼儿身体生长发育的程度或水平。婴幼儿的生理成熟或发展是有一定顺序的，生理成熟的顺序性为儿童心理活动的出现与发展的顺序性提供了基本的前提。

2. 环境因素

环境因素主要包括自然环境与社会环境。它决定了儿童心理发展的速度、程度与方向，将婴幼儿发展的可能性转化为现实。其中，教育作为社会环境中最重要的因素，在一定程度上对儿童

的心理发展水平起着主导作用。

（二）主观因素

影响婴幼儿心理发展的主观因素指的是婴幼儿自身的心理和活动。

心理的发展过程是一种主动积极的过程。在遗传、环境等客观作用影响过程中，儿童自身也积极地参与并影响他自己的心理发展。新的需要与儿童原有的心理水平之间的矛盾是促进儿童心理发展的决定性因素。而且，随着儿童年龄的增长，主观因素对他的心理发展的影响作用将日益增长。儿童的心理是在活动中形成与发展的，儿童在其与周围客观世界的相互作用中逐渐走向成熟。

第三节　婴幼儿心理发展的年龄特征与发展趋势

婴幼儿心理发展的年龄特征与发展趋势可以简单分为三个阶段：婴儿期、幼儿早期、幼儿期。

一、婴儿期的年龄特征（0－1岁）

1. 新生儿期（0－1个月）

心理发生的基础：本能动作。如吸吮反射、眨眼反射、抓握反射、巴宾斯基反射等，这些无条件反射是个体建立条件反射的基础。

心理的发生：条件反射的出现。条件反射的出现，使儿童获得了维持生命、适应新生活需要的新机制，条件反射既是生理活动，又是心理活动，其出现预示心理的发生。

儿童出生后就开始认识世界，最初的认知活动突出表现为知觉发生和视听觉的集中。其中，视听觉集中是注意发生的标志，而注意的出现是选择性的反映，是人们心理能动性反映客观世界的原始表现。

2. 婴儿早期（1－6个月）

这段时期心理的发展突出表现为视听觉的发展，在此基础上依靠定向活动认识世界，手眼动作逐渐协调。

视觉、听觉迅速发展：半岁内的婴儿主要靠视听觉认识周围事物，因为其动作刚刚开始发展，所以能直接用手、身体接触到的事物很有限。

手眼协调动作开始发生：手眼协调动作指眼睛的视线和手的动作能够配合，手的运动和眼球的运动协调一致，即能抓住看到的东西。婴儿运用手的动作有目的地认识世界和摆弄物体的萌芽，是儿童的手成为认识器官和劳动器官的开端。

主动招人：这是最初的社会性交往的需要，这时期要注意亲子游戏的教育性。

开始认生：这是儿童认知发展和社会性发展过程中的重要变化，明显表现为感知辨别能力和记忆能力的发展；儿童情绪和人际发展上的重大变化，是出现了对人的依恋态度。

3. 婴儿晚期（6－12个月）

婴儿这一阶段的明显变化是动作灵活了，表现为身体活动范围比以前扩大了，双手可模仿多种动作，逐渐出现言语萌芽，亲子关系、依恋关系更加牢固。

身体动作迅速发展：坐、爬、站等动作形成，坐、爬动作有利于儿童的发展。

手的动作开始形成：五指分工动作和手眼协调动作同时发展。

言语开始萌芽：发出的音节较清楚，能重复和连续。

依恋关系发展：分离焦虑，即亲人离开后长时间哭闹，情绪不安，这是依恋关系受到障碍的表现。开始出现用"前语言"方式和亲人交往，孩子理解了亲人的一些词语，做出所期待的反应，使亲人开始理解他的要求。

二、幼儿早期的年龄特征（1－3岁）

这是真正形成人类心理特点的时期，具体表现为：学会走路、说话，出现思维，有最初独立性。高级心理过程逐渐出现，各种心理活动发展齐全。

（一）学会直立行走

1－2岁幼儿由于生理原因独立行走不自如。

（二）使用工具

幼儿一岁半左右，已能根据物体的特性来使用，这是把物体当作工具使用的开始。儿童使用工具经历一个长期的过程，可能出现反复或倒退现象。

（三）言语和思维的真正发生

人类特有的言语和思维活动，是在两岁左右真正形成的，出现最初的概括和推理，想象也开始发生。

（四）出现最初的独立性

人际关系的发展进入一个新阶段，是开始产生自我意识的明显表现，是儿童心理发展上非常重要的一步，也是人生头三年心理发展成熟的集中体现。

三、幼儿期的年龄特征（3－6岁）

（一）幼儿初期（3－4岁）

1. 生活范围扩大

幼儿3岁以后开始进入幼儿园，新环境对幼儿最大的影响是：从只和亲人接触的小范围，扩大到有老师、更多同伴的新环境。生活范围的扩大，引起了幼儿心理上的许多变化，使幼儿的认识能力、生活能力以及交往能力得到了迅速发展。

2. 认识依靠行动

这一阶段幼儿的认识活动往往依靠动作和行动来进行。3－4岁幼儿的认识特点是先做再想，他们的注意、感知、想象、语言、思维等都与动作联系在一起。

3. 情绪作用大

此时的幼儿情绪不稳定，很容易受外界环境的影响和周围人的感染。

4. 爱模仿

3－4岁的幼儿模仿性很强，对成人的依赖也很大。

（二）幼儿中期（4－5岁）

1. 活泼好动

这一特点在中班幼儿身上表现得尤为突出。

2. 具体形象思维开始

此时幼儿开始依靠头脑中的表象进行思维。

3. 开始能够遵守规则

4—5 岁的幼儿已能够在日常生活中遵守一定的行为规范和生活规则。在进行集体活动时，能初步遵守集体活动规则。这有利于幼儿社会性的发展。

4. 开始自己组织游戏

游戏是幼儿的主要活动形式。他们此时已经能够理解和遵守游戏规则，能够自己组织游戏，自己确定游戏主题，其合作水平也开始提高。

（三）幼儿晚期（5—6 岁）

1. 好问好学

幼儿在这一时期有强烈的求知欲和学习兴趣，好奇心更强。

2. 抽象思维能力开始萌芽

此时的幼儿仍以具体形象思维为主，但明显有抽象逻辑思维的萌芽。

3. 开始掌握认知方法

幼儿出现有意地自觉控制和调节自己心理活动的能力，认知方面有了方法，开始运用集中注意的方法和有意记忆。

4. 个性初具雏形

5—6 岁的幼儿开始有了较稳定的态度、情绪、兴趣等，个性初具雏形。

 章末小结

1. 儿童发展的主要流派

（1）成熟势力说：强调儿童心理的发展取决于个体生理，尤其是神经系统的成熟，外界环境只为正常生长提供必要的条件，不能改变发展本身的自然的成熟程序。这一学说的代表人物是美国的心理学家格赛尔。

（2）行为主义学说：强调儿童的行为是由环境中的刺激引起的，学习的决定因素是外部刺激。强调行为，反对以那些不可捉摸的内部过程（如心理状态、意志）作为研究对象，所以该学说又称为环境学习理论。行为主义的创始人是华生，新行为主义者斯金纳等的观点也归入该理论。

（3）精神分析学说：这一学说强调人格发展中自我与社会环境的相互作用，并重视社会文化教育的重要作用。代表人物是弗洛伊德和埃里克森。

（4）认知发展学说：代表人物是瑞士儿童心理学家皮亚杰。他将儿童的心理发展分为四个阶段，即感知运动阶段（0—2 岁）、前运算阶段（2—7 岁）、具体运算阶段（7—12 岁）、形式运算阶段（12—15 岁）。

2. 儿童心理学中的发展是指个体的心理从不成熟到成熟的整个过程。儿童心理发展具有以下几个特性：连续性与阶段性、定向性、不平衡性及个体差异性。

3. 婴幼儿的发展包括生理与心理两方面的发展。儿童心理学研究 0—17 岁儿童的心理，而幼儿心理学是儿童心理学的一个分支，它的主要研究对象是 3—6 岁幼儿，是研究幼儿阶段儿童的心理特征和发展趋势的学科。

4. 婴幼儿心理发展的一般特征：心理随年龄增长而逐渐发展；认识活动以具体形象性为主，开始向抽象逻辑性发展；心理活动以无意性为主，开始向有意性发展；情感由易外露开始向稳定和有意控制发展；个性开始形成，向稳定倾向性发展。

5. 影响婴幼儿心理发展的因素主要可以分为客观因素和主观因素。客观因素包括生物因素与环境因素。生物因素包括遗传素质与生理成熟，它是儿童心理发展的物质前提与生物基础，它制约了儿童发展的可能性。环境因素主要包括自然环境与社会环境，它决定了儿童心理发展的速度、程度与方向，将幼儿发展的可能性转化为现实。其中，教育作为社会环境中最重要的因素，在一定程度上对儿童的心理发展水平起着主导作用。影响幼儿心理发展的主观因素指的是幼儿自身的心理和活动。

6. 婴儿期、幼儿早期及幼儿期儿童心理发展的年龄特征与发展趋势。

 拓展阅读

1. 王振宇. 心理学教程［M］. 北京：人民教育出版社，1995.
2. 刘金花. 儿童发展心理学［M］. 上海：华东师范大学出版社，1997.
3. 陈帼眉. 学前心理学［M］. 北京：人民教育出版社，2003.

第二章 幼儿生理发展

 考纲提要

1. 掌握幼儿身体发育、动作发展的基本规律和特点，并能够在教育活动中应用。
2. 掌握幼儿保育的主要措施，并能够在教育活动中应用。

 内容结构图

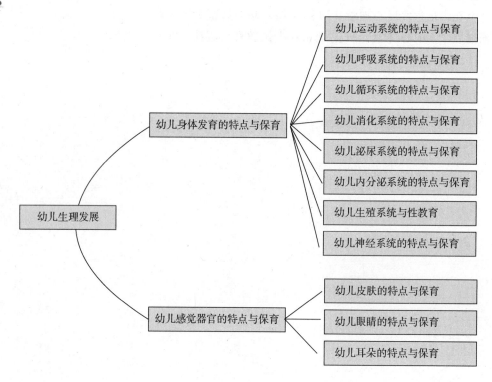

第一节 幼儿身体发育的特点与保育

一、幼儿运动系统的特点与保育

（一）运动系统各器官的特点

1. 骨　骼

（1）幼儿骨骼处于生长期

颅骨：颅骨骨缝并未完全闭合，后囟门出生时已经闭合，前囟门1—1.5岁时闭合。

腕骨：全部腕骨完成骨化之前（新生儿没有腕骨，仅为软骨，通常根据腕骨来检测儿童的骨龄）腕部力量不足，手部的精细动作比较困难。

（2）需要钙、磷为原料

骨化：骨头的主要成分是钙和磷，钙、磷不断沉积变硬，而骨头生长就是骨头不断变粗和变长。关节软骨生长并骨化，使骨头增长，人就会长高。

（3）需要维生素 D

帮助钙、磷被人体吸收和利用，而人体所需要的大量维生素 D 通常是晒太阳由皮肤合成。维生素 D 缺乏可造成佝偻病，如鸡胸、下肢 O 型腿等。

（4）需要有机物

儿童骨头有机物含量多，有机物与无机物比例为 1:1，而成人为 3:7，所以儿童骨头容易发生弯曲。因此，应培养幼儿良好的坐、站、行姿势，以防止脊柱变形。

2. 肌 肉

（1）容易疲劳

幼儿肌肉力量和能量的储备都不如成人。组织户外活动时应适时让幼儿休息，以避免过度疲劳。

（2）大肌肉发育早，小肌肉发育晚

大肌肉发育早，3—4 岁时已经比较协调；小肌肉发育晚，5—6 岁时才能做一些精细动作。比如，幼儿能跑跳，写字和画画却较吃力，这与不同肌肉发育早晚有一定关系。

3. 关节和韧带

（1）幼儿关节周围的肌肉和韧带不够坚韧，所以关节的牢固性差，用力过猛容易脱臼

切勿猛力牵拉幼儿的手臂，幼儿的肘关节较松，当胳臂伸直时若猛力牵拉，则可能造成牵拉肘。这种损伤通常是大人带领幼儿上楼梯、过马路或给幼儿穿脱衣服时，用力提拎、牵拉他们手臂造成的。肘部受伤后，手臂不能再活动，医生复位后要注意保护。

（2）预防扁平足

婴儿会站、会走以后出现了脚弓。但脚底肌肉、韧带还不结实，若运动量不适度，足弓负荷太重，就容易使脚弓塌陷，形成扁平足。比如，站立时间过长，或者过早地行走，或者走路时间过长，或者身体过于肥胖负重过大等都可能造成扁平足。

（二）运动系统的保育要点

1. 多进行户外活动，常晒太阳，还要及时补充钙、磷等骨骼生长的"营养素"。

2. 教育孩子坐、站、行有相，预防脊柱变形。

3. 勿猛力牵拉孩子手臂，以防伤着肘关节。此外，还要预防骨折、脱臼、肌肉损伤等事故。

4. 适度运动有利于脚弓形成。

5. 幼儿服饰有别于成人，以利于幼儿的骨骼发育和动作发展。

二、幼儿呼吸系统的特点与保育

（一）呼吸系统特点

1. 呼吸频率

胸腔狭窄，肺活量小，但代谢旺盛，机体需氧量大，所以呼吸频率较快。

2. 声 带

声带不够坚韧，若经常喊叫和扯嗓唱歌，易损伤声带。

3. 鼻咽部

鼻咽部易侵入细菌，注意擤鼻涕的力量和方法，同时避免中耳炎。

4. 喉　腔

喉腔较狭长，黏膜柔嫩，富有血管和淋巴组织，此处一旦发病，容易导致喉梗塞。

5. 气管和支气管

气管和支气管比较狭窄，肌肉发育不完善，缺乏弹性，黏膜血管丰富，黏液分泌不足，较为干燥，黏膜纤毛运动差，不能及时排除微生物黏液，易受感染。

（二）呼吸系统保育要点

1. 多组织户外活动，因为户外活动是每天必需的。

2. 教会幼儿擤鼻涕的方法，避免污水进入。

3. 保护嗓子，因儿童音域窄，不宜唱大人的歌曲；伤风感冒时也要注意保护嗓子；夏天活动后不要过多地吃冷食。

4. 引导幼儿用鼻子呼吸，防止灰尘和细菌侵入肺部，适当调节空气湿度，减少感冒。

5. 进餐时要小心，不要高声谈笑，防止食物侵入气管。

三、幼儿循环系统的特点与保育

（一）循环系统特点

1. 心　脏

（1）心脏小，心肌薄弱

婴幼儿年龄越小，心跳越快。1—2 岁是 100—120 次/分，2—6 岁是 90—110 次/分，而成人平均是 70 次/分。心脏在两岁以后和青春期后期有两次增长阶段。

（2）心肌易疲劳

经常锻炼可使心肌收缩力增强，每搏输出量增加。但幼儿运动量过大，心跳加速，每次泵血反而会减少，从而造成面色苍白、心慌、大汗淋漓，运动后无食欲，产生过度疲劳感。

2. 淋巴系统

（1）淋巴的功能：有防御功能，属于先天的非特异性免疫（特异性免疫，比如打预防针）。

（2）淋巴结：用手摸幼儿颈部两侧，常可摸到几个"疙瘩"，就是淋巴结，如果像黄豆一样大小，触压无痛感则为正常的淋巴结。

（3）淋巴系统特点：淋巴系统发育未成熟，免疫力弱，而且易发炎，容易扩散，致使局部肿大。淋巴肿大常常发生于咽部和口腔部。

3. 血　液

（1）两种贫血：先天巨幼红细胞发育畸形和后天营养性缺铁性贫血。

（2）血液特点：

① 学前儿童血液水分和血浆比较多；

② 含血小板等凝血物较少（6 个月时血小板数量接近成人），因此出血凝固时间较长，新生儿需要 8—10 分钟，而幼儿需要 4—6 分钟，成人仅需要 3—4 分钟；

③ 白细胞也是免疫细胞，但在 12—13 岁时防御机能才能发育完善。

（二）循环系统的保育要点

1. 防治贫血，如多吃含铁和蛋白质的食物（瘦肉、黄豆、芝麻酱、动物肝脏、海带等）。

2. 从小儿起注意饮食搭配和饮食习惯，以预防动脉硬化。

3. 适当锻炼，但运动前要热身，运动要适量，不要过累。

4. 劳逸结合，保证日常睡眠和休息，利于保护心脏和机体循环机能正常。

5. 为保证血液循环顺畅，如服装、领口、鞋袜不要过紧。

6. 口腔炎、扁桃体炎、中耳炎都可使淋巴结肿大。如果淋巴结像蚕豆般大小，触压着有疼痛感，照顾者又有结核病，则要检查幼儿是否患"淋巴结核"。

四、幼儿消化系统的特点与保育

（一）消化系统特点

1. 牙 齿

（1）乳牙萌出

① 乳牙：婴儿吃奶期间开始长的牙齿叫乳牙。

② 出牙时间：通常 6—7 月时出牙，最早 4 个月就出牙了，但不晚于 1 岁，个体差异较大。乳牙共 20 颗，2—2.5 岁出齐。乳牙萌发时婴儿喜欢咬乳头和手指头等物品。

（2）乳牙的功能

① 咀嚼食物，帮助消化。出牙后，食物就可以由流质逐渐过渡到半流质、固体食物，还可以逐渐增加食物品种。1 岁多断奶后就能摄取固体食物，可添加一些辅食。

② 促进颌骨发育。随着咀嚼刺激，下颌骨正常生长，使脸型逐渐拉长，面容和谐自然。

③ 有助于发音正常。

④ 有助于恒牙健康。若乳牙早失，临近牙齿向空隙倾倒，恒牙便不能正常萌出，会导致牙齿不整齐。

（3）六龄齿

6 岁左右，最先萌出的恒牙是"六龄齿"，上下左右共 4 颗。恒牙共 28—32 颗，其中 28 颗在 14 岁前全部出齐。

2. 肠 道

肠黏膜富含毛细血管，通透性好，吸收功能强，但屏障作用小，容易吸收食物中的有害物质。另外，肠道肌肉组织和弹力纤维尚未发育成熟，蠕动功能比成人弱，易发生肠道紊乱，引起腹泻，腹泻久了易脱肛。

3. 肝 胆

幼儿肝胆功能不全，胆汁分泌较少，脂肪消化功能差。肝糖原储存较少，饥饿会加重肝的负担。

（二）消化系统的保育要点

1. 保护乳牙和六龄齿

（1）户外活动晒太阳，及时补充维生素 D，以促进钙、磷吸收。

（2）给牙齿适宜的刺激。食物太精细，不利于牙齿和颌骨的正常发育，因此不宜让幼儿吃水泡饭、汤泡饭。

（3）漱口和刷牙。为避免龋齿就要经常漱口或刷牙来清洁口腔。两岁左右，饭后用清水漱口。到了 3 岁就可以学刷牙了，里外都要刷，使用正确的刷牙方法。

（4）预防牙齿排列不齐。

2. 定时排便

婴儿过了半岁就可以培养其定时排便的习惯了。因为机体有"胃-结肠反射"，所以喂过奶、吃过辅食后就要坐盆排便，若 5—10 分钟还未排便就要起来了，还应注意便盆的大小和清洁。养成早饭后排便的习惯，而且要及时排便。饮食注意多吃蔬菜、水果，搭配着吃些粗粮，增加粗纤维素，利于排便。

3．防止脱肛

脱肛一般是由于长期消化不良，导致腹泻或久坐便盆等使肛门松弛，直肠脱出。要积极治疗腹泻，并避免其他原因造成脱肛。

五、幼儿泌尿系统的特点与保育

（一）泌尿系统特点

1．由"无约束"到"有约束"排尿。幼儿大脑皮质尚未完善，对排尿能力无约束力。3岁以后就可以尝试自主控制，不容易尿床。

2．尿道短，易发生上行感染。

3．肾脏尚未发育成熟，排泄能力不如成人。

（二）泌尿系统保育要点

1．训练有控制的排尿能力，又要使幼儿养成不长时间憋尿的习惯。应在活动前、睡觉前提醒幼儿排尿。

2．注意婴幼儿外阴部卫生。

3．教育幼儿不要随意坐地。

4．饮水量充足，排尿起着清洁尿道的作用。

5．注意及时排尿，防止尿液毒素对人体的影响。

6．注意尿液的颜色，发现异常及时就医。

六、幼儿内分泌系统的特点与保育

（一）内分泌系统的特点

1．婴幼儿的生长激素分泌旺盛

婴幼儿阶段生长激素分泌旺盛，且夜间大量分泌，故应保证婴幼儿有充足的睡眠。分泌过少会导致生长迟缓，身材矮小，甚至是侏儒症，分泌过多则可能导致巨人症。

2．缺碘影响甲状腺激素合成

碘是合成甲状腺素的主要原料，缺碘会引发"克汀病"，即智力低下，听力下降，出现语言障碍、生长障碍等。但碘元素摄入过多也可能导致甲亢、甲状腺癌等，特别是沿海常食用海产品的居民，应少食加碘盐。

（二）内分泌系统的保育要点

1．保证幼儿充足的睡眠。

2．食用加碘食盐，常食用海带、紫菜、虾皮等海产品。但也要防止碘摄入过量，造成甲亢、甲状腺癌等。

3．避免乱服用营养品，防止早熟。

七、幼儿生殖系统与性教育

幼儿时期的生殖系统处于雏形，尚未开始发育，而有关生殖和性方面的保育主要侧重于婴幼儿性心理的教育。

（一）给幼儿适当的性教育

主要是应对孩子日常的有关性方面的问题。孩子经常会问："我从哪里来?"对此大人不必尴尬,尤其不要训斥孩子,应以巧妙的方式来回答。例如,借助一些绘本,通过讲述故事的方式让幼儿粗浅地获得性教育的启蒙。

（二）无性压抑

婴幼儿偶尔会玩弄外生殖器,成人可以巧妙地用玩玩具、讲故事、做游戏等转移其注意力。不要对孩子加以训斥,这样反而会使其认为谈性是丢人的,会遭到责罚。另外,还要保持孩子双手清洁。

（三）性别角色认同

一般 3 岁的幼儿就有了性别认同,知道自己是男孩还是女孩,但对他人性别的认识最初只是根据外表特征判断,后来才从性征上判断。而我们也发现,社会上少数人有错乱的性别意识和性取向,主要表现为性别角色认同的错位。

（四）无性别歧视

有地方（家庭）有重男轻女的思想,可能会影响女孩性心理的健康发展。

（五）注意个别孩子包皮过长的问题

八、幼儿神经系统的特点与保育

（一）神经系统的特点

1. 符合大脑皮质活动的规律

（1）优势原则

大脑的某个功能区在从事某项活动和工作的时候处于兴奋状态或优势地位,其他区域则相对抑制。兴趣可以促使幼儿将注意力集中到某个事物或事情上去,对其他无关刺激却不关注。

（2）镶嵌式原则

不同种类和性质的活动可以激发大脑不同功能区处于"兴奋或工作"状态,因此变换活动的性质可以使大脑各个功能区劳逸交替。

（3）动力定型原则

又称为"自动化"。若一系列刺激总按照一定时间、顺序和模式出现,这样多次重复之后,大脑就会记忆这些刺激,形成规律。每到相似时间或相似情景,大脑就提前做好了准备。例如,做广播操、骑车等活动已经动力定型,人们不需要怎么努力就能自动完成。

2. 早期大脑神经系统生长发育迅速

（1）1 岁前脑细胞数量飞速增长,接近成人水平（约 140 亿个）

（2）大脑重量增长迅速

不同年龄脑重变化表

年龄	1 月	6 月	1 岁	3 岁	6 岁	成人
脑重（克）	350	600	900	1 000	1 200	1 450
占成人比重	25%	50%	60%	80%	90%	100%

（3）1 岁后大脑神经逐渐网络化

1 岁后脑细胞虽然不再增多,神经细胞的突触却由短变长、由少到多,逐渐形成复杂的网络结构。

（4）丰富的刺激利于神经细胞生长和建立联结

现代医学证明：因难产缺氧或者颅内出血等原因造成的大脑损伤（脑瘫），进行早期康复训练效果非常好，患儿的运动能力、智力、语言等都有一定程度的恢复。而且越早进行康复刺激，脑瘫儿的大脑恢复得就越好。

总之，以上关于大脑生长发育的特点为我们开展早期教育提供了脑科学依据，即早期（6 岁前，特别是 1 岁前）是大脑神经迅速生长发育的关键期，而在这个时期，早期刺激和早期教育非常重要。

3. 脑细胞耗氧量大

大脑的耗氧量占全身耗氧量的比例最高，幼儿大脑耗氧量占全身耗氧量的 50％。充足的氧气是维持脑细胞正常生长和活动的基本条件。

4. 大脑可利用的能量来源单一

大脑所需的能量只能由糖来提供，所以小儿膳食中要摄入足够的糖类。

5. 易兴奋也易疲劳

大脑皮质易兴奋，不易抑制，表现为易激动、自控能力差。因此，幼儿的注意力很难持久，易疲劳。

6. 需要较长的睡眠时间

1－6 月，每日睡眠时间为 16－18 小时；7－12 月，每日睡眠时间为 14－15 小时；1－2 岁，每日睡眠时间为 13－14 小时；2－3 岁，每日睡眠时间为 12 小时；5－7 岁，每日睡眠时间为 11 小时。过了 3 个月白天可以安排睡三觉，9 个月后白天可以安排睡两觉，2 岁以后中午安排一次午觉。

（二）神经系统的保育要点

	神经系统特点	保育要点
1	1 岁前大脑神经细胞生长迅速，1 岁后网络化	尽早提供适宜的早期教育（刺激） 对大脑损伤儿童尽早实施康复训练，效果较好
2	6 岁前脑重增长迅速，占成人的 90％	
3	大脑易兴奋，易疲劳	适量的活动，充足的睡眠
4	年龄越小，睡眠时间越长	
5	大脑耗氧量大，占身体的 50％	开窗通风，保持室内空气清新
6	大脑所需能量单一（糖）	补充含充足的糖、蛋白质（牛奶、肉）和不饱和脂肪酸的食物（鱼肉和植物油）
7	符合大脑皮质活动规律	结合幼儿园教育教学实践理解
	（1）优势原则	激发兴趣
	（2）镶嵌式原则	动静结合
	（3）动力定型	养成习惯

第二节　幼儿感觉器官的特点与保育

一、幼儿皮肤的特点与保育

（一）皮肤的特点

1. 皮肤的保护功能差

婴幼儿的皮肤薄嫩（尤其是角质层较薄），易受损，不注意清洁，极易生疮长疖。

2. 皮肤调节体温功能差

散热及保温功能都不及成人，儿童不能很好适应外界环境温度的变化。过热易中暑或生痱子，而过冷易受凉而生冻疮。

3. 皮肤的渗透作用强

皮肤薄嫩，通透性较强，有机磷农药、苯、酒精等可经皮肤被吸收到体内，引起中毒。

（二）皮肤的保育要点

1. 养成良好的卫生习惯，保持皮肤清洁。给幼儿洗澡时应注意各个部位都要洗干净，勤剪指甲，沐浴时避免皂液进入眼睛。

2. 注意衣着卫生：

（1）选择质地柔软，吸水性强，不掉色的衣料做内衣，以免刺激皮肤；

（2）应适量使用化妆品；

（3）为避免尖锐或坚硬东西损伤皮肤，不应让儿童佩戴金属首饰。

3. 加强锻炼，增强身体的冷热适应能力：

（1）充分利用空气、阳光和水分来促进身体健康，经常进行户外活动，改善皮肤血液循环，增强体温调节能力，如冬季户外活动要注意让幼儿穿暖和的鞋子，胸腹也要保暖（注意幼儿晒太阳时应尽量将皮肤暴露在温和的阳光下，但不要暴晒）；

（2）照顾体弱儿，及时擦干汗；

（3）可让幼儿从夏天开始就用冷水洗脸、洗手，冬天早上坚持用冷水洗作为锻炼，而晚上用温水洗能够更好地清洁皮肤。

4. 防中毒。注意不要让儿童接触盛过有毒物质的容器，在皮肤上涂抹药物也要注意浓度和剂量。

5. 在儿童可触及之处，不要放置炉子、开水、菜汤等易烫伤皮肤的器物。

二、幼儿眼睛的特点与保育

（一）眼睛的特点

1. 5岁前可有生理性远视

这是由于幼儿眼球前后距离较短，物体成像于视网膜后。而随着眼球发育，前进距离拉长，5岁左右即为正常视力。

2. 晶状体弹性好，调节范围广

3. 可能有倒视

视网膜的倒像要由大脑调节变为正视像，但幼儿大脑发育未完善，因此可能出现"倒视"。

比如，倒着拿书看，或者模仿老师画在黑板上的图画，画出的却是倒的。

（二）眼睛的保育要点

1. 教育幼儿养成良好的用眼习惯：

（1）不在阳光直射或暗处看书、画画；

（2）不躺着看书，不在走路和乘车时看书；

（3）经常远眺或户外活动消除眼睛疲劳；

（4）看电视时小班孩子不得超过半小时，中大班孩子不得超过 1 小时。

2. 家庭及托幼机构要提供良好的采光条件及适合身材的桌椅。

3. 幼儿读物字体要大，字迹图案要清晰，教具大小应适中，颜色应鲜艳。

4. 教育幼儿避免眼睛外伤，不玩竹签、弹弓、鞭炮、撒沙土等危险活动。

5. 不用手揉眼睛，注意毛巾、手绢要专用。

6. 家长或医生定期给孩子测查视力，发现异常（弱视、斜视、散光等）及时矫治。

7. 注意适量摄入维生素 A。

三、幼儿耳朵的特点与保育

（一）耳朵的特点

1. 耳郭皮下组织少，血液循环差

易生冻疮，易复发。

2. 外耳道易生疖

脏水等会流入外耳道，或掏耳垢损伤外耳道，可使耳道皮肤长疖子。

3. 易患中耳炎

幼儿咽鼓管较短，管腔宽，鼻咽部细菌易经咽鼓管进入中耳，引起急性化脓性中耳炎。

4. 对噪声敏感

正常的教学区声音在 50—55 分贝，60 分贝以上开始影响睡眠，经常处于 80 分贝的噪声中会导致睡眠不足、烦躁不安、消化不良，甚至听觉迟钝。

（二）耳朵的保育要点

1. 冬天注意头部保暖，预防生冻疮。

2. 洗头时避免污水流入外耳道。

3. 不要用火柴和发卡给孩子掏耳垢，避免碰伤外耳道甚至鼓膜。

4. 教会擤鼻涕的正确方法。

5. 减少环境噪声。

6. 链霉素、卡那霉素、庆大霉素等抗生素会损害内耳的耳蜗，造成耳聋，儿童应慎用此类药物。

 章末小结

1. 幼儿运动系统的特点与保育要点：

（1）幼儿骨骼处在生长期，需要钙、磷为原料，还需要有维生素 D 参与吸收；

（2）幼儿骨头有机物含量多，容易发生弯曲；

（3）幼儿肌肉能量储备不足，容易疲劳，大肌肉发育早于小肌肉；

（4）幼儿关节周围的肌肉和韧带不够坚韧，可能造成牵拉肘和扁平足。

对此，要让幼儿多进行户外活动，常晒太阳，还要补充钙、磷；要教育孩子坐、站、行有相，预防脊柱变形；还要注意勿猛力牵拉孩子手臂，以防伤着肘关节。

2. 幼儿呼吸系统的特点与保育要点：

幼儿的呼吸器官较嫩，呼吸道黏膜易受损，易感染。所以，要多组织幼儿户外活动，教会幼儿擤鼻涕的方法，还要引导幼儿用鼻子呼吸。

3. 幼儿循环系统的特点与保育要点：

（1）幼儿心肌薄弱，心腔小，而且年龄越小，心跳越快，心肌易疲劳；

（2）淋巴系统发育未成熟，免疫力弱，而且易发炎；

（3）幼儿可能有生理性贫血现象，另外，血细胞发育不成熟。

所以要让幼儿多吃含铁和蛋白质的食物，防止贫血；从小要注意饮食搭配和饮食习惯以预防动脉硬化；通过锻炼增强幼儿的心肌收缩力；最后还要保证幼儿的日常睡眠和休息。

4. 幼儿消化系统的特点与保育要点：

（1）通常6—7月时出乳牙，最早4个月就出牙了，但不晚于1岁，共20颗，2—2.5岁出齐（乳牙萌发时婴儿喜欢咬乳头和手指头等物品）；

（2）幼儿6岁左右出恒牙，恒牙共28—32颗，其中28颗在14岁前全部换完；

（3）婴幼儿肠道的吸收功能强，但消化功能弱。

对此，可通过补充维生素D和适量户外活动来保护乳牙和六龄齿。另外，还要给牙齿适宜的刺激促进牙齿生长；使幼儿养成漱口和刷牙的好习惯，以避免龋齿；使幼儿养成定时排便的习惯。

5. 幼儿泌尿系统的特点与保育要点：

婴幼儿大脑皮质尚未完善，对排尿能力无约束力，3岁后可以自主控制。应训练婴幼儿适时排尿，注意外阴部卫生。

6. 幼儿内分泌系统的特点与保育要点：

（1）正常情况，幼儿的生长激素分泌旺盛，分泌过少或过量则可能分别导致侏儒症和巨人症；

（2）缺碘会影响甲状腺激素合成，从而引发"克汀病"，即智力低下，听力下降，出现语言障碍、生长障碍等。

所以要保证幼儿获得充足的营养、足够的夜间睡眠时间和吃适量含碘食物。

7. 幼儿生殖系统与保育要点：

幼儿生殖系统尚未发育，此时可以对幼儿开展性教育，如通过讲述故事的方式进行性启蒙，帮助幼儿建立正确的性别角色。

8. 幼儿神经系统的特点与保育要点：

（1）大脑皮质活动遵循一定的规律；

（2）1岁前大脑神经细胞生长迅速，1岁后网络化；

（3）6岁前脑重增长迅速，占成人的90%；

（4）大脑易兴奋，易疲劳；

（5）年龄越小睡眠时间越长；

（6）大脑耗氧量大，占身体总耗氧量的50%；

（7）大脑所需能量单一（糖）。

对此，可尽早提供适宜的早期教育（刺激）；对大脑损伤儿童尽早实施康复训练，效果较好；

让幼儿适量活动，并保证其充足的睡眠；开窗通风，保持室内空气清新；让幼儿补充含充足的糖、蛋白质（牛奶、肉）和不饱和脂肪酸的食物（鱼肉和植物油）；另外，在幼儿园教育教学实践中要注意激发幼儿的兴趣，活动安排要动静结合，并让幼儿养成生活和学习的好习惯。

9. 皮肤的特点与保育要点：

幼儿皮肤的保护功能差，易受损，不注意清洁，易生疮长疖；过热皮肤易生痱子，过冷皮肤易受凉而生冻疮。

所以，首先要保持幼儿皮肤清洁和衣着卫生，并使幼儿养成良好的卫生习惯；其次应加强锻炼，增强身体的冷热适应能力；再次就是要照顾好体弱儿童。

10. 幼儿眼睛、耳朵的特点与保育要点：

幼儿眼睛的晶状体弹性好，调节范围广；耳朵易患中耳炎，易生冻疮。

所以要保护好耳朵和眼睛，如防治中耳炎、养成良好用眼习惯、及时矫正幼儿视力障碍等。

 拓展阅读

1. 麦少美，高秀欣. 学前儿童卫生学 [M]. 上海：复旦大学出版社，2009.

2. 朱家雄，汪乃铭，戈柔. 学前儿童卫生学 [M]. 上海：华东师范大学出版社，2006.

3. 顾荣芳. 学前儿童卫生学 [M]. 南京：江苏教育出版社，2009.

第三章　幼儿心理发展

考纲提要

1. 掌握幼儿认知发展的基本规律和特点，并能够在教育活动中应用。
2. 掌握幼儿情绪、情感发展的基本规律和特点，并能够在教育活动中应用。
3. 掌握幼儿个性、社会性发展的基本规律和特点，并能够在教育活动中应用。
4. 理解幼儿发展中存在的个体差异，了解个体差异形成的原因，并能运用相关知识分析教育中的有关问题。

内容结构图

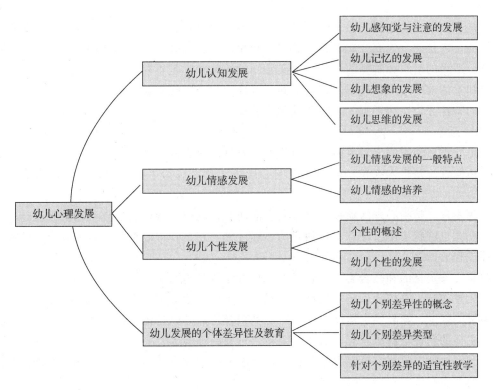

第一节　幼儿认知发展

一、幼儿感知觉与注意的发展

注意与感知觉是幼儿认识世界的开始，是一个人知识的重要来源。感知觉还是一个人最基础、最简单的心理活动过程。但感知觉为记忆、想象与思维等其他各种复杂的认识过程提供了材料，也是情绪、意志、需要、动机及个性形成等一切心理活动的基础。

（一）什么是感觉与知觉

1. 感 觉

客观事物总是具有一定的属性的，如形状、颜色、味道、软硬等。当这些属性作用于人的感觉器官时，大脑就会产生相应的反应。感觉就是大脑对直接作用于感官的客观事物的个别属性的反映。

感觉可以分为外部感觉和内部感觉两大类。

（1）外部感觉

主要是接受来自体外的各种刺激，反映外部事物的个别属性，主要有视觉、听觉、嗅觉、味觉与肤觉。

（2）内部感觉

主要是接受机体内部的各种刺激，反映人体的位置、运动和内脏器官的不同状态，主要有运动觉、平衡觉与机体觉。

2. 知 觉

知觉是大脑对直接作用于感官的客观事物的各个部分和属性的整体的反映。知觉是在感觉基础上产生的，它是一个人充分调动过去的知识经验，对由客观世界中物体的各种属性所产生的感觉信息进行适当的组织和解释的结果。但离开知觉的纯感觉是不存在的。

按照知觉活动中起主导作用的感觉不同，可将知觉分为视知觉、听知觉、嗅知觉等。也可按知觉对象的特性分为空间知觉、时间知觉和运动知觉。

3. 注 意

注意是心理活动对一定对象的指向与集中，并且注意有两个特点。

（1）指向性。是指人在每一瞬间，他的心理活动总是选择了某个对象，而把其他对象作为背景。

（2）集中性。是指心理活动在一定方向上活动的强度或紧张度。心理活动的强度越大，紧张度越高，注意也就越集中。注意不是独立的心理过程，它是各种心理活动过程共有的特性，它伴随着心理过程的始终。

按照有无预定目的和是否需要意志努力，可将注意分为两类。

（1）无意注意。是指无预定目的且不需意志努力的注意，它主要受刺激物本身特点的影响，包括刺激物的强度、新异性、运动变化及对比关系等。此外，主体自身的状态也要对它产生一定影响，如主体的精神与健康状态、需要与兴趣、过去的经验等。

（2）有意注意。是指有预定目的并且需要意志努力的注意。当主体对活动有明确的目的，并具有坚强的意志和抗干扰能力时，能保持较高水平的有意注意。

（二）幼儿的感觉、知觉与注意

1. 幼儿的感觉

幼儿的感觉包括视觉、听觉、味觉、嗅觉、触觉等多方面。目前为止，研究比较多的是视觉、听觉和触觉。

（1）视 觉

视觉在人们的认识活动中占有极重要的地位。有关研究表明：一个人获取的外界信息有80%以上来自视觉。视敏度是衡量视觉发展优劣的指标，是指分辨物体细节和轮廓的能力，也就是一个人的眼睛能正确分辨物体的最小维度。我们日常所说的视力就是医学上所测定的视敏度。

一般情况下，视敏度为 1.0 是正常的。

（2）听 觉

人的感觉除视觉外，另一种重要的感觉就是听觉。幼儿通过听觉辨别周围事物，如欣赏音乐、学唱歌，特别是通过听觉学说话、学知识，意义特别重大。

（3）肤 觉

一个人出生后就具有了肤觉的绝对感受性，如对软硬、轻重、粗细等的辨别。幼儿期幼儿肤觉发展比较迅速。

（4）运动觉

运动觉的发展是以"头部——躯干——四肢"这一顺序进行的，最后发展手部的精细动作。1－3 岁的幼儿逐渐掌握了走、跑、跳、滚、攀登等基本动作形式；4－6 岁的幼儿的基本动作形式将会从粗略到精细，发生分化与完善。

2. 幼儿的知觉

（1）空间知觉

包括对方位距离（或深度）、形状、大小等的辨别，它需要由视觉、听觉、运动觉等多种感觉分析器联合活动才能逐步形成。

方位知觉，即一个人对物体所处的空间位置的知觉，包括上下、前后、左右、东西、南北等。幼儿方位知觉发展的一般趋势是：3 岁仅能辨别上下；4 岁开始辨别前后；5 岁开始能以自身为中心辨别左右；6 岁能较轻松地辨别上下、前后四个方位的水平，但以他人为中心辨别左右还会感到困难。方位知觉的形成有赖于儿童从生活经验中不断形成各种空间，也有赖于不断掌握各种表示空间关系的词汇。

形状知觉，即一个人对物体几何形体的知觉。3 岁幼儿已初步具备根据样本找到相同的几何图形的能力，5—6 岁的幼儿根据样本找到相同的几何图形的正确率会大大提高。不同的几何图形对幼儿存在不同的难度。幼儿初期能正确掌握圆形、正方形、三角形、长方形；幼儿中期能正确掌握圆形、正方形、三角形、长方形、半圆形、梯形。在教师和家长的指导下，幼儿能适当辨认菱形、平行四边形和椭圆形。幼儿对于大小的辨别，其正确性也依图形的形态而异：辨别正圆、正方、等边三角形的大小时感觉比较容易；辨别椭圆、长方形、菱形、五角形的大小时感觉比较困难。

深度与距离知觉，即一个人判定物体与物体之间以及物体与人之间距离的一种能力。它对人们理解环境的布局很重要，对引导人们的运动性活动也很重要。

知识窗

最早的深度知觉研究曾经使用过一种非常著名的仪器——视觉悬崖。它是由艾尼勒·吉布森（Eleanor Gibson）和理查德·沃克（Richard Walk）设计发明的。它是由中间有个平面玻璃封面的桌子构成的，平面的一边（浅的一边）是一个仅落在玻璃封面下一点点的具有方格图案的棋盘式设计，在另一边（深的一边）具有方格图案的棋盘式设计落在玻璃面下好几英尺深。研究人员将正在爬行的婴儿放到中间的平台上面，让他们的母亲通过呼唤或拿出玩具的方式来吸引他们爬过浅的一边和深的一边。几乎所有的婴儿对深的一边均有害怕的反应。研究人员认为，绝大多数婴儿在会爬的时段前后能区分平面的深浅，能防止自己在看上去有危险的地方跌落下去。

幼儿已能分清所熟悉的物体或场所的远近，但对广阔的空间距离还不能正确认识。幼儿对物体的透视能力还比较弱，这从他们观看绘画、影像作品时可以反映出来。同样大小的人或物，由于远近不同，在绘画或影像作品中会出现大小变化，幼儿常常会将近处的人或物说成大的，而将远处的人或物说成小的。

（2）时间知觉

即人们对客观现象的延续性、顺序性和速度的反映。由于时间很抽象，人们在感知时常常要借助中介物，如天体的运行、人体某些器官的节律或专门的计时工具。

小班幼儿已经具有了一些初步的时间概念，但往往与他们具体的生活活动相联系，如早晨就是天亮、太阳升起或起床的时间，晚上就是天黑、睡觉的时间等。有时也能掌握一些相对的时间概念，如昨天、明天等。不过，常常会在使用的过程中出错。

中、大班幼儿对昨天、今天、明天等生活中经常使用的时间概念已能分辨清楚，但对大前天、大后天以及更远的时间概念就很难理解和分清了。对上午、下午的时间概念也能分清，但对小于半天的时间就很难分清了。

只要家长、教师注意利用天体、人体等一些自然现象的变化及专门的计时工具，对幼儿加以引导和判断，是可以提高幼儿时间知觉的准确性的。

3. 幼儿注意发展的特点

幼儿注意的有意性水平比较低。在个体发展中，无意注意的发生先于有意注意。随着各种感官感受能力的发展，幼儿的无意注意已达到了一定的成熟程度。凡能引起成人无意注意的对象也能引起幼儿的注意。因此，幼儿的某些认识活动可以依赖无意注意来完成。

幼儿的有意注意在成人的要求和教育下开始逐步发展，但他们注意有意性的总体水平还是比较低的。例如，上课时，老师引导小班幼儿观察图片，幼儿往往关注图片中心鲜明或有趣的部分，对于边缘或背景部分不太在意；中大班幼儿为了画好图画，他们可以较认真地看范图、听老师讲解要求等，但集中注意时间也只有十分钟左右。

此外，幼儿注意的品质发展水平总体不高，表现在以下方面。

（1）幼儿注意的广度比较窄。成人在1/10秒的时间内，一般能够注意到四到六个相互间无关联的对象，而幼儿至多只能注意到两三个对象。

（2）幼儿注意的稳定性比较差，但不同年龄阶段，稳定性有一定的差异。一般而言，随年龄增长而稳定性增强。3岁幼儿能够集中注意3—5分钟；4岁幼儿能够集中注意10分钟左右；5—6岁幼儿可集中注意15分钟左右，甚至可以达到20分钟。

（3）幼儿的注意分配能力是比较弱的，做事时会顾此失彼，注意力很难在多种任务之间灵活转移。因而，幼儿园教师或家长要充分考虑到幼儿注意分配能力不强的特点，避免同时给幼儿多种任务，应要求幼儿专心做事情。

（4）幼儿不善于随着活动任务的变化而灵活地转移自己的注意。

（三）幼儿观察能力的发展

观察力是指一个人有目的、有计划、系统的感知能力。

1. 观察的目的性

学前初期幼儿常常不能进行自觉的、有意识的观察。他们的观察或事先无目的，或易在观察中忘记了目的，很容易受外界刺激和个人情绪、兴趣的影响。小班幼儿常常不能完成任务，他们会被其他刺激所吸引，而完全忘记观察的目的；中、大班幼儿的观察目的性有较大提高，大部分可以完成观察任务。

2. 观察的精确性

学前初期儿童的观察也往往不够仔细、认真，常常是笼统、片面的。他们能看见颜色鲜艳、位置突出、新鲜且有变化的物体，看不见虽然能代表事物实质却不显眼、不突出、比较细致的部分，有时甚至发生错误。如小班幼儿把柿子当成西红柿，分不清蜜蜂和苍蝇、绵羊和山羊的事时常发生。通过教育，中班幼儿开始能逐渐比较精确地观察事物。

3. 观察的持续性

学前儿童，特别是小班幼儿的观察常常不能持久，很容易转移注意的方向和对象，到了中班，特别是大班，幼儿的观察时间才能逐渐增加。实验表明：3—4 岁的幼儿对图片平均持续观察的时间只有 6 分 8 秒，5 岁的幼儿增加到 7 分 6 秒，6 岁的幼儿达到 12 分 3 秒。可见，学前儿童观察的持续时间是随着年龄的增长而逐步提高的，特别是 6 岁的幼儿，观察的持续时间有明显的增加，进步较大。

4. 观察的概括性

学前初期儿童观察时，常常不能把事物的各个方面联系起来观察，因而也不能发现各事物或事物组成部分之间的相互联系。小班幼儿往往说不出事物间的因果关系；中班幼儿观察的概括性稍有提高，但也只有部分儿童能做出比较令人满意的回答；到了大班，才有多数幼儿能做出正确回答。

5. 观察的组织性

学前儿童在观察中，常常不能按照一定的顺序，从左到右、从上到下、从整体到部分再到整体地、有组织地、有条理地进行观察，而时常是一会儿看东，一会儿看西，杂乱无章，甚至还不会有条理地区别两个物体或图片的异同，不会将两个物体或两张图片中的相应部分逐一进行比较。在这方面，中、大班幼儿较小班幼儿有较大的进步，但即使到了大班，也仍然不是多数的幼儿都能按照一定的顺序有条理地观察事物。

二、幼儿记忆的发展

记忆是人脑对过去经验的反映，它包括识记、保持与回忆这三个环节。

（一）幼儿记忆的特点

1. 以无意识记为主导

幼儿期整个心理水平的有意性较低，记忆也是如此。幼儿时期最主要的识记方式是无意识记，无意识记占主导地位。幼儿所获得的知识和经验大多是在生活和游戏活动中无意地、自然而然地记住的。

虽然幼儿期无意识记占主导地位，但对幼儿来说，他们的有意识记也早已开始发展了。随着年龄的增长，儿童有意识记发展的速度明显高于无意识记。

2. 机械识记与意义识记均有发展

由于生活经验缺乏，理解力差，幼儿在记忆时较多地采用机械识记的方法。如许多的诗歌和故事等，幼儿是通过逐字逐句地硬背记住的，但对许多字、词、句，幼儿并不理解其含义，只是反复多次也就记住了。而且，幼儿这种机械记忆的能力有时还相当惊人。我们常常能观察到这种现象：某个幼儿在听过几遍之后，就能一字不漏地将故事讲给别人听。如果有人故意更改几个字，他还能马上指出，是哪几个字改动了。有的幼儿虽不懂得数的实际含义，却能流利地从 1 数到 100 或更多。

在日常生活和教学中，有许多事实说明，幼儿对理解事物的记忆比对不理解事物的记忆效果好。比如，故事比寓言易记、识记专门为幼儿编写的儿歌比识记唐诗快得多等。同时，许多实验和观察还表明，随着幼儿知识经验的增加，理解力的增强，再加上教师经常通过提问等引导幼儿积极思考，在理解的基础上识记材料，幼儿的意义识记能力也在不断地发展着。学前晚期的幼儿复述故事时，就不再是逐字逐句地照背，而是根据自己对故事内容和意义的理解来进行记忆。许多比较抽象的词，如"美丽""认真"，成语"守株待兔""掩耳盗铃"，等等，幼儿都能在教师的启发下，在理解的基础上背诵与运用。一些比较复杂的音乐作品，如《龟兔赛跑》《骄傲的小鸭子》，幼儿也能根据自己的经验、想象进行意义识记。当录音机再次播放这些作品时，一播出曲名，幼儿就能随着乐曲哼唱，甚至会即兴表演。

所以，在发展幼儿的记忆力时，我们既要注意提高幼儿的机械记忆能力，又要注意培养幼儿的意义记忆能力。

3. 记忆的恢复现象

记忆恢复是指识记某种材料，经过一段时间后测得的保持量大于识记后即时测得的保持量。这种现象一般发生在儿童身上和不完全的学习上（即没有达到透彻理解、牢固记忆的学习），并且有一定的时间限制。这是英国心理学家巴拉德（P. B. Ballard）在儿童身上发现的。他通过实验得出结论：儿童最好的回忆成绩不在当时，而在识记后的1—2天内。他从实验中测得，儿童在识记后的1—2天的保持量比识记后即时的保持量要高6%—9%。这种现象在学习较困难的材料时（与学习容易材料相比）、学习程度较低时（与学习纯熟相比）较明显。

我国学者对4—6岁幼儿的记忆保持曲线也做过类似的研究，发现这一曲线在延缓7天和14天时有隆起现象。此外，研究还发现幼儿园小班幼儿的记忆恢复现象比年龄大的儿童更为显著。

4. 回忆的发展

（1）杰出的再认能力

再认能力在婴儿出生时就已有所表现。即使是幼小的婴儿，其再认的准确度也非常惊人。2岁婴儿对图片的再认比成人更精确；到4岁时，幼儿再认的精确性尤为显著；辨认细微差别的能力在学前期之后得到进一步发展。但是一般来说，再认能力在发展早期就已经非常杰出了。并且，再认能力随着年龄的增长还在不断提高。

（2）回忆水平的提高

随着言语能力的发展，幼儿的回忆水平也有所提高。他们在象征性游戏和角色游戏中对生活经历的生动、准确的表现，说明其能对有意义的动作序列形成事件程式，并能准确回忆。

（3）长时记忆的发展

儿童最初的长时记忆系统的表现形式为自传体记忆。自传体记忆是对发生在自己身上的具体事件的记忆。婴儿就已具备记忆简单事件的能力；3岁以后的幼儿对特定事件的描述则更具组织性，并逐渐增强个人对这一事件的感受；4岁幼儿能准确报告发生于两岁半以前的事件；5岁幼儿能将关于某一事件的记忆保持多年。在这一过程中，成人与幼儿在对话中给幼儿具体详细的提示，对幼儿自传体记忆的发展起到了重要的促进作用。

（二）幼儿记忆能力的培养

1. 激发兴趣与主动性

在兴趣活动中，积极而投入的情绪状态可以有效地提高幼儿识记的效果。而游戏是幼儿的主要活动与学习形式。因此，我们应以游戏为主，用生动活泼的操作性活动来开展教育，同时尽量调动幼儿的各种感官参加。运用生动直观、形象具体的事物吸引幼儿的注意力，并能使幼儿参与其中，让幼儿在无意识中记住需要掌握的知识，这是因为眼、耳、鼻、舌、手等多种感官共同参与活动，可以使大脑神经联系广泛，有助于记忆。同时，适当使用多媒体也可以提高幼儿记忆的效果。只有主动学习才能带来最好的学习效果。因此，对幼儿来说，能充分激发兴趣与主动性的游戏活动能很好地培养他们的记忆力。

2. 丰富生活经验

孩子观察到的事物越多，所获得的知识经验就越多，孩子的记忆内容就越丰富。同时，大量实验证明丰富的知识经验可以为幼儿意义识记的发展提供良好的基础。因为只有理解了的内容，才能真正地被牢记。因此，在生活与教学中我们要多带孩子到外面去，让他们更广泛地接触自然与社会，开阔他们的眼界，丰富他们的生活经验。此外，在各种游戏中给孩子提供的记忆材料一定要鲜明、简单、突出、直观，并应和他们的生活内容或自身密切相关。

3．培养有意记忆

不论是经验还是实验都充分证明了随着儿童年龄的增长，有意记忆的效果必将大大好于无意记忆。因此，虽然幼儿期以无意记忆为主，但是我们也应充分注意培养幼儿的有意记忆。孩子到了两岁半以后，有意记忆就开始萌芽了。这时，无论是讲故事，还是说事情，家长或教师都可以向幼儿提出明确的记忆要求，使幼儿依靠自己的意志和能力去完成任务。在成人的这种要求下，幼儿会努力地去记住一些东西，这样就促进了他们的有意记忆的发展，还能发展他们的语言表达能力。

4．教授记忆策略

记忆策略是在主体有意识的控制下，被用来记忆水平的认知或行为活动。记忆策略的获得与运用将有效地提高幼儿的记忆水平与效果。此外，有效地记忆还可以大大增强幼儿对记忆的自信心与成就感，从而进一步促进记忆水平与效果的提高。

首先，复述是信息进入长时记忆系统的必经之路，并可以有效地提高记忆效果。虽然这种记忆策略在幼儿时期并不常见，但相关研究也已证明：5岁幼儿更多使用这一策略，可以取得比以前更好的回忆效果。另一方面，我们常常能观察到这样的现象：幼儿在探索、游戏等活动中，十分喜欢重复。事实上正是在这种不断的重复中，幼儿对世界的认识更清晰而丰富了，幼儿的身体技能、语言技能、记忆技能等也获得了锻炼。

其次，对信息进行有效的组织是提高记忆效果的重要策略。短时记忆的容量大约是7个信息单元，即组块。信息的组块化大大提高了短时记忆处理信息的能力。但由于组织性策略与记忆的目的、任务及主体的知识结构等有关，所以幼儿使用这一策略的次数较少，质量也不高。主要表现为幼儿对记忆材料的分组过细，并且缺乏统一的标准，这使组织性策略的功能难以发挥。

此外，幼儿的许多注意都是不自觉的无意注意，因此很大程度上要受刺激物本身的特点所制约。但伴随复述和组织策略的发展，选择性注意策略逐渐普遍被幼儿采用。幼儿的注意随着年龄增长变得更加集中于相关信息（如有对应关系的信息等），系统化的策略则增强了记忆的效果。

三、幼儿想象的发展

想象是对头脑中已有的表象进行加工和改造，建立新形象的过程。想象可以根据是否有预定目的，分为无意想象与有意想象。也可以根据内容的新颖程度与形成方式，分为再造想象与创造想象。

（一）幼儿想象的特点

1．无意想象占主导地位，有意想象逐渐发展

幼儿的想象，主要是无意想象。他们的想象事先常常没有什么目的，往往由外界刺激直接引起，并随外界刺激的变化而变化。在绘画时，如果幼儿随便涂画，画出的某些线条与飞机相似，就会引起他们头脑中出现飞机的形象。如果他们再无意涂画几笔，画纸上的线条又变成另一种形式，这又会引起他们头脑中出现另一新的形象。这种现象在整个学前期，特别是学前初期，表现得非常明显。学前中、晚期，在教育的影响下，随着语言的发展和经验的丰富，幼儿想象的有意性逐步发展。中班幼儿的想象已有初步的目的性，大班幼儿想象的目的性更强，他们在进行想象

活动之前，基本都能有一个明确的预定主题，并能根据预定的主题，有意地、稳定地进行想象。

2. 再造想象占主导地位，创造想象开始发展

婴儿期只有再造想象，幼儿期仍以再造想象为主。在再造想象发展的过程中，随着知识经验的丰富及抽象概括能力的提高，幼儿想象的创造性逐渐增长，慢慢地出现创造想象。因此，他们的想象就不再完全按照成人的描述和指示，而能根据自己的想象进行加工。如中班幼儿在游戏中不再单纯重复老师提出的主题，而是通过自己的构思来做些补充，在看图讲述时加入一些图上没有的情节。到了大班，幼儿想象的创造性比较显著地表现出来，幼儿则能按一定目的想象游戏如何开展，而且可以根据自己的知识经验，较有系统而完整地想象出游戏主题和如何丰富主题，深入开展游戏。他们开始能够独立地把过去经验中的各种表象加以综合、改造，创造出具有一定新颖性的形象。

这种创造成分在游戏活动，尤其是在角色游戏和建造、造型游戏中表现得最充分，不仅内容日益丰富，想象的空间距离也日益扩大，不仅能重复反映在家庭或幼儿园里发生过的事件，还会想象发生在公园、公共汽车、医院等公共场所的事情。

3. 想象的内容由贫乏、零碎逐渐向丰富、完整发展

进入幼儿期，儿童的想象内容较之婴儿期更为丰富，但从发展上来说，还是很贫乏。他们用以想象的形象，基本就是日常生活中和他们最接近的事物，如父母、汽车、娃娃、小猫等。数目很少，而且形象比较零碎且不完整，彼此之间缺乏联系。

到五六岁时，幼儿随知识经验的积累，想象内容逐渐丰富。这表现为幼儿不仅更细致、具体地反映他们最接近的事物，而且展开了幻想的翅膀。游戏、画画时，他们也能逐渐考虑各角色、形象的完整性及各形象之间的相互关系，能把各有关形象及形象的各主要特征联系起来。想象内容逐渐变得比较丰富、完整和系统。总体而言，幼儿的想象水平仍然是比较低的。

4. 容易把现实与想象混淆，有夸大与虚构的现象

这是幼儿期儿童的一个典型的心理现象。幼儿的言谈中常常有虚构的成分，对事物的某些特征和情节往往加以夸大。如幼儿画画时，常把衣服扣子或自己喜欢的东西画得很大。再如当幼儿听到小伙伴津津有味地讲述自己去游乐场玩得特别高兴时，他既羡慕又想象着游乐场有多好玩，就会说："我妈妈也带我去了。"这并非说谎，而是幼儿将想象与现实混淆，是幼儿心理水平低，发展还不成熟的表现。

（二）幼儿想象力的培养

1. 丰富幼儿的感性知识，积累想象的素材

婴幼儿时期想象的特点是由再造想象到创造想象，并以再造想象为主导。所以，儿童生活内容越丰富，头脑中贮存的各类事物的形象越多，想象的素材就越多，从而有助于其想象力的发展。要有计划地经常带幼儿到社区、动物园、乡村、博物馆、科技馆进行参观、旅游等活动，启发他们认识各种事物。还可以充分利用图书与互联网，进一步开阔幼儿的视野。

2. 保护幼儿的好奇心，培养想象的主动性

心理学研究表明：幼儿的好奇心和创造力的发展是成正比的。因此，为使幼儿的想象更富有创造性，教师必须特别珍视幼儿的好奇心，并能够进一步激发他们的好奇心，培养幼儿进行主动想象的意愿与能力。无论孩子的想象有多离奇，父母都要保护其想象的欲望，鼓励孩子大胆想象，并适时地进行引导。

3. 开展各种游戏活动，创设想象的情境

游戏是幼儿的基本活动，而在各种游戏中，角色游戏与构造游戏最能激发幼儿的想象。玩具和游戏材料是引起幼儿想象的物质基础。因此，我们要多为幼儿提供玩具与游戏材料，让他们在

游戏中加工、创造、想象，从而激发其想象的发展。我们应该根据幼儿不同的年龄特征和兴趣爱好提供合适的玩具。玩具不必太复杂，否则会限制幼儿的想象。也可以为幼儿提供半成品的材料，让幼儿在制作的过程中加工、创造、想象。

4.充分利用文学、艺术等形式，激发幼儿的想象力

充满想象的童话和神话故事最能引起幼儿的遐想，所以，要有目的地去选择能够激活幼儿想象的文学作品。还可以采用续编故事、排图讲述等形式来激发幼儿，提高幼儿的想象力。

另外，音乐和美术活动也是发展幼儿想象力的有效途径，让幼儿在体验艺术美感的同时，可以培养他们丰富的想象力。值得注意的是，在幼儿按照自己的想象进行音乐或美术活动时，教师不要干涉，更不要替代，要让幼儿按照自己的意愿自由地发挥，让幼儿充分享受独立创造的快乐。

5.鼓励大胆想象，营造宽松的心理氛围

要给幼儿以想象的充分自由，培养他们敢想、多想的创新精神。我们在日常生活、各科教学和各项活动当中，都必须注意给幼儿以想象的充分自由，鼓励幼儿积极动脑，自由畅想，并且当幼儿的想象一旦表现出了新颖性、独创性时，就给以鼓励、表扬。

6.教给幼儿表达想象的技能技巧

幼儿有了丰富的想象，但如果不具有相应的表达想象的技能技巧，新形象就只能停留在头脑中，而不能转化为实实在在的东西，这势必会影响到幼儿的自由想象，妨碍幼儿想象力、创造力的发展。因此，让幼儿掌握一定的技能技巧，也是发展幼儿想象力所不可缺少的。幼儿表达想象的技能技巧包括绘画技能、音乐表演技能、建筑结构技能、进行创造性游戏的技能，等等。

四、幼儿思维的发展

思维是人脑对客观现实间接和概括的反映，而间接性与概括性是思维的两大特性。

（一）婴幼儿思维发展的趋势

从思维发展的方式来看，总的来说，婴幼儿思维的发展趋势是：由直觉行动思维发展到具体形象思维，最后发展到抽象逻辑思维。

1.直觉行动思维

直觉行动思维是最低水平的思维，这种思维的概括水平低，更多依赖于感知动作的概括。

两岁前的儿童头脑中几乎没有多少表象和经验，也不会进行逻辑推理，他们必须而且只能通过自己的动作才能发现事物间的内在联系。因此，可以说幼儿前期（1—2岁），儿童的思维就属于这个类型，这个年龄阶段的儿童离开了实物或不对事物进行动手操作就不能解决问题，离开了玩具就不会游戏。两岁以后的儿童，在遇到困难问题时也要依靠这种思维。

直觉行动思维活动的典型方式是"尝试错误"，其活动过程是依靠具体动作展开的，而且有许多无效的多余的动作。这种思维虽然能够揭示出事物的一些内部属性以及事物间的一些关系，但那只是婴儿行动的结果，在行动之前，他们主观上并没有预定目的和行动计划，也不能预见自己行动的后果。

2.具体形象思维（表象思维）

三至六七岁幼儿的思维主要就是具体形象思维或称为表象思维，即幼儿依靠事物在头脑中储存的具体形象（表象）和对具体形象的联想进行思维活动。因此，该阶段幼儿的思维具有了内隐性，在头脑中操作而不必表露在外显动作中，但通常思维活动还要借助具体的事物进行。并且幼儿能预见到自己行动的结果，也开始计划自己的行动，但往往容易根据事物的表面现象进行思

维。例如，幼儿开展角色游戏，扮演各种角色和遵守规则时，主要依靠他们头脑中的有关角色、规则和行为方式的表象。具体形象思维是在直观行动思维基础上发展而来的，是幼儿期典型的思维方式。

3. 抽象逻辑思维

六七岁以后，儿童的思维开始进入逻辑思维阶段。抽象逻辑思维反映的是事物的本质特征，是运用概念、根据事物的逻辑关系来进行的思维。它是靠语言进行的思维，是人类所特有的思维方式。幼儿阶段抽象思维仅仅开始萌芽。

（二）幼儿思维发展的一般特点

幼儿期思维发展的一般特点是以表象思维为主，抽象思维开始萌芽。幼儿的表象思维具有象征性、经验性、拟人性、表面性和刻板性等特点。

1. 象征性

4岁以后幼儿的思维具有了象征性。比如，幼儿伸出大拇指和食指比画着做打手枪状，嘴里还不停模仿枪声："啪啪，啪啪。"这说明幼儿见过枪的形状并用手指模仿枪的形状，这就是象征，具体来说是"以物代物"的象征。还有，我们在幼儿园"角色游戏"的区域活动可以看到幼儿扮演小医生、理发师、驾驶员等社会角色来玩角色游戏的情景也说明幼儿具有了象征能力，具体来说是"以人代人"的象征。

2. 经验性

幼儿的思维是根据自己的生活经验来进行的。比如，当你问一个3岁的幼儿："如果把木瓜子吃到了肚子里会怎样呢？"幼儿可能会说："头上会长出木瓜树。"因为在这个幼儿的经验里，种子埋在土里会长出树，而吃到了肚里当然和埋在土里是一回事了，也会长出树来。又如，幼儿的绘画作品《春天来了》中把燕子画得大大的，几乎占据了整个画面，而诸如山水、树木和房屋都画得很小。这是因为在这个幼儿的经验里，燕子来了就表明春天来了。

3. 拟人性

在幼儿眼中，往往是"万物有灵，万物有情"，即幼儿往往会将无意识的、没有生命的东西当作有意识和有生命的东西。比如，他们会和小动物、花草树木讲话；在画太阳时会给太阳添加上眼睛和嘴巴。另外，我们经常在幼儿园"娃娃家"活动区角见到的幼儿抱着布娃娃喂食物、与它说话、哄它睡觉等情景都说明幼儿的思维具有拟人性的特点。

4. 表面性

幼儿的思维是根据具体接触到的表面现象来进行的，因此，思维往往只是反映事物的表面的联系，而不反映事物的本质联系。例如，教师出示两排同样数目的纽扣，第一排比第二排排列得稀疏，显得比较长。然后问幼儿："哪一排的纽扣多？"幼儿回答："第一排多，因为第一排比较长，所以多。"在这个守恒实验中，幼儿受到了长度这一表面现象的影响，认为越长就越多。

5. 刻板性

幼儿的思维缺乏灵活性，他们较难掌握相对性。幼儿园教师都有这样的经验：做广播操时，与幼儿面对面站立，教师要求幼儿伸出左手，教师自己则伸出了右手，这就是所谓的"镜面教学"。因为幼儿不理解对面教师的左边正好是自己的右边，而如果幼儿理解了相对性，教师就只需伸出左手。又如，一家有两个姐妹，幼儿知道自己的姐姐是谁，却不知道自己姐姐的妹妹是谁。这表明了幼儿只能从自己的角度思考问题，而不能从他人的角度做相对性的思考。

（三）幼儿概念、判断、推理的发展

概念、判断和推理是人类思维活动的基本形式。这种基本形式在幼儿思维发展过程中表现出具体形象性。

1. 幼儿概括的三种不同水平

儿童掌握概念水平的高低取决于他们思维水平的高低，而且概括水平是儿童掌握概念的直接前提。概括有以下三种水平。

（1）动作概括水平

与直觉行动思维水平相适应。这种概括不能用词语来表示，因而严格来说不能称为掌握真正概念的概括。不过，当婴儿开始有目的地用自己的动作影响物体并简化了这些动作时，我们就称婴儿出现了动作概括化的倾向。

（2）具体形象水平的概括

当幼儿开始掌握语言，运用词语时，便出现了真正的概括水平。但因为儿童掌握词语需要一个发展过程，而且最初掌握的词语仅仅标志着个别物体或物体的个别外部而非本质的属性，所以此时幼儿的词语的意义只是对物体外部特征的概括化，还不是形式逻辑严格定义的概念。因此，此时形成的概念是具体形象的概念。

（3）本质抽象的概括水平

当儿童所掌握的词语由表示外部特征进而发展到对一类物体比较稳定的主要特征进行分析综合时，便进入了本质抽象概括的水平。这种水平出现的标志即是儿童对概念的掌握。

2. 幼儿具体形象概念的形成

幼儿掌握的概念主要是日常的、具体的、有关熟悉的物体和动作的，如鞋子、帽子、电视、汽车、走、跑、拿、举起等。在环境和教育的影响下，幼儿晚期还可掌握一些较为抽象的道德概念，如团结、勇敢、礼貌等。幼儿所掌握的概念还不太稳定，容易受周围环境的影响。

总的来说，幼儿的概念往往是具体形象概念，而不是反映事物本质特征的抽象概念，而且幼儿概念的建立过程也不是先记忆抽象的概念（语言文字）之后同化其他概念。幼儿的概念形成是将所认识的事物或现象逐步加以归纳和概括，抽出共同特征的过程，但这个特征通常不是事物的本质特征。

3. 幼儿数概念的发展

数概念是关于反映事物数量和事物间序列的概念，而幼儿数概念的发展大致经历了三个阶段。

第一阶段（2—3岁）：对数量的感知动作阶段。

这个阶段的特点：

（1）对大小、多少的笼统感知，如对明显的大小、多少的差别能区分，对不明显的差别，只说"这个大，那个小，那个大""两个都不多，合起来才多"；

（2）会唱数，但范围一般不超过1—5；

（3）逐步学会手口协调的小范围（不超过5）的点数（数实物），但点数后说不出物体的总数，个别儿童能做到伸出同样多的手指来比画。

第二阶段（3—5岁）：建立数词和物体数量间联系的阶段。

这个阶段的特点：

（1）点数后能说出物体的总数，即有了最初的数群概念；

（2）这个阶段的前期，幼儿能分辨大小、多少、一样多，中期能认识第几和前后顺序；

（3）能按数取物；

（4）逐步认识数与数之间的关系，如有了数序的概念、能比较数目大小、能应用实物进行数的组成和分解；

（5）开始做简单的实物运算。

第三阶段（5—7岁）：数运算的初期阶段。

这个阶段的特点：

（1）大多数幼儿能对10以内的数保持守恒；

（2）计算能力发展较快，大多数幼儿从逐个计数向按群计数过渡，从表象运算向抽象数字运算过渡；

（3）序数概念、基数概念、运算能力的各方面均有不同程度的扩展和加深，通过教学，儿童到幼儿晚期时可以学会计算到100或100以上，并学会20以内的加减运算，个别幼儿可以做到一百以内的加减运算。

总之，可以看出幼儿数概念的掌握遵循着下列顺序：最初从对实物的感知来认识数；其后，凭借实物的表象来认识数；最后，在抽象概念的水平上真正掌握数的概念。

4．幼儿判断、推理的特点

幼儿思维的具体形象性表现为在判断事物时从事物外在或表面的特点出发。因此，幼儿对事物的判断、推理往往不符合逻辑。

（1）幼儿把直接观察到的事物之间的表面现象或事物之间偶然的外部联系，作为判断事物的依据。例如，让幼儿比较三支铅笔的长短，问幼儿："为什么第一支和第三支比第二支长？"不少幼儿会回答说："因为它是黄的，我妈妈昨天还给我削铅笔呢！"

（2）幼儿会以自身的生活经验作为判断和推理的依据。幼儿在对事物进行判断、推理时，常常以自己的感受和经历过的事情为依据。例如，问一个中班幼儿："为什么皮球会滚下来呢？"幼儿根据自己的经验回答说："因为它不愿待在椅子上。"5岁左右的幼儿在回答"大红旗多还是小红旗多"的问题时，说："小红旗多，因为小红旗可以剪好多，大红旗废纸，就剪得少。"

（3）幼儿的判断、推理有时不能服从于一定的目的和任务。例如，问幼儿："你有4块糖，给奶奶2块，还剩几块？"幼儿答："奶奶说她怕粘牙，糖都留给我吃。"

（4）幼儿判断推理的依据逐渐明确化，并开始趋于合理。幼儿会用别人的话作为判断的依据，如"这是老师说的""是我爸爸说的"。

（四）幼儿思维能力的培养

1．为幼儿创设直接感知和动手操作的机会

我们知道，直觉行动思维虽然是3岁前婴幼儿思维的主要方式和典型特点，但它可以一直延续到幼儿期甚至后期。而在整个幼儿期，幼儿的思维仍保留了相当程度的直觉行动成分。所以幼儿园教学实践中，教师要积极地向幼儿提供各种各样的直接感知与动手的机会，让幼儿在积极的活动中进行思维，这样才能使幼儿更好地感知事物的存在变化和发展。

2．教学活动中突出具体性、形象性

具体形象思维是幼儿期思维最主要的方式和典型特点。在幼儿园的教育活动中，我们常常可以看到幼儿对一些抽象的事物较难认识，必须借助具体形象来支持。因此，在幼儿园教育活动中，教师要注意教育内容的具体形象性，要适合幼儿的理解水平，并且注意采用直观、形象的方法，尽量避免空洞、抽象的讲授。并且在教育幼儿时，教师一定要坚持正面引导的原则，切忌讲反话，或嘲笑、讽刺幼儿。

3．创设问题情境，促进幼儿思维的发展

思维总是由于问题而产生，幼儿阶段常常对许多事物表示好奇，提出了各式各样的问题。幼儿能否对事物进行思考，是否有思考的积极性，依赖于一定的问题情境。教师还应注意到，在此过程中，幼儿会出现暂时的理解错误，而在活动中受到很大冲突的幼儿或犯错误的幼儿常常能达到更高的理解水平。

4. 发展幼儿的抽象逻辑思维

正确教育下，随着幼儿语言的发展，知识经验的丰富，从幼儿中期开始，逐步出现了抽象逻辑思维的萌芽，到幼儿末期，抽象逻辑思维已经比较明显。因此，幼儿园教学活动中，一方面教师要注意教材、教法的具体形象性，另一方面也要注意发展幼儿运用概念、判断、推理等进行抽象思维的能力。

5. 重视培养幼儿的创造性思维

培养幼儿的创造性思维能力也是发展幼儿思维的重要任务之一。而幼儿以表象思维为主，创造性受到创造性想象力的制约，所以可以通过培养幼儿的创造性想象力来发展幼儿的创造性思维。比如，成人可以向幼儿提出一些有启发性的问题，让幼儿通过自己的想象和思考来解决。

第二节　幼儿情感发展

人们在认识客观现实的时候，常常抱有不同的态度，产生不同的心理体验，如感到愉快、喜欢、高兴、厌恶等。这种心理过程被称为情绪和情感。

情绪和情感是由人所认识的客观事物引起的。没有认识就没有情绪和情感的产生，人们只有在认识事物之后，才能产生情绪和情感。情绪和情感与认识的关系主要表现在三个方面：（1）情绪和情感总是伴随着一定的认识过程而产生；（2）情绪和情感总是随着认识的发展而变化；（3）伴随认识而产生的情绪和情感，反过来又对认识起推动或阻碍作用。

一、幼儿情感发展的一般特点

儿童在出生时就有原始的不分化的情绪反应。随着年龄的增长，在外界环境的影响下，婴儿的情绪反应逐渐分化为愉快的积极反应和不愉快的消极反应，即表现为喜爱和高兴或厌恶、恐惧、发怒。一岁半以后，婴儿情绪的分化更为明显。到了幼儿期，幼儿的情绪和情感变化带有一定的规律性，呈现出其发展的一般特点。

（一）从幼儿情绪和情感的进行过程看，幼儿情绪和情感的发展具有三个主要特点

1. 情绪和情感的不稳定

到了幼儿期，幼儿情绪和情感的稳定性虽然比婴儿期稍有提高，仍是经常变化和不稳定的，甚至喜怒和哀乐两种对立的情绪也常常在很短的时间内互相转换。比如，当幼儿由于成人不给他买衣服而哭闹时，如果给他一个玩具，他就立刻会破涕为笑。随着年龄的增长，幼儿的情绪和情感逐渐趋向于稳定，受一般人的感染较少，但受教师的感染仍然很大。幼儿情绪和情感稳定性的发展与幼儿个性的形成有密切的关系。稳定的情感逐渐成为性格的特点，如热爱劳动、热爱学习、具有同情心等。

2. 情感比较外露

幼儿初期，幼儿的情感完全表露于外，几乎不加控制或掩盖。比如，初上幼儿园的幼儿，由于离开了熟悉的家庭环境而大哭大闹起来，几乎不顾及周围是否有人看见自己的行为。

3. 情绪极易冲动

幼儿期的儿童常常处于激动的情绪状态，他们的情感非常容易受外界事物的影响而冲动。这种现象在幼儿初期尤为突出，比如，为争一件玩具，两个幼儿会争得面红耳赤，甚至动手打起来。当幼儿处于非常激动的情绪状态时，他们完全不能控制自己，而且在短时间内不能平静下来。幼儿晚期，他们的情绪冲动性逐渐减少，自我调节情绪的能力逐渐发展。家长和教师的不断教育和要求及幼儿所参加的集体活动，有利于使幼儿逐渐学会控制自己的情绪，减少冲动性。

（二）从情绪和情感所指向的事物看，幼儿情绪和情感的发展具有两个明显的特点

1. 情感所指向的事物不断增加，情感不断丰富

幼儿期的社会性需要比婴儿期大为发展，需要所指向的事物的范围也不断扩大。随着幼儿社会性需要的发展，由于满足或不满足需要而引起情感体验的事物不断增加，情感随之而不断丰富。比如，对人的情感，可按需要分为亲爱、尊敬和同情，怨恨、愤怒和厌恶；对周围的事物，出现好奇或诧异；对自己和别人的行为，则有骄傲和羡慕、惭愧和失望、忧愁和悲痛等。到上学前，幼儿已经具备了各种重要的情感体验，并表现出对周围现实多种多样的态度。

2. 情感所指向事物的性质逐渐变化，情感日益深刻

幼儿社会性需要的发展是与幼儿认识事物的发展相联系的。由于幼儿需要的变化，引起幼儿情绪和情感的事物及其性质也发生变化。随着幼儿言语和认识过程的发展，他们的社会性需要和情感也发展起来。有些能引起较小幼儿情绪体验的事物，对较大幼儿则不起作用了；反之，较小幼儿不关心的事物，则能引起较大幼儿的情感体验。

（三）从幼儿的情感发展水平看，幼儿的高级情感开始形成

相对于生理性需要是否满足所引起的情绪情感而言，幼儿的高级情感是指由幼儿的社会性需要是否得到满足而引起的社会性情感。两岁左右，儿童的高级情感开始萌芽。到幼儿期，由于情感过程逐渐受幼儿自己调节，情感内容日益丰富和深刻。随着幼儿社会性需要的发展，在成人的正确教育影响下，幼儿的高级情感逐步形成。高级情感是由多种情感有机组成并且系统化了的情感，因而比较复杂而稳定。

幼儿的高级情感主要体现在道德感、美感和理智感等三个方面，并分别表现出不同的特点。

1. 道德感

道德感是幼儿评价自己或别人的行为是否符合社会道德行为标准时所产生的内心体验，它是在掌握道德标准的基础上产生的。对于幼儿来说，掌握道德标准不是件易事，形成道德感更是比较复杂的过程。热爱父母和老师、憎恨坏人、遵守纪律等都属于道德感的范畴。幼儿的道德情感是在成人的道德评价和潜移默化的榜样作用影响下形成的。它是从初步认识到好与坏的标准开始的。婴儿期的儿童只有同情感、怕羞等道德感的萌芽。在集体生活中，通过对幼儿进行集体生活的教育，随着各种行为规则的掌握，到幼儿中、晚期，幼儿的道德感逐渐发展起来。

开始，幼儿的道德感主要指向个别的外部的行为，并且往往由成人的评价直接引起。比如，受到父母或老师的夸奖就高兴，受到他们的责备就难过。以后，幼儿的道德感逐渐与一些概括化的道德标准相联系。从幼儿中期开始，学前儿童不仅能够对自己的行为具有道德感，而且开始对别人的行为是否符合道德标准产生明显的情绪体验。

2. 美 感

美感是人的审美需要是否得到满足而引起的内心体验，它是一种对大自然和人类社会生活环境美的爱好和欣赏。它受社会历史条件和阶级的制约，受社会的审美评价标准而影响。美感的发展和道德感的发展关系非常密切，凡是符合社会道德规范的行为，都能够引起心灵美的体验；反之，则使人产生丑恶、厌恶之感。

很小的幼儿就知道新衣服、新鞋袜是美的，"红红绿绿"是美的，喜欢看鲜艳悦目的颜色，喜欢听优美的音乐。到四五岁时，爱美的情感更为明显和强烈。他们对形象可爱、会动、会发声的玩具爱不释手，看到色彩鲜艳、情节生动的图片，会高兴得手舞足蹈，并会以极大的注意和热情，去欣赏美妙动听的音乐，画自己熟悉和喜爱的事物。到学前晚期，幼儿对美的标准的理解和美的体验较中期又有了进一步的发展。他们喜欢去参观公园、动物园，喜欢观赏千姿百态的花草树木。在唱歌、跳舞、绘画、建筑、朗诵儿歌或散文等活动中，他们能得到莫大的喜悦和欢乐。同时，对人们的服装穿着，对环境的布置，对唱歌跳舞、绘画朗诵等艺术活动，他们都提出了更高的美的要求。

3. 理智感

理智感是与幼儿的认识活动、求知欲、解决问题、探求真理等需要是否得到满足相联系的内心体验。幼儿会说话之后，其求知欲开始日益发展，好奇心更为明显地表现出来，求知欲的扩展和加深是幼儿理智感发展的主要标志之一。

5岁左右，幼儿的求知认识兴趣开始萌发，理智感也同时开始迅速地发展。对任何新鲜事物，幼儿都想"探索"一下，他们好看、好摸、好动、好拆，更突出的表现是这时期的幼儿很喜欢提问。幼儿晚期理智感的发展，还表现为他们喜欢开展各种"动脑筋"的创造性活动或以科学常识为内容的智力游戏。到五六岁，幼儿不仅积极提问，而且能主动、努力地去寻求答案，并会由于得到问题的答案而感到极大的满足与愉快。他们也非常喜欢看图书、听童话、进行各种智力游戏和需要动脑筋的活动，比如下棋、猜谜语等。学前晚期的幼儿，对教师不再是绝对相信和崇拜，而是逐渐持有批判性的态度，如果教师常常回答不出幼儿的提问，画画、跳舞等技能又不太在行，教师在幼儿心目中的威信就会逐渐降低，这也是幼儿的理智感发展的一种体现。

二、幼儿情感的培养

（一）创设良好的育人环境，培养幼儿良好的情感

大量的事实表明：家庭不和、师幼关系不亲，会使幼儿陷入恐惧、悲观等不良情绪之中，进而会影响其个性发展。反之，当幼儿周边的成人都表现出积极热情、乐于助人、关爱他人，幼儿受其影响，也会表现得健康、热情、有活力。因此，这就要求教师和家长在日常生活中以身作则，为孩子的成长创造一个良好和谐的氛围，培养其积极的情感。教育过程中坚持科学的教养方式，做到严格要求与尊重爱护相结合。

（二）充分利用各种活动培养幼儿的情感

情感是在具体的活动中产生的，因此，教师要善于利用各种活动来培养幼儿的情感。例如，用歌舞表演《好朋友》，让孩子们相互结伴，边唱边给对方梳头、扣纽扣；为《迷路的小花鸭》《对不起没关系》等故事创设友爱情境，让幼儿不知不觉地融入角色，从而引起情感上的共鸣；还可通过课上和课间的游戏活动，积极引导和培养幼儿健康的情感等。

（三）成人的情绪自控

家长与教师是幼儿成长过程中的导师，是幼儿模仿与学习的对象。成人要给幼儿以愉快、稳定的情绪示范和感染，应避免喜怒无常，不过分溺爱也不吝惜爱。当幼儿犯错误或闹情绪时，首先应克制自己的情绪，理智冷静地对待每个幼儿的情绪与态度。

（四）正确疏导幼儿的不良情绪

每个幼儿都可能在生活中遇到冲突，遇到挫折，从而出现不良的情绪反应。为了避免幼儿受

到严重的不良情绪困扰，家长和教师一定要善于观察幼儿的情绪变化，及时了解并设法进行疏导。对于情绪经常出现波动的幼儿，教师既不能放弃教育要求，也不能简单急躁地对待。而应该针对幼儿的生理、心理原因和各个幼儿的性格特点，随机相宜地采取转移法、冷却法、消退法等有效的干预措施。同时，逐渐引导幼儿学会自我调节情绪。

第三节　幼儿个性发展

一、个性的概述

（一）个性的概念

个性是指个体在物质活动和交往活动中形成的具有社会意义的稳定的心理特征系统。

（二）个性的结构

个性作为一个心理系统，包含三个彼此之间相互联系着的结构，它们是个性倾向性系统、自我意识系统和个性心理特征系统。

1. 个性倾向性系统

包括需要与动机、兴趣、志向、价值观与世界观等。它是推动个性发展的动力因素，决定了一个人的活动倾向性。其中，需要是推动个性发展最积极的因素，世界观是个性倾向性的最高层次。

2. 自我意识系统

自我意识系统包括自我认识、自我体验与自我监控三个结构。自我意识是人心理能动性的体现，对个性的形成与发展具有调控作用。

3. 个性心理特征系统

个性心理特征系统是个性个别性的集中表现，包括气质、能力与性格等心理成分。其中，性格是个性的核心特征，反映一个人对现实稳定的态度以及与之相适应的习惯化了的行为方式。

（三）个性的特性

1. 整体性

个性是一个统一的整体，是由各个密切联系的因素所构成的多层次、多水平的统一体。在这个整体中，各个因素相互作用、相互影响、相互依存，使每个人的行为的各方面体现出统一的特征。

2. 稳定性

个人的偶然的行为不能代表他真正的个性，只有比较稳定的、在行为中经常表现出来的心理倾向和心理特征才能代表一个人的个性。个性是相对稳定的，但并不是一成不变。当一个人的生活环境或人生境遇发生重大转变后，人的个性也可能会发生一定程度的改变。因此，个性是稳定性与可变性的统一。

3. 个别性

个性的个别性是指人与人之间没有完全相同的个性特点，是具有个别差异的。但对于同一民族、同一性别、同一个年龄阶段的人来说，个性又具有一定程度的共同性。所以，个性又是个别性与共同性的统一。

4. 社会性

在人的个性的形成与发展中，其本质是由人的社会关系决定的。个性的形成和一个人所处的社会环境密切相关，个性的社会性是个性最本质的属性。个性具有社会性，但个性的形成也离不开生物因素这一个性形成与发展的前提与基础。因此，个性也是社会性与生物性的统一。

二、幼儿个性的发展

（一）幼儿自我意识的发展

1. 自我意识的概念

自我意识是指个体对自己所有的身心状况以及与周围人或物的关系的意识。主要包括对自己的身体特征（如性别、相貌、健康状况等）、心理特点（如情绪特点、兴趣爱好、性格特征等）以及自己的人际关系状况等的意识。

2. 幼儿自我意识发展的阶段和特点

自我感觉的发展（1 岁前）：儿童由 1 岁前不能把自己作为一个主体同周围的客体区分开到知道手脚是自己身体的一部分，是自我意识的最初形式，即自我感觉阶段。

自我认识的发展（1—2 岁）：孩子会叫妈妈，表明他已经把自己作为一个独立的个体来看待了。更重要的是，孩子在 15 个月之后已开始知道自己的形象。

自我意识的萌芽（2—3 岁）：自我意识的真正出现是和儿童言语的发展相联系的，掌握代词"我"是自我意识萌芽的重要标志，能准确使用"我"来表达愿望标志着儿童的自我意识的产生。

自我意识各方面的发展（3 岁后）：幼儿在知道自己是独立个体的基础上，逐渐开始对自己简单的评价；进入幼儿期，他们的自我评价逐渐发展起来，同时，自我体验与自我控制也开始发展。

3. 幼儿自我评价、自我体验、自我控制的发展

自我评价是自我认识的核心成分。自我评价就是一个人在对自己认识的基础上对自己的评价。自我体验是一个人伴随着自我评价而产生的情感体验，如自信感、自尊感等。自我控制反映了一个人对自己行为的调节、控制能力，包括坚持性与自制力等。

幼儿期自我意识各方面发展的基本规律是：三四岁期间，幼儿自我评价发展迅速；四五岁时，幼儿的自我控制发展迅速，而自我体验的发展相对较平稳。

（二）幼儿个性倾向性的发展

1. 个性倾向性的含义

个性倾向性是决定人对事物的态度和行为的动力系统，对一个人的心理与行为起着促进和引导的作用。学前期儿童个性倾向性的发展主要反映在需要、动机和兴趣的发展方面。

2. 幼儿需要的发展

需要是机体对由于缺乏某种刺激而导致的不平衡状态，以及想要重新恢复平衡的体验与心理倾向。需要可以简单分为生理需要（如渴了要喝水、困了要睡觉及安全需要等）与社会性需要（如爱与被爱的需要、成就需要等）。幼儿年龄越小，生理需要越占主导地位；同时，幼儿的社会性需要随着年龄的增长逐渐增强，并且需要的发展呈现明显的个性特点。

3. 幼儿兴趣的发展

兴趣是需要的情感体验。它表现为人们对某个事物、某项活动的选择性态度和积极的情绪反应。最开始引起幼儿兴趣的往往是与他的生存有关的，能够在生理、心理上得到满足的事物，如可口的食物、新奇的玩具等。随着生活经验不断丰富，幼儿会对一些与愉悦刺激有关的事物或经验，以及能引起他们联想的事物产生兴趣，如手工制作一个玩具等。

（三）幼儿能力的发展

1. 能力的概念

能力是指人们成功完成某种活动所必须具备的心理条件。能力可以分为认识能力、操作能力与社交能力，也可以分为一般能力与特殊能力。认识能力与一般能力就是我们通常所说的智力，即完成各种活动都必须具备的注意、观察、记忆、想象及思维的能力。

2. 幼儿能力发展的特点

（1）智力结构随着年龄增长而变化

幼儿智力结构是随着年龄的增长而变化发展的，其发展趋势是越来越复杂化、复合化和抽象化。不同的智力因素有各自迅速发展的年龄阶段。幼儿期应特别重视儿童观察力、注意力及创造力的培养。

（2）出现了主导能力的萌芽，开始出现比较明显的类型差异

幼儿期儿童已出现了主导能力的差异，主导能力也称优势能力。在幼儿园的教育工作中应该特别注意分析不同幼儿的能力特点，发挥其主导能力，同时加强对较弱能力的培养。

（3）智力发展迅速

根据布卢姆的智力发展理论，幼儿期儿童的智力发展极为迅速：4岁时就完成了智力发展的50%，8岁时已完成了80%。

（四）幼儿气质的发展

1. 气质的概念

气质是指一个人心理活动动力方面比较稳定的特征，主要表现在心理活动的速度、强度及灵活性方面。气质主要受先天因素的影响，无好坏之分。

2. 幼儿气质发展的特点

由于气质就是一个人的神经系统所特有的特征组合，主要是先天的，所以在新生儿时期就已经表现出不同的气质特点。幼儿具有较稳定的气质特点，不同气质幼儿的行为方式不同，有的精力充沛，容易冲动；有的反应敏捷，活泼好动；有的反应迟缓，沉着冷静；有的敏感内向，孤独抑郁等。这就会反过来影响父母的教养方式，由此间接影响自身的发展。

（五）幼儿性格的发展

1. 性格的概念

性格是指人对现实稳定的态度以及与之相适应的习惯化了的行为方式。

2. 性格的结构

人的性格非常复杂，它是由各种各样的性格特征有机结合组成的统一体，具体包括四个方面的特征。

（1）性格的态度特征：这是性格的主要特征，它包括对社会、集体和他人的态度；对工作与学习的态度；对自己的态度。

（2）性格的意志特征：主要包括对行为目的的明确程度，对行为的自觉控制水平；在长期工作或困难情况下表现出来的特征。

（3）性格的情绪特征：主要指情绪的强度、稳定性、持久性与主导心境。

（4）性格的理智特征：主要指一个人表现在认识活动方面的特点，也称为认知风格。

3. 幼儿性格的年龄特点

幼儿性格的年龄特点主要表现为活泼好动、喜欢交往、好奇好问、模仿性强以及好冲动等方面。

第四节　幼儿发展的个体差异性及教育

幼儿在发展中会表现出一些共有的、一般的年龄特征，但与此同时，不同的幼儿又具有突出的个别差异性。这一点尤其应当引起父母及教育者的关注。

一、幼儿个别差异性的概念

个别差异一般指个性差异，即个体在稳定的心理特点上的差异。幼儿个别差异指幼儿在幼儿园学习与教学情景下，在性别、智力、认知方式及性格等方面的差别。

二、幼儿个别差异类型

（一）幼儿性别差异

性别差异不仅会影响幼儿学习某种技能的速度，还会影响到幼儿的学习方式。一般来说，女孩的身体发育较男孩更早，更成熟一些。在运动、算术及语言等方面，幼儿时期女孩比男孩稍强。在社会性学习领域，女孩总体独立性水平较男孩高。在社会交往学习方面，特别是轮流意识、合作性方面，女孩的学习水平显著高于男孩。

（二）幼儿的智力差异

智力是指一个人表现在认知活动中的能力。由于智力是个体先天禀赋与后天环境相互作用的结果，个体智力存在明显的差异。主要表现在智力发展水平差异、智力类型差异及智力发展早晚的差异三个方面。

智力发展水平差异：这是指个体与同龄团体智商稳定的平均数相比较所表现出的差异。研究表明，个体智力水平呈正态分布，即智力水平发展中等水平的占大多数，智力水平极高和极低的占少数。

智力类型差异：这是指根据个体在知觉、记忆、表象、思维和言语等活动中的特点与品质不同，智力的表现形式也不同。加德纳的多元智力理论就反映了儿童在智力类型方面的差异，如有的幼儿擅长语言表达、有的幼儿擅长动手操作等。

智力发展早晚的差异：这是指不同的人的智力发展是不统一的，有的人从小就表现出了超常的智力，被称为早慧的儿童、小天才，而有的人却大器晚成。

（三）幼儿学习类型差异

学习类型是个人对学习情境的一种特殊反应倾向或习惯方式，它主要包括认知风格、学习策略、内外控制点、焦点、兴趣等。学习类型具有独特性、稳定性。学习类型的差异通过个体的认知、情感、行为习惯等方面表现出来。其中，个体认知风格的差异主要表现在场独立型和场依存型、冲动型与沉思型等方面。场依存型的幼儿对客观事物的判断易受外界因素影响，社会敏感性强；场独立型幼儿倾向对事物进行独立判断；冲动型幼儿认识问题速度快，但错误多；沉思型幼儿认识问题时，谨慎全面，错误少。

（四）幼儿性格差异

幼儿性格差异主要表现为性格的态度特征、理智特征、情绪特征与意志特征的不同。性格类型是指一个人身上所有性格特征的独特组合。按照不同的划分标准，性格类型可分为外向型与内向型、独立型与顺从型等。

幼儿期是儿童性格初步形成的时期，这时儿童的性格已经表现出明显的个别差异。性格的好坏作为一种动力因素会影响幼儿学习的速度与质量，以及未来的生活与工作。因此，为幼儿个体全面发展打好基础，幼儿教育应更重视幼儿良好性格的培养。

三、针对个别差异的适宜性教学

有效的幼儿教学应是符合幼儿身心发展的、有针对性的教学，它应适应幼儿的年龄特征及个别差异。美国幼儿教育协会提出适宜性教学法有以下主要模式：

（一）资源利用模式

资源利用模式是指在教学过程中充分利用幼儿的长处和优点，以求人尽其才。教师要多开展区角活动，发现幼儿的优势领域，并为幼儿创造能表现并发展其长处的机会与平台。每个幼儿的智能优势中心都有差异，我们必须尊重这种差异，才能保证教学的有效性。

（二）补偿模式

补偿模式是指幼儿在某一方面会有所不足，可以改由另一方面的强项去补偿。具体在教育教学中，那些在某些方面有优势的幼儿，在与他们求知方式吻合的学习活动中取得成功后，会很自觉地协助那些在这方面较为弱势的幼儿。教师可以利用这一心理，提供有效的学习环境及材料，让幼儿的学习潜能萌发出来。

（三）治疗模式

治疗模式是指针对儿童某一方面的能力缺陷，进行有针对性的教育，如补偿模式就是为促进社会经济地位不利的儿童基本认知学习技巧的治疗教学模式。这是因为经济上处于贫困的儿童之所以学业上难以成功，是因为他们在语言、认知、社会性及情感方面的能力不足。而造成这一现象的根本原因是他们受社会和文化背景的限制。所以补偿教育可以通过为这些儿童提供特殊的教育计划以弥补他们在这些方面的不足。

（四）个别化教育方案

个别化教育方案最先用于特殊儿童的干预和矫正，由于对幼儿个体差异与发展的关注，它逐渐在幼儿教育领域中应用，即为每个幼儿的发展提供个别化的教育方案。

个别化的教学策略大体有三种：一是通过调整儿童学习速度适应其需求；二是为不同的儿童设计与提供不同程度的多样性教材；三是适当调整教师的角色，减少教师的权威色彩，以尊重、包容的态度面对儿童，启发儿童主动学习。在个别化教育方案中最常用的是档案袋评价，即为每个幼儿设立相应的学习档案袋，根据其不同的学习特点进行个别化指导。

（五）性向与教学处理交互作用模式

这一理论也称为"教学相适"理论，它是指教学应配合儿童的性向，教师对不同性向的儿童，应提供不同的教育措施，以发挥最大的教学效果。其教育启示是：没有任何一种教学与教材可以适合所有儿童，教师不应轻易放弃任何一个儿童，而要采用适宜的教学方法。

 章末小结

1. 幼儿的视敏度与颜色视觉在不断发展；1—3岁是儿童掌握母语的关键期；1—3岁幼儿逐渐掌握了走、跑、跳、滚、攀登等基本动作形式；4—6岁幼儿的基本动作形式将会从粗略到精细发生分化与完善。

2. 总体来说，幼儿空间知觉发展最快的时期是2—6岁，尤其是在3岁以后。其中，幼儿方位知觉发展的一般趋势是：3岁仅能辨别上下；4岁开始辨别前后；5岁开始能以自身为中心辨别左右；6岁能较轻松地辨别上下、前后四个方位。形状知觉：3岁幼儿已初步能够根据样本找到相同的几何图形，5—6岁的幼儿正确率会大大提高。

3. 幼儿注意的有意性水平比较低。在个体发展中，无意注意的发生先于有意注意。随着各种感官感受能力的发展，幼儿的无意注意已达到了一定的成熟程度。凡能引起成人无意注意的对象也能引起幼儿的注意。因此，幼儿的某些认识活动可以依赖无意注意来完成。幼儿的有意注意在成人的要求和教育下开始逐步发展，但他们注意有意性的总体水平还是比较低的。

4. 幼儿记忆的特点：以无意识记为主导，机械识记与意义识记均有发展，记忆具有恢复现象、再认能力杰出、回忆水平不断提高的特点。

5. 培养幼儿记忆能力的策略与方法：激发兴趣与主动性，丰富生活经验，培养有意记忆，教授记忆策略。

6. 幼儿想象的特点：无意想象占主导地位，有意想象逐渐发展；再造想象占主导地位，创造想象开始发展；想象的内容由贫乏、零碎逐渐向丰富、完整发展；容易把现实与想象混淆，有夸大与虚构的现象。

7. 幼儿想象力的培养：丰富幼儿的感性知识，积累想象的素材，保护幼儿的好奇心，培养想象的主动性，开展各种游戏活动，创设想象的情境，充分利用文学、艺术等形式，激发幼儿想象力，鼓励大胆想象，营造宽松的心理氛围，教给幼儿表达想象形象的技能技巧。

8. 从思维发展的方式来看，总的来说，婴幼儿思维的发展趋势是：由直觉行动思维（1—2岁）发展到具体形象思维（3—6、7岁），最后发展到抽象逻辑思维（7岁以后）。

9. 幼儿思维能力的培养：为幼儿创设直接感知和动手操作的机会；教学活动中突出具体性、形象性；创设问题情境，促进幼儿思维的发展；发展幼儿的抽象逻辑思维；重视培养幼儿的创造性思维。

10. 幼儿情绪和情感具有不稳定、比较外露且极易冲动的特点。幼儿在道德感、美感和理智感等高级情感方面也在不断发展。

11. 幼儿情感的培养：创设良好的育人环境，培养幼儿良好的情感；充分利用各种活动培养幼儿的情感；成人的情绪自控；正确疏导幼儿的不良情绪。

12. 幼儿期自我意识各方面发展的基本规律：三四岁期间，幼儿自我评价发展迅速；四五岁时，幼儿的自我控制发展迅速，而自我体验的发展相对较平稳。

13. 幼儿能力发展的特点：智力结构随着年龄增长而变化；出现了主导能力的萌芽，开始出现比较明显的类型差异；智力发展迅速。

14. 幼儿性格的年龄特点主要表现为活泼好动、喜欢交往、好奇好问、模仿性强以及好冲动等方面。

15. 个别差异一般指个性差异，即个体在稳定的心理特点上的差异。幼儿个别差异指幼儿在幼儿园学习与教学情景下，在性别、智力、认知方式及性格等方面的差别。

16. 针对幼儿个别差异，美国幼儿教育协会提出适宜性教学法的主要模式有：资源利用模式、补偿模式、治疗模式、个别化教育方案、性向与教学处理交互作用模式。

 拓展阅读

1. 史献平. 幼儿心理学［M］. 北京：高等教育出版社，2009.

2. ［德］雷娜特·齐默尔. 幼儿运动教育手册［M］. 杨沫，易丽丽，译. 南京：南京师范大学出版社，2008.

3. 王振宇. 心理学教程［M］. 北京：人民教育出版社，1995.

4. 刘金花. 儿童发展心理学［M］. 上海：华东师范大学出版社，1997.

第四章　幼儿教育科学研究方法

 考纲提要

1. 掌握观察、谈话、作品分析、实验等基本研究方法。
2. 能运用教育研究方法初步了解幼儿的发展状况和教育需求。

 内容结构图

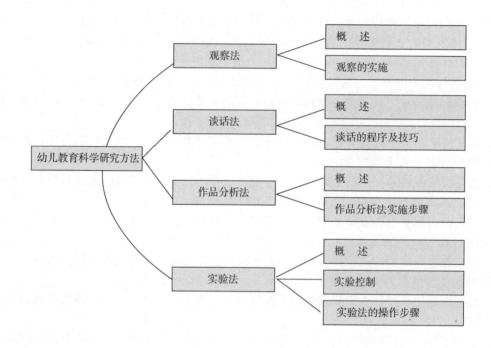

第一节　观　察　法

一、概　述

观察是科学研究的最基本方法，在儿童研究中历史悠久。

（一）定　义

观察法是有计划、有目的地观察研究对象在一定条件下言行的变化，做出详尽记录，然后进行分析处理，从而判断他们心理活动特点的方法。

（二）分　类

从不同的维度，可以将观察法分为不同的类型。

1. 从时间上看，分为长期观察和定期观察

长期观察指研究者在一个较长的时间内连续地进行系统观察，积累资料，加以整理和分析；定期观察指按一定的时间间隔持续观察，到一定阶段再加以总结。

2. 从范围上看，分为全面观察和重点观察

全面观察指在同一研究内对若干心理现象同时加以观察记录；重点观察则是同一研究内只观察记录某一种心理现象。

3. 从观察者的参与性上看，分为参与性观察和非参与性观察

参与性观察即观察者在不暴露自己的研究者身份的前提下，不同程度地参与研究对象的活动中，从内部观察研究对象的行为表现和活动过程；非参与性观察即观察者作为一个旁观者不介入研究对象的活动，以局外人的身份从外部观察研究对象，不干预其活动的发展与变化。

4. 从规模上看，分为群体观察和个体观察

群体观察指研究者的观察对象是一个群体，记录这一群体中发生的各种活动；个体观察又称为个案法，是对某一个体做专门观察的方法，这是一种最简单、最直接的心理研究方法，个案法具有启蒙和试点的作用，也适用于特殊个体（如天才儿童、精神病患者等）的研究。

早期的中外儿童心理专家，如德国的普莱尔、英国的达尔文、中国的陈鹤琴都曾运用个案法观察自己的孩子，并发表了长期的记录。

知识窗

我国著名的幼儿教育家陈鹤琴对其长子陈一鸣的成长发育过程所做的长达 808 天的连续观察记录的部分摘录：

第 179 天：

这天晚上，父母外出。起初他同两个堂兄玩玩，过一点半钟后，他就要母亲，大哭不已。父母在 9 点钟回来的时候，他仍旧放声大哭。见了父母，他就不哭了。这恐怕是两种缘故：第一，饥饿；第二，他不看见了最亲爱的人。

第 226 天：

喜欢在外游玩，他祖母时常抱他下楼到外边玩耍。今天他在祖母怀里，看见楼梯，身子向着楼梯就要下去，祖母特意转身向房里走，他就哭了。再抱向楼梯他就不哭，后来抱他下楼去，就很开心了。这里可以表示他：（1）知道方向；（2）喜欢到外边玩去；（3）记得从楼梯可以出去；（4）意志坚强。

（三）优缺点

1. 优　点

观察法作为科学研究最基本的方法，是收集第一手资料的最直接的手段。它简便易行，资料较客观、可靠。观察法在自然状态下进行，不需要幼儿做出超越自身的反应，对幼儿的身心发展特点最为尊重。运用这种方法，研究者可以考查幼儿身心各方面的发展过程，关注个体差异，对幼儿的行为做出正确的判断和评价。因此，它在幼儿教育领域的研究中运用得十分广泛。

2. 局限性

观察法受观察对象的限制，不适宜于对内部核心问题、事物内部联系及较为隐蔽的事物进行研究。观察法还受观察者本人的限制，难以做到绝对客观化，所得资料不免带有一定的主观性。此外，观察法需要大量的时间与精力，所以不适用于大样本研究，因此会影响研究结果的代表性。最后，自然状态下的观察缺乏控制，无关变量混杂其中，可能会使观察结果缺乏科学性。

所以，应将观察法与其他方法配合使用，扬长避短，充分发挥观察法的积极作用。

二、观察的实施

（一）观察前的准备工作

1. 确定观察问题，制订观察计划

研究者在进行观察之前，要明确观察目的和任务，制订严密的观察计划。计划应包括观察者开展观察活动的时间、对象、程序步骤、过程、使用工具、设计表格、记录方法等准备工作。周详的计划能够提高观察效率和质量，增强观察资料的可靠性和准确性。

2. 选择观察方法

观察的方法可分为描述记述类和取样观察类。

描述记述类观察方法包括实况记录法、日记描述法、轶事记录法。如德国心理学家普莱尔对自己儿子进行了长期的科学观察，并以日记方式加以详细记录，在此基础上于 1882 年完成了世界上第一本儿童心理学教科书《儿童心理的发展》。

取样观察类观察方法包括时间取样法和事件取样法。如美国研究者帕顿在 1926 年 10 月至 1927 年 6 月间对 2—5 岁的幼儿在游戏中的社会参与性行为进行了观察。他预先将儿童参与社会性活动或群体活动的行为分为 6 类，分别给出操作定义。帕顿选择了自由游戏时间对幼儿进行观察，每天 1 小时，每个幼儿每次观察 1 分钟，每个对象总计观察 60—100 分钟，根据操作定义判断他的行为属于哪一类社会参与性行为，记录下来。

3. 确定观察记录方法

观察记录的方法有两大类：根据记录的时间或频率不同分为频率记录、间隔记录、连续记录。根据记录的形式手段分为文字描述记录，表格、图示或符号记录，仪器设备记录等。

4. 选择观察记录工具

可选择纸笔记录或用仪器设备记录。

5. 进行理论准备

查阅相关资料，以获得对观察问题的更多了解。

（二）进行预备观察

1. 观察者的自我培训，确保观察信度

如有多个观察者同时观察同一情景，需要预先进行训练，以使观察者都能掌握观察方法，把握观察要点，理解观察行为的操作定义，确认观察行为的类型及表现方式等，确保观察信度。

2. 避免或减少一些可能干扰因素造成的误差现象

如观察反应性现象和观察仪器设备的干扰现象。通过预备观察让观察者来到观察现场，使其与被观察者预先相互熟悉，或事先将仪器设备在观察现场中放置一段时间，通过让幼儿看看、摸摸、问问的方式满足幼儿的好奇心和探索欲望，待幼儿对观察者和仪器设备习以为常以后再进行观察。

（三）进行正式观察

1. 介入观察

观察者可选择以完全参与者、参与性观察者、完全观察者的身份介入观察。

2. 实施观察

根据预先制订的观察计划、选择的观察方法和记录方法进行观察、记录。实施观察的过程中要注意避免几种干扰现象，如观察者的期望效应、观察者的放任现象、观察反应性现象、观察仪器设备的干扰等。

（四）观察反思

反思自己的推论、疑惑或猜测，记录自己的情绪，如实记录客观事实。

第二节　谈　话　法

一、概　述

谈话法是科学研究中重要的收集资料的手段之一。

（一）定　义

谈话法是研究者根据研究目的，"寻访"被调查对象，通过谈话的方式了解被研究者对某个人、某件事情、某种行为或现象的看法和态度。在幼儿教育研究中，谈话法可用于研究幼儿的个性，探究其行为表现的根源，了解幼儿的家庭情况、在家表现、家长对幼儿的态度、教养方式等，也可用于了解教师的教育观念、教学方法、工作经验，以及他们对幼教工作的意见、建议等。

（二）分　类

从不同的维度，可以将谈话法分为不同的类型。

1. 根据研究者对谈话结构的控制程度，分为结构型、无结构型与半结构型谈话

结构型（封闭式）谈话指由谈话者事先拟好谈话的主题，设计好提问的顺序及问题，谈话时严格按照预先的计划控制好谈话的走向和步骤，对所有谈话对象都按照同样的程序问同样的问题。

无结构型（开放式/自由式）谈话指研究者事先确定一个谈话的主题，但不事先设计好详细的问题，而是鼓励谈话对象用自己的语言对谈话主题自由发表自己的看法。

半结构型（半开放式）谈话指研究者事先拟定一个简单的谈话提纲，在谈话过程中根据谈话对象的回答情况对谈话的程序和内容做出灵活的调整，从而既在一定程度上控制了谈话的结构，又给谈话对象留下了较大的表达自己意见和想法的空间。

2. 根据谈话对象范围，分为个别谈话和集体谈话

个别谈话是最常见的谈话形式，指研究者与谈话对象一对一面谈。这种谈话使谈话双方有更多机会交流，安全感强，谈话容易深入。

集体谈话是指研究者同时邀请多个对象，以集体谈话的方式收集有关资料。在人多的情况下，谈话对象可能会减少单独谈话的拘束感，感觉比较放松，并且可以从别人的谈话中得到启发，使谈话内容较全面深刻。

3. 根据谈话次数，分为一次性谈话和多次谈话

一次性谈话通常调查内容比较简单，以收集事实性信息为主。多次谈话通常用于追踪调查，深入探讨问题。在质的研究中，一般倡导进行多次谈话，分别了解谈话对象过去的经历、目前的有关情况、对其行为意义的反省与解释。

4. 根据研究者与谈话对象的接触方式，分为直接谈话和间接谈话

直接谈话指研究者和谈话对象面对面地进行交谈。间接谈话指研究者通过电话、网络等工具与谈话对象交谈。这种方法比较不受地域限制，比较节省时间，但因缺乏面对面的情感交流而容易影响材料的真实性。因此，在质的研究中我们一般倡导采用直接谈话的方式收集资料。

（三）优缺点

1. 优 点

谈话法最大的优点是灵活性强。研究者在与谈话者的直接接触过程中，不仅能通过言语信息，还能通过动作表情等非言语信息获得资料。同时，研究者还能根据谈话中对方的反应，通过适当的解释或变换问题的角度，适时调整谈话方式。通过研究者引导进行的深入、细致的谈话，可从多角度对研究的现象有一个比较广阔、整体性的客观了解。因此，谈话法可以作为其他研究方法的辅助手段，如在作品分析时，可以借助谈话进一步向作品制作者了解他们制作作品的意图，从而保证研究的内在效度。

2. 局限性

谈话法显而易见的局限性有两方面：一是比较费时，一般不适合大范围调查；二是极易产生偏差，在谈话过程中，既可能受到谈话对象性别、年龄、外貌、种族、社会地位、文化程度、心境、经验、表情或语调等诸多因素的影响导致偏差，也可能因研究者问的问题带有偏见或自相矛盾，或者漏掉该问的问题等导致偏差。

 知识窗

对于年龄较小、缺乏书面语言能力的调查对象，谈话法具有独特的优越性。曾经有这样一个例子：

一个 5 岁儿童做了这样一道题：15－8＝13。仅从字面上，无法知道这是怎样做出的，把孩子找来问了，才知道其思维过程。原来孩子认为："5 比 8 小，没法减，用 8 减去 5，再加上 10，就得 13。"

张燕，邢利娅. 学前教育科学研究方法 [M]. 北京：北京师范大学出版社，1999：121.

二、谈话的程序及技巧

（一）谈话前的准备工作

1. 编制谈话提纲

谈话提纲应简洁明了，包括开场白、问题、结束语等的设计。研究者在初步调查了解有关情况的基础上，就研究问题的各种影响因素直接设计提问，谈话问题的设计应明白易懂，简要具体，具有可操作性，且研究者最好能对所提问题了然于胸。谈话过程中按照开场白、提纲上所列的问题和结束语的顺序，依次进行。

2. 安排谈话事宜

主要是选择合适的谈话对象并协商谈话的时间、地点等事宜。谈话对象的选择应有针对性，通过了解相关人员的年龄、文化程度、职业、性格、兴趣爱好的基本情况，选择比较健谈的、和自己不熟悉的人作为谈话对象。与初步选定的对象联系，简单介绍自己和谈话的目的、意义、内容，征询对方是否感兴趣，是否愿意接受谈话。谈话时间和地点的选择尽量以对方方便为主。

3. 准备谈话工具

谈话所需准备的工具主要有纸（包括谈话提纲和记录纸）、笔等。条件允许且协商好的情况下，还可以使用采访机、采访笔、摄像机等现代化设备收集谈话资料，应提前配备好相应的磁带、电池等部件。

（二）进入谈话现场

1. 与谈话对象建立融洽的关系

研究者进入谈话现场后，第一任务是要与谈话对象建立起彼此信任的关系，营造融洽的谈话气氛，这是保证谈话顺利进行的第一步。

2. 谈话前的开场白

为了消除谈话对象的拘束不安感，形成和谐的谈话气氛，研究者首先要自我介绍，但一般不马上进入研究问题，而是先和对方聊聊个人经历、家庭背景、生活工作情况等，也可以聊一些对方感兴趣的话题，以拉近彼此的距离。要把握好开场白的尺度，适时把谈话自然过渡到要研究的话题中，说明研究的目的。

（三）进行正式谈话

1. 提 问

在幼儿教师教育研究中，谈话问题大多是预先准备好的，可以是提供选项的问题，也可以是开放式的问题。

2. 倾 听

"听"不仅需要感官的知觉，而且需要内心的体会与感悟，只有这样我们才能不仅听到对方说出的话，还能体察到对方未说出的意思。在谈话中"听"甚至比"问"更重要，它决定了"问"的方向和内容。

3. 追 问

当研究者对谈话对象所说的话（包括概念、词语、事件、行为、想法等）不太清楚和理解，或想进一步了解时，可以进行追问。追问的方式有直接追问、间接追问、当时追问和过后追问。

4. 回 应

在谈话中研究者不仅要提问、倾听，还要对谈话对象的言行做出反应，将自己的态度、意向、想法传递给对方，与对方融为一体，鼓励对方将谈话进行下去。除了语言回应外，谈话过程中还应使用适当的表情、动作来向对方表达一定的思想、感情，使其感到自己找到了倾诉对象。

5. 谈话记录

谈话记录应写明研究者的姓名、谈话日期、时间、地点、谈话对象的基本情况、谈话环境等内容，便于分析考查。应尽可能将谈话对象的话一字不漏地记录下来，根据条件可进行笔录或借助现场录音、录像等。

（四）结束谈话

1. 适时结束

如果谈话已超过约定的时间，谈话对象已面露倦容，回答问题不太积极，或有外来的干扰，或研究者感到已获得了足够的信息、谈话对象的回答是重复的时候，就应该结束谈话了。

2. 自然结束

谈话应尽可能以一种轻松、自然的方式结束。结束前，研究者可以有意给对方一些语言和行为上的暗示，如问对方："您对今天的谈话有什么看法？"也可以开始合上笔记本或关上录音机。

谈话结束时应对对方的支持与配合表示感谢，表示自己通过谈话获得了很多有价值的信息，学会了很多东西。如还需要进一步谈话，必须向谈话对象说明以后还需要向其请教，让其有心理准备。

值得注意的是，要想谈话成功，不仅需要掌握一些谈话的具体技巧，更需要提高自身素养，在日常生活中培养自己理解他人、关心他人、与他人和睦相处的能力。

第三节 作品分析法

一、概 述

作品分析法也是一种非常有效的收集资料的方式。它辅助观察法、访谈法等其他研究方法互证或证伪其研究结果，也是一种独立、完整的研究方法。

（一）定 义

作品分析法是研究者运用一定的心理学、教育学原理和有效经验，对研究对象专门活动的作品进行分析研究，从而了解研究对象心理活动的一种方法。在对作品进行定量和定性分析的基础上，揭示作品背后隐藏的研究对象的行为、态度和价值观念。研究对象的作品很多，如作业、日记、作文、笔记、绘画作品、考试试卷、工艺制品等。

知识窗

《幼儿园教育指导纲要（试行）》指出："幼儿作品是幼儿表达自己认识和情感的重要方式，也是他们富有个性和创造性的自我表现方式。"幼儿作品包括语言作品、绘画作品、手工作品、艺术作品等。在孩子成长的过程中，当孩子还不会用文字来表达他们内部言语的时候，作品就成了他们内心世界最好的诠释：展示孩子眼中的世界以及丰富的想象力，展示他们独特的认知和生活经验。可以说，幼儿作品不但涵盖了孩子全部的"语言"，更概括了孩子不断成长过程中所有自圆其说的朴素理论。一幅简单的作品，在成人看来，也许不值一提。我们来看家长的反应：当孩子向妈妈展示自己的"得意之作"时，妈妈刚才还阳光灿烂的脸上突然充满了失望，在瞄了一眼别人的画后，神情瞬间转成愤怒："你画的什么乱七八糟的东西！你看人家林林画得多好，你这简直是乱画，真是气死我了！""哗"，幼儿作品被扔进废纸堆里。我们再来听听孩子的心声：原来，那个看不清形状的图形是一个多功能的机器邮筒，可以识别好人和坏人的信，只有好人的信才能放在里面；那个像"怪兽"一样的东西是个机器人，他每天用他的几双手不停地工作，一只手用密码打开邮筒的门，一只手拿信，还有的手专门分信，有给妈妈的，有给爸爸的，还有给小朋友的，分别放在不同的地方；刺猬大侠专门在天上巡逻，他还要负责送已经分好的信……

这就是孩子对作品的解释，这样的解释让在场所有的教师和父母都感到震惊！原来，孩子的想象如此丰富，孩子的世界如此精彩！一幅简单的幼儿绘画作品给了教师和家长们一种深深的触动。可见，幼儿作品是孩子们表达情感、表达内心世界的一种方式，是孩子们的一种语言，更是我们了解童心的窗口，我们不能总以成人固有的眼光和标准来审视幼儿的作品，评价优劣等级，而应真诚地尊重他们每个幼稚的想法，耐心细致平等地对待，从而真正了解、理解、尊重孩子。

徐途琼，刘晓英，高永红. 在解读幼儿作品中实现家园有效互动 [J]. 学前作者，2005（04）.

（二）作品分析法的特点

1. 以作品为依据，具有客观性

在作品分析过程中，强调以研究对象的作品为依据，严格按事先制定的分析单元等来记录客观事实，而不是凭研究者的主观印象来记录，要求研究者充分了解作品的背景，辨别作者的动机和意图。为保持客观性，一般要有两个以上的评判记录员。

2. 按科学程序分析，具有系统性

对有待分析的作品，均按照一定的程序进行分析，包括选取样本，确定分析维度和类目，按分析维度评判记录。作品分析的结果用客观的数据来表达，以量化形式出现，用描述性的语言将结果及结果里表现的各种关系表达出来。

3. 受研究者自身的"倾向性"影响，作品分析的视角和结果具有多样性

作品分析的结果会受研究者的研究目的、研究者自身的知识、理解能力、价值倾向等因素的影响。特定作品的意义可能会因为分析者的不同而变化；同一种作品可以从不同的视角，为不同的目的而加以分析。例如，在幼儿园，儿童的美术作品（线条的特性、色彩的喜好、特别感兴趣的题材等）可以用来评定其绘画发展水平、个性特征等，同时，由于美术作品是在教师的引导下创作完成的，也可以被用来分析教师的教育观念、教育方法和教育水平等。

二、作品分析法实施步骤

作品分析实施流程图：

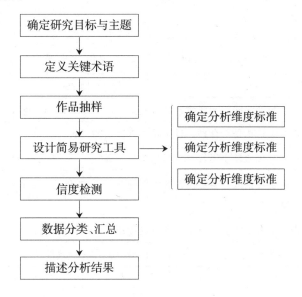

1. 确定研究目标与研究主题

通过作品分析，我们可以从三个方面确定研究目标与研究主题：一是收集信息，辅助我们的相关研究；二是获得幼儿的某些方面信息，帮助我们处理教育中遇到的问题；三是检验我们的假设。

2. 定义关键术语

确定研究目标后，就围绕研究目标确定具体的研究题目，题目的形式最好设计为：题目＋研究方法，如儿童绘画发展水平的作品分析。

在思考研究题目时，请反复考量构成题目的每个词语单位及整个题目，看其表述是否清晰、是否重复、是否有歧义等，再定义题目中的关键词。定义最好包含描述性定义和操作性定义。

比如：儿童绘画发展水平的作品分析。在这个题目中，我们要考量几个问题：一是要研究哪个年龄段的儿童；二是什么是绘画发展水平；三是应该选哪些作品来分析等。

3. 作品抽样

作品抽样有三种方法：一是来源抽样。按照作品的不同来源选择样本，这要和我们的研究目的切合，分析什么抽查什么，比如手工作品、画、作文等。二是日期抽样。指选定我们要分析的具体作品后，再进一步确定分析某一段时间的作品。如要分析儿童的画，并不是笼统地把所有的

画都收集起来分析，而是按具体目的需要选择分析某几个月的作品等。三是单元抽样。选取作品的单元，可以是整本、一个段落、一篇文章、一页内容等。

抽样方法不是固定的，可以将三种方法合并使用，也可以单独使用。

4. 设计与开发简易研究工具

这里的简易研究工具，就是自己制定分析表格，确定好分析维度和分析指标（能被量化的最小单位），先定一级指标，再定二级指标，逐步细化，直到满足研究主题的需要。

5. 信度检测

作品分析中的信度分析就是由两个以上的同伴用我们的研究工具对同样的研究材料进行分析统计，比较其量化结果的一致性。这种信度（用 R 表示）的计算方法为：

两个同伴所得结果完全一致的子项目数（用 M 表示）的两倍除以第一个同伴分析的子项目数（用 $N1$ 表示）和第二个同伴分析的子项目数（用 $N2$ 表示）之和，即$R＝2M/（N1＋N2）$。

这样的信度检测，是作品分析研究所必需的。所以，在我们的研究设计和实施中，必须进行这样的信度检测设计与实施。

6. 评价与自我指导

如果按照上面的程序开展研究，那么可以参照下表评价并指导自己完善研究。

项　目	评　价　标　准
研究问题或假设	是否有明确的问题或假设？如果有推论，推论是否符合逻辑？
选择样本	样本对于结论是否合理？样本是否有很好的代表性？
子目标	是否被量化为最小单位？子目标是否明确？
分析维度	它是否由理论或经验导出？各维度间是否存在重复和交叉？是否详细或有遗漏？标准是否统一？
信　度	是否找了两个或两个以上同伴重复计量？是否计算了信度？
效　度	分析维度和子目标与需要量化的作品是否存在一致性？

第四节　实　验　法

一、概　述

实验法是教育科学研究中最常用的方法之一。

（一）定　义

实验法是指人们根据一定的科学研究目的，利用科学仪器设备，在人为控制或模拟的特定条件下，排除各种干扰，对研究对象进行观察的方法。

教育实验法就是研究者按照研究目的，控制或创设一定条件以影响、改变研究对象，从而验证假设，探讨教育现象因果关系的一种研究方法。

实验法可以按实验场地的不同，分为实验室实验与自然实验。

实验室实验：是在人为创造的高度控制的环境中进行实验。实验室实验能有效地控制无关变量，获得精确的结果，其结果的推广却受到限制。

自然实验：是在实际自然的情景中进行，只能尽可能地控制无关变量，但能较长时间地持续进行。实验时间较长，但其结果便于推广。

（二）优缺点

1. 优　点

实验法可以人为地创设条件，对某些在自然观察中不易观察到或不易集中观察到的情景现象进行研究，从而扩大研究范围；可以揭示变量之间的因果关系，这是其他研究方法难以达到的；可以重复验证，提高结论的科学性；实验结果以较为精确的数据说明问题，令人信服。

2. 缺　点

实验法由于高度控制会带来环境"失真"；会由实验人员和实验过程带来负效应；不可避免地存在样本不足和选择误差。

二、实验控制

（一）变量及其类型

1. 变　量

在教育实验中发生了变化的因素，被称为变量。

2. 变量的类型

在教育实验中，变量主要有自变量、因变量、无关变量三种。

自变量就是通常说的实验变量（实验因素或实验因子），它是在实验中有计划地设置或改变的因素（它必须具有可操作性和可变性）。

因变量是由于自变量的变化而引起的结果或造成的影响的因素，是一种结果变量。

无关变量泛指自变量以外的一切可能影响因变量数值，因而对实验有可能起干扰作用的因素。说它无关，是指它与自变量无关，与实验目的无关。

> **知识窗**
>
> 教学方法对学习效果的影响
> 自变量：谈话法 、探究法
> 因变量：学习成绩、学习兴趣、情感、智力、创造力
> 无关变量：教学秩序、教师教学水平、学习时间、幼儿已有的知识智力基础

（二）变量的控制

1. 消除法

消除法就是排除或隔离无关变量对实验效果的影响，也就是不让无关变量参与实验过程。

2. 恒定法

对一些无法排除的，但可以由实验者控制的无关变量，可以使这些变量在实验中保持恒定不变。

3. 平衡法

所谓平衡，就是指在实验组和控制组，或者在几个不同的实验组内，这些无关变量保持基本相同的状态，使它们在不同的组内对实验变量影响的基本一致，从而不影响自变量与因变量的关系。

4. 统计控制

当上述方法不能运用时，可以用统计的方法对实验数据做一些处理，以削弱无关变量对实验结果的影响。

三、实验法的操作步骤

（一）提出实验课题

实验课题的确定要遵循有价值、有创造性和可行性等原则。

（二）建立实验假说

所谓假说，就是实验者对自变量（实验变量）与因变量（反变量）之间关系的推测与判断。它是自己的教育经验、科学理论和他人经验综合加工的结果。

实验假说具有三个特征：假说应当设想出实验变量与反变量之间的关系、假说要用表述或条件句的形式明确地毫不含糊地阐述出来、假说应当是可以检验的。

（三）实验设计

实验设计是对研究的程序做出合理的安排。它是实验研究中的一个重要环节，它可以使实验工作有计划、有步骤地进行，避免了工作中的盲目性和随意性，还可以提高对实验的控制程度，可以节省人力、物力，提高工作效率。

（四）实验的实施

实验的实施就是实验工作者按照设计的实验方案，操作实验变量，控制无关变量，观察、记录、测量反应变量，搜集实验信息的过程，也就是将实验方案物质化、现实化的过程。

（1）控制实验进程，保持实验过程按实验设计的要求、程序进行。一是健全实验组织机构，准备好实验的表格与器材；二是处理好教育实验过程中的"动"（实验因子、实验变量）"静"（非实验因子，无关变量）关系；三是做好阶段性总结。

（2）搜集实验信息与资料、观测反应变量，要求经常地、有重点地、客观地进行搜集与观测，为因果推论提供事实和依据。

（五）资料的统计处理

对在实验过程中积累起来的资料，采用科学的统计方法进行统计分析。一般是先用描述的方法把反应结果的原始资料加以列表、图示或计算该资料的平均数、标准差和相关数等，然后再用推断统计的方法来检验自变量与因变量之间的关系。在教育实验中常用的推断统计方法有乙检验、丁检验、F检验等。

（六）实验报告

实验报告是反映一项实验的过程及结果并将其公布于世的文学材料，是教育科研成果的一种重要形式。

 章末小结

1. 观察法是本章重点。观察法是有计划、有目的地观察研究对象在一定条件下言行的变化，做出详尽记录，然后进行分析处理，从而判断他们心理活动特点的方法。从不同的维度，可以将观察法分为不同的类型。应将观察法与其他方法配合使用，扬长避短，充分发挥观察法的积极作用。

2. 谈话法是研究者根据研究目的，"寻访"被调查对象，通过谈话的方式了解被研究者对某个人、某件事情、某种行为或现象的看法和态度。从不同的维度，可以将谈话法分为不同的类型。运用谈话法时要注意谈话的程序及技巧。

3. 作品分析法是研究者运用一定的心理学、教育学原理和有效经验，对研究对象的专门活动的作品进行分析研究，从而了解研究对象心理活动的一种方法。作品分析法具有客观性、系统性和作品分析的视角和结果的多样性特点。作品分析法的实施有具体的步骤。

4. 实验法是指人们根据一定的科学研究目的，利用科学仪器设备，在人为控制或模拟的特定条件下，排除各种干扰，对研究对象进行观察的方法。应注意实验的控制，并按实验法的操作步骤加以实施。

 拓展阅读

1. 秦元东. 大班幼儿视野中教育爱的调查研究 [J]. 教育导刊，2008 (8).

2. 李秉德主编. 教育研究方法 [M]. 北京：人民教育出版社，1986.

3. 张渝新. 运用作品分析法研究学生干部心理特点的尝试 [J]. 教育理论与实践，1986 (4).

4. 刘晶波主编. 学前教育研究方法 [M]. 北京：人民教育出版社，2006：210.

5. 汝茵佳主编. 幼儿教师教育研究 [M]. 长春：东北师范大学出版社，2008.

第五章　幼儿身心发展中的
常见问题与预防

 考纲提要

1. 了解幼儿身体发育中易出现的问题或障碍，如发育迟缓、肥胖、自闭倾向等。
2. 了解幼儿心理发展中易出现的问题或障碍。

 内容结构图

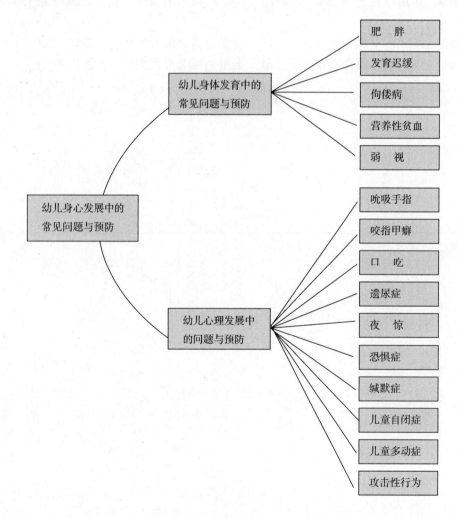

第一节 幼儿身体发育中的常见问题与预防

一、肥 胖

是指儿童体内脂肪积聚过多，体重超过按身高计算的平均标准体重的 20%，或者超过按年龄计算的平均标准体重加上两个标准差以上时，即为肥胖症。

小儿肥胖症中绝大多数为单纯性肥胖，也称为生理性肥胖，少数为病理性肥胖或称为症状性肥胖。

（一）影响因素

1. 病理性肥胖多能查出原发疾病，原发疾病有内分泌性疾病、中枢神经系统疾病、脑血管病变或脑瘤、脑外伤、遗传性疾病等。

2. 单纯性肥胖查不出原发疾病，多因小儿过食、缺乏运动消耗少所致，少数有家族史，为遗传性因素所致，或因神经精神疾患。

（二）表 现

1. 食欲旺盛，食量超常，偏食。

2. 懒动，喜卧，爱睡。

3. 体格发育较正常儿童迅速，体重明显超过同龄同身高者。脂肪呈全身性分布，以腹部为主。

4. 智力发育正常。

（三）预 防

小儿肥胖一旦成立，就将形成恶性循环，心理上丧失了积极性，也助长了恶性循环，肥胖程度越高治疗越困难，因而预防小儿肥胖是十分重要的。

1. 重点在于培养良好的进食习惯，避免过量食用糖果糕点等甜的零食和干果类零食。

2. 禁止暴饮暴食。

3. 积极参加体育运动。

4. 幼儿一旦出现肥胖，就应及早进行综合治疗，尽早使其得以控制。

二、发育迟缓

发育迟缓是指在生长发育过程中出现速度放慢或顺序异常等现象，发病率在 6%—8% 之间。在正常的内外环境下儿童能够正常发育，一切不利于儿童生长发育的因素均可不同程度地影响其发育，从而造成儿童的生长发育迟缓。

（一）影响因素

影响儿童生长发育速度，导致发育迟缓的因素有很多：

1. 不良饮食习惯或饮食不均衡导致的营养不足；

2. 全身疾病引起的矮小；

3. 家族性矮小和体质性生长发育迟缓；

4. 精神因素；

5. 先天性遗传、代谢性疾病；

6. 甲低、垂体性侏儒、先天性卵巢发育不全、小于胎龄儿、特发性矮小等。

（二）表现

生长发育迟缓，表现往往是多方面的。

1. 体格发育落后。如果身高、体重、头围的测量值全部都偏低，就表示孩子的发育出现了全面的迟缓，应该向儿科医师进行详细咨询，以确认是否需要做进一步的检查。如果只是某一项指标出现偏低，那就表示孩子可能出现了部分的发育迟缓，可进一步检查脑神经或内分泌等项目以了解孩子的生理发展是否受到了影响。

2. 运动发育落后。大运动和精细运动技能发育迟缓，如蹦跳和搭积木等。

3. 语言发育落后。语言交流技能发育迟缓，包括与理解力相关的"接受能力"和与说话相关的"表达能力"。

4. 智力发育落后。如自理技能发育迟缓，像如厕训练和穿衣服等。

5. 心理发展落后。社交技能学习掌握迟缓，如眼神交流以及与其他人一起玩耍等。

儿童多有体格发育、运动发育及智力发育落后，但也可以某一方面表现突出。

（三）预防

1. 合理营养，全面均衡饮食，培养良好的饮食习惯，促进食欲。

2. 若因全身疾病引起的矮小，则应积极治疗原发疾病。

3. 因家族性矮小和体质性生长发育迟缓的，可通过各种调养，充分发挥生长潜力，可酌情使用生长激素。

4. 改善生活环境，使儿童得到精神上的安慰和生活上的照顾。

5. 对于先天性遗传、代谢性疾病，应根据情况进行特殊治疗。

知识窗

有一群孩子很努力地在长大，但是他们的发育和别的孩子不太一样，或是个别发育领域跟不上同侪，或是每个领域均远远落后其他的孩子，我们称这些孩子为发育迟缓儿童。

——小儿神经科主任钟育志副教授

个案一：小华是一个经怀孕三十五周出生的早产儿，出生后只要一喂奶就会脸色发黑，住院检查后发现有先天性横膈疝气并先天性心脏病，在半年内分别接受两次外科矫治手术后，小华妈妈以为噩梦已远离。但是随着时间的流逝，渐渐发现小华在各方面发育皆较同年龄的小朋友慢。小华现在已两岁六个月，但他才开始牙牙学语，而且常斜着头看人，还不会用汤匙吃东西，也不会模仿别人的动作，很少理人，家人离开他时也不会哭闹或找人，目前还站不稳，勉强用两手扶着桌子才能移动身体。小华妈妈心中一直有个疑问，小华的问题到底在哪里？经联合鉴定后才发现小华有弱视、右耳听力障碍、运动和智能及语言发育迟缓、自闭症等问题。

个案二：九个月大的妮妮是足月出生的健康宝宝，九个月大时，妮妮的爸妈总觉得妮妮似乎"少了一根筋"，可是又说不出什么地方不正常。她目前会模仿她所听到的声音，却不会坐，也不会将手中物品由一只手移至另一只手。经联合鉴定后发现，她的粗动作及精细动作发育迟缓合并脊髓肌肉萎缩症。

以上是两个发育迟缓儿童的例子，小华是多方面发育迟缓，家长一直误以为是早产的关系，而妮妮却明显以动作发育迟缓来表现她的症状。

注：该资料来自广州儿科网

三、佝偻病

这是 3 岁以下儿童常见的营养缺乏症。是由于维生素 D 缺乏引起体内钙、磷代谢紊乱，致使骨骼钙化不良的一种疾病。佝偻病发病缓慢，不容易引起重视。

（一）影响因素

1. 胎儿期贮存不足。胎儿通过胎盘从母体获得维生素 D 贮存于体内，满足出生后一段时间的需要，母孕期维生素 D 缺乏的婴儿早产或双胎婴儿出生后早期体内维生素 D 不足。

2. 接触日光不足。人体所需维生素 D 主要通过皮肤接受曝光中紫外线照射后由 7-脱氢胆固醇转变而来，婴幼儿室外活动少，维生素 D 生成不足。

3. 摄入不足。天然食物维生素 D 含量少，如乳类、禽蛋黄、肉类等含量较少，谷类、蔬菜、水果几乎不含维生素 D。

（二）表　现

1. 多汗。夜间睡觉特别是睡熟以后多汗，就是典型的缺钙。

2. 夜惊。晚上睡觉突然惊醒、哭闹，甚至尖叫。

3. 烦躁。

4. 枕秃。枕秃是宝宝的后脑勺有一圈光秃秃的不毛之地。

5. 各种骨骼的改变。如肋骨外翻，宝宝的肋骨下缘翘起来，存在不同程度肋骨外翻。其他的骨骼变形有鸡胸、漏斗胸、X 型腿、O 型腿、肋串珠、手镯和脚镯，这些是比较严重的佝偻病才会出现的症状。

（三）预　防

佝偻病使幼儿抵抗力降低，容易合并肺炎及腹泻等疾病，影响幼儿生长发育。因此，必须积极防治。预防佝偻病要从胎儿期就开始，1 岁以内的婴儿是预防的重点对象。

1. 健康教育采取积极综合措施，宣传维生素 D 缺乏的正确防治知识。

2. 围生期孕母应多户外活动，食用富含钙、磷、维生素 D 以及其他营养素的食物。妊娠后期适量补充维生素 D，有益于胎儿贮存充足维生素 D，以满足胎儿出生后一段时间内生长发育的需要。

3. 婴幼儿期预防的关键在于日光浴与适量维生素 D 的补充。出生后 2—3 周后即可让婴儿坚持户外活动，冬季也要注意保证每日 1—2 小时户外活动时间。研究显示，每周户外活动两小时，仅暴露面部和手部，也可维持婴儿维生素 D 浓度在正常范围内。

四、营养性贫血

营养性贫血是指因机体生血所必需的营养物质，如铁、叶酸、维生素 D 等物质相对或绝对地减少，使血红蛋白的形成或红细胞的生成不足，以致造血功能低下的一种疾病。多发于 6 个月至 2 岁的婴幼儿、妊娠期或哺乳期妇女以及胃肠道等疾病所致营养物质吸收较差的患者。

（一）影响因素

营养性贫血是因缺乏造血所必需的铁、维生素 B_{12}、叶酸等营养物质所致。

缺铁性贫血是在较长时间内，贮存铁逐渐耗尽，血清铁蛋白和血清铁下降而形成的。在儿童快速生长过程中，铁的需要量增加而饮食中缺少，摄入不足，或铁的吸收不良，或失血，尤其是慢性失血，均可引起缺铁性贫血。

巨幼红细胞性贫血的发生主要因为新生儿及婴儿期生长发育迅速，维生素 B_{12} 及叶酸消耗增加，若维生素 B_{12} 及叶酸先天贮存不足，后天摄入不足或出现吸收和利用障碍，影响维生素 B_{12} 与叶酸的代谢或利用，均可引起巨幼红细胞性贫血。

（二）表　现

1. 面色蜡黄，疲乏无力。

2. 注意力不集中，易激动，烦躁不安或萎靡不振。

3. 可有呼吸暂停现象，俗称"背过气"，常在大哭时发生。

4. 精神神经症状，如表情呆滞、嗜睡、对外界反应迟钝等。

5. 智力发育和动作发育落后，甚至倒退，如原来已会坐、会爬、会笑等，病后又不会了。

（三）预　防

虽然营养性贫血对婴幼儿的危害很大，但完全可以预防，关键是建立科学的喂养观。

1. 需要特别注意婴幼儿的饮食搭配要合理，按时添加辅食，避免长时间单纯母乳喂养。

2. 要注意含铁食物，如动物血、肝脏、各种瘦肉等的添加，注意富含维生素 B_{12} 和叶酸的食物以及富含维生素 C 食物的添加，如新鲜蔬菜和水果。

3. 儿童还应多食豆类、菌类、粗粮以及海带、紫菜等食品。

五、弱　视

弱视是眼部无明显器质性病变，远视力经矫正低于 0.9 为弱视。它是儿童发育过程中常见的视觉发育障碍性疾病，发病率约为 $2\% - 4\%$。儿童时期发生的这些眼病对儿童视力发育危害极大，许多眼部疾病如果不能在儿童时期治愈，将造成眼睛的终生残疾。

（一）影响因素

1. 小儿斜视：小儿弱视一般与斜视有关，两者相互影响。患有斜视的小儿因产生复视的视觉紊乱，大脑会抑制来自斜眼的视觉冲动，久之形成弱视。

2. 较高度远视、近视和散光。

3. 先天性白内障、重度眼睑下垂以及先天的视中枢及视神经发育不良等。

4. 形觉剥夺。由于某种原因长时间遮盖过某只眼睛，该眼因缺少光刺激而致视觉发育停顿，形成弱视。

（二）表　现

弱视本质是双眼视觉发育紊乱，可分为斜视屈光参差、高度屈光不正、形觉剥夺等弱视类型。

1. 弱视眼患者立体视觉模糊，不能准确地判断物体的方位和远近。

2. 无法形成立体觉。由于大脑只能得到单侧健眼输入的视觉信号，大脑无法形成立体的像，将导致患者没有立体觉想象能力。

3. 弱视儿童常有自卑和自闭心理。因弱视还可引起斜视，如豆豆眼就是内斜视，影响美观和身心健康。

（三）预　防

1. 儿童入园后，至少每年普查一次视力，发现视力不正常者应及时通知家长到医院请眼科医生检查治疗。

2. 注意及时纠正儿童的不良坐姿，如发现经常用歪头偏脸的姿势视物，或有斜视，应及时去医院检查诊治。

第二节 幼儿心理发展中的问题与预防

一、吮吸手指

（一）表现

婴儿吮吸手指极为常见，随年龄增长，这种行为会逐渐消退。但若随年龄增长，仍保留这种幼稚动作，并成为习惯，应及时纠正。因为吮吸手指的行为会受到非议，而使幼儿感到紧张、害羞。这种不良习惯还易引起肠道寄生虫、肠炎等疾病，还可引起手指肿胀、发炎。若持续到六七岁换牙时期，则可导致下颌发育不良、开唇露齿等牙列排列不整，妨碍面容的和谐和不能充分发挥牙齿的咀嚼功能。

（二）原因

常因婴儿期喂养不当，不能满足儿童吮吸的欲望，以及缺乏环境刺激和爱抚，导致儿童以吮吸手指来抑制饥饿或进行自我娱乐。

（三）预防和矫治

要消除生活环境中可能引起儿童焦虑、恐惧等不良情绪的因素，用玩具、图片等儿童喜爱之物，或感兴趣的活动去吸引儿童的注意力，冲淡其吮吸手指的欲望，逐渐改掉其固有的不良习惯，不宜采用在手指上涂苦味药或裹上手指等强制方法。

二、咬指甲癖

（一）表现

经常地、控制不住地用牙将长出的手指甲或脚上的指（趾）甲咬去，称"咬指甲癖"，这在3—6岁的儿童中常见。

（二）原因

大都出现于儿童精神紧张之时，如不愿去幼儿园、家长管束太严、缺少小伙伴和游戏活动。情绪不安、低落时，以咬指甲自慰。养成顽固习惯后，有时终生难改。

（三）预防和矫治

从消除儿童心理紧张的因素入手。良好的生活习惯，户外活动和游戏，使儿童情绪饱满、愉快，可逐渐克服惰性兴奋灶。另外，要养成按时修剪指甲的卫生习惯，用苦药或辣物涂擦指甲一般不能收到良好的效果。

三、口吃

（一）表现

口吃为常见的言语障碍。它的发生并非因发音器官或神经系统的缺陷，而是与心理状态有关。表现为正常的语言节奏受阻，不自觉地重复某些字音或字句，发音延长或停顿，伴随跺脚、摇头、挤眼、歪嘴等动作才能费力地将字迸出。

（二）原　因

1. 患儿大多自卑、羞怯、退缩、孤僻、不合群，有的表现为易激惹、情绪不稳。出于对口吃的恐惧心理及高度注意，终成心理痼疾，越怕口吃越口吃。发病率约占儿童的1％—2％，多起始于2—5岁，男多于女。

2. 儿童出于好奇，模仿成人或同伴的口吃现象所致。

3. 发育性口齿不流利。值得注意的是，2—5岁的儿童正是语言和心理发展十分迅速的阶段，词汇量也逐渐丰富，但言语功能尚未熟练，不善于选择词汇，说话时常有迟疑、不流畅的现象，一般到上小学前，就可口齿流利了，这种现象称为"发育性口齿不流利"，不属于"口吃"。如果大人对幼儿的"发育性口齿不流利"，流露出担心、不安的心情，并时时提醒"别结巴"，或强迫幼儿"把话再说一遍"，幼儿在开口之前，心理先紧张了，可能真发展成"口吃"了。

（三）预防和矫治

应从解除幼儿的心理紧张入手。避免因说话不流畅遭到周围人的嘲笑、模仿以及家长、教师的指责或过分矫治。成人不要当众议论其病态，或强迫他们把话说流畅，不许结巴。这样只会适得其反，加重幼儿心理障碍。应安慰他们，使他们有信心克服。成人要用平静、从容、缓慢、轻柔的语调和他们说话，来感染他们，使他们说话时不着急，呼吸平稳，全身放松，特别是不去注意自己是否有结巴了。可以多练习朗诵和唱歌。

四、遗尿症

（一）表　现

幼儿在5岁以后，白天或者夜晚仍不能主动控制排尿，经常夜间尿床，白天尿裤子，称为"遗尿症"。

（二）原　因

引起遗尿的原因较多，主要有以下几种。

1. 心理因素。主要指精神方面受到创伤，如突然受惊、大病一场、对生活环境的改变不能适应等。Douglas（1973）研究4 500例儿童后发现，有精神创伤的儿童的发生率是无精神创伤儿童的两倍。父母对儿童的爱抚不足或过度，都有可能引起儿童精神紧张，或因宣泄内心不满情绪而引起遗尿。

2. 训练不当。排尿过程的自主控制，既需要大脑发育成熟到一定的程度，也需要学习和训练。一般两三岁的幼儿就可以开始自行控制排尿，如训练方法不当，儿童没有形成良好的排尿习惯，亦可发生遗尿。

3. 遗传因素。研究发现，遗尿与遗传的关系密切，约有70％的遗尿患儿的一级亲属中有遗尿历史。

4. 器质性遗尿症。因疾病所引起的遗尿症称为"器质性遗尿症"，如蛲虫病、膀胱炎等，均可使儿童不能主动控制排尿。

（三）预防和矫治

了解儿童遗尿的真正原因，采取有针对性的措施。消除引起儿童情绪不安的各种因素，执行合理的生活制度，避免过度疲劳和临睡前的过度兴奋，及早诊断和治疗引起儿童遗尿的各种身体疾病。

某些新入幼儿园的小朋友，出现"尿频、尿急"的现象，检查尿液未发现异常，泌尿道也无感染。这种情况常与儿童对集体生活不适应有关。儿童总感觉有尿而往厕所跑，怕尿裤子，却常因紧张不安而尿湿了，如果因此受到批评，紧张情绪加剧，越发控制不住。这不是"遗尿症"。

对刚入园的小朋友，要帮助他们熟悉环境，多给予其关心、照顾，让其放心地去参加各种活动。当他们紧张不安的心理解除了，尿频、尿急的现象也就会随之消失。

五、夜 惊

（一）表 现
夜惊属于睡眠障碍。主要表现为：儿童入睡不久，在没有任何外界环境变化的情况下，突然哭喊出声，两眼直视，并从床上坐起，表情恐惧。若叫唤他，不易唤醒。对他人的安抚不予理睬。发作常持续数分钟，醒后完全遗忘。

（二）原 因
夜惊的发生与白天情绪紧张有密切关系，多由心理因素所致，如父母离异、亲人伤亡、受到严厉惩罚，使儿童受惊和紧张不安。睡前精神紧张，如看惊险电影、听情节紧张的故事，或被威吓后入睡，以及卧室空气污浊、室温过高、被盖过厚、手压迫前胸、晚餐过饱等均可引起发作。鼻咽部疾病导致睡眠时呼吸不畅、肠寄生虫等也可导致夜惊。

（三）预防和矫治
对于夜惊的儿童，一般不需要药物治疗，主要从解除产生夜惊的心理诱因和改变不良环境因素入手，注意其生活的规律性。随着儿童年龄的增长，大多数儿童的夜惊会自行消失。

少数儿童的夜惊不属于睡眠障碍，而是癫痫发作的一种形式，因此经常发生夜惊，在白天精神行为也有异常，应去医院诊治。

六、恐惧症

（一）表 现
儿童对某些事物产生持续的、严重的恐惧反应，表现为适应行为异常和易出现焦虑、紧张不安。幼儿在恐惧状态下，常伴随一系列生理变化，如心跳加速或断续、呼吸短促或停顿、血压升高、脸色苍白、四肢无力，等等。这种生理功能的紊乱会影响机体的健康状况。恐惧还可使幼儿知觉、记忆和思维发生障碍，行为失调，失去对情景正确分析和判断的能力。尤其是少数幼儿表现出过分的恐惧，或者无法控制自己的恐惧情绪，这些幼儿往往会产生更多的问题行为。

（二）原 因
恐惧是儿童面对各种环境比较常见的一种情绪反应，由儿童的身心发展水平所致。父母和儿童的分离，吓唬儿童的教育方法，把儿童独自关在一个光线较暗的房间里进行惩罚等，都有可能导致儿童产生恐惧心理。如果持续的时间过长，就可能患上恐惧症，对儿童的心理发展造成严重的不良影响。

（三）预防和矫治
成人要根据儿童的认识特点，采用科学的教育方法，生动形象地对他们进行教育，禁止用吓唬、威胁的方法。

七、缄默症

（一）表　现

儿童缄默症可分全缄默和场面缄默两种：全缄默患儿在任何状态下都一言不发，对他人普遍缺乏情感反应，胆小、焦虑、言语发育迟缓，经常做刻板、重复的动作；场面缄默则是儿童在特定的场面或人物面前出现无言症状，如有的儿童到了幼儿园就不再开口，长时间地呆坐着，甚至还伴有大小便失禁。

（二）原　因

专家认为，这与先天遗传及后天教养缺陷均有关，比如，先天性智能低下，言语发育迟缓；长期缺乏母爱或是家长对孩子既溺爱又过严；有的家长过于苛求孩子言语正确，造成孩子心理压力过大，不敢轻易开口。

（三）预防和矫治

家长对孩子的关爱要适度，避免两极分化，造成儿童产生过分的依附感或恐惧感，为患缄默症留下隐患。家长对儿童的言语发展不能操之过急，要为孩子的言语发展树立模仿的榜样，用笑容营造愉悦的家庭氛围，给儿童创造结交同伴的机会，使其多接触新鲜的事物，改进自己身上的不良性格。总之，家长一定要有耐心，循循善诱，持之以恒，日久方见成效。

八、儿童自闭症

（一）表　现

儿童自闭症又称为儿童孤独症，典型的儿童自闭症的主要表现有：

1. 言语发育障碍。自闭症儿童往往开始讲话比别人晚，经常沉默不语，不能主动与人交谈，不会使用手势等肢体语言和面部表情来表达自己的需要和喜怒哀乐。

2. 社会交往障碍。自闭症儿童表现出逃避与别人对视，缺乏面部表情及肢体语言；对人态度冷淡，对别人的呼唤不理不睬；害怕时也不会主动寻求保护。

3. 行为异常，兴趣奇特。自闭症儿童常以奇异、刻板的方式对待某些事物。例如，着迷于旋转锅盖，单调地摆放积木，有的甚至出现自我伤害，如反复挖鼻孔、抠嘴、咬唇、吸吮等动作。对一般儿童喜欢的玩具、游戏、衣物不感兴趣，往往对一般儿童不喜欢的玩具或物品非常感兴趣。

4. 还可能伴有感知障碍、癫痫发作等表现。

（二）原　因

专家认为，这与先天生物学因素及后天环境因素均有关。生物学因素主要指孕期和围产期对胎儿造成的脑损伤，如孕母病毒感染、先兆流产、宫内窒息、产伤，等等。环境因素主要指早期生活环境单调，缺乏情感、语言等丰富和适当的刺激，没有形成良好的社会行为，也是引发该病的重要因素。

（三）预防和矫治

要为儿童创造正常的生活环境，教师和家长应密切配合，共同制订康复计划。康复训练的重点应放在提高患儿基本生存能力，加强患儿的生活自理训练、语言训练等。要对患儿的康复充满信心，国内外自闭症康复训练的结果表明：绝大多数自闭症患儿，随着年龄增长和训练的加强，症状都会有不同程度的改善。

 知识窗

　　自闭症是由美国的精神病学家列昂·卡那（Leo Kanner）第一次发现并记录下来的。卡那在一所医院里发现一名症状独特的患儿，孩子从两岁半起就好像生活在他自己独特的世界里。他不喜欢与人来往，而愿意独自行动；他有着惊人的词汇量，但不会与人进行对话；在游戏与活动中，他对一些物品的摆放位置有固定的要求和特别的记忆，一旦发生改变他就会表现出烦躁不安。这个孩子实际上就是一个典型的自闭症儿童。

　　列昂·卡那通过对十一名儿童的临床观察，于1943年发表了题为"情感交流的自闭性障碍"的论文。在第二年也就是1944年，卡那又将这些病例命名为"早期幼儿自闭症"，从此拉开了儿童自闭症研究的序幕。

　　从学术上讲，自闭症实际上是一种神经病理障碍，儿童由于大脑功能受到影响而严重地妨碍了其与个体交流，与他人建立关系。自闭症是一种严重的发展障碍，通常在儿童三岁以前就可以被察觉到。主要的障碍是认知的发展困难，表现出来的症状主要是言语发展障碍和社交发展障碍，其中有些症状与精神分裂症相似。在实际观察和调查中发现，没有两个自闭症是完全一样的。

注：该资料来自豆瓣网

九、儿童多动症

（一）表　现

　　儿童多动症又称"轻微脑功能失调"或"注意缺陷障碍"，是一种以注意障碍为最突出表现、以多动为主要特征的儿童行为问题。主要行为表现有：

　　1. 注意力不集中。注意力集中困难是该类患儿突出的、持久的临床特征。患儿不能专注于一件事，容易从一个活动转向另一个活动。

　　2. 活动过多。这是多动症的主要特征。学龄前期表现为多动、好哭闹、不安静，随着年龄增长，活动量增多，做事情不能专心。多动症与一般儿童的好动不同，他们的活动是杂乱的，缺乏组织性和目的性。

　　3. 冲动性。多动症儿童的行为是不经过思考就行动，不分场合，不顾后果，无法自制，如乱翻东西、突然吵闹、离座奔跑、抢别人东西或攻击别人等。

（二）原　因

　　儿童多动症的形成与先天遗传、脑部器质性病变、环境污染及后天教养方法不当均有关。研究表明，患儿的父母、同胞和亲属中患本病或其他精神疾病者明显高于对照组；缺血、缺氧等引起的轻微脑损伤也有可能引起儿童多动；研究发现，几乎一半以上的多动症患儿血液中含铅量较高，工业社会的环境污染使儿童体内铅蓄量过大，也可能引起本病；成人对幼儿的不良教育方法也有可能诱发和促使症状出现。

（三）预防和矫治

　　对多动症儿童首先注重心理治疗，消除各种紧张因素，严格作息制度，增加文体活动。同时可进行行为疗法，对患儿进行特殊训练，重点在于培养和发展患儿的自制力、注意力，如视觉注意力训练、听觉注意力训练、动作注意力训练等活动。

十、攻击性行为

（一）症　状

这类行为在儿童身上并不少见。当儿童遭受挫折时，显得焦躁不安，采取打人、咬人、抓人、踢人、冲撞别人、抢夺别人的东西、掷东西以及其他类似的方式，引起别人与其争斗。

（二）原　因

一些心理专家认为，儿童的攻击性行为是通过观察别人的攻击行为模式而学习来的，并由于这类行为所造成的环境后果而得以维持，就是说"模仿"和"强化"是儿童攻击性行为发生、发展和维持的重要机制。还有一些心理学家则认为，攻击性行为是儿童对于挫折的反应，常常是由于儿童想要达到的行为目标受阻而引起的，是宣泄紧张、不满情绪的消极方式。

（三）预防和矫治

成人要以身作则，不可采用武力的方式对儿童进行教育，尤其不能在儿童情绪激动时强迫他接受教育，以暴制暴，而应转移他的注意力，当他情绪平静下来时，耐心加以引导；多给儿童成功的机会，减少挫折感；组织儿童参加多项活动，如打球、下棋、绘画和音乐等活动，陶冶性情；对儿童自控能力的提高，要及时给予表扬和鼓励。

 章末小结

1. 幼儿身体发育中的常见问题主要有肥胖、发育迟缓、佝偻病、营养性贫血、弱视等。各类问题的主要表现、引发原因以及主要预防措施在本章第一节中分别进行了介绍。

2. 幼儿心理发展中常见的心理问题或障碍有不良习惯、言语障碍、睡眠障碍、情绪障碍、自闭症、多动症等。具体行为表现有吮吸手指、咬指甲癖、口吃、遗尿症、夜惊、缄默症、儿童自闭症、儿童多动症、攻击性行为等。本章第二节对各种幼儿常见心理问题的具体表现、引发原因以及预防和矫治措施进行了阐述。

 拓展阅读

1. 任振芳. 问题儿童矫治与验方［M］. 北京：中国商业出版社，2010.

2. 麦少美. 学前卫生学［M］. 上海：复旦大学出版社，2009.

3. 史献平. 幼儿心理学［M］. 北京：高等教育出版社，2009.

4. 张民生. 0—3岁婴幼儿早期关心与发展研究［M］. 上海：上海科技教育出版社，2007.

5. 孟昭兰. 婴儿心理学［M］. 北京：北京大学出版社，1997.

 模块小结

一、婴儿身体发育与健康的特点

1. 1岁前是出生后生长发育最快的一年。身高约70—75厘米，增长了20—25厘米（出生时一般是50厘米）；体重约9—10千克，增长了6—7千克（出生时一般是3千克）。1—2岁期间，身高增长了10厘米，体重增加了2.5—3.5千克。而2岁后身高和体重增长急剧减缓，身高增加4—5厘米/年，体重增加1.5—2千克/年。

2. 出生后视力逐渐提高，7—9月时正常。

教学理念 | TEACHING PHILOSOPHY
科学的备考才能事半功倍

聚师网旗下"教资"产品主要分为幼师、小学教师、中学教师、教师招聘等相关课程。按照国家考试大纲及考试科目，将笔试课程科学划分为五大阶段：零基础入门、系统精讲、专项提高、习题冲刺以及实战提分；将面试课程分为四大模块：考情分析、考点精讲、面试示范及面试点评。按照艾宾浩斯遗忘曲线特点，不断巩固考生的记忆和学习效果，只有科学的备考才能事半功倍。

产品系列 | PRODUCT SERIES
按需定制，因材施教

快速 | 快速取证班
由聚师网一线师资团队结合历年考点难点，归纳总结，精心研发出的一套科学快速备考课程。让考生能够快速掌握考点要点，顺利过关。

经典 | 经典核心班
是聚师网的经典班型，适合非师范生或基础薄弱的考生，由浅入深，系统学习。同时匹配24小时答疑，作文指导，面试结构化指导等教学服务。

VIP | VIP专享保障班
是聚师网的特权班，课程采用个性化专属教学，学员可享受VIP教学服务待遇，先签协议后学习，考试不过享受退费或免费重修服务。

聚师简介
ABOUT US

北京聚师网教育科技有限公司（聚师网）是一家集教育培训、教学产品研发、教学服务等一体化的教育科技公司。多年来一直专注于教师资格考试培训领域。秉承"匠心、创新、诚信"的理念，为全国30余座城市，上百万的考生带去优质的师资力量和课程内容。坚持"以人为本，勿忘初心"的教学态度，用最先进的教学理念，科学的教学方法，贴心的教学服务，更好地服务广大考生，为社会培养具有高素质的师资力量和未来的匠师人才。

愿景Vision
成为具有影响力
的教师职业品牌

使命Mission
成为每一位老师
实现价值的基石

价值观Value
激情 不放弃
颠覆 不平凡

聚师课堂APP

联系我们

全国热线：400-990-9811

官方网址：https://jushiwangedu.com

聚师网
JUSHIWANGEDU

3. 4—6月时可以吃辅食，一般6月左右唾液腺分泌旺盛，开始萌出乳牙。

4. 1—6月时，婴儿每日睡眠时间为16—18小时；7—12月为14—15小时；1—2岁为13—14小时；2—3岁为12小时。

5. 随着月龄增加，婴儿逐渐可以用表情、声音（言语）、动作等多种信号表达自己的意愿，且表达意愿愈加清晰准确。

二、婴儿感知与运动发展的特点

1. 新生儿有很多本能的动作反应。

2. 1岁前婴儿大肢体运动的一般规律是：抬头（2个月）、翻身（4个月）、独坐（6个月）、翻滚（7个月）、爬行（8个月）、行走（12个月）。

3. 婴儿学会行走后，逐渐学会了快步走、单脚站、双脚跳跃、手脚协调地攀爬、平稳地奔跑等运动技能。

4. 因腕骨和小肌肉发育尚未成熟，婴儿的精细动作受到了限制，远远落后于大动作。先是手大把抓握，后发展为三指头捏、两指捏，再后来可以使用汤匙，双手协调地串珠子、垒高积木、旋拧物体、系鞋带、握笔画画涂色等。

5. 婴儿的手眼协调性和四肢协调性逐渐提高，大肌肉的力量也逐渐增强，于是投掷、抛接的动作也更加准确。

6. 1岁后婴儿大脑有了暂时的表象，即客体永久性；2岁前婴儿的动作是思维的手段，刚开始的动作是无目的的，表现为"试误性"动作和多次重复做同样的动作；2岁以后婴儿有了表象思维能力，思维活动可以不依赖于具体动作，变得有目的性和计划性。

三、婴儿认知与语言发展的特点

1. 认知的发展

（1）刚出生几个月婴儿就有了较强的视觉追踪物体的能力。

（2）刚出生的婴儿对人脸和某些图形有视觉偏爱（黑白格、靶型等）并表现出较长时间的注意。

（3）随着月龄增加，注意的广度、精度、时间、随意性都有了明显的提高。

（4）3岁前婴儿以机械记忆为主，意义记忆逐渐发展。

（5）3岁前的婴儿以无目的想象为主，有目的想象逐渐发展，能够凭借想象建构积木或绘画。

（6）思维的发展：

① 2岁前的婴儿是直觉行动思维，会借助动作来探索物体之间或现象之间的因果关系；2岁左右有了初步的表象思维能力，但头脑中的表象受到眼前事物以及现象的直观特征的干扰，同时思维也会受自身经验的影响。

② 另外，随着思维方式的转变和经验的积累，婴儿减少了动作的试误性而增强了目的性，而且动作有了初步的象征性（指代性）。

③ 认识自然物和人造物逐渐增多，认识了常见颜色（红、黄、绿、蓝）和基本形状（圆形、方形、三角形）；另外，通常1.5岁的婴儿对自己的身体有了初步认识，萌发了自我意识。

④ 婴儿逐渐喜欢模仿成人语言和动作，逐渐有了分类能力、匹配能力，有了比较多个事物的大小和长短的排序能力和使用工具解决问题的能力。

⑤ 随着月龄增加，婴儿能够理解和说出空间关系，但对方位的认识机械而缺乏相对性。

⑥ 3岁前婴儿的概念具有明显的原型性和形象性。

2. 语言的发展

语音的发展：

（1）语音的发展阶段：5 个月之前发出无意义的模糊的音；5 个月开始了牙牙学语；10 个月发音有了一定的意义；1 岁以后发音不仅有了更多的意义，而且能模仿成人的词句；1.5 岁后开始说一些短语和简单句子；3 岁以后发音有了方言特征。

（2）辨音能力先于发音能力：即 2 岁左右随着表象思维的萌芽，婴儿有了语音表象，能够分辨出语音的对错，但受发音器官的限制会发错语音。

词汇的发展：

（1）词汇的增加：1 岁后婴儿的词汇量逐渐增加，3—4 岁基本掌握了母语口语的常用词汇，能够顺利与成人交流，但能说出的词的数量也较 3 岁后少。

（2）词汇的种类：3 岁前婴儿掌握较多的是有具体意义的名词（跟生活经验相关的），其次是动词，代词使用也很频繁，形容词和数量词使用较少（能掌握 10 以内的数词）。

（3）词汇使用的积极性：3 岁前婴儿对外界事物很感兴趣，喜欢问"是什么"；3 岁左右开始喜欢问"为什么"，且使用词的积极性也在增加，除了用词语表达意愿外，还会有乱用词或"乱造词"的现象。

语法的发展：

刚开始使用的多为单词句和电报句等结构不完整的句子，2 岁以后逐渐出现了比较完整的句子。另外，句子从简单句到复合句发展，2 岁左右的婴儿说出的句子中，简单句占了 96.5%。

四、婴儿情感与社会性发展的特点

1. 情绪情感的发展

（1）婴儿的情绪表现更多地与其进食需要、舒适需要、与照看者交流的需要相关联。1 岁以后婴儿情绪的种类有了明显的分化。

（2）整个婴儿期，婴儿的情绪波动较快，到了 3 岁左右婴儿开始学会自控情绪。

2. 社会性发展

（1）社会性微笑：刚出生的婴儿就开始关注人声，特别是亲人和照看者的声音；3 周就能在照看者引逗时发出微笑，但直到 3 个月才有了真正的具有社会交往意义的社会性微笑，比如，婴儿能主动对照看者的到来表现出欢迎的姿势和微笑，继而引发成人进一步的引逗行为。

（2）亲子依恋：出生不久，婴儿就对照看者有了偏爱的本能行为；7 个月左右，婴儿就与照看者建立了稳定的依恋关系，同时有了陌生人焦虑；但 7 个月后婴儿也可与第二照看者建立依恋关系。

（3）社会交往倾向性：1 岁前婴儿大多关注自己身边的环境、玩具等物体；直到 1 岁后，指向人的主动交往行为明显增多，比如与照看者玩游戏，或者在无组织的情况下自主与同伴共同游戏或者在旁边模仿他人的行为。

（4）情绪智力：虽然婴儿较早就能识别他人的表情是否愉快，但直到 3 岁左右才有了真正的情绪识别能力、同情心和推测别人思想活动的能力。

（5）自我意识萌芽：1.5 岁婴儿才建立了初步的自我意识，如他们会倾向于使用"我"这个词，但整个婴儿期，自我意识能力都较低。

（6）规则学习：1.5 岁左右，婴儿开始了解人际规则；2 岁后懂得是非，在父母的教育下能使用更多的礼貌用语。

（7）性别角色意识：3 岁左右婴儿才有了性别角色意识，知道自己的性别并根据外在特征判定他人的性别。

（8）社会交往技能学习：婴儿掌握了初步的社会交往技能，如分享、请求、交换等，但交往时更多表现出以自我为中心。

（9）自我服务能力：在婴儿期，婴儿养成了初步的生活习惯和自我服务能力，但这些能力还比较弱。

 模块自测

一、单项选择题

1. 根据皮亚杰的认知发展阶段论，3—6岁幼儿属于（　　）阶段。
   A. 感知运动　　　　　B. 前运算　　　　　C. 具体运算　　　　　D. 形式运算
2. 儿童学习语言的关键期是（　　）。
   A. 0—1岁　　　　　B. 1—3岁　　　　　C. 3—6岁　　　　　D. 5—6岁
3. 目前幼儿园教师为幼儿制作成长档案是运用了（　　）对幼儿的成长进行研究。
   A. 观察法　　　　　B. 谈话法　　　　　C. 作品分析法　　　　　D. 实验法
4. 若儿童言语发育、社会交往出现障碍，而且伴有行为异常、兴趣奇特，往往是（　　）的症状。
   A. 口吃　　　　　B. 缄默症　　　　　C. 自闭症　　　　　D. 多动症
5. 幼儿骨头中的有机物含量较高，所以（　　）。
   A. 容易产生佝偻　　　　　　　　B. 不容易做精细动作
   C. 脊柱容易变形　　　　　　　　D. 容易发生牵拉肘
6. 下列选项中，表述有误的是（　　）。
   A. 幼儿年龄越小，免疫力越低　　　B. 幼儿年龄越小，心跳越慢
   C. 幼儿年龄越小，体温越高　　　　D. 幼儿年龄越小，睡眠时间越长
7. 2岁前婴儿直觉行动式的思维使得其动作具有一些特点，以下错误的表述是（　　）。
   A. 动作有试误性　　　　　　　　B. 动作无计划性
   C. 精细动作发展迟缓　　　　　　D. 动作停止思维停止
8. 2—6岁儿童掌握的词汇数量迅速增加，词汇范围不断扩大，该时期儿童掌握词汇的顺序通常是（　　）。
   A. 动词、名词、形容词　　　　　B. 动词、形容词、名词
   C. 名词、动词、形容词　　　　　D. 形容词、动词、名词
9. 中班幼儿告状现象频繁，这主要是因为幼儿（　　）。
   A. 道德感的发展　　B. 羞愧感的发展　　C. 美感的发展　　D. 理智感的发展
10. 幼儿意识到自己和他人一样都有情感、有动机、有想法，这反映了幼儿（　　）。
   A. 个性的发展　　B. 情感的发展　　C. 社会认知的发展　　D. 感觉的发展

二、简答题

1. 简述幼儿思维发展的一般特点。
2. 运用观察法研究幼儿心理时的主要操作步骤有哪些？
3. 婴幼儿神经系统的特点是什么？

三、材料分析题

3岁的小明上床睡觉前非要吃糖不可。妈妈一个劲儿地向他解释睡觉前不能吃糖的道理，小明就是不听，还扯着嗓子哭起来。妈妈生气地说："再哭，我打你。"小明不但没停止哭叫，情绪

反而更加激动，干脆在床上打起滚来。

请联系有关幼儿情绪的理论，谈谈小明为什么会这样，成人应如何引导与培养幼儿的良好情绪。

参考答案

一、单项选择

1. B 2. B 3. C 4. C 5. C 6. B 7. C 8. C 9. A 10. A

二、简答题

1. 幼儿期思维发展的一般特点是：以表象思维为主，抽象思维开始萌芽；幼儿的表象思维具有象征性、经验性、拟人性、表面性和刻板性等特点。

2. 运用观察法研究幼儿心理时的主要操作步骤有：

(1) 观察前的准备工作，包括确定观察问题、制订观察计划、选择观察方法、确定观察记录方法、选择观察记录工具、进行理论准备；

(2) 进行预备观察；

(3) 进行正式观察；

(4) 观察反思。

3. 婴幼儿神经系统的特点是：

(1) 大脑皮质活动遵循一定的规律；

(2) 1岁前大脑神经细胞生长迅速，1岁后网络化；

(3) 6岁前脑重增长迅速，占成人的90%；

(4) 大脑易兴奋易疲劳；

(5) 年龄越小，睡眠时间越长；

(6) 大脑耗氧量大，占身体的50%；

(7) 大脑所需能量单一（糖）。

三、材料分析题

答案要点：

3岁的幼儿情绪不稳定，容易冲动，比较外露，不容易控制。为了培养幼儿良好的情绪，平时应注意：创设良好的教育环境，培养幼儿良好的情感；充分利用各种活动培养幼儿的情感；成人的情绪自控；正确疏导幼儿的不良情绪。尤其面对幼儿的不良情绪时，可以采取转移法、冷却法与消退法等干预措施。

模块二　学前教育原理

 考试目标

1. 理解教育的本质、目的和作用，理解教育与政治、经济和人的发展的关系，能够运用教育原理分析教育中的现实问题。

2. 理解幼儿教育的性质和意义，理解我国幼儿教育的目的和任务。

3. 了解中外幼儿教育发展简史和著名教育家的儿童教育思想，并能结合幼儿教育的现实问题进行分析。

4. 理解学前教育的基本原则，理解幼儿园教育的基本特点，能对教育实践中的问题进行分析。

5. 理解幼儿园以游戏为基本活动的依据。

6. 理解幼儿园环境创设的重要性。

7. 理解幼儿园班级管理的目的和意义。

8. 掌握《幼儿园教育指导纲要（试行）》在幼儿园教育活动的目标、内容、实施和评价上的基本观点和要求。

9. 了解我国幼儿教育的改革动态与发展趋势。

 内容详解

本模块首先介绍了教育的本质、目的和作用，幼儿教育的性质、意义、目的和任务。接着介绍了幼儿教育的产生与发展，幼儿园教育的原则与特点，班级管理的目的意义。最后介绍了《幼儿园教育指导纲要（试行）》的基本观点和要求以及幼儿教育的改革动态与发展趋势。

第一章 教育概述

 考纲提要

1. 理解教育的本质、目的和功能。
2. 理解教育与政治、经济和人的发展的关系。
3. 能够运用教育原理分析教育中的现实问题。

 内容结构图

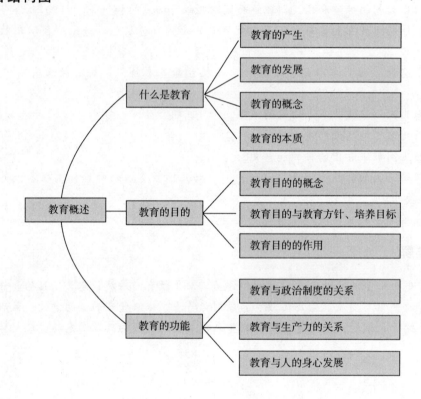

第一节 什么是教育

一、教育的产生

在教育史上关于教育的起源主要有以下三种不同的主张。

(一) 生物起源说

生物起源论者认为，人类教育起源于动物界中各类动物的生存本能活动，其主要代表人物有利托尔诺、斯宾塞、沛西·能等。

（二）心理起源说

心理起源论者认为，教育起源于儿童对成人的无意识的模仿，其主要代表人物是美国教育家孟禄。

（三）劳动起源说

劳动起源论者认为，教育起源于劳动，起源于劳动过程中社会生产需要和人的发展需要的辩证统一，其主要代表人物是苏联的米丁斯基、凯洛夫等教育史学家和教育学家。

二、教育的发展

教育随着社会的发展而发展，不同的历史阶段，有不同性质和特点的教育。

按生产力发展水平划分，教育可分为古代教育和现代教育两个阶段。

按生产关系划分，可分为原始社会的教育、奴隶社会的教育、封建社会的教育、资本主义社会的教育和社会主义社会的教育五个阶段。

三、教育的概念

广义：泛指一切能增进人的知识技能，发展人的智力和体力，影响人的思想观念的活动。包括学校教育、家庭教育和社会教育。

狭义：指学校教育，具体指通过学校这种机构，对受教育者的身心施加的一种有目的、有计划、有组织的影响，促使其朝着所期望的方向发展变化的活动。

四、教育的本质

（一）教育的质的规定性

教育的质的规定性是有目的、有计划、有组织地培养人的社会实践活动，即根据一定社会需要而进行的培养人的活动或培养人的过程。

（二）教育的本质特性

1. 教育是人类社会特有的一种社会现象。
2. 教育是人类特有的一种有意识的活动。
3. 教育是人类社会特有的传递经验的形式。
4. 教育是有意识的以影响人的身心发展为目标的社会活动。

第二节 教育的目的

一、教育目的的概念

广义：指人们对受教育者的期望，即人们期望受教育者接受教育后身心各方面产生怎样的发展结果，或发生怎样的积极变化。

狭义：指一个国家对教育活动结果规定出的总要求，是国家为培养人才而确定的质量规格和标准。

二、教育目的与教育方针、培养目标

教育目的是一个体系，它与上位层次的教育方针和下位层次的培养目标等，是自上而下的相互制约与自下而上的逐级达成关系。

教育方针是国家最高权力机关根据政治、经济的要求，明令颁布实行的一定历史阶段教育工作的总的指导方针或总方向。它是教育政策的总概括，是全国各级各类教育的目的和必须遵循的准则。教育目的是培养各级合格人才的总要求或共同标准。培养目标是不同类型、层次的学校或专业培养人才的具体质量规格。

教育目的与教育方针的联系表现为，教育目的是教育方针的重要组成部分，教育目的的确立及其内容必须符合教育方针的规定。与教育方针相比，教育目的是具体的，培养目标则更为具体。

三、教育目的的作用

（一）规范功能

教育目的规范了人才培养目标和学校的教育方向，规范了课程的设置和教学内容，规范了教师的教学行为，规范了学校管理。

（二）选择功能

教育目的的选择功能集中体现在教育活动与教育内容的选择上。任何一个国家的学校和教师都会根据教育目的的基本要求，决定哪些研究成果和社会文化可以进入教育内容，哪些则应受到批判和抵制。

（三）激励功能

人类的教育活动，目的越是明确，越是具体，达成的可能性就越大，就越能调动更多人的积极性。相反，目的越是宏大，越是抽象，越是遥远，越是完美，达成的困难就越大，可能性就越小，激励的作用也就越差。

（四）评价功能

教育目的既是一个国家人才培养的质量规格和标准，也是衡量教育质量和效益的重要依据。教育目的的评价功能集中体现在现代教育评估或教育督导行为中。

第三节　教育的功能

一、教育与政治制度的关系

（一）政治制度决定教育的性质

1. 政治制度决定教育的领导权。
2. 政治制度决定教育的对象及其权利。
3. 政治制度决定教育目的、教育政策、教育制度和某些教育内容。

（二）教育对政治制度的反作用（政治功能）

1. 教育是社会政治关系再生产的重要手段。

2. 教育能为政治、经济培养所需要的人才。

3. 教育通过传播思想，形成舆论来作用于政治。

二、教育与生产力的关系

（一）教育的发展受生产力发展水平所制约

1. 生产力发展制约着教育发展的规模和速度。

2. 生产力发展制约着教育目的（人才的培养规格）。

3. 生产力发展制约着课程设置和教学内容的改革。

4. 生产力发展促进教学方法、教学手段和教学组织形式的改进。

（二）教育的发展推动生产力的发展（经济功能）

1. 教育是劳动力再生产的重要手段之一，把可能的劳动力变为现实的劳动力，提高劳动者素质，从而促进生产的发展。

2. 教育是科学知识再生产的重要手段，把科学知识转化为生产力。

3. 教育是生产新的科学技术、发展科学的重要手段。

三、教育与人的身心发展

（一）影响人的身心发展的因素

1. 遗　传

遗传，也叫遗传素质。是指从上一代继承下来的生理解剖上的特点，如机体的形态、器官、神经系统的特征等。这些遗传素质是先天的，与生俱来的。遗传素质是人的身心发展的物质前提。

2. 环　境

广义：指包括教育在内的人们生活的全部环境。

狭义：指除学校教育以外的社会环境。

良好的社会环境是促进儿童身心健康成长的必要条件之一，但社会环境不起决定作用。因为：（1）这种环境的影响是自发，偶然的，零碎的，没有既定的目的，也不能按一定的方向长期系统地影响儿童，它不能决定人们身心发展的方向和水平；（2）人们接受环境不是消极被动的，而是积极主动的过程。

3. 教　育（学校教育）

教育是环境的一个组成部分，是一种特定的环境。它对儿童身心发展起主导作用。

（二）教育要适应儿童身心发展规律

1. 身心发展具有顺序性和阶段性

首先，身心发展是有顺序的。人从出生到成人，其身心发展是一个由低级到高级，由量变到质变的连续过程，具有一定的顺序。如身体的发展是按"从头部到下肢""从中心部位到全身的边缘方向"发展，人的思维是从形象思维到抽象思维，记忆是从机械记忆到意义记忆发展，这些顺序是不可违背的。

其次，身心发展具有阶段性。人的一生，都要经历乳儿期、婴儿期、幼儿期、儿童期、少年期、青年期和成年期等几个阶段。不同的年龄阶段，表现出身心发展的不同特征。以思维为例，童年期的思维特点是以具体的形象思维为主，对抽象的事物不易理解；少年期则以抽象思维为主，能进行理论逻辑推断。阶段性还表现为各个阶段是互相衔接的，每一个阶段都是前一个阶段的延续，又是后一个阶段的准备。

儿童身心发展的顺序性，决定了教育工作的顺序性。教师必须遵循由浅入深、由易到难、由低级到高级的顺序进行，要"循序渐进"不要"拔苗助长"。儿童身心发展的阶段性要求教育必须根据不同年龄阶段儿童的特点，提出不同的要求，采用不同的内容和方法，切忌搞"一刀切"。

2. 身心发展具有不平衡性

儿童身心发展的速度和成熟水平是不相同的，具有不平衡性。表现为两个方面：一是同一方面的发展在不同时期发展速度不相同，如身高体重出生后一年发展最快，以后缓慢，到青春期又高速发展；二是不同方面发展的不平衡性，有些方面在较早阶段就能达到较高水平，有些方面则要成熟得晚些，如感觉、知觉在少年期之前已发展到相当水平，而逻辑思维要到青年期才有相当程度的发展。

教师应抓住儿童身心发展各个方面的成熟期和关键期，不失时机地进行教育，以取得最佳效果。

3. 身心发展具有稳定性和可变性

稳定性：指在一定社会和教育条件下，儿童身心发展阶段的顺序、年龄特征和变化速度等大体上是相同的，具有相对的稳定性。可变性：身心发展的稳定性只是相对的，但在不同的社会条件或教育条件下，同一年龄阶段的儿童，其身心发展的水平可能不一样。

教师要看到儿童身心发展的稳定性，把它作为施教的出发点和依据。同时要看到儿童身心发展的可变性，尽量创造良好的社会和教育条件，充分挖掘潜力，使之更快更好地发展。

4. 身心发展具有个别差异性

同一年龄阶段的儿童，由于遗传素质不同，环境影响和教育不同，他们身心发展的速度和水平可能因人而异，表现出个别差异性。教师要因材施教，长善救失。

（三）教育要促进儿童的身心发展

1. 学校教育按社会要求对个体的发展方向与方面做出社会性规范。
2. 学校教育具有加速个体发展的特殊功能。
3. 学校教育对个体发展不仅具有即时价值，而且具有延时价值。
4. 学校教育具有开发个体特殊才能和发展个性的功能。

章末小结

1. 教育的产生：教育史上关于教育的起源主要有三种不同的主张，即生物起源说、心理起源说、劳动起源说。

2. 教育的概念：广义泛指一切能增进人的知识技能，发展人的智力和体力，影响人的思想观念的活动。包括学校教育、家庭教育和社会教育。狭义指学校教育，通过学校这种机构，对受教育者的身心施加的一种有目的、有计划、有组织的影响，促使其朝着所期望的方向发展变化的活动。

3. 教育的本质特性：教育是人类社会特有的一种社会现象；教育是人类特有的一种有意识的活动；教育是人类社会特有的传递经验的形式；教育是有意识的以影响人的身心发展为目标的社会活动。

4. 广义的教育目的是指人们对受教育者的期望，即人们期望受教育者接受教育后身心各方面产生怎样的发展结果，或发生怎样的积极变化。狭义的教育目的是指一个国家对教育活动结果规定出的总要求，是国家为培养人才而确定的质量规格和标准。

5. 教育目的与教育方针、培养目标：教育目的是一个体系，它与上位层次的教育方针和下位层次的培养目标等，是自上而下的相互制约与自下而上的逐级达成关系。教育方针是国家最高权力机关根据政治、经济的要求，明令颁布实行的一定历史阶段教育工作的总的指导方针或总方向，它是教育政策的总概括，是全国各级各类教育的目的和必须遵循的准则。教育目的是培养各级合格人才的总要求或共同标准。培养目标是不同类型、层次的学校或专业培养人才的具体质量规格。教育目的与教育方针的联系表现为，教育目的是教育方针的重要组成部分，教育目的的确立及其内容必须符合教育方针的规定。与教育方针相比，教育目的是具体的，培养目标则更为具体。

6. 教育与政治制度的关系：政治制度决定教育的性质；教育对政治制度具有反作用（政治功能）。教育与生产力的关系：教育的发展受生产力发展水平所制约；教育的发展推动生产力的发展（经济功能）。

7. 影响人的身心发展的因素：遗传、环境和教育（学校教育）。

8. 教育要适应儿童身心发展规律：儿童身心发展具有顺序性和阶段性；儿童身心发展具有不平衡性；儿童身心发展具有稳定性和可变性；儿童身心发展具有个别差异性。

9. 教育要促进儿童的身心发展：学校教育按社会要求对个体的发展方向与方面做出社会性规范；学校教育具有加速个体发展的特殊功能；学校教育对个体发展不仅具有即时价值，而且具有延时价值；学校教育具有开发个体特殊才能和发展个性的功能。

 拓展阅读

黄济，劳凯声，檀传宝. 小学教育学［M］. 北京：人民教育出版社，2000.

第二章 幼儿教育概述

 考纲提要

理解幼儿教育的性质和意义，理解我国幼儿教育的目的和任务。

 内容结构图

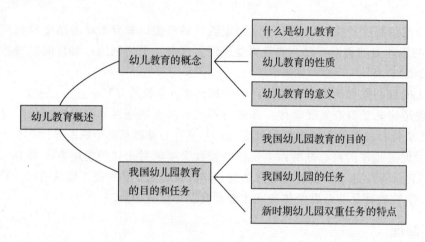

第一节 幼儿教育的概念

一、什么是幼儿教育

幼儿教育主要指的是对3—6岁幼儿所实施的教育。幼儿教育是学前教育或者说早期教育的后半阶段，前面与0—3岁的婴儿教育衔接，后面与初等教育衔接，是一个人教育与发展的重要而特殊的阶段。"重要"指的是它是一个人发展的奠基时期，许多重要能力、个性品质在这个时期形成基本特点；"特殊"指的是这个阶段是儿童身心发展从最初的不定型到基本定型，转而可以开始按社会需求来学习并获得发展的过渡时期。

幼儿教育也有广义和狭义之分。

从广义上说，凡是能够影响幼儿身体成长和认知、情感、性格等方面发展的有目的的活动，如幼儿随大人去旅游，看电影，参加社会活动等，都可说是幼儿教育。

狭义的幼儿教育则特指幼儿园和其他相关幼儿教育机构，对幼儿实施的有目的、有组织、有计划的活动。幼儿园教育在我国属于学校教育系统，具有家庭教育和社会教育所没有的优点，如计划性、系统性等。

二、幼儿教育的性质

我国幼儿教育是社会主义教育事业的组成部分，是我国基础教育的重要组成部分，是我国学校教育和终身教育的奠基阶段。

三、幼儿教育的意义

（一）幼儿教育对于人的发展的价值

1. 促进生长发育，提高身体素质

幼儿生长发育不成熟，缺乏自我保护意识，容易受到伤害，幼儿园应能合理地安排营养保健和一日生活，科学地组织体育锻炼，培养幼儿良好的生活卫生习惯，增强其对疾病的抵抗能力和对环境变化的适应能力等，帮助幼儿增强体质，健康成长。

2. 开发大脑潜力，促进智力发展

幼儿期是智力发展的关键期，美国心理学家布鲁姆曾经对上千名儿童追踪观察到成年，他在研究基础上提出了智力发展假设：如果 17 岁时达到的智力发展水平为 100％ 的话，则 4 岁时已达 50％。幼儿处于大脑开发，特别是语言、感知觉等发展的敏感期，需要开展适宜的早期教育。

3. 发展个性，促进人格的健康发展

人的个性、性格、思想道德和行为习惯都是在一定的教育影响下逐渐形成和发展起来的。在幼儿时期受到的教育和影响，常常会在一生中留下印记。幼儿期所受的教育，直接影响到人的一生。

4. 培育美感，促进想象力、创造力的发展

幼儿喜欢用形象、声音、色彩、身体动作等来思考和表达。根据这一特点，幼儿教育以美熏陶、感染幼儿，满足其爱美的天性，萌发其美感和审美情趣，激发他们表现美、创造美的欲望，发展他们艺术的想象力和创造力，促进其健全人格的形成。

（二）幼儿教育对于教育事业、家庭和社会的价值

幼儿教育不仅对于个体的身心发展十分重要，而且对于教育事业的发展、家庭的幸福和社会的稳定与进步也具有重要的作用。

1. 幼儿教育对于教育事业发展的价值

幼儿教育帮助幼儿做好上小学的准备，包括社会适应性、学习适应性、身体素质以及良好的学习与行为习惯、态度和能力等方面的准备，有助于儿童顺利地适应小学的学习和生活。

2. 幼儿教育对于家庭和社会的价值

众多事实表明，孩子能否健康地成长和发展已成为决定家庭生活是否和谐幸福、影响家庭生活质量的一个关键性的因素。家庭又是社会的最基本的单位，每一个幼儿都连接着一个或几个家庭，因此幼儿教育牵动了全社会，在许多国家成为政府关心国民的窗口。当前我国幼儿的入园率正在逐步上升，幼儿教育机构不仅承担着从时间上为家长参加工作和学习提供便利的任务，而且在家长普遍重视孩子发展和早期教育的当今时代，幼儿教育质量更成为家长关注的核心，直接关系着家长能否放心地工作、安心地学习。

第二节 我国幼儿园教育的目的和任务

一、我国幼儿园教育的目的

我国幼儿园教育的目的是："对幼儿实施体、智、德、美等方面全面发展的教育，促进其身心和谐发展。"

二、我国幼儿园的任务

我国《幼儿园工作规程》（2016 年）第三条提出："贯彻国家的教育方针，按照保育与教育相结合的原则，遵循幼儿身心发展特点和规律，实施德、智、体、美等方面全面发展的教育，促进幼儿身心和谐发展。"

（一）幼儿园促进幼儿的全面发展

幼儿园是促进幼儿全面发展的机构，以幼儿园为代表的幼儿教育机构应当执行我国的法律法规，对幼儿实施保育和教育。因此，幼儿园通过对幼儿实施体、智、德、美诸方面全面发展的教育，促进其身心和谐发展，体现自身的社会价值，为社会主义建设服务。

（二）幼儿园为家长服务

幼儿园不仅是教育机构，也是社会福利机构，负有为在园幼儿家长服务的任务。幼儿园保护和照顾幼儿有助于解决家长参加工作、学习而子女无人照顾的问题。

长期以来，幼儿教育既是基础教育事业，又是一项社会公益性、福利性事业。1952 年颁布的《幼儿园暂行规程（草案）》明文规定："幼儿园的任务是：根据新民主主义教育方针教育幼儿，使他们的身心在入小学前获得健全的发育；同时减轻母亲对幼儿的负担，以便母亲有时间参加政治生活、生产劳动、文化教育活动等。"据此，幼儿园必须承担教育幼儿和便利妇女参加社会建设的双重任务，拥有教育性和福利性双重属性，实现教育幼儿和提供社会福利的双重社会功能。

三、新时期幼儿园双重任务的特点

（一）国家对幼儿身心素质的培养提出了更高的要求

现代科技的飞速发展使社会进入了以知识、信息为主要生产动力的时代。国家提出了"科教兴国"的战略决策，这一切使教育面临前所未有的挑战。幼儿教育必须从素质教育入手，对教育思想、内容、形式、方法等全面地进行改革。

（二）家长希望幼儿园提供更广泛、更多样化的服务

随着我国社会经济体制改革的日益深入和社会主义市场经济的逐步建立，人们的生活方式、价值观念等空前多样化。在这种形势下，家长要求办园形式更加多样化，除了全日制之外，还应有半日制、计时制、机动的寄宿制等；要求增加节假日服务、晚间服务、护理病孩服务等。因此，各种幼教机构在办园形式、管理制度、收托时间、保育范围、运作机制等方面要更灵活，更方便，更能适合家长工作、学习、生活方面的特点和需要。

（三）家长对幼儿园的教育保育质量有更高的要求

家长对幼儿教育在人一生发展中的重要意义的认识不断提高，他们不仅希望孩子在幼儿园吃得好、长得好，更希望孩子能接受好的教育。幼儿园质量的高低成为家长最关心的问题。提高保育和教育质量成了幼儿园生存和发展的关键。幼儿园只有教育质量高，才会生源充足，家长满意，获得良好的社会效益。

总之，幼儿园要更好地完成双重任务，使家长满意、社会满意，必须关心、顺应社会的发展和变化，不断调整自身的运行机制，深入地进行改革，把幼儿园教育质量不断提高到新的水平。

 章末小结

1. 什么是幼儿教育：幼儿教育主要指的是对 3—6 岁幼儿所实施的教育。从广义上说，凡是能够影响幼儿身体成长和认知、情感、性格等方面发展的有目的的活动，都可说是幼儿教育。狭义的幼儿教育则特指幼儿园和其他相关幼儿教育机构，对幼儿实施的有目的、有组织、有计划的活动。幼儿园教育在我国属于学校教育系统，具有家庭教育和社会教育所没有的优点，如计划性、系统性等。

2. 幼儿教育的性质：我国幼儿教育是社会主义教育事业的组成部分，是我国基础教育的重要组成部分，是我国学校教育和终身教育的奠基阶段。

3. 幼儿教育的意义：幼儿教育对于人的发展具有重要价值；幼儿教育对于教育事业、家庭和社会具有重要价值。

4. 我国幼儿园教育的目的："对幼儿实施体、智、德、美等方面全面发展的教育，促进其身心和谐发展。"

5. 我国幼儿园的任务：我国《幼儿园工作规程》（2016 年）第三条提出："贯彻国家的教育方针，按照保育与教育相结合的原则，遵循幼儿身心发展特点和规律，实施德、智、体、美等方面全面发展的教育，促进幼儿身心和谐发展。"

 拓展阅读

1. 朱小娟. 幼儿教师适宜行为研究 [M]. 北京：教育科学出版社，2009.
2. 杭梅. 幼儿教育学 [M]. 北京：高等教育出版社，2009.

第三章　幼儿教育的产生与发展

 考纲提要

1. 了解中外幼教发展简史。
2. 了解中外著名教育家的儿童教育思想。
3. 能灵活运用上述知识分析当今幼教的现实问题。

 内容结构图

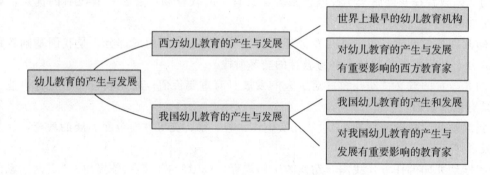

第一节　西方幼儿教育的产生与发展

一、世界上最早的幼儿教育机构

英国空想社会主义者和教育改革家欧文相信人的性格或好或坏是由环境决定的，在此思想指导下，他十分重视幼儿教育。欧文于1816年在苏格兰的新拉纳克为1—6岁儿童创办了幼儿学校，这堪称欧洲最早的幼儿教育机构。

1837年，德国教育家福禄贝尔在勃兰根堡设立了一所专收3—7岁儿童的教育机构。1840年，他把这所机构命名为"幼儿园"。自此，世界上第一所以"幼儿园"为名的幼儿教育机构诞生了。这也意味着社会组织化的幼儿教育产生了。

 知识窗

幼儿园名称的由来

福禄贝尔的幼儿教育机构设在山林中，风景非常优美，有一天，他在林中散步，看见山林中的草木花鸟，一派生机勃勃的景象，受到启发，他想幼儿也是生机勃勃的人，幼儿生活在幼儿教育机构，就像花像鸟儿生活在园林中一样。因此，他把幼儿比作植物花草，把教师比作园丁，把学校比作花园，于是决定取名为幼儿园，意为儿童的花园（Kindergarten）。

二、对幼儿教育的产生与发展有重要影响的西方教育家

（一）夸美纽斯

夸美纽斯（1592—1670）是 17 世纪捷克著名的教育家。

1."泛爱"主义的教育主张

夸美纽斯认为，"人是造物中最崇高，最完善，最美好的"，人人都有接受教育的可能性。他提出一切城镇乡村的男女儿童，"不论其贫富贵贱，都应该进学校"，这就是其泛爱主义的教育主张，也构成了其普及教育论的基础。

2. 幼儿教育思想

夸美纽斯依据儿童的年龄特征，设计了一个理想的四级学制。第一级即是婴幼儿期（0—6 岁），儿童在"母亲的膝前"即母育学校接受教育。

《母育学校》是历史上第一部论述学前教育的专著，集中体现了夸美纽斯的学前教育思想。他认为，每一个家庭都可以成为一所学校，孩子的母亲便是主要教师。

他还编写了《世界图解》来指导儿童学习，这是历史上第一部对幼儿进行启蒙教育的看图识字课本。夸美纽斯对教育的贡献是巨大的，他的幼儿教育主张对于西方幼儿教育的建立具有重要意义。

3. 教学基本理论

夸美纽斯坚持教育适应自然的原则，要求教育符合儿童的身心发展特点和教学的客观规律。他总结自己多年的教学经验，提出了教学应遵循的几大原则，如直观性原则、循序渐进原则、启发儿童的学习愿望和主动性的原则等。

夸美纽斯是世界上最先提出学校教育应当实行班级授课制的人。班级授课制的实施极大地提高了教学效率，对教育的发展和普及产生了重大影响。

夸美纽斯作为一位杰出的教育家，其教育思想在教育史上具有划时代的意义。他提出的许多教学思想都具有前瞻性、现代性。但是，夸美纽斯的教育思想受其时代所限，也具有一定的片面性。尽管如此，夸美纽斯的教育思想仍闪耀着不朽的光芒，在近代教育史上占有极为重要的地位，他被尊崇为教育史上的"哥白尼"和"现代教育之父"。

（二）卢　梭

让·雅克·卢梭（1712—1778）是 18 世纪法国著名的启蒙思想家、哲学家、教育家。他的教育思想主要见于其小说体著作《爱弥儿》和《新爱洛绮丝》中。卢梭认为，教育对于人的影响是巨大的，"我们在出生的时候所没有的东西，我们在长大的时候所需要的东西，全都要由教育赐予我们"。卢梭强调对幼儿进行教育，必须遵循自然的要求，顺应人的自然本性，反对成人不顾儿童的特点，按照传统与偏见强制儿童，干涉或限制儿童的自由发展。由此，卢梭提出自然教育思想，从而形成了教育史上的自然主义教育。

1. 自然主义的儿童观

对儿童的认识，是卢梭自然主义教育思想中极具特色的内容。在儿童观上，他认为应该把儿童当作儿童看待，尊重儿童的人格。他在《爱弥儿》中说："在万物的秩序中，人类有他的地位；在人生的秩序中，儿童有他的地位：应当把成人当作成人，把孩子当作孩子。"

2. 自然主义教育

教育要始终朝向一个明确的目标——自然。卢梭认为，自然就是人的自然本性，人的天性，人的趋乐避苦、追求幸福与完美的倾向。

卢梭自然教育的目的是要保护儿童善良的本性，培养"自然人"，他是符合天性的、身心得到和谐发展的人，是能自食其力、不受传统束缚、能够适应社会生活的一代新人。卢梭笔下的爱弥儿正是"自然人"的典型。

3. 自然教育的基本原则

卢梭的自然教育，要求教育必须适应儿童的年龄特征及个性特点。卢梭根据他对于儿童发展的自然进程的理解，将儿童的教育划分为以下几个阶段，每个时期有不同的重点。

第一阶段是婴儿期，从出生到 2 岁，这个时期儿童处于长身体的自然状态，教育的主要任务是保障婴幼儿的身体健康。

第二阶段是儿童期，从 2 岁到 12 岁，卢梭认为这个时期是儿童的"理性睡眠时期"。虽然这一时期儿童的身体活动能力、语言能力、感觉能力都开始发展了，但还没有达到理智阶段，言行多受感性支配，还不适宜进行抽象的概念和文字知识方面的教育。所以，教育的主要任务是发展儿童的感性器官，增加感觉经验，为理性的发展打下基础。在纪律教育方面，卢梭反对体罚，也不赞成口头说教。他提出，当儿童犯了错误和过失后，不必直接去制止或处罚他们，而让儿童在同自然的接触中，体会到自己所犯的错误和过失带来的自然后果。这就是教育史上著名的"自然后果律"。这对我们今天的德育仍具有指导意义。

第三阶段是少年期，从 12 岁到 15 岁，注重知识教育和劳动教育。卢梭认为，智育的任务不在于传授系统的科学知识，而在于发展儿童获得知识的能力，激发他们对所学知识的兴趣和热情。

卢梭的按照儿童自然发展的要求和顺序进行教育的学前教育思想，以及感觉训练的思想对后继学前教育思想家的理论起到了重要的启发和引导作用。

（三）裴斯泰洛奇

裴斯泰洛奇（1746—1827）是瑞士著名教育家。他一生从事贫民教育工作，是教育史上提倡与实施爱的教育的杰出代表。

1. 和谐发展教育的目的观

在教育对人的作用问题上，裴斯泰洛奇特别强调教育要自然，即激发和发展儿童的天赋能力和能量。

2. 和谐教育的内容

裴斯泰洛奇提出和谐发展的教育，内容包括体育、劳动教育、德育和智育。

裴斯泰洛奇把体育看成人的和谐发展教育的一项重要内容，重视把体育和劳动教育相结合。

裴斯泰洛奇非常重视道德教育，把它称为"整个教育的关键问题"，也是培养"和谐发展"和"完善的人"的重要方面。道德教育的最终目的是养成儿童具有爱所有人的博爱精神。为了更好地实现道德教育的目的，裴斯泰洛奇提出了道德教育的方法和原则：重视教师以身作则的示范作用和学生对道德行为的实际练习。

裴斯泰洛奇认为，集中发展智力比泛泛地传授知识更加重要。智育的最高目的是发展儿童的心智，包括思考能力、判断能力、表达能力和结束能力等。他主要的著作有《林哈德和葛笃德》《幼儿教育书信》等。

（四）福禄贝尔

福禄贝尔（1782—1852）是德国著名的幼儿教育家，幼儿园的创始人。他的主要著作有《人的教育》《母亲与儿歌》等。

1. 幼儿教育的重要性

受到夸美纽斯和裴斯泰洛奇的影响，福禄贝尔认为家庭和母亲在早期教育中占据重要地位。但他也认识到，许多母亲没有充分的时间教育自己的子女，而且没有受到过相当的教育训练，不能胜任教育子女的责任，因此，有必要建立公共的幼儿教育机构来弥补家庭教育的缺陷。

2. 幼儿园的教学原则

福禄贝尔认为，游戏活动和儿童的心理有密切关系，游戏给儿童以自由和欢乐，所以任何儿童对游戏都很感兴趣。如果顺其自然，以游戏为教育的方法，以引导儿童自我活动、自我发展和社会参与，就很容易增强教育的效果。所以，他主张教育应该成为儿童游戏的乐园。

3. 恩 物

福禄贝尔认为游戏是儿童认识世界的工具，但他认为儿童的心灵能力在此时尚未发育健全，面对复杂多变的大千世界，他们常常会一时间茫然不知所措，无法清楚地认识事物内在的联系性和统一性。为了帮助幼儿认识自然及其内在规律，他创制出了一套供儿童使用的教学用品，称为"恩物"。这是福禄贝尔对于幼儿教育工作的具体贡献。

 知识窗

恩物的由来

福禄贝尔认为，自然界是上帝的恩赐物，是使人认识上帝的大学校。为了适合儿童教育的特殊要求，应当仿制大自然的性质、形状和法则，制作简易的物件，作为儿童认识万物、理解自然的初步手段和工具，这就是恩物的由来。所以，"恩物"就是一种适合儿童特点的恩赐物，是幼儿园里做游戏和进行作业时用的玩具和材料。

福禄贝尔对幼儿教育的贡献是开创性的，他是近代系统的学前教育理论的奠基人之一，也是近代影响最大的幼儿教育家。他首创了幼儿教育的重要形式之一——幼儿园，并广泛组织训练当时的幼儿园教师，客观上顺应了当时要求发展幼儿社会教育的历史趋势。他明确提出了幼儿园的任务，建立了游戏的理论体系，发明了"恩物"，在世界各地广为流传。

（五）杜 威

杜威（1859—1952）是美国著名的哲学家和教育家，是 20 世纪影响最大的教育家，也是 20 世纪上半期儿童中心主义的重要代表人物。1896 年，杜威在芝加哥大学哲学、心理学和教育学系创办了隶属于该系的实验学校（被称为"杜威学校"），招收 4—8 岁儿童进行试验，实施自己的教育理念。他的试验被美国学者称为"美国幼儿教育发展史的经典性记录"。他的主要著作有《我的教育信条》《儿童与课程》《学校与社会》等。

1. 儿童中心主义

"儿童中心主义"教育原则，是杜威的教育理论甚至整个现代派教育理论中的一个核心要求。他认为，传统教育的最大缺点是从上面或者外面对儿童施行强迫教育，让儿童学习成人为之编好的教材，使教育成为一种外来的压力。他主张把教育的中心转移到儿童方面来，使儿童成为教育的主宰。

2. 教育的本质

杜威在自己的教育理论中从各种不同的角度，多方面地论述了教育本质问题。他提出三个重要的论点来对教育本质进行概括，这就是"教育即生长""教育即生活""教育即经验的不断改造"。

"教育即生长"，即教育的本质就是促进儿童的本能生长。他又指出，儿童本能生长总是在生活过程中展开的，或者说生活就是生长的社会性表现。于是，他说："没有教育即不能生活。所以我们可以说，教育即生活。"在他看来，最好的教育就是"从生活中学习"，学校教育应该利用现有的生活情境作为其主要内容。

"教育即经验的不断改造"，杜威认为既然经验是世界的基础，因此教育也就是通过儿童的主动活动去经历一切和获取各种直接经验的过程。在教育过程中，主要不是教给儿童既有的科学知识，而是让儿童在活动中自己去获得经验。这包含两方面的意义：一是通过教育去增加儿童的经验；二是通过教育去提高儿童指导后来经验进程的能力。

3. 活动课程论

杜威反对以既有的知识编写系统教材，更反对用这种教材进行教育。他要求把课程与教材恢复到它被抽象出来的原来的经验，即把课程和教材建立在儿童现在的生活经验基础上。儿童本身的活动就是课程，也是教材。这样获得的知识完全是通过儿童的自身体验得来的，是儿童的直接经验，只有这样的知识才是最准确、最有价值的，也是记忆最为深刻的。

在活动课程论的基础上，杜威提出了"从做中学"的教学基本原则。他认为儿童是在自己的活动中去求取经验，获得知识的。获取直接经验就是获得知识，学的过程其实就是做的过程。

（六）蒙台梭利

蒙台梭利（1870—1952）是意大利幼儿教育家，曾被罗马大学聘任为该校附属精神病诊所的助理医生，主要治疗对象为低能儿童。1907年，蒙台梭利在罗马贫民区开办了一所招收3—7岁贫民儿童的幼儿学校，并命名为"儿童之家"。她将使用于低能儿童的教育方法经过适当的修订，运用于正常儿童，也取得了极大的成功，引起了国内外人士的广泛注意。除了《蒙台梭利教育方法》外，她的主要著作有《童年的秘密》《有吸收力的心智》等。

1. 儿童的心理发展观

蒙台梭利对儿童心理有深入的研究，她认为儿童的心理发展有四个存在着内在联系的显著特点。

第一，具有独特的心理胚胎期。她认为人类有两个"胚胎"期：一个是在母体内生长发育的过程，可称为"生理的胚胎期"；另一个则是人类特有的"心理的（或称精神的）胚胎期"，具体表现在从出生到3岁的婴幼儿阶段。

第二，心理具有吸收力。蒙台梭利认为婴幼儿具有一种下意识的感受能力与特殊的鉴别能力，简称"吸收心理"。也就是说，儿童有一种自动成长的冲动。

第三，具有敏感期。蒙台梭利认为，儿童心理的发展也有各种敏感期，在发展过程中也经过不同的阶段，每个阶段都由某种心理的倾向性和可能性显示出来，过了特定的时期，其敏感性则会消失。

第四，发展具有阶段性。第一阶段：0—6岁，是儿童个性形成的最重要时期；第二阶段：6—12岁，是儿童增长学识和艺术才能，有意识地学习时期；第三阶段：12—18岁，能根据自己的兴趣探索事物，能进行像对成人那样的宣传教育。

2. 教育的目的和原则

蒙台梭利认为，教育的目的在于发展儿童"生命的法则"，帮助儿童发展生命，使每个儿童具有的天赋潜能在适宜的环境中得到自然的发展，在了解儿童的基础上促进儿童的全面发展。

教育的根本原则是使儿童获得自由，使儿童的天性得以自然地表现，幼儿的学习应是自愿的、非强制性的，教师的作用在于为儿童提供符合其身心发展的环境，帮助儿童实现自我教育。具体的教育原则有以下几方面。

（1）环境教育原则。蒙台梭利非常重视环境的创设，即为儿童提供一种有准备的环境。所谓有准备的环境，就是一套经过组织及协调的材料或玩具，用来促进儿童有效的学习。

（2）教师是儿童活动的观察者和指导者原则。

3. 课程内容

蒙台梭利根据自己的教育理论和教育实践，主要为儿童确立了下列教育内容。

第一，感觉教育。感觉教育在蒙台梭利教育体系中占有重要位置，也是她教育实验的主要内容。蒙台梭利的感觉教育遵循着一定的原则。一是循序渐进原则。照顾儿童的个别差异，把感觉教育同读、写、算的教学结合起来，由简单到复杂，逐步发展。二是自我教育的原则。她提倡让幼儿根据自己的能力和需要进行自我选择、独立操作、自我矫正。

第二，语言教育。蒙台梭利的语言教育包括口头语言训练和简单的书写活动。她认为，书写应先于口语训练。口头语言训练通过为儿童提供阅读教材和交谈两种形式进行。其中，阅读材料由清晰的书写好的单词和短语纸片与卡片组成，还有大量的玩具。

第三，纪律教育。纪律教育是蒙台梭利教育的重要组成部分，也是她为学前儿童设计的重要课程内容。

蒙台梭利认为，儿童纪律在本质上是积极的、活动的、主动的、内在的和持久的，而不是消极的、被动的、外在的和暂时的。纪律就意味着自由。但是，蒙台梭利教育体系中的自由概念，并不是放任自流，或让儿童任意妄为，而是有范围和限度的。

蒙台梭利认为"纪律必须通过自由而获得。""当一个人是自己的主人，在需要遵从某些生活准则的时候，他能够节制自己的行为，我们就可以称他是守纪律的人。"

第四，数学入门教育。这包括：数数、数字练习、用书写符号表示数、数的记忆练习、从1到20的加减乘除法、10以上的算术运算等。针对不同的内容，蒙台梭利采取了相应的教学方法。

第二节　我国幼儿教育的产生与发展

一、我国幼儿教育的产生和发展

1903年，我国创办了第一所幼儿教育机构——湖北武昌的湖北幼稚园。当时民族危机深重，救亡图存的呼声响遍中国大地，一些先进人士纷纷向西方寻求救国的真理，西方的教育制度成为他们学习的重要内容。在维新变法运动的推动下，"效法西洋，倡办西学"成为潮流，对幼儿实行"公教公养"的主张也随之被提了出来。为了满足民众变革的要求以维护封建统治，创办了中国第一所幼稚园——"湖北幼稚园"。之后，在北京、上海相继成立了蒙养院。当时，这些幼儿教育机构完全抄袭日本模式，显示出半封建半殖民地教育的特点。

在半殖民地半封建的旧中国，由于内外战火不断，政治动乱，经济停滞，政府根本不重视幼儿教育，导致幼儿教育发展极为缓慢。据统计，1947年全国仅有幼稚园1 301所，绝大部分都附设在小学或师范学校内，且都分布在沿海大城市。而且，如著名教育家陶行知先生尖锐抨击的那样，幼儿园害了三种大病：一是外国病，二是花钱病，三是富贵病。幼儿园完全成了外国文化侵略的工具和富贵人的专用品，劳动人民是不可能享用的。

可喜的是在这一时期，在中国共产党领导下的农村革命根据地、抗日民主根据地和解放区里，出现了一批适应战争环境和解放区、根据地政治经济特点的各种类型的托幼组织，如边区儿童保育院和托儿所等，成长了一支新型的保教人员队伍，为我国幼儿教育事业的发展积累了宝贵经验，为以后新中国的社会主义幼儿教育事业奠定了良好基础。

另外，有一批具有爱国思想和民主思想的幼儿教育家，批判封建主义的幼儿教育，反对幼儿教育的奴化和贵族化，积极提倡变革并躬行实践，创办了为平民子女服务的幼儿园。如陶行知的"乡村儿童团"，张雪门的"北平香山慈幼院"等就是这样的机构。然而，在当时的历史条件下，他们的主张没能彻底实现，不过他们的教育理论和实践成为我国幼儿教育的宝贵财富。

随着我国社会主义建设的深入，幼儿教育虽然有起有伏，但总体是向前发展的。1978年以后，幼儿教育机构逐渐发展，办学形式也开始多元化。特别是1989年以后，国家颁布了一系列管理法律法规，使我国幼儿教育管理从此跨入了规范化、法制化的轨道。

1989年6月，国家教育委员会为了加强幼儿园的科学管理，提高保育和教育质量，制定颁发了《幼儿园工作规程（试行草案）》（以下简称《规程》）（1996年6月正式施行）。2001年7月，我国教育部颁发了《幼儿园教育指导纲要（试行）》（以下简称《纲要》）。它就《规程》中有关"幼儿园的教育"这一部分内容做出了更为具体的规定，在《规程》与教育实践之间架起了过渡的桥梁。这些法规的颁布与实施，进一步推动了我国幼儿教育科学化、规范化的进程。

二、对我国幼儿教育的产生与发展有重要影响的教育家

（一）陈鹤琴

陈鹤琴（1892—1982），现代教育家、儿童心理学家和儿童教育专家，中国现代幼儿教育的奠基人。被誉为"中国的福禄贝尔""中国幼教之父"。他毕生致力于中国化新教育的研究和探索，创建了"活教育"理论体系。

作为学前儿童教育理论和实践的开创者，陈鹤琴坚持以立足实验、中西汇通的精神去创建有中国民族特色的现代儿童教育。他率先在我国采用日记法研究儿童心理，通过对其长子陈一鸣的追踪研究，探索中国儿童心理发展及教育规律，写成了中国第一部儿童心理学教科书——《儿童心理之研究》；他的《家庭教育》是我国第一本在近现代儿童学原理指导下结合亲身育儿经验写就的著作，奠定了陈鹤琴作为现代家庭教育拓荒者的历史地位；他率先采用实验法在其创立的中国第一所实验幼稚园——南京鼓楼幼稚园开展全方位的研究，进行中国化、科学化幼稚园教育的实践探索，总结并形成了系统的、有民族特色的学前教育思想。

"活教育"思想是在力破传统教育死气沉沉的尘垢旧病过程中形成和发展起来的，是陈鹤琴长期以来从事中国化新教育探索的概括和总结。1940年，他在江西创建了中国第一所公立实验幼稚师范学校，正式提出活教育的理论并开始系统的"活教育"实验，经过持续多年的教育实践，不断发展完善形成"活教育"的理论体系。

这个理论包括目的论、课程论和方法论，以及 17 条教学原则和 13 条训育原则等。它既是陈鹤琴长期教育实践的概括和总结，又有着深厚的理论基础，是中西文化与教育思想融合的产物。

1."活教育"的目的论

陈鹤琴提出，"活教育"的目的是"做人，做中国人，做现代中国人"，这也是教育的根本问题。活教育要求儿童首先必须学会做人，做一个真正的人，一个具有良好品德、良好习惯与健全人格的人，进而培养儿童做符合中国国情需要的现代中国人。他还明确提出了做一个现代中国人应当具备的五个条件：要有健全的身体、创造的能力、服务的精神、合作的态度和世界的眼光。

 知识窗

"南陈北张"之张雪门

20 世纪三四十年代我国幼教界有"南陈北张"之说，"南陈"即陈鹤琴，"北张"即张雪门。

张雪门（1891—1973），我国著名幼儿教育家。青年时期就对幼儿教育感兴趣，通过到沪宁一带参观，目睹当时一些日本式的蒙养园或教会办的幼稚园对幼儿的不良影响，深感痛心，遂立志投身幼教。1918 年，他与几位志趣相投者创立了当地第一所中国人自办的幼稚园——星荫幼稚园，并任园长。1920 年，他与人合办两年制的宁波幼稚师范学校，任校长。同年，应聘到北京孔德学校任小学部主任。1924 年入北京大学教育系学习，并兼任职员，考察平津幼稚教育，研究福禄贝尔、蒙台梭利等幼稚教育学家的思想及世界各国的幼稚教育，后以毕生精力研究我国的幼稚教育。1928 年主办中法大学孔德学校幼稚师范科。1930 年，举办了北平幼稚师范学校，亲任校长，在校内开展了一系列的幼稚教育实验，并亲自为幼稚师范学校编写了整套教科书。

张雪门随北平幼师先后南迁广西桂林及重庆，其间曾主持香山慈幼院桂林分院，兼任桂林幼稚师范学校校长、广西女子师范学校校长，致力于培训幼教师资。在几经迁徙的过程中，虽然历尽艰辛，但始终坚持幼稚教育理论的研究与实验。

1945 年张雪门抱着恢复北平幼师的意愿回到北京，但得不到当时政府的支持，应台北长官公署民政处之邀赴台湾，先后在台北开办儿童保育院、台湾省育幼院、台中育幼院等，任院长。

张雪门反对以培植士大夫和宗教信徒为目标的幼稚教育，主张以发展儿童个性和以改造中华民族为目标的幼稚教育。他研究幼稚教育是从幼稚园的课程入手的，致力于幼稚园课程的研究。他主张实施"幼稚园行为课程"，认为，"课程是经验，是人类的经验"，"生活就是教育，五六岁的孩子们在幼稚园生活的实践，就是行为课程"，形成了他的"行为课程"理论和实践体系。

张雪门以毕生的精力致力于幼稚教育，先后达 60 年。他的幼儿教育思想和实践过去曾对我国，尤其是我国北方和台湾产生过很大的影响。从 20 年代后期开始，曾先后撰写了幼儿教育方面的论著 200 多万字，这是他为后人留下的一份十分珍贵的遗产。他对幼稚教育的目的、课程和师资培养等方面的论述，至今仍值得我们研究和借鉴。

2.活教育的课程观论

"大自然、大社会都是活教材"，是陈鹤琴对"活教育"课程论的概括表述。要指出的是，陈鹤琴虽然主张从自然和社会中直接获得知识，但并不摒弃书本，他追求的是让自然、社会、儿童生活和学校教育内容形成一个有机联系的整体。

陈鹤琴认为，儿童生活是整个的，他们还未形成学科概念，因此，"活教育"的课程打破惯常按学科组织的体系，采取活动中心和活动单元的形式，即能体现儿童生活整体性和连贯性的"五指活动"形式：儿童健康活动、儿童社会活动、儿童科学活动、儿童艺术活动和儿童文学活动。这五个方面是相互联结，缺一不可的，就像人的五个手指，共同构成了具有整体功能的手掌。学前教育课程的全部内容包括在这五指活动之中。

陈鹤琴根据幼儿心理发展特点，将五种教育活动在幼儿整个教育活动中结成一个完整的教育网，以单元的形式进行编排，主张将儿童所应该学习的内容整个地、有系统地去教儿童学。陈鹤琴把它叫作"整个教学法"，又称为单元教学。

3. 活教育的方法论

陈鹤琴根据儿童心理学及教育实践，将杜威的"做中学"发展为"做中学，做中教，做中求进步"，强调教学的基本原则在"做"。所谓"做"，并不限于双手做才是做，凡是耳闻、目睹、（观察）调查研究都包括在内，也就是我们通常说的"实践"。儿童要求获得真实的知识，一定要"做中学"，而教师也应在"做中教"，共同在"做中求进步"。

活教育所提倡的"做"是在教师指导下的做，是与理论相结合的做，做能促进教师教得更好，使学生学得更扎实，学得有用。"活教育"的17条教学原则第一条和第二条提出："凡是儿童自己能够做的，应当让他自己做"，"凡是儿童自己能够想的，应当让他自己想"。陈鹤琴说："儿童不是皮球，更不是鸭子，而是一个有生命力、生长力、好动的小孩子，我们所要的教育不应当是打气、填鸭子，而应根据儿童的心理特点，利用儿童的手、脑、口、耳、眼来教育。"

"活"是活教育的灵魂，"做"是活教育达到目的、实现宗旨的主要手段。这可以在陈鹤琴的单元教学的四个步骤中得到体现。一是试验观察。从孩子身边发生的事情或教学内容中儿童感兴趣的问题入手，儿童通过动手动脑观察试验从中发现。二是参考阅读。教师指导儿童带着问题认真阅读教科书，找参考资料，访问调查，做实验，鼓励儿童研究问题找答案。三是发表创作。通过各种形式的活动，如表演会、举办展览、开家长会汇报展示取得的成果，每一个儿童有一本自己的工作簿，记载自己的研究成果。四是研讨批评，总结评估。这四个步骤旨在培养儿童的主动研究精神、观察思考能力、创造能力和独立活动能力，体现了儿童的主体地位和教师的指导作用。

"活教育"的思想吸取了杜威教育思想的合理内核以及欧美新教育的精神，也充分考虑了中国的时代背景和国情，是一种有吸收、有改造、有创新的教育思想，对中国的幼儿教育及中国化新教育的发展产生了重要的影响。

 知识窗

陈鹤琴的教育科学研究

陈鹤琴的教育科学研究是全方位的，心理学基础研究和幼稚园教育应用研究，教育目标、内容和方法的幼稚园课程研究和玩具、设备、教材的设计生产研究，幼稚园管理研究和幼稚师范的师资培养研究，城市幼稚园和乡村幼稚园研究，幼稚园教育和家庭教育研究，个案研究和横向点面印证研究，为陈鹤琴教育思想的形成奠定了坚实的科学基础，也为中国化、大众化、科学化的教育理论体系的建立提供了高信度的依据。上述长期研究的成果体现了陈鹤琴爱国为民的思想境界，烘托出了幼儿教育事业与国家民族前途相关联的密切程度，使他的"做中国人，做现代中国人，做世界人"的理想产生令人折服的威慑力。

——引自《开拓新百年》（2003年12月中央教育科学研究所研究员史慧中教授在中国幼教百年纪念大会上的发言）

（二）陶行知

陶行知（1891—1946），中国现代杰出的人民教育家，他的教育思想是一种具有创造性并不断发展、不断进步的教育思想，生活教育思想则始终贯穿其中。1927年春，陶行知创办了南京晓庄试验乡村师范学校，后改名晓庄学校，确立了"生活即教育""社会即学校""教学做合一"的生活教育理论，并亲自试验，成为中国现代教育史上提倡乡村教育，兴办乡村学校的先行者。

作为一位伟大的人民教育家，陶行知始终"捧着一颗心来，不带半根草去"。他一生的教育奋斗，目的只有一个：真心诚意为使劳苦大众及其子女能够受教育。不断创新，伴随着陶行知教育实践的始终。在中国这样一个有着独特政治、经济环境的国家，普及民众教育无先例陈法可依，陶行知始终思考的是如何用穷方法给穷人办教育。他发现了适合中国国情的"多轨学制"，提出了"艺友制师范教育""小先生制""生活教育理论"等，这些都是他探寻民族教育之路的创造。

1. 生活教育的目的观

"生活教育"是陶行知教育思想的核心。1919 年，他在以"生活教育"为题的演讲中，把"生活教育"定义为："生活的教育""为生活而教育""为生活的提高、进步而教育"。其内涵为：从定义上说，生活教育是给生活以教育，用生活来教育，为生活向前向上的需要而教育；从生活与教育的关系上说，是生活决定教育；从效力上说，教育要通过生活才能发生力量而成为真正的教育。陶行知教育思想的出发点是为了人民的解放、人民生活的幸福，他有着为大众生活解放而教育的宏愿，他的生活教育是大众教育。

2. 生活教育的内容观

"生活即教育"是陶行知生活教育理论的核心。他认为，生活与教育是一回事，是同一个过程，教育不能脱离生活，教育要通过生活来进行，无论教育的内容还是教育的方法，都要根据生活的需要。他说："我们想要受什么教育，便须过什么生活。"

知识窗

"向下扎根的教育"

近几十年来，大量科学研究的成果深刻地揭示了幼儿教育在人的发展中的意义，也进一步证实了它在社会经济发展中的价值。世界学前教育组织主席的发言已经言简意赅地概括了脑科学和儿童发展领域研究的最新进展，为"人生百年立于幼学"这句话做了最有力的注释。许嘉璐副委员长的讲话更是高屋建瓴地指明了当今世界各国重视发展幼儿教育的根本目的——抢占人才培养的制高点。人才培养的制高点不只在最后，而是在最初。这是今天有远见的政治家、经济学家、社会学家和教育家的共识，历史已经而且必将进一步证明这种认识的正确性。

幼儿教育素来被称为"向下扎根的教育"，这十分生动形象地描绘出了幼儿教育在人的终生发展以及在整个教育系统中的地位。根是基础，关系全局。根深才能枝繁叶茂，才能繁花似锦，才能硕果累累。然而，根又是深藏地下的，它不如叶那样生机盎然，不如花那样烂漫芬芳，更不如果那样让人感到丰收在望。幼儿教育事业就是这样一种"根"的事业，极其重要却又容易被忽略。但是，中国的幼教先驱陶行知、张雪门、陈鹤琴、张宗麟怀着对儿童的爱，对振兴中华民族的希冀，自觉自愿、无怨无悔地投身到这样一种不显赫、不张扬的"根"的事业之中，开辟着中国幼儿教育的大众化、科学化之路，为我们留下了极为宝贵的精神财富。他们的高风亮节，他们的责任感、科学精神，将永远激励着一代又一代幼教工作者沿着他们走过的道路，开拓进取，奋勇前进！

——引自《幼教工作者任重而道远》（2003 年 12 月北京师范大学冯晓霞教授在中国幼教百年纪念大会上的发言）

3. 生活教育的方法论

"教学做合一"是生活教育理论的又一主张，是"生活即教育"在教学方法问题上的具体化。陶行知认为，"教学做"是生活法，也是教育法，教的方法根据学的方法，学的方法根据做的方法。教与学都以做为中心。在做上教的是先生，在做上学的是学生。他认为，行（做）是知识的重要来源，也是创造的基础。

陶行知批判和反对束缚儿童的封建礼教，提出对儿童应实施六大解放：解放儿童的头脑，让他们能够去想，去思考；解放儿童的双手，让他们去做，去干；解放儿童的眼睛，让他们去观察，去看事实；解放儿童的嘴巴，使他们有足够的言论自由；解放儿童的空间，让儿童从鸟笼式的学校里走出来；解放儿童的时间，使儿童做支配时间的主人。

 知识窗

中国幼稚园的第一位男性教师

张宗麟（1899—1976），我国著名幼儿教育家。1925 年于南京东南大学教育系毕业时，毅然决定追随陈鹤琴研究幼儿教育，在陈鹤琴创办的南京鼓楼幼稚园任研究员，协助进行课程、设备等研究，成为我国男性大学生当幼稚园教师的第一人。后又协助陶行知，担任晓庄幼稚师范（名为第二院）指导员，办起了乡村幼稚园。他非常重视幼儿教育，认为"幼儿教育是一切教育的基础"，并一针见血地指出了当时我国幼稚教育存在的弊病，认为幼稚园为谁服务的方向问题至关重要。他撰写了大量关于幼稚园课程的论文，指出课程乃是指幼儿"在幼稚园一切之活动"，认为"幼稚园的课程应是社会化的幼稚园课程"。他在 1926 年所写的《幼稚师范问题》一文中提出，"中国急需有富于国家精神的幼稚园教师，所以急需设立完美的、富于研究试验精神的幼稚师范"，并对进入幼师的学生水平提出了规范化的意见，对幼稚师范的课程设置提出了许多建议。张宗麟为中国现代学前教育的发展做出了重要贡献，他的实验研究成果和理论论著在我国幼教界产生了广泛而深远的影响。

 章末小结

1. 欧洲最早的也是世界上最早的幼儿教育机构，是欧文于 1816 年在苏格兰的新拉纳克创办的幼儿学校。世界上第一所以"幼儿园"为名的幼儿教育机构是德国幼儿教育家福禄贝尔于 1840 年在勃兰根堡创办的。

2. 夸美纽斯是 17 世纪捷克著名的教育家。他提出"泛爱"主义的教育主张；《母育学校》是历史上第一部论述学前教育的专著，集中体现了夸美纽斯的学前教育思想。他还编写了《世界图解》指导儿童学习，这是历史上第一部对幼儿进行启蒙教育的看图识字课本。他提出了教学的几大原则：直观性原则、循序渐进原则、启发儿童的学习愿望和主动性等原则。夸美纽斯的教育思想在近代教育史上占有极为重要的地位，他被尊崇为"教育史上的哥白尼"和"现代教育之父"。

3. 卢梭是 18 世纪法国著名的教育家。他强调对幼儿进行教育，必须遵循自然的要求，顺应人的自然本性。由此，卢梭提出自然教育思想，从而形成了教育史上的自然主义教育。在儿童观上，他认为应该把儿童当作儿童看待，尊重儿童的人格。卢梭自然教育的目的是要保护儿童善良的本性，培养"自然人"，是符合天性的、身心得到和谐发展的人。卢梭根据他对于儿童发展的自然进程的理解，将儿童的教育划分为四个阶段，每个时期有不同的重点。他的教育思想主要见于其小说体著作《爱弥儿》和《新爱洛绮丝》中。

4. 裴斯泰洛奇是瑞士著名教育家，是教育史上提倡与实施爱的教育的杰出代表。在教育对人的作用问题上，裴斯泰洛奇特别强调教育要自然，他还提出和谐发展的教育，内容包括体育、劳动教育、德育和智育。

5. 福禄贝尔是德国著名的幼儿教育家，幼儿园的创始人。他强调幼儿教育的重要性，游戏是幼儿教育的教学原则，发明了"恩物"，他的主要著作有《人的教育》《母亲与儿歌》等。

6. 杜威是 20 世纪影响最大的教育家，也是 20 世纪上半期儿童中心主义的重要代表人物。"儿童中心主义"教育原则，是他的教育理论甚至整个现代派教育理论中的一个核心要求。他提出三个重要的论点来对教育本质进行概括，这就是"教育即生长""教育即生活""教育即经验的不断改造"。他还提出"做中学"的教学原则。他的主要著作有《我的教育信条》《儿童与课程》《学校与社会》等。

7. 蒙台梭利是意大利著名的幼儿教育家。除了《蒙台梭利教育方法》外，她的主要著作有《童年的秘密》《有吸收力的心智》等。

蒙台梭利认为儿童的心理发展存在着内在联系的显著特点：第一，具有独特的心理胚胎期；第二，心理具有吸收力；第三，具有敏感期；第四，发展具有阶段性。蒙台梭利认为，教育的目的在于发展儿童"生命的法则"。

教育的根本原则是使儿童获得自由，使儿童的天性得以自然地表现，具体的教育原则有环境教育原则、教师是儿童活动的观察者和指导者原则。

蒙台梭利根据自己的教育理论和教育实践，主要为儿童确立了下列教育内容：感觉教育、语言教育、纪律教育、数学入门教育。

8. 1903 年，我国创办了第一所幼儿教育机构——湖北武昌的湖北幼稚园。

9. 陈鹤琴是中国现代学前儿童教育理论和实践的开创者。他率先在我国采用日记法研究儿童心理，写成了《儿童心理之研究》；率先采用实验法在其创立的我国第一所实验幼稚园——鼓楼幼稚园，开展中国化幼稚园教育的实验探索。陈鹤琴创立了"活教育"理论体系，指出活教育的目的论是"做人，做中国人，做现代中国人"。他将活教育的课程论概括为"大自然、大社会都是活教材"，从儿童的完整生活出发，提出了"五指活动"的课程设计方案。他还提出了活教育的方法论，"做中学，做中教，做中求进步"，强调教学的基本原则在"做"。

10. 陶行知提出生活教育的思想，他把"生活教育"定义为："生活的教育""为生活而教育""为生活的提高、进步而教育"。教育要通过生活来进行，无论教育的内容还是教育的方法，都要根据生活的需要。

 拓展阅读

1. 卢梭. 爱弥儿：论教育 [M]. 李平沤，译. 北京：人民教育出版社，2001.

2. 北京市教育科学研究所. 陈鹤琴全集 [M]. 南京：江苏教育出版社，1987.

第四章 幼儿园教育的原则和特点

 考纲提要

理解幼儿教育的基本原则，能对教育实践中的问题进行分析。

 内容结构图

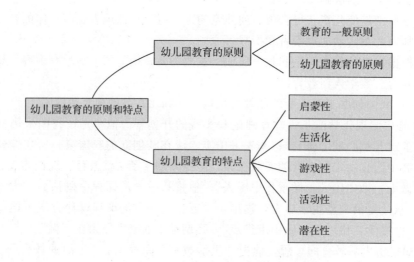

第一节 幼儿园教育的原则

幼儿园教育的原则包括两部分：教育的一般原则、幼儿园教育的特殊原则。

一、教育的一般原则

（一）尊重儿童的人格尊严和合法权益的原则

1．尊重儿童的人格尊严

幼儿与教师之间的关系是平等的人与人的关系。教师要将儿童作为具有独立人格的人来对待，尊重他们的思想感情、兴趣、爱好、要求和愿望等。教师的言行中要处处体现对儿童的尊重，注意倾听儿童的想法，尊重他们的意愿，这样就会使儿童意识到他们是有价值、有能力、不可缺少的，从而建立起自信心，获得良好的自我概念，为自身的继续发展奠定基础。

2．保障儿童的合法权益

儿童是不同于成人的正在发展中的社会成员，他们享有不同于成人的许多特殊的权利，如生存权、受教育权、受抚养权、发展权等，这反映了人类对儿童在社会中的地位和权利的认可与尊重。家庭、学校、社会应当保障未成年人的合法权益不受侵犯。

（二）促进儿童全面发展的原则

促进儿童全面发展的原则指的是教师在制订教育计划、设计教育活动时，应当注意：

1. 儿童的发展是整体的发展而不是片面的发展

教育必须促进儿童体、智、德、美诸方面的全面发展，不能偏废任何一个方面。

2. 儿童的发展应是协调的发展

协调发展包括几个方面：

（1）儿童身体的各个器官、各系统机能的协调发展；

（2）儿童各种心理机能，包括认知、情感、性格、社会性、语言等协调发展；

（3）儿童的生理和心理协调发展；

（4）儿童个体需要与社会需求之间的协调发展。

3. 儿童的发展是有个性的发展

教育除使每个儿童达到国家统一要求的标准之外，还允许根据每个儿童的特点和可能性，充分发挥他们各自的潜能，让不同的儿童在不同的方面能够实现自己有特色的发展，而不是千人一面。

（三）面向全体，重视个别差异的原则

在教育过程中，教育者在关注全体受教育对象的同时，还应重视儿童的个别差异，因人施教，有针对性地采取最有效、最合理的方式促进每个儿童的发展。

1. 教育要促进每个儿童的发展

教育必须面向每个儿童，使每个儿童都能达到教育目标的要求。教师要保证每个儿童在学校里有同等的受教育机会，必须平等地、一视同仁地对待所有的儿童。

2. 教育要促进每个儿童在原有基础上的发展

由于每个儿童的需要、兴趣、性格、能力、学习方式等各有不同的特点，因此，教师必须考虑每个儿童的特殊需要，因人而异地进行教育，使每个儿童都能发挥优点和特长，在自己原有的水平上得到应有的发展。

3. 多种组织形式促进儿童的发展

集体活动是我国教育机构目前进行教育的主要组织形式，而小组活动、个别活动相对较少，这样不利于充分满足不同儿童的不同需要。教师应注意在教育中灵活地使用集体、小组、个别的教育组织形式。

（四）充分利用儿童、家庭、社会的教育资源的原则

教育必须认识到儿童自身、儿童群体以及家庭、社会都是宝贵的教育资源，要充分发挥这些资源的教育作用。

二、幼儿园教育的原则

（一）保教结合的原则

教师应从幼儿身心发展的特点出发，在全面、有效地对幼儿进行教育的同时，重视对幼儿生活上的照顾和保护，保教合一，确保幼儿真正能健康、全面地发展。把握这个原则应明确以下几点：

1. 保育和教育是幼儿园两大方面的工作

保育主要是为幼儿的生存、发展创设有利的环境和提供物质条件，给予幼儿精心的照顾和养育，帮助其身体和机能良好地发育，促进其身心健康地发展；教育则重在培养幼儿良好的行为习惯、态度，发展幼儿的认知、情感、能力，引导幼儿学习必要的知识技能等。这两方面构成了幼

儿园教育的全部内容。

2. 保育和教育工作互相联系，互相渗透

幼儿园保育和教育不可分割的关系是由幼教工作的特殊性和幼儿身心发展的特点决定的。虽然保育和教育有各自的主要职能，但并不是截然分离的。教育中包含了保育的成分，保育中也渗透着教育的内容。

3. 保育和教育是在同一过程中实现的

保育和教育不是分别孤立地进行的，而是在统一的教育目标指引下，在同一教育过程中实现的。有的保育员在护理幼儿生活时，忽视随机地、有意识地实施教育，结果，无意识地影响了幼儿的发展。这可能助长了幼儿的依赖思想，也使他们失去了自信，失去了锻炼自己能力的实践机会，也可能在无形中剥夺了幼儿发展自己的权利。

（二）以游戏为基本活动的原则

游戏是幼儿园的基本活动。游戏最符合幼儿身心发展的特点，最能满足幼儿的需要，有效地促进幼儿发展，具有其他活动所不能替代的教育价值。

（三）教育的活动性和活动的多样性原则

幼儿园教育应从幼儿身心发展的特点和水平出发，以活动为基础展开教育过程。同时，活动形式应多样化，让幼儿能在多种多样的活动中得到发展。

1. 教育的活动性

活动是幼儿发展的基础和源泉。幼儿身心发展的特点决定了他们不可能像中小学生那样，主要通过课堂书本知识的学习来获得发展，而必须通过活动去接触各种事物和现象，与人交往，实际操作物体，才能逐步积累经验，获得真知。离开了活动，就没有幼儿的发展。

2. 教育活动的多样性

幼儿园的活动不应当是单一的。因为活动的内容、形式不同，在幼儿发展中的作用是不一样的。教师要注意教育活动的多样性，才能有效地促进幼儿发展。

（四）发挥一日活动整体教育功能的原则

幼儿园应充分认识和利用一日生活中各种活动的教育价值，通过合理组织、科学安排，让一日活动发挥一致的、连贯的、整体的教育功能，寓教育于一日活动之中。

幼儿园一日活动是指幼儿园每天进行的所有保育、教育活动。它包括由教师组织的活动（如幼儿的生活活动、劳动活动、教学活动等）和幼儿自主自由的活动（如自由游戏、区角自由活动等）。

1. 一日活动中的各种活动不可偏废

无论是幼儿吃喝拉撒睡一类的生活活动，还是作业课、参观访问等教学活动，无论是有组织的活动还是幼儿自主自由的活动，都各具重要的教育作用，对幼儿的发展都是不可缺少的。因此不能顾此失彼，随意削弱或取消任何一种活动。

2. 各种活动必须有机统一为一个整体

每种活动不是分离地、孤立地对幼儿发挥影响力的。一日活动必须统一在共同的教育目标下，形成合力，才能发挥整体教育功能。因此，如何把教育目标渗透到各种活动中，每个活动怎样围绕目标来展开，就成为实践中应当特别关注的问题。

第二节 幼儿园教育的特点

幼儿园教育的特点是由幼儿身心发展的规律、特点以及幼儿教育的性质规定的。

一、启蒙性

幼儿园是对3—6岁幼儿实施保育和教育的机构，所以，幼儿园教育主要是为幼儿提供学习的经验，为幼儿的一生成长奠定根基。所谓"启蒙"，即开发启蒙，启蒙教育应该是简单的、通俗的、基础的，并易于开启幼儿智慧和萌发优良个性的教育。

二、生活化

对幼儿来说，大多数的学习都是在生活中进行的，如文明卫生习惯、生活处理能力、自立意识、与人相处时应有的态度和能力等，即使是认知方面的学习也离不开幼儿的生活经验，离不开幼儿的生活实践。所以，幼儿园教育活动带有浓厚的生活化特征，活动内容来源于生活，活动实施更要贯穿于幼儿的生活。

三、游戏性

游戏是幼儿最基本的活动，是幼儿最基本的学习方法，也是幼儿获得发展的最基本的途径。幼儿园教育活动的游戏特性是显而易见的。

四、活动性

对幼儿来说，只有具体的活动才是真实的学习，只有在活动中，幼儿才能理解学习的内容，直接获得学习经验，才能与他人交往，与环境互动，才能获得真正意义上的全面发展。

五、潜在性

幼儿教育是启蒙性的、全面性的、基础的教育，它只需要向幼儿传递关于自然、社会和人类最浅显的知识和概念，但涉及面极广，类型极多。从幼儿学习的角度看，由于年龄小，知识经验贫乏，所以幼儿园的教育活动蕴藏在环境中、生活中、游戏中，教师的教育意图也是蕴含在环境、材料、活动和教师的行为之中，可以说幼儿是在潜移默化的教育环境中成长并发展的。

 章末小结

1. 教育的一般原则：尊重儿童的人格尊严和合法权益的原则；促进儿童全面发展的原则；面向全体，重视个别差异的原则；充分利用儿童、家庭、社会的教育资源的原则。

2. 幼儿园教育的原则：保教结合的原则；以游戏为基本活动的原则；教育的活动性和活动的多样性原则；发挥一日活动整体教育功能的原则。

3. 幼儿园教育的特点：启蒙性、生活化、游戏性、活动性、潜在性。

 拓展阅读

李季湄，肖湘宁.幼儿园教育［M］.北京：北京师范大学出版社，1997.

第五章　幼儿园班级管理

 考纲提要

1. 理解幼儿园班级管理的目的和意义。
2. 了解幼儿园班级管理的内容、方法和原则。

 内容结构图

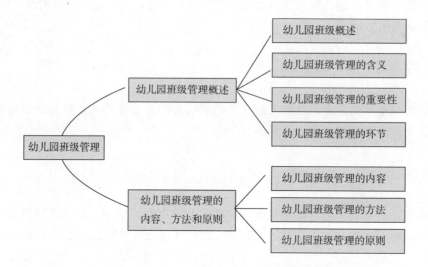

第一节　幼儿园班级管理概述

一、幼儿园班级概述

　　幼儿园班级是幼儿园进行保教活动的基本单位。幼儿园的班级，在我国的幼儿教育实践中已形成了基本的划分方式。根据幼儿的年龄，可分为大、中、小三个班级。还有些地区受人口分布等因素制约，只能采用混龄班形式的学前教育。

二、幼儿园班级管理的含义

　　幼儿园班级管理是指幼儿园班级中的保教人员通过组织、计划、实施、调整等环节，把幼儿园的人、财、物、时间、空间、信息等资源充分运用起来，以达到高效率实现保育和教育的目的。这一概念中，包含了几层意思：

1. 班级管理是由人去实施的,即管理的主体是人,可以是一个人,也可以是一群人;

2. 班级管理是通过计划、组织、实施、调整等环节来实现的;

3. 班级管理的对象是幼儿园的人、财、物、时间、空间、信息等,不同的管理活动,其对象不同,可以是人或人和其他因素的综合;

4. 班级管理是有目标的活动,管理的最终目的是实现管理目标。

三、幼儿园班级管理的重要性

要提高幼儿园的保教质量,需要良好的师资、设备和足够的资金。然而,这些资源能否充分利用,能否发挥应有的效果,还依赖于管理,依赖于管理者对人、财、物诸因素的合理组织和调配。只有利用恰当,才能发挥应有的效能,否则,保教质量的提高就无法得到保障。所以,班级管理是搞好幼儿园管理的基础工程,是提高保教质量的重要保证,因而必须予以高度重视。

四、幼儿园班级管理的环节

幼儿园班级管理可分为三个环节。

(一)幼儿园班级工作计划的制订

幼儿园班级工作计划是班级管理者为班级的未来确立目标并提出达到这一目标的方法和步骤的管理活动。计划工作主要解决两个问题:一是干什么,二是怎么干。

1. 班级基本情况分析

班级的基本情况分析通常写在班级工作计划的前面,主要把上学期班级工作总结中的成绩和存在的问题扼要地提一下,把当前班级儿童与班级组织状况、教师等有关事项做以介绍。

2. 班级本学期工作的主要目标

班级工作的主要目标任务可以分为幼儿生活管理、教育管理、家长工作和其他工作管理的各项目标任务。每一部分的任务目标没有必要面面俱到,教师可根据本班的实际情况有选择性地、有重点地制订目标。

3. 具体要求和措施

由于幼儿的发展是一个长期、连续的过程,所以在班级工作计划的内容中,有的是与上学期内容相延续的,这学期只要坚持教育的一致性即可。但更多的是本学期现有的目标和任务,这就要求班级教师在制订计划时,对完成每一个任务提出具体的要求和措施,并且要落实到人。

(二)幼儿园班级工作的组织与实施

幼儿园班级工作的组织与实施是指将班级中的教师、幼儿、材料、物品、空间、时间等要素进行合理安排,并且付诸行动的过程。幼儿园班级工作组织与实施的基本要求如下:

1. 教师之间要有明确的分工

现在幼儿园班级中普遍采用的分工形式有两种:一种是两名教师、一名保育员,即"两教一保";另一种是两名教师而保育员两班合一,即"两教半保"。两名教师可以自己协商或在园长的指导下确定一人为班级主要负责人(简称班组长或班主任)。

2. 对幼儿进行分组

幼儿园应根据活动室的空间、桌子的大小和幼儿人数进行分组。分组时要注意：第一，合理搭配，优势互补，首先是男女性别的搭配，其次是能力强弱的搭配；第二，每组还可以设立一个小组长的职务，这个职务可以是每天交替的，让小组成员可以轮流担任，帮助教师管理小组，如为小组成员做一些服务工作；第三，定期交换小组位置，考虑到幼儿的视觉器官发育尚未成熟，所以建议小组座位每月整组更换一次。

（三）幼儿园班级工作的总结与评估

对班级工作计划的实施情况进行全面检查与评估，发现成绩和缺点，总结经验和教训。总结的过程也是一个对以往工作进行全面检查、分析和研究的过程。

这三个环节是互为条件的，前一个环节是后一个环节的基础，后一个环节是前一个环节的落实与实施。它们之间相互联系，环环相扣形成了一个螺旋上升的链。每一次新计划的目标都比上一个计划目标水平提高。如此不断循环，最终促进幼儿园整体工作质量的不断提高。

第二节　幼儿园班级管理的内容、方法和原则

为了实现幼儿园的保教目标，幼儿园的班级管理体系必须包括合理而完备的管理内容，实施这一内容的方法以及确保目标实现而必须遵循的原则。

一、幼儿园班级管理的内容

幼儿园班级管理一般由生活管理、教育管理、家园交流管理、班级间交流管理、幼儿社区活动管理等几方面组成。其他方面的管理工作服务于幼儿的生活管理和教育管理。

（一）生活管理

幼儿园班级生活管理是为了保证幼儿的身体正常发育，心理健康成长，保教人员围绕幼儿在园内的起居、饮食等生活方面的需要而进行的管理工作。

（二）教育管理

班级保教人员对教育过程精心设计组织，对教育结果进行细致评估，在班主任教师带领下对班级幼儿进行调查研究，这一系列的工作称为幼儿班级教育管理。

（三）其他管理

幼儿园班级管理除了着重进行生活和教育管理外，还有许多与之相关的其他管理，如家长工作管理、社区活动管理等，它们也是班级常规管理的重要组成部分。

二、幼儿园班级管理的方法

为了确保对班级中的每个幼儿都能实施有效的生活和教育管理，使幼儿掌握一定的生活常规和知识技能，从而达到幼儿园保教目标，保教人员必须掌握一定的班级管理方法。科学的班级管理方法是每个保教人员基本的工作技能。

（一）规则引导法

规则引导法是指用规则引导幼儿行为，使其与集体活动的方向和要求相保持的一种管理方法。其中，规则是指幼儿之间、幼儿与保教人员之间、幼儿与环境和材料之间的互动时遵循的准则。这是班级管理中最常使用的方法。

（二）情感沟通法

情感沟通法是指通过激发和利用师幼间或幼儿间以及幼儿对环境的情感，以引发或影响幼儿行为的方法。

（三）互动指导法

互动指导法是指幼儿园教师、同伴、环境等相互作用的方法。班级活动过程就是由幼儿与不同对象互动的过程。运用这种方法时，教师要注意对师幼互动指导的适当性、适时性和适度性。

（四）榜样激励法

榜样激励法是指通过树立榜样并引导幼儿学习榜样以规范幼儿行为，从而达成管理目的的方法。教师在班级管理中利用具体的正面积极形象和成功的行为做示范，来引导和规范幼儿的行为。

（五）目标指引法

目标指引法是指教师以行为结果作为目标，引导幼儿的行为方向，规范幼儿行为方式的一种管理方法。从行为的预期结果出发，引导幼儿自觉识别行为正误是目标指引法的基本特点。使用这种方法时要注意所确立的目标要明确具体，有吸引力，而且目标与行为的联系要清晰和具体。

三、幼儿园班级管理的原则

幼儿园班级管理的原则是对班级进行必要管理必须遵循的普遍性行为准则，它对班级的全面管理具有重要的指导意义。

（一）主体性原则

主体性原则是指既要发挥教师作为班级管理的主体所具有的自主性、创造性和主动性，也要充分尊重幼儿作为学习者的主体地位。

（二）整体性原则

整体性原则是指班级管理应面向全体幼儿并涉及班内所有管理要素。这一原则保证了班级全体幼儿的共同进步而不是部分幼儿的超常发展，也确保了班级各种管理要素得到充分的利用。

（三）参与性原则

参与性原则是指教师在管理过程中不是以管理者身份高高在上，而是以多种形式参与幼儿的活动之中，在活动中民主、平等地对待幼儿，成为"平等中的首席"。

（四）高效性原则

高效性原则是指教师进行班级管理时，要求以最少的人力、物力和时间，尽可能地使幼儿获得更多、更全面、更好的发展，使班级呈现积极向上的面貌。

章末小结

1. 幼儿园班级是幼儿园进行保教活动的基本单位。

2. 幼儿园班级管理是指幼儿园班级中的保教人员通过组织、计划、实施、调整等环节，把幼儿园的人、财、物、时间、空间、信息等资源充分运用起来，以达到高效率实现保育和教育的目的。班级管理是搞好幼儿园管理的基础工程，是提高保教质量的重要保证。

3. 幼儿园班级管理工作可分为三个环节，即工作计划的制订、组织与实施、总结与评估。

4. 幼儿园班级管理一般由生活管理、教育管理、其他方面的管理组成，其中，其他方面的管理工作服务于幼儿的生活管理和教育管理。

5. 幼儿园班级管理方法一般有五种，即规则引导法、情感沟通法、互动指导法、榜样激励法、目标指引法。

6. 班级管理中最基本的四大原则，即主体性原则、整体性原则、参与性原则、高效性原则。

 拓展阅读

1.《幼儿园工作规程》（2016年）第一至九章。

2.《幼儿园教育指导纲要（试行）》第一部分总则、第三部分组织与实施。

第六章 《幼儿园教育指导纲要（试行）》解读

 考纲提要

掌握《幼儿园教育指导纲要（试行）》（以下简称《纲要》）在幼儿园教育活动的目标、内容、实施和评价方面的基本观点和要求。

 内容结构图

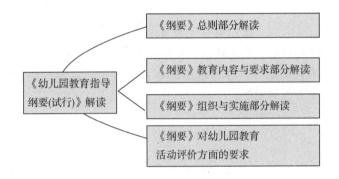

第一节 《纲要》总则部分解读

2001年7月，教育部颁发了《幼儿园教育指导纲要（试行）》，这标志着我国幼儿教育改革进入了一个新阶段。

从结构来看，《纲要》由四个部分组成，即总则、教育内容与要求、组织与实施、教育评价。

第一部分 总 则

一、为贯彻《中华人民共和国教育法》《幼儿园管理条例》和《幼儿园工作规程》，指导幼儿园深入实施素质教育，特制定本纲要。

第一条说明了制定《纲要》的依据、原因、目的。

二、幼儿园教育是基础教育的重要组成部分，是我国学校教育和终身教育的奠基阶段。城乡各类幼儿园都应该从实际出发，因地制宜地实施素质教育，为幼儿一生的发展打好基础。

第二条说明了我国幼儿教育的性质和根本任务，即幼儿园教育是"基础教育的重要组成部分，是我国学校教育和终身教育的奠基阶段"，其根本任务则是"为幼儿一生的发展打好基础"。

三、幼儿园应与家庭、社区密切合作，与小学相互衔接，综合利用各种教育资源，共同为幼儿的发展创造良好的条件。

第三条规定了我国幼儿园教育的外部原则，即幼儿园必须适应社会的变化，在更新"教育资源"概念的基础上充分地利用外部资源，与家庭、社区密切合作，共享资源，办更加开放、社会化的幼儿教育，以促进教育社会化、社会教育化的进程。

四、幼儿园应为幼儿提供健康、丰富的生活与活动环境，满足他们多方面发展的需要，使他们在快乐的童年生活中获得有益于身心发展的经验。

第四条指出了幼儿园教育自身的特点，即幼儿园不同于小学的特点，强调了幼儿园是通过创设健康、丰富的生活和活动环境来帮助幼儿学习的，而幼儿是通过在环境中与他人共同生活来获得经验的，他们在生活中发展，在发展中生活，而不像小学生那样主要通过学科教学来获得间接知识。

五、幼儿园教育应尊重幼儿的人格和权利，尊重幼儿身心发展的规律和学习特点，以游戏为基本活动，保教并重，关注个别差异，促进每个幼儿富有个性的发展。

第五条规定了幼儿园教育的内部原则，即幼儿园教育过程中必须遵循的基本原则，如尊重幼儿的人格和权利，尊重幼儿身心发展的规律和学习特点，以游戏为基本活动，保教并重，关注个别差异等，并提出了"促进每个幼儿富有个性的发展"的要求。

第二节　《纲要》教育内容与要求部分解读

第二部分　教育内容与要求

幼儿园的教育内容是全面的、启蒙性的，可以相对划分为健康、语言、社会、科学、艺术等五个领域，也可做其他不同的划分。各领域的内容相互渗透，从不同的角度促进幼儿情感、态度、能力、知识、技能等方面的发展。

一、健　康

（一）目　标

1. 身体健康，在集体生活中情绪安定、愉快；

2. 生活、卫生习惯良好，有基本的生活自理能力；

3. 知道必要的安全保健常识，学习保护自己；

4. 喜欢参加体育活动，动作协调、灵活。

（二）内容与要求

1. 建立良好的师幼、同伴关系，让幼儿在集体生活中感到温暖，心情愉快，形成安全感、信赖感。

2. 与家长配合，根据幼儿的需要建立科学的生活常规。培养幼儿良好的饮食、睡眠、盥洗、排泄等生活习惯和生活自理能力。

3. 教育幼儿爱清洁、讲卫生，注意保持个人和生活场所的整洁和卫生。

4. 密切结合幼儿的生活进行安全、营养和保健教育，提高幼儿的自我保护意识和能力。

5. 开展丰富多彩的户外游戏和体育活动，培养幼儿参加体育活动的兴趣和习惯，增强体质，提高对环境的适应能力。

6. 用幼儿感兴趣的方式发展基本动作，提高动作的协调性、灵活性。

7. 在体育活动中，培养幼儿坚强、勇敢、不怕困难的意志品质和主动、乐观、合作的态度。

（三）指导要点

1. 幼儿园必须把保护幼儿的生命和促进幼儿的健康放在工作的首位。树立正确的健康观念，在重视幼儿身体健康的同时，要高度重视幼儿的心理健康。

2. 既要高度重视和满足幼儿受保护、受照顾的需要，又要尊重和满足他们不断增长的独立要求，避免过度保护和包办代替，鼓励并指导幼儿自理、自立的尝试。

3. 健康领域的活动要充分尊重幼儿生长发育的规律，严禁以任何名义进行有损幼儿健康的比赛、表演或训练等。

4. 培养幼儿对体育活动的兴趣是幼儿园体育的重要目标，要根据幼儿的特点组织生动有趣、形式多样的体育活动，吸引幼儿主动参与。

二、语　言

（一）目　标

1. 乐意与人交谈，讲话礼貌；

2. 注意倾听对方讲话，能理解日常用语；

3. 能清楚地说出自己想说的事；

4. 喜欢听故事、看图书；

5. 能听懂和会说普通话。

（二）内容与要求

1. 创造一个自由、宽松的语言交往环境，支持、鼓励、吸引幼儿与教师、同伴或其他人交谈，体验语言交流的乐趣，学习使用适当的、礼貌的语言交往。

2. 养成幼儿注意倾听的习惯，发展语言理解能力。

3. 鼓励幼儿大胆、清楚地表达自己的想法和感受，尝试说明、描述简单的事物或过程，发展语言表达能力和思维能力。

4. 引导幼儿接触优秀的儿童文学作品，使之感受语言的丰富和优美，并通过多种活动帮助幼儿加深对作品的体验和理解。

5. 培养幼儿对生活中常见的简单标记和文字符号的兴趣。

6. 利用图书、绘画和其他多种方式，引发幼儿对书籍、阅读和书写的兴趣，培养前阅读和前书写技能。

7. 提供普通话的语言环境，帮助幼儿熟悉、听懂并学说普通话。少数民族地区还应该帮助幼儿学习本民族语言。

（三）指导要点

1. 语言能力是在运用的过程中发展起来的，发展幼儿语言的关键是创设一个能使他们想说、敢说、喜欢说、有机会说并能得到积极应答的环境。

2. 幼儿语言的发展与其情感、经验、思维、社会交往能力等其他方面的发展密切相关，因此，发展幼儿语言的重要途径是通过互相渗透的各领域的教育，在丰富多彩的活动中去扩展幼儿的经验，提供促进语言发展的条件。

3. 幼儿的语言学习具有个别化的特点，教师与幼儿的个别交流、幼儿之间的自由交谈等，对幼儿语言发展具有特殊意义。

4. 对有语言障碍的儿童要给予特别关注，要与家长和有关方面密切配合，积极地帮助他们提高语言能力。

三、社　会

（一）目　标

1. 能主动地参与各项活动，有自信心；

2. 乐意与人交往，学习互助、合作和分享，有同情心；

3. 理解并遵守日常生活中基本的社会行为规则；

4. 能努力做好力所能及的事，不怕困难，有初步的责任感；

5. 爱父母长辈、老师和同伴，爱集体、爱家乡、爱祖国。

（二）内容与要求

1. 引导幼儿参加各种集体活动，体验与教师、同伴等共同生活的乐趣，帮助他们正确认识自己和他人，养成对他人、社会亲近、合作的态度，学习初步的人际交往技能。

2. 为每个幼儿提供表现自己长处和获得成功的机会，增强其自尊心和自信心。

3. 提供自由活动的机会，支持幼儿自主地选择、计划活动，鼓励他们通过多方面的努力解决问题，不轻易放弃克服困难的尝试。

4. 在共同生活和活动中，以多种方式引导幼儿认识、体验并理解基本的社会行为规则，学习自律和尊重他人。

5. 教育幼儿爱护玩具和其他物品，爱护公物和公共环境。

6. 与家庭、社区合作，引导幼儿了解自己的亲人以及与自己生活有关的各行各业人们的劳动，培养其对劳动者的热爱和对劳动成果的尊重。

7. 充分利用社会资源，引导幼儿实际感受祖国文化的丰富与优秀，感受家乡的变化和发展，激发幼儿爱家乡、爱祖国的情感。

8. 适当向幼儿介绍我国各民族和世界其他国家、民族的文化，使其感知人类文化的多样性和差异性，培养其理解、尊重、平等的态度。

（三）指导要点

1. 社会领域的教育具有潜移默化的特点。幼儿社会态度和社会情感的培养尤应渗透在多种活动和一日生活的各个环节之中，要创设一个能使幼儿感受到接纳、关爱和支持的良好环境，避免单一呆板的言语说教。

2. 幼儿与成人、同伴之间的共同生活、交往、探索、游戏等，是其社会学习的重要途径。应为幼儿提供人际间相互交往和共同活动的机会和条件，并加以指导。

3. 社会学习是一个漫长的积累过程，需要幼儿园、家庭和社会密切合作，协调一致，共同促进幼儿良好社会性品质的形成。

四、科　学

（一）目　标

1. 对周围的事物、现象感兴趣，有好奇心和求知欲；

2. 能运用各种感官，动手动脑，探究问题；

3. 能用适当的方式表达、交流探索的过程和结果；

4. 能从生活和游戏中感受事物的数量关系并体验到数学的重要和有趣；

5. 爱护动植物，关心周围环境，亲近大自然，珍惜自然资源，有初步的环保意识。

（二）内容与要求

1. 引导幼儿对身边常见事物和现象的特点、变化规律产生兴趣和探究的欲望。

2. 为幼儿的探究活动创造宽松的环境，让每个幼儿都有机会参与尝试，支持、鼓励他们大胆提出问题，发表不同意见，学会尊重别人的观点和经验。

3. 提供丰富的可操作的材料，为每个幼儿都能运用多种感官、多种方式进行探索提供活动的条件。

4. 通过引导幼儿积极参加小组讨论、探索等方式，培养幼儿合作学习的意识和能力，学习用多种方式表现、交流、分享探索的过程和结果。

5. 引导幼儿对周围环境中的数、量、形、时间和空间等现象产生兴趣，建构初步的数概念，并学习用简单的数学方法解决生活和游戏中某些简单的问题。

6. 从生活或媒体中幼儿熟悉的科技成果入手，引导幼儿感受科学技术对生活的影响，培养他们对科学的兴趣和对科学家的崇敬。

7. 在幼儿生活经验的基础上，帮助幼儿了解自然、环境与人类生活的关系。从身边的小事入手，培养初步的环境意识和行为。

（三）指导要点

1. 幼儿的科学教育是科学启蒙教育，重在激发幼儿的认识兴趣和探究欲望。

2. 要尽量创造条件让幼儿实际参加探究活动，使他们感受科学探究的过程和方法，体验发现的乐趣。

3. 科学教育应密切联系幼儿的实际生活进行，利用身边的事物与现象作为科学探索的对象。

五、艺　术

（一）目　标

1. 能初步感受并喜爱环境、生活和艺术中的美；

2. 喜欢参加艺术活动，并能大胆地表现自己的情感和体验；

3. 能用自己喜欢的方式进行艺术表现活动。

（二）内容与要求

1. 引导幼儿接触周围环境和生活中美好的人、事、物，丰富他们的感性经验和审美情趣，激发他们表现美、创造美的情趣。

2. 在艺术活动中面向全体幼儿，要针对他们的不同特点和需要，让每个幼儿都得到美的熏陶和培养。对有艺术天赋的幼儿要注意发展他们的艺术潜能。

3. 提供自由表现的机会，鼓励幼儿用不同艺术形式大胆地表达自己的情感、理解和想象，尊重每个幼儿的想法和创造，肯定和接纳他们独特的审美感受和表现方式，分享他们创造的快乐。

4. 在支持、鼓励幼儿积极参加各种艺术活动并大胆表现的同时，帮助他们提高表现的技能和能力。

5. 指导幼儿利用身边的物品或废旧材料制作玩具、手工艺品等来美化自己的生活或开展其他活动。

6. 为幼儿创设展示自己作品的条件，引导幼儿相互交流、相互欣赏、共同提高。

（三）指导要点

1. 艺术是实施美育的主要途径，应充分发挥艺术的情感教育功能，促进幼儿健全人格的形成。要避免仅仅重视表现技能或艺术活动的结果，而忽视幼儿在活动过程中的情感体验和态度的倾向。

2. 幼儿的创作过程和作品是他们表达自己的认识和情感的重要方式，应支持幼儿富有个性和创造性的表达，克服过分强调技能技巧和标准化要求的倾向。

3. 幼儿艺术活动的能力是在大胆表现的过程中逐渐发展起来的，教师的作用应主要在于激发幼儿感受美、表现美的情趣，丰富他们的审美经验，使之体验自由表达和创造的快乐。在此基础上，根据幼儿的发展状况和需要，对表现方式和技能技巧给予适时、适当的指导。

以上每一领域包括目标、内容与要求、指导要点。

（一）目　标

主要表明该领域重点追求什么，它主要的价值取向何在。

在目标表述上较多地使用了"体验、感受、喜欢、乐意"等词汇，突出了情感、兴趣、态度、个性等方面的价值取向，着眼于培养终身学习的基础和动力。

（二）内容与要求

主要说明为实现教育目标教师应该做什么，该怎么做。同时，将该领域的内容自然地负载其中。

《纲要》遵循基础教育课程改革的精神，强调幼儿的主动学习，改革教学方式，希望教师不要把关注点过分集中在具体知识或技能的教学上，不要仅仅以固定的知识点为目标来设计教学活动，而是要着力组织适合幼儿的活动，创造适宜的教育环境，从幼儿的实际生活中去发现教学赖以展开的资源，通过作用于幼儿的活动来对幼儿发生实质性的影响，让他们获得体验，获得一定的知识和技能。因此，《纲要》在每个领域中都没有单独列出一个知识点或技能要求的细目，而是从活动的角度附带提出知识或技能要求。如语言领域中内容与要求的第一条：创造一个自由、宽松的语言交往环境，支持、鼓励、吸引幼儿与教师、同伴或其他人交谈，体验语言交流的乐趣，学习使用适当的、礼貌的语言交往。

（三）指导要点

一是点明该领域的教和学的特点；二是点明该领域特别应当注意的有普遍性的问题。

目　标	内容与要求	指导要点
该领域重点追求什么	教师应该做什么，怎样做	点明该领域知识的主要特点，其教和学的主要特点
其主要的价值取向	该领域教育的内容自然地负载其中	点明该领域特别应当注意的有普遍性的问题

第三节　《纲要》组织与实施部分解读

第三部分　组织与实施

一、幼儿园的教育是为所有在园幼儿的健康成长服务的，要为每一个儿童，包括有特殊需要的儿童提供积极的支持与帮助。

第一条说明了幼儿园教育组织实施的根本原则。

二、幼儿园的教育活动，是教师以多种形式有目的、有计划地引导幼儿生动、活泼、主动活动的教育过程。

第二条说明了幼儿园教育活动的含义。

三、教育活动的组织与实施过程是教师创造性地开展工作的过程。教师要根据本《纲要》，从本地、本园的条件出发，结合本班幼儿的实际情况，制订切实可行的工作计划并灵活地执行。

四、教育活动目标要以《幼儿园工作规程》和本《纲要》所提出的各领域目标为指导，结合本班幼儿的发展水平、经验和需要来确定。

五、教育活动的选择应遵照本《纲要》第二部分的有关条款进行，同时体现以下原则：

（一）既适合幼儿的现有水平，又有一定的挑战性。

（二）既符合幼儿的现实需要，又有利于其长远发展。

（三）既贴近幼儿的生活来选择幼儿感兴趣的事物和问题，又有助于拓展幼儿的经验和视野。

六、教育活动内容的组织应充分考虑幼儿的学习特点和认识规律，各领域的内容要有机联系，相互渗透，注重综合性、趣味性、活动性，寓教育于生活、游戏之中。

第三、四、五、六条说明了幼儿园教育活动的组织与实施的基本原则。

七、教育活动的组织形式应根据需要合理安排，因时、因地、因内容、因材料灵活地运用。

第七条说明了幼儿园教育活动的组织形式。

八、环境是重要的教育资源，应通过环境的创设和利用，有效地促进幼儿的发展。

（一）幼儿园的空间、设施、活动材料和常规要求等应有利于引发、支持幼儿的游戏和各种探索活动，有利于引发、支持幼儿与周围环境之间积极的相互作用。

（二）幼儿同伴群体及幼儿园教师集体是宝贵的教育资源，应充分发挥这一资源的作用。

（三）教师的态度和管理方式应有助于形成安全、温馨的心理环境；言行举止应成为幼儿学习的良好榜样。

（四）家庭是幼儿园重要的合作伙伴。应本着尊重、平等、合作的原则，争取家长的理解、支持和主动参与，并积极支持、帮助家长提高教育能力。

（五）充分利用自然环境和社区的教育资源，扩展幼儿生活和学习的空间。幼儿园同时应为社区的早期教育提供服务。

第八条说明了幼儿园环境是重要的教育资源。

九、科学、合理地安排和组织一日生活。

（一）时间安排应有相对的稳定性与灵活性，既有利于形成秩序，又能满足幼儿的合理需要，照顾到个体差异。

（二）教师直接指导的活动和间接指导的活动相结合，保证幼儿每天有适当的自主选择和自由活动时间。教师直接指导的集体活动要能保证幼儿的积极参与，避免时间的隐性浪费。

（三）尽量减少不必要的集体行动和过渡环节，减少和消除消极等待现象。

（四）建立良好的常规，避免不必要的管理行为，逐步引导幼儿学习自我管理。

第九条说明了幼儿园要科学合理地安排和组织一日生活。

十、教师应成为幼儿学习活动的支持者、合作者、引导者。

（一）以关怀、接纳、尊重的态度和幼儿交往。耐心倾听，努力理解幼儿的想法与感受，支持、鼓励他们大胆探索与表达。

（二）善于发现幼儿感兴趣的事物、游戏和偶发事件中所隐含的教育价值，把握时机，积极引导。

（三）关注幼儿在活动中的表现与反应，敏感地觉察他们的需要，及时以适当的方式应答，形成合作探究式的师幼互动。

（四）尊重幼儿在发展水平、能力、经验、学习方式等方面的个体差异，因人施教，努力使每一个幼儿都能获得满足和成功。

（五）关注幼儿的特殊需要，包括各种发展潜能和不同发展障碍，与家庭密切配合，共同促进幼儿健康成长。

第十条说明了教师在活动的组织与实施中的角色和作用。

十一、幼儿园教育要与0—3岁儿童的保育教育以及小学教育相互衔接。

《纲要》的第三部分是组织与实施。其十一个条目中贯穿着尊重幼儿的权利，尊重教师的创造，尊重幼儿在学习特点、发展水平、个性特征等方面的差异，尊重幼儿身心发展的客观规律，尊重教育、教学的客观规律等理念与观点，突出了幼儿园教育组织实施中的教育性、主动性、开放性、针对性、灵活性等原则。

第四节 《纲要》对幼儿园教育活动评价方面的要求

第四部分 教育评价

一、教育评价是幼儿园教育工作的重要组成部分，是了解教育的适宜性、有效性，调整和改进工作，促进每一个幼儿发展，提高教育质量的必要手段。

第一条说明了幼儿园教育评价的功能。

二、管理人员、教师、幼儿及其家长均是幼儿园教育评价工作的参与者。评价过程是各方共同参与、相互支持和合作的过程。

第二条说明了幼儿园教育评价的主体。这一点可以看出，幼儿园的评价体系应该是一种多层次、多主体参与的评价体系，它一改以往管理者为主的单一评价主体的现象，这也是教育过程逐步民主化、人性化发展进程的体现，将评价变成主动参与、自我反思、自我教育、自我发展的过程。现代社会，实施教育的主体呈多元化，对教育的评价也必然要有多元化主体的参与，在共同沟通协商中，增进了双方的了解，易于形成积极、友好、平等和民主的评价体系，以多种渠道促使被评价者不断改进，获得发展。

三、评价的过程，是教师运用专业知识审视教育实践，发现、分析、研究、解决问题的过程，也是其自我成长的重要途径。

四、幼儿园教育工作评价实行以教师自评为主，园长以及有关管理人员、其他教师和家长等参与评价的制度。

五、评价应自然地伴随着整个教育过程进行。综合采用观察、谈话、作品分析等多种方法。

评价方法的多元化，是发展性评价的基本内涵。"评价应自然地伴随整个教育过程，综合采用观察、谈话、作品等多种方法"，强调幼儿在实际生活中的感受和体验，并指出："平时观察所获得具有典型意义的幼儿行为表现和所积累的各种作品等是评价的重要依据"。可见，注重过程，以形成性为重心的多元化评价体系是《纲要》精神的实质体现。幼儿发展本身具有复杂性，在不同情景、不同情绪状态、不同的环境下，幼儿的行为往往有较大不同。客观上需要运用多种评价方法，如日常观察、谈话、测试、作品、成长记录袋等，同时不仅要了解幼儿在幼儿园中的行为表现，还要了解幼儿在家中及其他社会环境和社会生活中的表现，在此基础上做出的价值评价判断，才可能准确、科学。幼儿园的教育评价应以定性评价为主要方式，将定量评价结果和定性评价整合应用，应用多种评价方法，将有利于更清晰、更准确地描述幼儿的发展状况。

六、幼儿的行为表现和发展变化具有重要的评价意义，教师应视之为重要的评价信息和改进工作的依据。

七、教育评价宜重点考查以下方面：

（一）教育计划和教育活动的目标是建立在了解本班幼儿的现状的基础上。

（二）教育的内容、方式、策略、环境条件是否能调动幼儿学习的积极性。

（三）教育过程是否能为幼儿提供有益的学习经验，并符合其发展需要。

（四）教育内容、要求能否兼顾群体需要和个体差异，使每个幼儿都能得到发展，都有成功感。

（五）教师的指导是否有利于幼儿主动、有效地学习。

第七条说明了教育评价的主要内容。《纲要》中强调："教育内容要更多地考虑到能否兼顾群体需要和个体差异，使每个儿童都能得到发展，都有成功感。"要考虑到每个幼儿的差异，靠整齐划一、"一刀切"的单一评价标准显然不能满足这些需要，因此我们必须建立多维度的评价体系，如评价内容必须涉及所有的领域，社会的、情感的、认知的和运动的，也要涉及幼儿学习的情感和倾向，并注重对个体发展独特性的认可。评价指标也应涵盖幼儿身体、认知、语言、情感、社会等发展的主要方面，要全面反映幼儿教育培养目标的要求，不能厚此薄彼，更不能有所遗漏，评价目标要体现多元化。

八、对幼儿发展状况的评估，要注意：

（一）明确评价的目的是了解幼儿的发展需要，以便提供更加适宜的帮助和指导。

（二）全面了解幼儿的发展状况，防止片面性，尤其要避免只重知识和技能，忽略情感、社会性和实际能力的倾向。

（三）在日常活动和教育教学过程中采用自然的方法进行。平时观察所获的具有典型意义的幼儿行为表现和所积累的各种作品等，是评价的重要依据。

（四）承认和关注幼儿的个体差异，避免用划一的标准评价不同的幼儿，在幼儿面前慎用横向的比较。

（五）以发展的眼光看待幼儿，既要了解现有水平，更要关注其发展的速度、特点和倾向等。

第八条说明了幼儿园发展评价的原则，即评价内容和功能的多样化。随着时代的发展，原有的以传授知识为主的课程功能受到极大的挑战，转而开始关注幼儿的学习态度、心理素质、协作能力、自主能力、环境意识能力等多方面的综合发展，于是评价功能也发生了根本的变化，不只是检查幼儿学习知识、掌握技能的情况，更为关注幼儿学习过程与学习方法，关注幼儿的情感、兴趣、爱好、意志、学习态度等方面。评价不再是对幼儿进行优劣之分，把幼儿进行排队，而是如何发挥评价的激励、诊断、导向作用，关注幼儿的成长与进步情况。

《纲要》的第四部分围绕幼儿园教育评价，提出了评价的发展性、合作性、标准的多元性，以及多角度、多立体、多方法，重视过程、重视差异、重视质性研究等原则。明确规定了评价的目的是为了幼儿的发展、教师的成长和提高教育质量。这就是说，幼儿园评价绝非用于筛选、排队，不是用于给幼儿贴标签，伤害他们的自尊和信心，给他们的成长蒙上阴影。《纲要》在这一基点上分别明确指出了评价教育工作和评价幼儿发展状况的具体原则和注意事项。

 章末小结

1.《纲要》总则及评价。

2.《纲要》教育内容与要求及评价。

3.《纲要》组织与实施及评价。

4.《纲要》教育评价及评价。

 拓展阅读

《幼儿园教育指导纲要（试行）》

第七章　我国幼儿教育的改革动态和发展趋势

 考纲提要

1. 了解我国幼儿教育的改革动态。
2. 了解我国幼儿教育的发展趋势。

 内容结构图

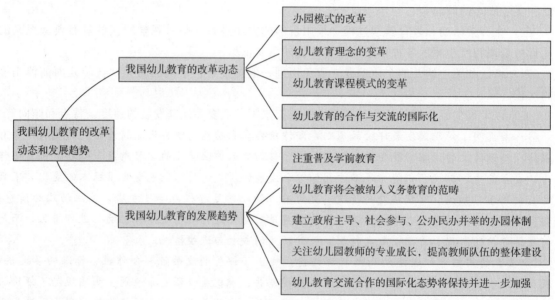

第一节　我国幼儿教育的改革动态

　　1987 年 10 月，在第一次全国幼教工作会议上，明确提出幼儿教育是社会主义教育事业的重要组成部分，各级政府都应重视幼儿教育的改革与发展。1989 年 8 月颁布的《幼儿园管理条例》从宏观上调控了幼儿园的管理与发展。1996 年 3 月颁布的《幼儿园工作规程》（于 2016 年修订）明确规定了幼儿园的工作任务。2001 年，教育部颁布的《幼儿园教育指导纲要（试行）》，融入了新的教育理念，把幼儿园的教育划分为五大领域。2003 年，颁发了《关于幼儿教育改革与发展的指导意见》，就幼儿教育改革与发展目标、幼儿教育管理体制以及幼儿园教师师资队伍建设等方面提出了指导性的意见。2010 年颁发的《国家中长期教育改革和发展规划纲要 2010—2020 年》中提出了 2010—2020 年十年间学前教育的发展目标。同时，于 2012 年颁发了《3—6 岁儿童学习与发展指南》。

幼儿教育是基础教育的重要组成部分，发展幼儿教育对于促进儿童身心全面健康发展，普及义务教育，提高国民整体素质，实现全面建设小康社会的奋斗目标具有重要意义。改革开放以来，我国幼儿教育事业取得了长足发展，回顾我国幼儿教育改革发展的这些年，总结为以下几个方面：

一、办园模式的改革

形成以公办幼儿园为骨干和示范，以社会力量兴办幼儿园为主体，公办与民办、正规与非正规教育相结合的发展格局。根据城乡的不同特点，逐步建立以社区为基础，以示范性幼儿园为中心，灵活多样的幼儿教育形式相结合的幼儿教育服务网络。大中城市已基本满足了适龄儿童的入园需求，农村和老少边穷地区通过灵活多样的形式，为越来越多的学龄前儿童提供了受教育机会。

二、幼儿教育理念的变革

随着对外交流的不断加强，幼儿教育改革的逐渐深入，幼儿教育的理念也在潜移默化地发生着变化。

（一）儿童观、儿童学习观和教育观的转变

以往，我们总是习惯于把儿童看作被动的学习者，纵观《纲要》的内容我们可以看到，它把我们的教育对象幼儿看作有积极主动学习愿望的人，幼儿是能够在一定环境中积极主动学习的。

以往的教育，教师只是习惯于注重把知识灌输给幼儿，而忽视幼儿的兴趣。而《纲要》明确指出，"要使幼儿在快乐的童年生活中获得有益于身心发展的经验"，要在"启发的教学思想指导下，采用各种教育方法、教学方式，在教学过程中善于发现幼儿感兴趣的事物、游戏和偶发事件中所隐含的教育价值，激发活动的思维，把握时机积极引导，让幼儿通过自己努力以探索问题、解决问题、发展自身内在能力，努力使每个幼儿都能获得满足和成功"。这充分体现了幼儿教育"以人为本"的思想，它强调满足孩子权利，着眼于为了每个儿童的发展，以及教师与幼儿的共同发展。《纲要》的教育理念倡导的是"快乐学习"的方法，在玩中学，学中玩，使学习成为一种乐趣。

（二）教师角色定位的转变

以往，教师的角色更偏向于定位为知识的传递者，全程参与和包办幼儿学习的全过程。《纲要》中指出教师应成为幼儿学习活动的支持者、合作者、引导者。以关怀、接纳、尊重的态度与幼儿交往。耐心倾听，努力理解幼儿的想法与感受，支持、鼓励他们大胆探索与表达。教师要善于发现幼儿感兴趣的事物、游戏和偶发事件中所隐含的教育价值，把握时机，积极引导。关注幼儿在活动中的表现和反应，敏感地察觉他们的需要，及时以适当的方式应答，形成合作探究式的师幼互动。尊重幼儿在发展水平、能力、经验、学习方式等方面的个体差异，因人施教，努力使每个幼儿都能获得满足和成功。关注幼儿的特殊需要，包括各种发展潜能和不同发展障碍，与家庭密切配合，共同促进幼儿健康成长。

三、幼儿教育课程模式的变革

受国外先进幼儿教育思想的影响，我国幼儿教育课程模式的建构也在不断尝试和探索。目前，我国幼儿园的课程模式已经呈现出多元化的特点和百家齐放趋势，如单元教育课程、综合主题课程、田野课程和游戏课程等，其中在全国影响较大的有单元课程和综合主题课程。

单元课程是在陈鹤琴实验单元教学的基础上发展而来的一种教育结构。单元教育在五大领域的基础上，将课程的教育内容扩大到幼儿生活的多种环境，每个单元都以社会为中心，每一个方面选择若干有代表性的活动，将幼儿一日生活的全部要素都能包含其中。

综合主题课程是根据幼儿身体、心理发展的需要，顺应各种教育要素之间的相互联系，把尊重幼儿发展规律与发挥教师主导作用相结合，从综合性入手合理选择教育内容、教育手段和方法，科学组织教育过程，以"主题"的形式建构每一阶段的生活经验，使幼儿园三年生活成为有利于促进幼儿持续发展的连续教育过程。

四、幼儿教育的合作与交流的国际化

近十年来，我国幼儿教育工作者们赴外学习、观摩、交流的机会日益增多。外出考察学习，是教师转变教育观念的一个重要途径。很多幼儿园，每年都有赴外考察、学习的机会，回来后在园内和其他教师交流，分享收集到的外国幼儿教育的资料。除此之外，各级国内外的学前教育研讨会也在频频召开，这些都拓宽了我们的教育视野，为我们了解世界幼儿教育理论和实践的发展提供了有力的平台。

第二节　我国幼儿教育的发展趋势

虽然我们国家幼儿教育事业的改革发展取得了一些成绩，但还存在着一些令人担忧的问题，如地区之间幼儿教育的发展非常不均衡等，如果不正视这些问题，将会阻碍我国幼儿教育事业的进一步改革与发展，这些问题的解决也必将预示着我国幼儿教育的发展趋势。

一、注重普及学前教育

基本普及学前教育。到2020年，普及学前一年教育，基本普及学前两年教育，有条件的地区普及学前三年教育。重视0—3岁婴幼儿教育。（见专栏1教育事业发展主要目标）

重点发展农村学前教育。努力提高农村学前教育普及程度。着力保证留守儿童入园。采取多种形式扩大农村学前教育资源，改扩建、新建幼儿园，充分利用中小学布局调整富余的校舍和教师举办幼儿园（班）。发挥乡镇中心幼儿园对村幼儿园的示范指导作用。支持贫困地区发展学前教育。推进农村学前教育。支持办好现有的乡镇和村幼儿园；重点支持中西部贫困地区充分利用中小学富余校舍和社会资源，改扩建或新建乡镇和村幼儿园；对农村幼儿园园长和骨干教师进行培训。

专栏1 教育事业发展主要目标

指 标	单 元	2009 年	2015 年	2020 年
学前教育				
幼儿在园人数	万人	2 658	3 400	4 000
学前一年毛入园率	%	74.0	85.0	95.0
学前两年毛入园率	%	65.0	70.0	80.0
学前三年毛入园率	%	50.9	60.0	70.0
九年义务教育				
在校生	万人	15 772	16 100	16 500
毛入学率	%	90.3	93.0	95.0
高中阶段教育*				
在校生	万人	4 624	4 500	4 700
毛入学率	%	79.2	87.0	90.0
职业教育				
中等职业教育在校生	万人	2 179	2 250	2 350
高等职业教育在校生	万人	1 280	1 390	1 480
高等教育**				
在学总规模	万人	2 979	3 350	3 550
在校生	万人	2 826	3 080	3 300
其中：研究生	万人	140	170	200
毛入学率	%	24.2	36.0	40.0
继续教育				
从业人员继续教育	万人次	16 600	29 000	35 000

注：＊含中等职业教育学生数；＊＊含高等职业教育学生数。

二、建立政府主导、社会参与、公办民办并举的办园体制

受到市场经济和体制改革的影响，幼儿园的办学体制和投资体制逐渐呈现多元化的趋势。大力发展公办幼儿园，积极扶持民办幼儿园。加大政府投入，完善成本合理分担机制，对家庭经济困难幼儿入园给予补助。

加强学前教育管理，规范办园行为。在我国，幼儿教育的办学主体将由单一的公办园发展为公办园、企业办园、集体办园、社会力量办园、民办园、私立幼儿园等，这种由我国国情决定的趋势将会继续下去。

三、关注幼儿园教师的专业成长，提高教师队伍的整体建设

加快建立职前教育、入职教育、职后教育相互衔接的发展性教师专业成长体系的步伐，着重对幼儿园教师职前教育与继续教育课程衔接的有效性进行认真研究。提高幼儿师范院校办学水平和教育质量。根据幼儿教育事业发展需要，确定招生规模；结合幼儿教育改革的实际，及时调整

专业、课程设置和教学内容，深化教育教学改革，积极参与幼儿园的教育实践。制订幼儿教育师资培养、培训规划，加强幼儿园教师职后教育的规范和建设。

要依据《教师资格条例》的有关规定，实行幼儿园园长、教师资格准入制度，严格实行持证上岗。实行教师聘任制，建立激励机制，提高教师队伍的素质和水平。认真执行《中华人民共和国教师法》，幼儿园教师享受与中小学教师同等的地位和待遇。依法保障幼儿园教师在进修培训、评选先进、专业技术职务评聘、工资、社会保险等方面的合法权益，稳定幼儿园教师队伍。

四、幼儿教育交流合作的国际化态势将保持并进一步加强

随着"地球村"理念的不断深入，幼儿教育国际交流合作也会进一步加强。支持一批示范性中外合作办学机构；开展幼儿园骨干教师海外研修培训；支持扩大公派出国留学规模；以高校为主体举办学前教育国际学术交流论坛。

 章末小结

1. 改革开放以来，我国幼儿教育事业取得了长足发展，表现在以下几个方面：一是办园模式的改革；二是幼儿教育理念的变革；三是幼儿教育课程模式的改革；四是幼儿教育开始注重与国际的交流和合作。

2. 我国幼儿教育的发展趋势表现为：一是注重普及学前教育；二是学前教育将会被纳入义务教育的范畴；三是建立政府主导、社会参与、公办民办并举的办园体制；四是关注幼儿园教师的专业成长，提高教师队伍的整体建设；五是幼儿教育交流合作的国际化态势将保持并进一步加强。

 拓展阅读

1. 唐淑，虞永平. 幼儿园班级管理［M］. 南京：南京师范大学出版社，2003.
2. 张燕. 学前教育管理学［M］. 北京：北京师范大学出版社，1995.
3. 杨汉麟，周采. 外国幼儿教育史［M］. 桂林：广西教育出版社，2011.
4. 唐淑，钟昭华. 中国学前教育史［M］. 北京：人民教育出版社，1999.
5. 胡金平. 中外教育史纲［M］. 南京：南京师范大学出版社，2001.
6. 孙培青. 中国教育史［M］. 上海：华东师范大学出版社，2000.
7. 彭国平. 国内外幼儿教育理论与改革趋势研究［M］. 北京：首都师范大学出版社，2008.
8. 教育部教育司. 从理念到行为：《幼儿园教育指导纲要（试行）》行动指南［M］. 南京：江苏少年儿童出版社，2003.

模块自测

一、单项选择题

1. 被称为"教育史上的哥白尼"和"现代教育之父"的教育家是（   ）。
    A. 杜威   B. 蒙台梭利   C. 福禄贝尔   D. 夸美纽斯

2. 陈鹤琴提出的五指活动指的是（   ）。
    A. 儿童健康活动、儿童社会活动、儿童科学活动、儿童艺术活动、儿童文学活动
    B. 儿童语言活动、儿童社会活动、儿童科学活动、儿童美术活动、儿童音乐活动
    C. 儿童常识活动、儿童社会活动、儿童科学活动、儿童艺术活动、儿童文学活动
    D. 儿童体育活动、儿童语言活动、儿童科学活动、儿童艺术活动、儿童文学活动

3. 到 2020 年，我国学前教育学前一年毛入学率和学前三年毛入学率应分别达到（   ）。
    A. 74%，50.9%   B. 95%，70%
    C. 85%，60%   D. 95%，60%

4. 下列原则不是幼儿园教育的特殊原则的是（   ）。
    A. 安全保育   B. 保教结合
    C. 以游戏为基本活动   D. 教育的活动性和活动的多样性

5. 幼儿园的（   ）双重任务是我国幼儿园的一大特色，也是我国幼儿园的社会使命。
    A. 发挥一日活动整体教育功能   B. 以游戏为基本活动
    C. 教育的活动性和活动的多样性   D. 保育和教育

6. 从学科知识取向转向儿童经验取向的代表性教育著作是（   ）。
    A.《理想国》   B.《爱弥儿》
    C.《大教学论》   D.《林哈德与葛笃德》

7. 杜威认为，学校生活的组织中心是（   ）。
    A. 教材   B. 家长   C. 教师   D. 儿童

8. 陶行知提出的"六大解放"指向的是（   ）。
    A. 解放儿童的观察力   B. 解放儿童的体力
    C. 解放儿童的智力   D. 解放儿童的创造力

9. 幼儿学习的基础是（   ）。
    A. 直接经验   B. 课堂学习   C. 间接经验   D. 理解记忆

10. 提出"教育即生活"的教育家是（   ）。
    A. 卢梭   B. 蒙台梭利   C. 杜威   D. 福禄贝尔

二、简答题

1. 幼儿园教育的基本特点是什么？
2. 幼儿园班级管理的内容包括哪些方面？
3. 简述我国幼儿教育的发展趋势。
4. 谈谈你对卢梭的自然教育的理解。
5. 谈谈你对杜威关于教育本质的理解。

三、论述题

陈鹤琴的"活教育"理论对我们今天的幼儿教育改革发展有何启示？

参考答案

一、选择题

1. D　2. A　3. B　4. A　5. D　6. B　7. D　8. D　9. A　10. C

二、简答题

1. 幼儿园教育的特点：启蒙性、生活化、游戏性、活动性、潜在性。

2. 幼儿园班级管理一般由生活管理、教育管理、其他方面的管理（包括家园交流管理、班级间交流管理、幼儿社区活动管理等）组成。其他方面的管理工作服务于幼儿的生活管理和教育管理。

3. 我国幼儿教育的发展趋势包括：

一是注重普及学前教育；

二是学前教育将会被纳入义务教育的范畴；

三是建立政府主导、社会参与、公办民办并举的办园体制；

四是关注幼儿园教师的专业成长，提高教师队伍的整体建设；

五是幼儿教育交流合作的国际化态势将保持并进一步加强。

4. 卢梭的自然教育

（1）卢梭的自然教育，要求教育适应儿童的年龄特征及个性特点。卢梭根据他对于儿童发展的自然进程的理解，将儿童的教育划分为几个阶段，每个时期有不同的重点。

（2）卢梭自然教育的目的是要保护儿童善良的本性，培养"自然人"，是符合天性的、身心得到和谐发展的人，是能自食其力、不受传统束缚、能够适应社会生活的一代新人。

5. 杜威关于教育本质的理解：

（1）"教育即生长"，即教育的本质就是促进儿童的本能生长；

（2）"教育即生活"，即儿童本能生长总是在生活过程中展开的，最好的教育就是"从生活中学习"；

（3）"教育即经验的不断改造"，即在教育过程中，主要不是教给儿童既有的科学知识，而是让儿童在活动中自己去获得经验。

三、论述题

答案要点：

"活教育"理论对当今幼儿教育改革发展的启示可以从教育目的、课程论（包括具体的课程方案）、教育方法和原则等主要方面进行阐述。

模块三　生　活　指　导

 考试目标

1. 熟悉幼儿园一日生活的主要环节，理解一日生活的教育意义。
2. 了解幼儿生活常规教育的要求与培养幼儿良好生活、卫生习惯的方法。
3. 了解幼儿卫生保健常规、疾病预防、营养等方面的基本知识。
4. 了解幼儿园常见的安全问题和处理方法，了解突发事件如火灾、地震等的应急处理方法。

 内容详解

　　本模块首先介绍了幼儿园一日生活的教育意义、主要环节及如何培养幼儿良好的生活卫生习惯。接着介绍了幼儿常见传染病及其预防，幼儿园常见疾病，幼儿园保健常规和幼儿营养方面的知识。最后介绍了幼儿园意外事故的预防和急救方法。

第一章 幼儿园一日生活

 考纲提要

1. 了解幼儿园一日生活的教育意义。
2. 了解幼儿园一日生活的主要环节。
3. 了解培养幼儿良好生活卫生习惯的方法。

 内容结构图

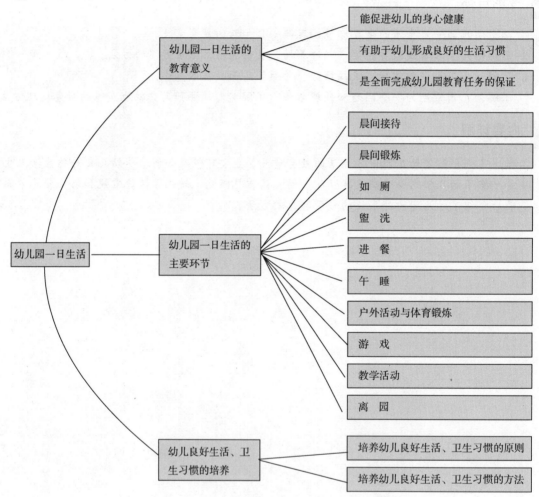

第一节 幼儿园一日生活的教育意义

幼儿园的教育更多地体现、渗透在幼儿一日生活中，教师必须将幼儿所要学习的知识、技能、情感、态度等融入幼儿日常生活各个环节中，如吃饭、睡觉、如厕、游戏、上课等，方能有效促进幼儿身心的健康成长。

一、能促进幼儿的身心健康

幼儿园合理安排幼儿的一日生活，科学地组织游戏、教育教学活动、户外活动、进餐、如厕、睡眠和各项娱乐活动等生活环节，动静交替，有张有弛，劳逸结合，能减少幼儿的等待时间和大脑的负担，是幼儿园最基本的保健方法。

二、有助于幼儿形成良好的生活习惯

幼儿期是最容易养成固定习惯的时期，而从小形成某些好习惯，将会终身受益。如睡觉起床后会自己整理被子、手脏了要及时洗、上下楼梯有规矩、玩大型活动器械排队不争抢等，使幼儿能按一定的规律和要求，积极自觉、有条不紊地完成每天应该做的事情，周而复始，形成良好的生活、卫生习惯。

三、是全面完成幼儿园教育任务的保证

组织好幼儿的一日生活，能帮助幼儿尽快适应幼儿园的集体环境，与教师、同伴建立良好的互动关系，学习如何在集体中生活。有利于保教人员主动、有效地组织班集体活动，完成幼儿园的各项教育教学任务。

第二节　幼儿园一日生活的主要环节

一、晨间接待

1. 由保健教师在入园处对幼儿进行晨检。
2. 在幼儿入园前做好活动室内外清洁工作及开窗通气。
3. 以热情、亲切的态度接待幼儿，语言轻松，自然，用拉拉手、摸摸头或抱一抱等肢体语言感染幼儿的情绪。与家长简短交谈，主动询问幼儿在家的情况，听取家长的意见和要求。做好个别幼儿的衣物、药物的存放和交接工作。
4. 要求幼儿衣着整洁，愉快入园，有礼貌地和教师、小朋友见面，和家长告别。

二、晨间锻炼

（一）早　操
1. 早操前检查幼儿的服装及鞋带。
2. 做操前准备好场地、所需运动器械、磁带和收录机等。
3. 整队带领班级幼儿到达操场，教师精神饱满，口令、示范动作准确且熟练，注意幼儿基本动作的练习和操节变换。与幼儿一起在音乐的伴奏下，完成早操。

（二）晨间活动

将事先准备好的户外活动玩具、体育活动器械等材料摆放在操场上，组织幼儿自己选择玩具，愉快参加各种活动，教师密切关注，防止发生意外事故。

三、如 厕

1. 要求幼儿大小便自理，出现异常情况会及时报告教师，对个别自理有困难的幼儿，应给以帮助。

2. 培养幼儿便后洗手的卫生习惯。

四、盥 洗

1. 根据幼儿园盥洗的用具设备，组织幼儿分批进行盥洗，避免盥洗时幼儿拥挤或因地湿而滑倒。

2. 学习掌握洗手的方法：

（1）卷好袖口，小班幼儿由教师帮助，中班幼儿互相帮助，大班幼儿会独立操作；

（2）先把手淋湿，搓上香皂；

（3）按手背、手指、手腕顺序洗手，再冲洗香皂沫，抖掉水珠，用自己的毛巾擦干手，挂好毛巾，放下衣袖。

五、进 餐

1. 做好餐前清洁、摆放碗筷等准备工作。定时定量为幼儿提供营养丰富的食物。

2. 教会幼儿正确使用餐具，小班幼儿会使用勺子进餐，中、大班幼儿会使用筷子进餐。细嚼慢咽，不洒饭菜，不剩饭菜，保持桌面、地面的清洁。安静、专心地进餐，不大声讲话。

3. 餐后漱口，擦嘴，值日生帮助教师收拾碗筷、清洁桌面。

六、午 睡

1. 睡前上厕所，安静进入卧室，自己脱衣服，把衣物叠放整齐放在指定地方，把鞋摆放整齐。

2. 睡姿正确，不玩东西，不吮吸手指。

3. 安静起床，迅速穿好衣服、鞋袜。

七、户外活动与体育锻炼

1. 每天必须保证一定的户外活动时间，为幼儿创设良好的环境，做好活动前的准备工作。

2. 在教师指定的场地内活动，愉快地参加自己喜爱的游戏活动和体育活动。户外活动时不乱跑，不喊叫。在体育活动中，注意力集中，遵守规则，巩固和提高动作的技能。

3. 幼儿活动应在教师视线范围之内，注意安全。活动密度适度。

4. 活动结束时能主动地收拾玩具、材料。

八、游 戏

1. 各种游戏活动要面向全体幼儿，注意个别差异。在游戏过程中，要仔细地观察幼儿的表现，深入了解幼儿，有针对性地加以引导，但不宜干扰幼儿的游戏活动。

2. 幼儿自愿选择游戏种类，遵守游戏规则，积极开动脑筋，充分发挥自主性和创造性。

3. 在游戏中对同伴友爱、谦让，能合作，互相帮助。会正确使用玩具，爱护和收放玩具。

九、教学活动

1. 室内地面清洁不起尘，光线充足，空气新鲜。定期交换幼儿座位，保护视力。

2. 培养幼儿正确的坐、立、行姿势和握笔姿势，保护幼儿的视力和嗓子。

3. 要根据各年龄班幼儿的特点安排活动时间和内容。有统一要求又注意根据幼儿个体差异，不强求一律。

4. 以幼儿为主体，面向全体幼儿，让幼儿充分运用感官，动脑、动口、动手，启发幼儿学习的积极性、主动性和创造性。逐渐养成动脑、动手和手脑并用的习惯。

5. 教师的教态亲切自然，情感真挚；语言清晰简练，准确规范，生动形象。

十、离 园

1. 离园前检查幼儿仪表是否整洁，提醒幼儿带好回家的用品。

2. 教师主动向家长介绍幼儿在园情况，幼儿愉快地离园回家，带好回家用品，有礼貌地同老师、小朋友告别。

3. 组织好未能及时被接走的孩子，防止幼儿走失或被陌生人带走。

4. 待幼儿全部离园后，做好活动室的清洁卫生，关好门窗。

在一天的活动中，应给幼儿安排自由活动的时间，让幼儿按个人意愿和兴趣，自由选择有益的活动，允许他们自由结伴，自由交谈，自由活动。

第三节 幼儿良好生活、卫生习惯的培养

一、培养幼儿良好生活、卫生习惯的原则

1. 依据幼儿身心发育特点，合理负担。

2. 促进幼儿体、智、德、美的全面发展。

3. 根据幼儿的年龄差异和个别差异，区别对待。

4. 有利于幼儿自主性和独立性的培养，为幼儿充分的、自由的活动创设条件。

5. 要循序渐进，持之以恒，逐步形成。

6. 尊重幼儿的人格，满足幼儿的愿望和需要，多采用积极鼓励的方法，充分发挥幼儿在活动中的主体地位。

二、培养幼儿良好生活、卫生习惯的方法

（一）榜样示范法

1. 充分利用幼儿好模仿的心理特点，通过树立榜样，为幼儿示范良好的卫生习惯。成人的言行被幼儿看在眼里，记在心里，落实在行动上，教师要提高个人修养，为幼儿树立好榜样。

2. 同伴间的影响力对孩子的发展也具有不可估量的作用。善于抓住日常生活中的点滴小事，把握好教育时机，让孩子向孩子学习。

3. 文艺作品中的人物形象鲜明，易于给幼儿留下深刻的影响，成为他们模仿的对象，如为培养幼儿爱惜粮食，教师向幼儿讲述了《大公鸡和漏嘴巴》的故事，再组织幼儿讨论故事中的不同角色，启发幼儿爱惜粮食。

（二）渗透教育法

培养幼儿形成良好的生活习惯，不会一蹴而就，教师不可抱有"教你做、等你做太烦太慢，不如自己做来得快还省事"的想法，不自觉地剥夺孩子们学习生活的机会。要有足够的耐心引导幼儿在一日生活各环节中，在参与课堂管理，为集体服务的活动中，在担任值日生、小组长、老师小帮手等角色中，逐渐形成良好的生活习惯。

（三）评价激励法

定期对幼儿的生活行为进行检查和评比，如值日生检查、个人卫生评比等活动，使其逐步形成良好的生活习惯，巩固已经形成的良好行为习惯。对达到要求的幼儿要及时给予肯定的评价，巩固其良好生活行为，如一颗五角星、一面小红旗、一朵小红花都会让孩子们体验到成功的喜悦。

（四）成果欣赏法

这一方法是指组织幼儿进行生活方面的自我服务活动，并且组织幼儿观赏和评价自我服务的劳动成果，从中获得整洁的美感以及由此带来的情绪体验。如在"小棉被叠整齐"的自我服务教育活动中，教师先让幼儿参观其他班级整齐有序的床铺，使其产生"要学习"的心理需求。当幼儿通过学习和练习，用自己的小手把棉被叠整齐，使卧室变得整洁时，教师可以再组织其他班级的幼儿来参观，使幼儿对自己的劳动成果产生自豪感。

（五）图示观察法

以简洁、形象、连续的图示替代传统的示范、讲解等指导方式，引导幼儿在反复观察——思考——尝试的过程中，完成新技能、新方法的学习方法。图示直观形象、生动有趣，符合幼儿的年龄特点和认识水平，容易引起幼儿注意，便于幼儿领会，利于幼儿记住，从而能够更好地落实生活活动目标，帮助幼儿养成良好的生活习惯。如向幼儿出示两张图片，一张为脏脏的小手，一张为干净的小手，然后组织幼儿讨论："你喜欢哪只小手？为什么？"在此基础上，把正确洗手的流程图贴在洗手池的上方，方便幼儿对照图片学习洗手。

（六）游戏练习法

游戏练习法是让幼儿在生动有趣的活动中接受教育，快乐地学习，这样既符合幼儿的心理特点，又能取得良好的效果。可利用看图片、听故事、讲故事和做游戏等形式来帮助幼儿掌握生活常规的要领，培养幼儿的生活自理能力。如在穿衣服时，让幼儿边穿边念："抓领子，甩一下，左一伸，右一伸，我的衣服穿好了。"在折叠衣服时，让幼儿学念儿歌："左边抱一抱，右边抱一抱，再来弯弯腰。"引导幼儿有兴趣地学习各种生活自理的方法，培养幼儿的生活自理能力。

（七）家园共育法

幼儿园每一项活动的开展都离不开家庭，幼儿的良好习惯仅在幼儿园培养是远远不够的，要得到家长的支持与配合。教师应与家长多沟通，并定期召开家长会，向家长宣传良好习惯养成的重要性，帮助家长建立正确的教养观念，要求家长密切配合幼儿园，达成共识，使幼儿在幼儿园形成的行为习惯在家里得以延续和巩固。

知识窗

在巴黎，七十多位诺贝尔奖获得者聚集一堂，有人问其中一位获奖者："你在哪所大学、哪个实验室学到了你认为最重要的东西？"这位白发苍苍的学者回答道："在幼儿园。""那是什么呢？""自己的东西要分一半给小朋友、饭前要洗手、把东西放整齐、做错了事情要道歉、要仔细观察周围的大自然。"与会者纷纷表示赞同。这充分说明，好的生活习惯需从小养成，良好的习惯会影响人的终身。

章末小结

1. 幼儿园一日生活能促进幼儿的身心健康；有助于幼儿形成良好的生活习惯；是全面完成幼儿园教育任务的保证。

2. 幼儿园一日生活的主要环节有：晨间接待、晨间锻炼、如厕、盥洗、进餐、午睡、户外活动与体育锻炼、游戏、教学活动和离园。

3. 培养幼儿良好生活、卫生习惯要遵循以下原则：依据幼儿身心发育特点，合理负担；促进幼儿体、智、德、美的全面发展；根据幼儿的年龄差异和个别差异，区别对待；有利于幼儿自主性和独立性的培养，为幼儿充分的、自由的活动创设条件；要循序渐进，持之以恒，逐步形成；尊重幼儿的人格，满足幼儿的愿望和需要，多采用积极鼓励的方法，充分发挥幼儿在活动中的主体地位。

4. 培养幼儿良好生活、卫生习惯的方法有：榜样示范法、渗透教育法、评价激励法、成果欣赏法、图示观察法、游戏练习法。

拓展阅读

中国营养学会. 中国居民膳食指南［M］. 拉萨：西藏人民出版社，2007.

第二章 疾病的预防和保健常规

 考纲提要

1. 了解幼儿常见传染病及其预防方法。
2. 了解幼儿常见疾病。
3. 了解幼儿卫生保健常规。

 内容结构图

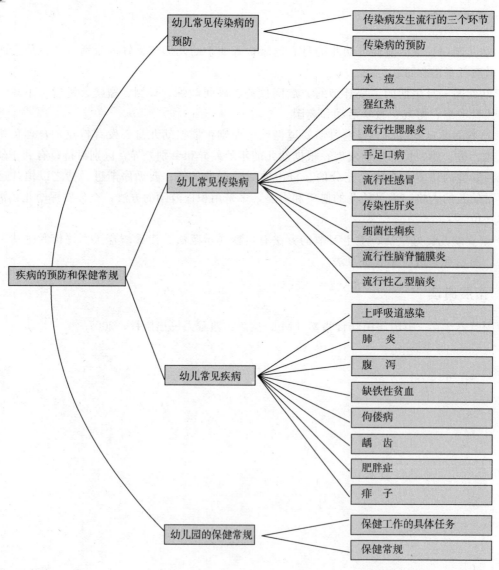

第一节　幼儿常见传染病的预防

一、传染病发生流行的三个环节

（一）传染源

传染源是指体内有病原体生长、繁殖并能排出病原体的人或动物。

1. 病　人

指感染了病原体，并表现出一定症状和体征的人。

2. 病原携带者

指无症状而能排出病原体的人或动物。可分为健康、潜伏期和病后携带者三种。

3. 受感染的动物

以动物为传染源传播的疾病，称为动物源性传染病，如流行性乙型脑炎等。

（二）传播途径

病原体由传染源侵入易感者体内，所经过的途径叫传播途径。

1. 空气飞沫传播

病原体随病人或携带者咳嗽、打喷嚏时喷出的飞沫，感染他人。空气飞沫传播是呼吸道传染病的主要传播途径。

2. 饮食传播

病原体污染了食物或饮水，通过食用或饮用侵入易感者体内。饮食传播是肠道传染病的主要传播途径。

3. 日常生活接触传播

病原体随同病人或携带者的排泄物、分泌物排出，污染周围的日常用品，形成传播。

4. 虫媒传播

病原体通过媒介昆虫直接或间接地传入易感者体内。

5. 医源性传播

医务人员在检查、治疗和预防疾病时或实验操作过程中造成的疾病感染。

（三）易感者

易感者是指对某种传染病缺乏免疫力，被传染后易发病的人。

二、传染病的预防

（一）管理传染源

注重晨间检查，加强一日观察，早发现，早隔离，早治疗，尽可能缩小传染源的影响范围。

（二）切断传播途径

1. 保持环境清洁，注意饮食卫生，培养幼儿形成良好的个人卫生习惯，做好经常性的消毒工作。

2. 传染病发生后，要针对不同种类的病菌采取相应的有效方式，进行彻底消毒。

（三）保护易感者

1. 加强体格锻炼和户外活动，平衡膳食，培养良好的个人卫生习惯，增强幼儿体质。

2. 按计划进行各种预防接种，提高幼儿抗感染的能力。

第二节　幼儿常见传染病

一、水　痘

1. 流行特点

水痘是由水痘带状疱疹病毒引起的呼吸道传染病，患者为主要传染源，可通过直接接触、飞沫及空气传播，传染性较强，多发生在冬春季节。

2. 症　状

病初1—2天有低烧，以后出现皮疹。皮疹由最初的红色小点，1天左右变成水泡，3—4天后水泡干缩结成痂皮，干痂脱落。由于红疹在身体的不同部位陆续出现，所以病后一周内，病儿的皮肤上同时可见红色小点、水泡和结痂三种形态的皮疹。

3. 护　理

（1）室内空气新鲜，摄取易于消化的食物，多喝温开水。

（2）勤换洗内衣、床单，保持皮肤清洁。

（3）剪短指甲，避免因瘙痒抓破皮肤引起继发感染。

4. 预　防

早发现，早隔离，病儿隔离到全部皮疹结痂为止。

二、猩红热

1. 流行特点

猩红热为异型溶血性链球菌引起的呼吸道传染病。病人和健康带菌者通过空气飞沫传播病菌，也可经被病菌污染的食物、玩具等间接传播。

2. 症　状

（1）起病急，可有发热、咽痛、呕吐等症状。

（2）病后1—2天从耳后、颈部、腋下出现皮疹，并迅速蔓延躯干和四肢。皮疹细密，压迫可褪色。在肘弯、腋窝、大腿根等皮肤有皱褶处，皮疹十分密集，呈现一条条红线。皮肤瘙痒。

（3）面部潮红，但口唇周围明显苍白，俗称"环口苍白圈"。

（4）发病2—3天后，舌乳头肿大突出，很像杨梅，故叫"杨梅舌"。

3. 护　理

（1）病儿卧床休息，多喝水，吃清淡食物。

（2）注意口腔清洁，多用淡盐水漱口。

（3）按医嘱进行治疗，观察身体其他状况，防止发生并发症。

4. 预　防

早发现，早隔离，早消毒，接触者要隔离至检疫期结束之后。

三、流行性腮腺炎

1．流行特点

流行性腮腺炎是由病毒引起的呼吸道传染病。病人腮腺肿大期间，唾液中的病毒可经飞沫传播。一年四季均可流行，病后获终身免疫。

2．症　状

（1）起病急，可有发热、畏寒、头痛、食欲不振等症状。

（2）病后1—2天后，腮腺肿大，有时两侧先后肿大，有时一并肿大。张口或咀嚼时感到腮腺部位胀痛，尤以吃硬或酸的食物时疼痛加剧。

（3）经4—5天后腮腺消肿。

3．护　理

（1）饮食选择流质和软食，忌吃辣、酸和过烫的食物，多喝水。

（2）注意口腔清洁，多用淡盐水漱口。

（3）加强护理，采用中草药外敷，清热解毒，消肿，防止并发症。

4．预　防

病人隔离至腮腺完全消肿为止，接触者应检疫3周。

四、手足口病

1．流行特点

手足口病是一种由肠道病毒引起的常见传染病。可引起发热，手足、口腔等部位的皮疹和溃疡。四季均可发病，春夏和春秋季是流行的高峰期。该病传播途径复杂，流行速度快，影响范围广泛。

2．症　状

（1）发病起初出现发热、咽痛、咳嗽、全身不适等症状。

（2）发热1—2天内，手、足和口腔内出现疱疹，疱疹破溃后形成溃疡，因疼痛影响进食。

3．护　理

（1）卧床休息，供给营养丰富、易于消化的流质、半流质食物，饮食宜清淡，忌冷、辛辣和过咸的刺激性食物，多喝水。

（2）保持口腔清洁，勤漱口。被褥、衣服要清洁，衣着要宽大、柔软、透气。

（3）慎服退烧药。

4．预　防

（1）及早发现，加强消毒工作，隔离病毒。

（2）培养幼儿养成勤洗手、餐具专人专用等卫生生活习惯。

（3）室内空气新鲜，病毒流行期间少去公共场所。

五、流行性感冒

1．流行特点

流行性感冒是由流感病毒引起的急性呼吸道传染病。流感病毒有较强的传染性，主要以呼吸道飞沫的途径传播，极易引起流行，甚至是大规模流行。

2. 症 状

（1）发病急，高热，寒战，头痛，肌肉痛，咽痛，全身不适。

（2）以肠胃道症状为主，会出现恶心、呕吐、腹痛和腹泻等症状。

（3）幼儿常并发中耳炎。

3. 护 理

（1）室内空气新鲜，充满阳光。

（2）多休息，少活动。饮食营养丰富，易消化，增加饮水量。

（3）应对高烧，尽量采用物理降温法降温。

4. 预 防

（1）搞好环境卫生，保持空气流通、新鲜。

（2）加强锻炼，注意营养，劳逸结合，增强体质。

（3）流感流行期间，少去公共场所。

六、传染性肝炎

1. 流行特点

传染性肝炎是由肝炎病毒引起的传染病。肝炎病毒可分为甲型、乙型和非甲非乙等诸多类型，传播性强，传播途径复杂，传播范围广泛，其中以甲型和乙型肝炎感染较高。

（1）甲型传染性肝炎由甲型肝炎病毒引起。存在于粪便中的病毒污染了食物和饮水，经口造成传染。

（2）乙型传染性肝炎由乙型肝炎病毒引起。病毒存在于病人的血液、唾液、乳汁等体液中，可通过日常生活接触、输血、医疗器具、虫媒等途径传播。

2. 症 状

无论甲型、乙型传染性肝炎，在症状上都可分为黄疸型与无黄疸型两种。

（1）黄疸型肝炎。病初类似感冒，相继出现食欲减退、恶心、呕吐、腹泻等症状，尤其不喜欢吃油腻食物。病儿无精打采，乏力，脾气烦躁，易发怒。经一周左右，巩膜、皮肤出现黄疸，尿色加深，肝功能异常。

（2）无黄疸型肝炎。与黄疸型肝炎相比，病情较轻。一般有发热、乏力、恶心、呕吐、头晕等症状，不出现黄疸。

3. 护 理

（1）休息。应卧床休息，恢复期逐渐增加活动量，避免疲劳过度。

（2）营养。多摄入高蛋白、低脂肪的食物，多吃蔬菜和水果。

4. 预 防

（1）接种甲肝、乙肝疫苗，保护易感者。

（2）注意饮食卫生，强调个人卫生，生活用品、餐具应专人专用。

（3）做好日常性的消毒工作，尤其是食具、水杯的煮沸消毒。

（4）幼儿园的工作人员应定期进行健康检查。

（5）发现病情，要向防疫机构报告，对受到影响的地方进行专业处理。

七、细菌性痢疾

1. 流行特点

细菌性痢疾是由细菌引起的肠道传染病。存在于粪便中的病毒污染了食物和饮水，经口造成传染。

2. 症 状

起病急，发烧，腹痛，腹泻。一日腹泻数十次，有明显的里急后重（总有排不尽大便的感觉），大便内有黏液及脓血。

3. 护 理

(1) 按医嘱治疗。坚持服药至彻底痊愈，避免转为慢性痢疾。

(2) 饮食以流质或半流质为主，忌食油腻、有刺激性的食物。

(3) 每次排便后，用温水洗净臀部。

4. 预 防

加强环境卫生、饮食卫生和个人卫生。

八、流行性脑脊髓膜炎

1. 流行特点

流行性脑脊髓膜炎是由细菌引起的呼吸道传染病。病菌存在于病人的鼻咽部，主要通过飞沫传播，但在人体外的生活能力很低。冬春季节，如室内通风不畅，人体呼吸道的抵抗力下降，容易造成流脑的流行。

2. 症 状

(1) 病初似感冒，发热，寒战，肌肉、关节酸痛，但流鼻涕、打喷嚏、咳嗽等症状不明显。

(2) 头痛剧烈，呕吐频繁，呈喷射状。

(3) 病儿情绪烦躁，神志恍惚，嗜睡。随病情发展可出现抽风、昏迷。

(4) 发病数小时之后，皮肤上可出现血性皮疹，用手指压迫后红色不褪。

(5) 颈后疼痛，有抵抗感，颈项强直。

由此可见，尽管流行性脑炎的早期症状类似感冒，但病情发展迅速，抢救必须争分夺秒。

3. 预 防

(1) 接种流行性脑脊髓膜炎菌苗。

(2) 室内经常开窗通风，保持空气新鲜。冬春季，尽量少去人多拥挤、空气污浊的地方。

九、流行性乙型脑炎

1. 流行特点

流行性乙型脑炎是由乙型脑炎病毒引起的以脑实质炎症为主要病变的急性传染病。本病经蚊虫传播，流行于夏秋季。

2. 症 状

起病急，发烧，头疼，恶心，喷射性呕吐，嗜睡。随病情发展，出现高热、抽风和昏迷。如不及时抢救，会有生命危险。

3．预 防

（1）在流行期间 1—2 个月接种疫苗。

（2）搞好环境卫生，灭蚊，防蚊。

第三节　幼儿常见疾病

一、上呼吸道感染

1．病 因

上呼吸道感染简称上感，由各种细菌或病毒病因引起的包括鼻炎、咽炎和扁桃体炎等上呼吸道炎症，是幼儿最常见的疾病。

2．症 状

一般有鼻塞、打喷嚏、流鼻涕、咳嗽、发热等症状，因年龄大小、体质强弱及病变部位的不同，病情的缓急、轻重程度不同。

3．护 理

（1）注意休息，保持良好的生活环境，适当多饮水。

（2）防止影响相邻的器官，引起并发症。

（3）可用物理降温法，慎服退烧药。

4．预 防

加强锻炼，注重营养，增强体质，提高抵抗力。保持室内空气流通，少去人多的公共场所，在季节变换之时，应及时增减衣物。

二、肺 炎

1．病 因

肺炎可由病毒或细菌引起，多发生于春冬寒冷季节及气候骤变时。通风不畅，营养不良，佝偻病患儿均易发生肺炎。

2．症 状

一般有发热、咳嗽、气喘等症状，重者可面色发灰、鼻翼扇动、呼吸困难、精神差。

3．护 理

（1）室内空气要新鲜，温湿度适宜。

（2）食物应选择营养丰富，易于消化的流质、半流质。

4．预 防

（1）同上呼吸道感染。

（2）对上呼吸道感染患儿，要防止因病情向下蔓延而导致的继发性肺炎。

三、腹 泻

1．病 因

腹泻是由多种因素、多种病原引起的以大便次数增多和大便性状改变为特点的消化道综合症。

2．症　状

（1）轻型：大便次数增多，可呈蛋花汤样，体温、食欲尚正常。

（2）重型：常急性发作，一日腹泻10余次或更多，大便中水分过多，机体因丢失大量水分和无机盐易发生脱水，酸中毒。

3．护　理

（1）注意腹部保暖。排便后用温水洗净臀部。

（2）调整、减少饮食，防止脱水，按医嘱服药，及时治疗。

4．预　防

膳食选配符合幼儿消化器官发育特点，搞好饮食卫生，培养幼儿形成良好的卫生习惯，做好日常消毒工作。

四、缺铁性贫血

1．病　因

缺铁性贫血是由于机体内铁缺乏导致血红蛋白减少所致的一种贫血。

2．症　状

因为红细胞数目及血红蛋白含量低于正常值，患儿面色苍白，口唇、耳垂、指甲床等处缺少血色。易疲劳，乏力，不爱活动。由于脑部组织供氧不足，长期贫血可影响智力的发展。少数可出现异食癖。

3．预　防

（1）多摄入含铁丰富的食物，用铁制炊具烹调食物。

（2）及时治疗各种感染性疾病，尤其是肠胃道疾病。

五、佝偻病

1．病　因

由于接触日光不足、生长过快或疾病等因素造成机体缺乏维生素D，使钙、磷的吸收和利用受到影响，引起骨骼和牙齿发育的障碍。

2．症　状

（1）精神状态差，睡眠不安且多汗，出现"枕秃"。

（2）骨骼改变，可见方颅、肋骨串珠、鸡胸和下肢弯曲等症状。动作发育迟缓。

3．预　防

（1）多在户外活动，经常接受日光照射。

（2）注意摄取含钙量丰富的食物，在医生的指导下，补充适量的维生素D。

六、龋　齿

1．病　因

残留在牙齿上的食物，在口腔内细菌的作用下产生酸，使牙釉质脱钙，形成龋洞。

2. 危 害

牙齿的正常结构受到破坏，对幼儿来说，不仅使牙齿的咀嚼功能无法正常发挥，影响牙周围组织，引起身体其他部位的疾病，还会造成恒牙萌出异常。

3. 预 防

(1) 注意口腔保健，养成良好的口腔卫生习惯。

(2) 合理营养，促进牙齿咀嚼能力的发展。

(3) 定期检查，及时治疗。

七、肥胖症

1. 病 因

因摄入过多食物，偏爱甜食，运动量过少，心理异常，内分泌疾病，还有遗传等因素造成皮下脂肪积聚过多，体重超过相应身高应有体重 20% 以上的即为肥胖。

2. 症 状

(1) 食欲好，尤喜高蛋白、高脂肪和油炸类食物。

(2) 体型过胖，运动能力下降。

3. 矫 治

找到导致肥胖的主要原因，进行有针对性的治疗。

4. 预 防

(1) 饮食管理，适当减少高热能食物的摄入量，多吃蔬菜和水果。

(2) 培养幼儿对运动的兴趣，增加运动量。

(3) 对幼儿身心出现的异常情况要及时采取应对措施。

八、痱 子

1. 病 因

夏季天气炎热，汗液浸软表皮，堵塞汗腺口，形成痱子。

2. 症 状

痱子多发生在头皮、前额、颈部、胸部、腋窝等多汗或容易受摩擦的部位。皮肤先出现红斑，后形成针尖大小的小疹或水疱，感到刺痒或灼痛感。

3. 护 理

(1) 室内空气通风，降温。

(2) 幼儿的衣服宽大、透气、柔软、吸水性强。

(3) 常洗澡，擦身，保持皮肤的清洁、干燥。

第四节　幼儿园的保健常规

一、保健工作的具体任务

1. 建立合理的生活制度，加强生活护理及教养，促进幼儿的身心健康。

2. 重视营养管理，为幼儿提供合理的膳食，满足幼儿生长发育的需要，防止发生各种营养缺乏性疾病。

3. 建立健康检查制度，并对儿童进行生长发育检测，对发现的问题及时进行医学矫治。

4. 贯彻"预防为主"的方针，做好预防接种、消毒隔离等工作，控制及降低传染病的发病率。

5. 开展体格锻炼，增强儿童体质及抗病能力。

6. 开展安全教育，采取相应的安全措施，防止意外事故的发生。

7. 创设良好的生活环境，园舍、场地、设施等应符合安全、卫生和教育的要求。

8. 培养儿童，使之具有良好卫生生活习惯、健康的适应性行为及良好的道德品质。

二、保健常规

（一）建立常规制度

1. 按月、学期和学年等不同时间段制订卫生保健工作计划。

2. 健全卫生保健制度，包括生活制度、饮食制度、体格锻炼制度、健康检查制度、卫生消毒及隔离制度、预防疾病制度、安全制度、卫生保健登记统计制度和家长联系制度。

3. 各种资料齐全，记录完整、清楚、准确，包括出勤登记表、传染病登记表、疾病登记表、晨检及全日观察记录表、预防接种记录表、体弱儿管理记录表、体格检查记录表、缺点矫治记录、膳食调查记录表、体格锻炼观察表、事故登记表和家长联系簿。

4. 定期对资料进行统计，科学分析，并以此为依据做好卫生保健工作。

（二）卫生消毒常规

1. 通风换气常规

活动室每天早晨幼儿入园前 15 分钟开窗通风（视天气情况灵活掌握），冬季定时开窗通风换气，保持室内空气清新；寝室每天紫外线灯消毒半小时；启用空调时应注意室内空气的新鲜、湿度和温度。

2. 环境卫生常规

保持环境清洁卫生，坚持每天一小扫，每周一大扫，每月彻底清扫一次。

（1）活动室。空气新鲜，地面整洁。玻璃明亮，光线充足。室内摆设整洁舒适，布置无尘垢。

（2）寝室。定时开窗和关窗以通风，温度、湿度适宜，床铺整齐，窗明几净。床栏杆、暖气、窗台、柜子、灯罩、电扇等无尘土。墙壁干净，无蛛网，床下无杂物。

（3）盥洗室。清洁通风，水池下水道处无头发、污物，地面无积水、污渍，便池、便盆及时冲洗，无尿碱，无臭味，无苍蝇。门、窗、镜、灯、柜等清洁干净。消毒水等物品放在幼儿够不着的地方。

3. 个人卫生常规

（1）幼儿个人卫生习惯。日常生活用品专人专用，做好消毒工作。幼儿饭前便后洗手，早晚用流动水洗手和脸。饭后要漱口，大、中班幼儿每日要刷牙。定期洗头和洗澡。每天洗脚、洗屁股，洗屁股毛巾要每天消毒。每周剪指甲一次，每两周剪趾甲一次。保持幼儿服装整洁，衣服、被褥、床单要勤洗勤晒。活动室采光好，阅读、书写、绘画活动有良好的照明。保护幼儿视力，注意用眼卫生，一次连续近距离读、写、画时间不超过 30 分钟，近视幼儿适当缩短。看电视的时间每周一两次为宜，每次 20 分钟左右，距离 2—3 米，电视机安放高度适中。长时间用眼后应有 10—15 分钟休息或组织户外活动，放松双眼，远眺。保持良好的读写姿势。

（2）工作人员个人卫生常规。仪表整洁，勤洗澡，勤剪指甲。给幼儿开饭前用肥皂和流动水洗手。不得在幼儿寝室、活动室和其他幼儿集中活动的室内吸烟。

4. 炊事卫生常规

（1）厨房经常打扫，保持内外环境清洁，物品摆放有序，用后及时归位。台面、墙（窗）面、地面清洁无污物、积水、蜘蛛网。消除老鼠、蟑螂、苍蝇和其他有害昆虫及其滋生条件。

（2）严格执行《食品卫生法》，特别要防止食物中毒。厨房用具，包括刀、墩、板、桶、盆、筐、抹布以及其他工具、容器必须标志明显，做到生熟分开，定位存放，用后洗净，保持清洁。食具一餐一消毒（若用水煮则需在水开后 15—20 分钟，若用笼屉蒸则水开后至少要蒸 30 分钟），应符合国家有关卫生标准。

（3）采购食品，要按照国家有关规定进行索证，不买、不加工或使用腐烂变质和感官性状异常的食物及其原料，买来的熟食要加热处理后再吃，预防食物中毒及肠道传染病的发生。

（4）食品贮存应当分类、分架、隔墙、离地存放，定期检查、及时处理变质或超过保质期限的食品。

（5）炊事员应穿戴清洁的工作衣、帽，并把头发置于帽内；不留长指甲、涂染指甲、戴戒指加工食品；坚持上灶前用肥皂和流动清水洗手，入厕所前脱工作服，在操作间不抽烟，分饭菜时戴口罩。

5. 清洗消毒常规

（1）玩具、图书要保持清洁，一周一消毒。

（2）餐具、餐桌一餐一消毒。餐具要先按规范清洗消毒，做到洗后无污物。

（3）小毛巾、水杯专人专用，一日一消毒。

（4）床单半月一换，被褥一月一晒。

（5）为保证幼儿随时饮水，下午水杯不宜过早消毒，最好在下班前消毒；消毒时应将所有水杯（包括未出勤幼儿的水杯）、点心盘和点心夹放入消毒柜消毒。

（6）每天下班前应将饮水器（或保温桶）中的余水倒干净，以免积水垢；每周应清洗一次饮水器（或保温桶）。

（7）盥洗室内所有盆、桶、壶应洗净晾干放入橱柜，以免柜内产生潮气、霉变。

（三）健康检查常规

1. 新生入园体检制度

所有新生或转园幼儿必须持当地妇幼保健机构入园体检表按项目进行健康检查，体检合格后方可入园。离园一个月以上的幼儿必须重新体检。

2. 幼儿定期体检制度

每个幼儿均建立健康档案（包括体检表、预防接种证）。每学期测量体重两次，测身高和视力各一次。及时对幼儿体格发育情况进行分析评价，并将检查结果和评价情况向家长反馈，同时督促家长对患有龋齿、视力不良、贫血、沙眼等疾病的幼儿进行矫治。

3. 坚持晨检和全日观察制度

（1）每天按要求对幼儿进行晨间检查，严禁患不宜入园疾病（如传染病）的幼儿入园。

（2）做好服药幼儿的登记工作，在保健医生的指导下按时服用。

（3）对晨检时情绪不好的幼儿，或在家有不适情况、近日患病的幼儿，重点记录观察其精神、食欲、睡眠等情况，全天予以特别的关注，对有异常的幼儿应及时与家长联系，立即采取措施。

4. 工作人员体检制度

工作人员每年按要求进行体检，体检合格者方可上岗。

（四）生活管理常规

1. 晨午检常规（同健康检查常规之三）

2. 饮水常规

（1）早晨幼儿入园时，水杯应及时从消毒柜中取出放在水杯架上，防止尘土落入。

（2）饮水器（或保温桶）应有温热适宜、数量足够的开水，保证开水供应。

（3）提醒幼儿及时饮水，保证每个幼儿足够的饮水量，不得限制幼儿饮水的次数。

3. 如厕常规

（1）培养幼儿良好的大小便习惯，如会按需要大小便、大便后自己擦净、整理好衣裤、便后用肥皂洗手等。不得限制幼儿便溺次数。

（2）帮助年龄小和自理能力差的幼儿。对遗尿和遗屎的幼儿，耐心地为他们更换、清洗衣物。

（3）将卫生纸裁好放在固定位置上，并教会幼儿正确使用。

（4）观察幼儿大小便情况，发现异常，及时处理。

4. 洗手常规

幼儿集中洗手时，盥洗室一定要有教师或保育员；幼儿饭前便后以及使用蜡笔、油画棒、橡皮泥或玩沙等户外活动后应洗手。

5. 进餐常规

（1）教师开饭要求。餐前首先规范擦洗和消毒餐桌，分发完餐具后组织幼儿分组洗手。中大班可指导值日生摆餐具。在餐厅集体进餐的幼儿，要待食物温度适宜后由教师或保育员带入餐厅就餐。要将饭菜分开盛，如有刺、有骨头的菜不与其他菜混放在一起，以免发生意外。整个开饭过程尽量保证教师与保育员都参与。幼儿进餐时，除及时帮助幼儿添饭外，还要观察幼儿进餐情况。进餐时保持安静，不催促，哭闹、咳嗽时不能强迫幼儿进食。准备好饭后用的餐巾和漱口杯。掌握幼儿的食量，不能以多为幼儿添饭作为表扬鼓励幼儿的手段，更不能以禁止幼儿吃饭作为惩罚幼儿的手段。按时开饭，每餐进餐时间不少于20—30分钟，幼儿进餐期间教师或保育员不得处理与进餐无关的事情。餐后，按要求清洁餐桌和地面。

（2）幼儿进餐要求。幼儿洗手后直接取饭入座就餐。不挑食，不洒饭菜，不剩饭菜。餐后正确使用餐巾擦嘴，用温开水漱口。餐后散步，不做剧烈活动。中班下学期开始可用筷子就餐。

6. 睡眠常规

（1）做好幼儿午睡前寝室环境的准备工作，做到空气清新，温度适宜，光线柔和。根据季节掌握通风及寝室气温。

（2）幼儿被褥厚薄、大小适宜。

（3）组织幼儿如厕后安静入寝室。

（4）幼儿午睡必须脱外衣裤。脱下的衣物放在固定的地方并叠放整齐，不能放在枕头下。

（5）值班人员应加强幼儿午睡巡视，根据室温随时给幼儿盖好被子，及时发现异常情况，并妥善处理。

（6）起床时及时检查幼儿衣服和鞋袜，防止穿错和不穿。

（7）指导中大班幼儿叠被子。检查床上、褥子下面是否有异物，被里、被头是否开线。

7. 伙食常规

（1）建立伙委会，定期研究幼儿伙食问题。

（2）制订代量食谱，每周更换一次。

（3）定期计算幼儿进食量和营养量。

（4）每月向家长公布一次伙食账目。

（五）疾病防治常规

1. 预防传染病

（1）配合卫生防疫部门完成预防接种工作。接种前必须了解幼儿的身体状况，接种后注意观察幼儿的身体反应，有异常者及时向医生报告。凡是禁忌症者不应接种或暂缓接种。

（2）传染病流行季节，应加强晨间检查，严禁传染病儿入园。

（3）发现有传染病儿，应立即隔离治疗，对患儿班级各种物品（包括玩具、水杯、毛巾、被褥等）进行严格彻底的消毒。患者待隔离期满痊愈后，经医生证明方可回园所或班级。对患儿班级的其他幼儿按各种传染病规定的检疫期进行检疫，检疫期不串班、不混班、不办理入园和转园手续，控制传染病的续发和蔓延。

2. 防治常见病和多发病

（1）对新入园幼儿的家长进行病史询问，了解新入园幼儿有无高热惊厥、癫痫、过敏性疾病（包括哮喘、食物过敏）、习惯性脱臼、先天性心脏病等病史，以便保健员和班级教师、保育员在园内有目的地进行观察和护理。

（2）对幼儿在园内突发性的发烧、腹痛、腹泻及损伤等应及时送往医院，同时通知家长。

（3）加强幼儿体格锻炼，增强体质，提高幼儿对疾病的抵抗能力。在正常天气下，要有充足的户外活动时间，每天坚持2—3小时的户外活动。充分利用日光、空气、水等自然因素，有计划地锻炼幼儿体格。锻炼要做到经常和循序渐进，运动项目和活动量适合各年龄班幼儿的特点。对个别体弱幼儿要给以特殊照顾。

（六）安全工作常规

1. 园舍设施

幼儿园园舍、桌椅、教具、采光、照明、卫生设施、娱乐器具及运动器械应适合儿童健康发育的需要，并符合国家规定的卫生标准和安全标准要求。对园舍、设施定期进行安全检查，定期进行清洗、消毒，及时发现和消除各种事故隐患。严禁使用危房。

2. 物品放置

各种消毒液、洗涤清洁物品，必须妥善保管，放在相应的橱柜里。教学使用的剪刀、裁纸刀、大头针、别针及其他有尖锐棱角的物品应放在幼儿够不着的地方，用后及时收起来。

3. 药物管理

药物必须妥善保管，放在幼儿不能触及的地方，为幼儿服药时仔细核对，防止错服和漏服。剧毒药品要有专人管理，严禁放在班上。

4. 环境创设

不给幼儿玩体积小、锐利、带有毒性物质的玩具及物品；幼儿园绿化和自然角内不种植带刺的植物（如仙人掌、仙人球、月季花等）；角色游戏区不用玻璃制品。

5. 户外活动

建立活动前的器械检查和幼儿安全教育制度，加强活动过程中的安全保护措施，避免各类伤害事故的发生。外出活动排队时，队伍前后均有教师或保育员。活动中，保教人员必须随时留意每个幼儿，不得自顾聊天。活动结束后，要及时清点好幼儿人数。

6. 用电安全

(1) 电源电线配置安装要规范，定期进行维护检查，保证用电安全。电器开关必须安装在幼儿触及不到的地方。

(2) 餐厅、教室、寝室要做到人走灯灭，随时切断电源。

(3) 正确使用紫外线消毒灯。

7. 消防安全

(1) 幼儿园活动室、寝室、食堂等重点防火场所，各类消防设施、器材要完备，保证道路通畅。

(2) 要配合消防部门定期对幼儿园设施进行排查，对发现的各类火险隐情要及时排除。

8. 交接班制度

严格执行交接班制度，交接班时要认真点清幼儿人数。下班后要关好门窗，拔下电源插头，关好水龙头。

9. 保教人员带班要求

(1) 保教人员工作时要坚守岗位，全神贯注，不聊天，不串班，不做与工作无关的事。

(2) 各项活动都要以幼儿为中心，重视幼儿的各项活动。

(3) 对幼儿态度和蔼，严禁体罚或变相体罚幼儿。

(4) 教师不允许让幼儿端饭锅、汤桶及碗筐，严禁让幼儿进入伙房、开水房、洗衣房等不安全的地方。

(5) 保教人员不携带危险物品（如尖锐棱角物品、金属物品、有壳核食物、外用化学药水等）进班；私人药品应妥善保管，不乱放；个人装饰简单，不浓妆艳抹，不佩戴耳环、戒指，不留长指甲，不梳披肩发，不涂指甲油，不穿高跟鞋。

(6) 保育员、保健员和教师要掌握意外损伤的急救常识和处理方法，针对不同情况的意外损伤，及时做简单正确的处理，并立即送医院。

10. 安全教育

在日常生活中向幼儿进行安全教育，使幼儿掌握一些基本的安全常识，培养幼儿自我保护的意识和能力，要和家长密切配合，共同做好幼儿安全教育和保护工作。

11. 外出活动

(1) 组织日常外出活动时，要有领导亲自负责，并指定专人负责安全工作。活动前向幼儿进行安全教育，活动场所及所用的交通工具都要符合安全要求，确保幼儿在活动中的安全。

(2) 举办有幼儿参加的各类竞赛及其他大型集体活动，必须经主管教育部门批准。

12. 安全事故报告制度

(1) 避免触电、砸伤、摔伤、烫烧伤等事故的发生。若发生意外事故，应迅速采取有效措施妥善处理，把对幼儿的伤害降到最低限度。

(2) 坚持幼儿园安全事故报告和通报制度。对发生幼儿安全事故的单位、直接负责人员和负有领导责任的人员，要在全市范围内予以通报批评。

知识窗

预防接种是将疫苗通过适当的途径接种到幼儿体内，使之产生对该传染病的抵抗力，从而达到预防传染病的目的。当幼儿处于患病时期，不宜进行接种。接种后大多数幼儿会出现不同程度的反应，成人要密切观察，慎服退烧药。预防接种的保护率不能达到100％。

章末小结

1. 传染病是如何发生和流行的。
2. 幼儿常见传染病的流行特点、症状、护理和预防。
3. 幼儿常见疾病的病因、症状、预防和矫治。
4. 幼儿卫生保健常规的内容等方面的基本知识。

拓展阅读

刘迎接，贺永琴. 学前营养学［M］. 上海：复旦大学出版社，2010.

第三章 幼儿营养

 考纲提要

1. 了解幼儿营养方面的基本知识。
2. 了解幼儿膳食原则及制度。

 内容结构图

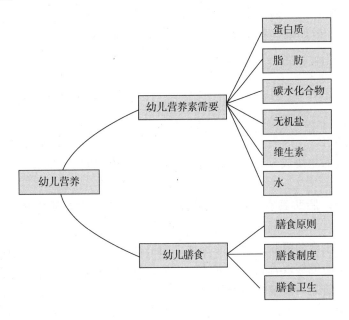

第一节 幼儿营养素需要

一、蛋白质

（一）生理功能

1. 新生和修补机体组织。蛋白质是构成一切细胞的基本物质，是体液的主要成分。
2. 调节生理功能。蛋白质是构成酶、激素等的基本原料。
3. 防御功能。蛋白质是人体内免疫物质的重要组成部分。
4. 供给热能。蛋白质能够供给热能。

（二）组 成

蛋白质由 20 多种氨基酸组成。凡在体内能够合成的氨基酸，称为非必需氨基酸；凡体内不能合成，必须从食物中获取的氨基酸，称为必需氨基酸。儿童在生长发育时期，需要 9 种必需氨基酸，即赖氨酸、色氨酸、蛋氨酸、苯丙氨酸、亮氨酸、异亮氨酸、苏氨酸和组氨酸、缬氨酸。其中组氨酸是幼儿较成人多一种的必需氨基酸。

（三）营养价值和食物来源

蛋白质的营养价值，取决于所含必需氨基酸的种类和比例。

动物蛋白质中所含必需氨基酸的种类齐全，比例适当，为优质蛋白质。植物蛋白质因所含必需氨基酸种类不全，营养价值较低。大豆蛋白质所含氨基酸很丰富，属于优质蛋白质。

几种营养价值较低的蛋白质混合后食用，其所含必需氨基酸的种类和数量得以取长补短，提高了营养价值，称为蛋白质的互补作用，如八宝粥、素什锦等。

（四）需要量

幼儿因为生长发育，不但需要蛋白质补充消耗，还要构成新的组织，所以需要蛋白质较成人多。若长期缺乏蛋白质，尤其是优质蛋白质，可导致生长发育迟缓、体重过轻、贫血、抵抗力降低，还有智力障碍等；但如果饮食中蛋白质过多，易产生便秘及食欲减退，大量蛋白质的代谢产物会增加肾脏的负担。

二、脂　肪

（一）生理功能

1. 构成人体细胞的主要成分。脂肪是构成细胞膜、细胞质的重要物质，脑组织是含脂肪最多的物质。

2. 具有保护功能。脂肪具有减少体热散发和固定内脏器官，使之免受撞击、震动损伤的作用。

3. 促进脂溶性维生素的吸收。脂肪能够促进脂溶性维生素 A、D、E、K 的吸收。

4. 增进食欲。脂肪能够改善食物的滋味，增加食物的美味和饱腹感，延缓胃的排空。

5. 供给热能。脂肪是产热量最多的物质。

（二）食物来源

主要来源于各种动植物油，还有鸡、鸭、鱼、肉、蛋等多种动物性食物。

（三）需要量

长期缺乏脂肪易致营养不良、生长迟缓、各种脂溶性维生素缺乏；脂肪供给过多，热能的摄入超过消耗，可导致肥胖。

三、碳水化合物

（一）生理功能

1. 构成体内组织的重要成分。它是糖蛋白、黏蛋白和糖脂不可缺少的成分。

2. 解毒功能。合成肝糖原，增强机体的解毒能力。

3. 维持神经系统的生理功能。葡萄糖能供给神经系统活动所需的热能。

4. 供给热能。是热能的主要来源。

（二）食物来源

主要来源于植物性食物，如谷类、根茎类、豆类等。

（三）需要量

碳水化合物摄入量不足，会使体内蛋白质消耗增加，体重减轻，导致生长发育迟缓；摄入过多，发酵过盛，会刺激肠蠕动引起腹泻。

四、无机盐

（一）钙

1. 生理功能：构成骨骼和牙齿。

2. 食物来源：含钙丰富的食物有奶类、鱼、虾、豆类和绿叶蔬菜等。

3. 影响钙吸收的因素：

（1）维生素 D 能够帮助机体吸收钙；

（2）谷类和豆类的外皮中含有的植酸，一些蔬菜如菠菜、苋菜中含有的草酸，均可与钙结合成不溶性钙盐、植酸钙和草酸钙，降低钙的吸收率。

（二）铁

1. 生理功能：是合成血红蛋白的重要原料之一，参与体内氧的运输和利用。

2. 食物来源：动物性食物中，如肝、血、蛋黄、瘦肉等含铁量较多，吸收率高；植物性食物中，如豆类、绿叶蔬菜虽然含铁量不低，但吸收率较低。

3. 影响铁吸收的因素：

（1）维生素 C 可以促进三价铁还原成二价铁，利于铁的吸收；

（2）乳类中含铁极少，以牛奶喂养的孩子要及时添加含铁量丰富的食物，但谷物中含有的植酸，某些蔬菜中含有的草酸，均会影响铁的吸收。

（三）碘

1. 生理功能：是构成甲状腺素的原料。

2. 食物来源：食物中含碘最丰富的是海产品，如海带、紫菜、淡菜、海鱼、海虾、贝类等。

3. 碘缺乏症：如果因为水土缺碘，造成孕妇孕期摄取碘不足，胎儿会患上严重的碘缺乏症，叫"克汀病"，也叫"呆小症"。

（四）锌

1. 生理功能：锌是许多种酶的组成成分，参与蛋白质和核酸的代谢。锌对于促进儿童生长，保持正常味觉，促进创口愈合以及提高机体免疫功能均有重要作用。

2. 食物来源：动物性食物，如肉类、奶类、鱼类中含锌量较高。

3. 锌缺乏症：若儿童饮食中长期缺锌，会使食欲减退，生长发育迟缓，味觉异常，可有异食癖。

五、维生素

（一）维生素 A

1. 生理功能：维生素 A 维持上皮组织的正常功能，促进机体的生长发育，与正常视觉有密切关系。

2. 食物来源：维生素 A 只存在于动物性食品中，如肝脏、蛋黄、乳类等；某些植物性食品，如菠菜、豌豆苗、红心甜薯、胡萝卜中含有胡萝卜素，在肠道内可转变为维生素 A。

（二）维生素 B$_2$

1. 生理功能：是构成许多辅酶的重要成分，有促进细胞氧化，促进碳水化合物的中间代谢，促进生长发育，保护眼睛和皮肤健康等作用。

2. 食物来源：乳类、肝脏、肉类、禽蛋、鱼虾、绿叶蔬菜、豆类、粗粮等食物含较丰富的维生素 B$_2$。

（三）维生素 C

1. 生理功能：维生素 C 是维持骨骼、牙齿、血管、肌肉正常功能，促进伤口愈合的必需物质，具有解毒作用，能增强机体的抵抗力。

2. 食物来源：维生素 C 广泛存在于新鲜的蔬菜和水果中，尤其是深色蔬菜，如韭菜、菠菜、青椒等，柑橘、山楂、鲜枣、猕猴桃、刺梨等水果中含量较高。

维生素 C 为水溶性，怕热怕碱，因而在储存和烹调过程中极易被破坏，现切现洗，急火快炒可以减少维生素 C 的消耗。

（四）维生素 D

1. 生理功能：维生素 D 能够促进小肠吸收钙和磷，具有抗佝偻病的作用。

2. 食物来源：主要来源于含脂肪较多的海鱼、动物肝脏、蛋黄、奶油等食物，在日光紫外线的照射下，人体皮肤里的 7-脱氢胆固醇可以转变成维生素 D。

六、水

（一）生理功能

1. 细胞的主要成分：儿童体内的水分约占体重的 70%—75%。

2. 运输作用：是血液和尿液的主要成分，具有运输营养物质和排泄的功能。

3. 调节体温：机体通过汗腺分泌和血液循环散发热量，以保持体温的相对恒定。

4. 润滑作用：水是体腔、关节、眼球等器官的润滑剂。

5. 代谢的媒介：是机体物质代谢所必不可少的溶液媒介。

（二）来 源

主要是日常生活中摄取的食物和饮料。

（三）需要量

儿童对水的需要量比成人多，年龄越小，需要量越大。此外，儿童对水的需要量还与天气的温度、活动量的大小和食物的种类等因素有关。

第二节 幼儿膳食

一、膳食原则

《中国居民膳食指南（2016）》结合中华民族饮食习惯以及不同地区食物可及性等多方面因素，针对 2 岁以上的所有健康人群提出 6 条核心推荐。

（一）食物多样，谷类为主

每天的膳食应包括薯类、蔬菜水果类、畜禽鱼蛋奶类、大豆坚果等食物。各种食物所含的营养成分不完全相同，没有一种天然食物能够提供人体所需要的全部营养。平衡膳食就是提倡广泛选用多种食物，经过适当搭配做出膳食，满足人们对能量及各种营养素的需求，达到合理营养，促进健康的目的。

（二）吃动平衡，健康体重

幼儿的新陈代谢旺盛，同化超过异化，相对成人而言，摄取的食物量更大。通过定期测量儿童的身高和体重，不仅可以防止因营养不良造成的生长发育迟缓，还可以避免因多食、少动而引起的肥胖，确保幼儿的正常生长。

（三）多吃新鲜蔬菜和水果，每天饮奶，常吃大豆及其制品

新鲜的蔬菜与水果中含有丰富的维生素、矿物质和膳食纤维，对保持心血管健康，增强抗病能力，减少儿童发生角结膜干燥症的危险及预防某些癌症等方面，起着十分重要的作用。奶类不仅含丰富的优质蛋白质和维生素，含钙量也很高，是儿童天然钙质的极好来源。豆类及其制品中的蛋白质均为优质蛋白质，有利于儿童的生长发育。

（四）适量吃鱼、禽、蛋、瘦肉

鱼、禽、蛋、瘦肉等动物性食品富含优质蛋白质，还是矿物质，如铁、锌、碘和脂溶性维生素的主要来源，是幼儿生长发育必不可少的营养素，应体现在每天的食谱中，但不可毫无节制地摄入。

（五）少盐少油，控糖限酒

清淡少盐的膳食有利于预防高血压等疾病的发生。自幼形成清淡的健康口味，养成良好的进食习惯，有利于儿童一生的健康。为满足幼儿生长发育的需要，在一日三餐之间适当补充些零食，如上下午的两次点心是很有必要的，但应该尽量选择符合健康要求的食物，避免高脂肪、高糖的食物，包括含糖高的饮料等。

（六）杜绝浪费，兴新食尚

珍惜食物，按需备餐，提倡分餐不浪费。选择新鲜卫生的食物和适宜的烹调方式。

 知识窗

膨化食品对儿童身体的影响

油炸薯条、雪饼、薯片、虾条、虾片、鸡条……是孩子们最喜欢的膨化食品。检测显示，这些食品虽然口味鲜美，但从成分结构看，属于高油脂、高热量、低粗纤维的食品。长期大量食用膨化食品会造成油脂、热量吸入高，粗纤维吸入不足。若运动量不大，会造成人体脂肪积累，出现肥胖。儿童经常食用膨化食品，会影响正常饮食，导致多种营养素得不到保障和供给，易出现营养不良。膨化食品中普遍高盐、高味精，将使孩子成年后易导致高血压和心血管病。这些对于孩子的健康成长都是不利的。

二、膳食制度

膳食搭配：

1. 食物搭配。粗细粮搭配，米面搭配，荤素搭配，谷类和豆类搭配，蔬菜五色搭配，干稀搭配。

2. 热能来源。蛋白质产热占总热能的 10%—15%，脂肪产热不超过总热能的 30%，碳水化合物产热要达到总热能的 55%。

3. 食物分配。

（1）早餐。要有干有稀，以富含蛋白质和碳水化合物的食物为宜，产热占全天总热能的 25%—30%。

（2）中餐。是三餐中获得能量最多，营养最全面的一餐。主、副食并重，荤素搭配，产热占全天总热能的 35%—40%。

（3）晚餐。以主食为主，配制易于消化的菜肴，既保证营养，又避免给肠胃造成过重的负担，产热占全天总热能的 25%—30%。

（4）早点。除牛奶或豆浆外，可搭配谷类食物，如饼干、面包等。

（5）午点。选用水果、甜羹和糕点等为宜。两次点心产热占全天总热量的 10% 左右。

4. 进餐次数。幼儿一日进餐 5 次，早、中、晚三餐，上、下午各加一次点心，两餐间隔以四小时为宜。要严格遵守进餐时间，符合幼儿消化系统活动的规律。

营造愉快、安静的进餐氛围，能够充分发挥膳食的营养作用，更有利于幼儿的消化吸收。

三、膳食卫生

1. 食品卫生。严格遵守食品卫生要求，杜绝食品污染，预防食物中毒。

2. 炊事人员个人卫生。上岗前必须进行专业体检，合格后方能上岗，以后每年定期进行健康检查。患病时，不要坚持上岗。搞好个人卫生，上班要穿工作服，不使用幼儿餐具。

3. 设备卫生。生熟分开，严格执行消毒制度，做好日常性的消毒工作，定期进行大扫除。

 章末小结

1. 各种营养素的特点、来源以及对幼儿身体生长发育的重要作用。
2. 幼儿园膳食应该遵循的原则、遵守的制度和应达到的卫生要求。

 拓展阅读

范惠静. 北京市教育委员会. 幼儿健康生活教育 [M]. 北京：北京师范大学出版社，2009.

第四章 意外事故的预防和急救

 考纲提要

1. 了解意外事故的预防措施及其原因与处理。
2. 了解突发事件的应急处理方法。

 内容结构图

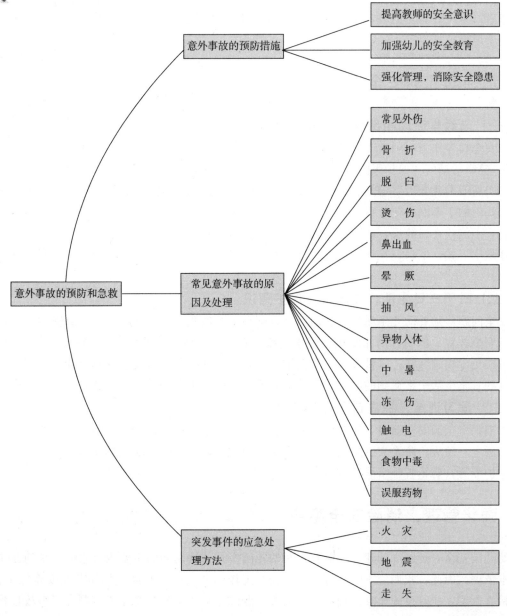

　　《幼儿园教育指导纲要（试行）》指出："幼儿园应该把保护幼儿的生命和促进幼儿的健康放在工作的首位。"如何采取有力措施，全方位地保护幼儿的安全，防止各种事故的发生是我们工作的重中之重。

第一节　意外事故的预防措施

一、提高教师的安全意识

　　要增强教师的安全意识。教师应充分了解幼儿较常出现的意外事故的种类，提高防范幼儿意外事故的能力，全面掌握有关幼儿安全教育以及意外事故处理等方面的专业知识和技能，牢固树立"安全第一，预防为主"的思想，始终把确保幼儿的安全放在第一位，消除有可能造成意外的所有隐患。组织好幼儿的各项活动，让每个孩子都安然无恙地度过童年的美好时光，平安、快乐、健康地成长。

二、加强幼儿的安全教育

（一）与教学活动相结合，丰富安全知识

　　把安全教育作为一项重要的教学内容，有意识地渗透到各种活动中，如体育活动的"小小消防员"、健康活动的"保护眼睛"、美术活动的"安全小标志"、社会活动的"在汽车上"、语言活动的"交通安全我知道"。开展有关安全教育的主题活动，如主题活动"我们的小手"，孩子们围绕着"我们的手不能做什么事"讨论得出：不能碰插座，不能玩煤气，不能碰烫的东西，不能玩碎玻璃，不能放在门缝里，甚至还提出不能用手撕肉刺等。运用儿歌、故事、木偶剧、情景表演等多种教学形式，生动、具体、形象地进行安全教育，丰富幼儿的安全知识，并使其留下深刻的印象。

（二）融于一日生活，提高自我保护意识

　　安全问题伴随着幼儿生活的方方面面，教师在组织幼儿一日生活时，要随时抓住契机，对幼儿进行安全教育。例如，幼儿吃饭、喝水前摸一摸，吹一吹，不会被烫到嘴；吃饭时不嬉笑打闹，可避免异物进气管；鞋带不系牢就会被绊倒；上楼梯时，你挤我推互不相让会摔倒……反复强调这些日常生活中常遇到的问题，培养幼儿形成良好的生活习惯，可起到自我保护的作用。

（三）演习训练，提高自我保护能力

　　定期举行全园安全演习，通过各种行之有效的方法使幼儿学习实际的防危保安的本领，教会幼儿防触电、防火、防走失、防拐骗等自我保护的技能，从而强化幼儿的安全意识，提高幼儿的自我保护能力，防止各种事故的发生。

三、强化管理，消除安全隐患

　　幼儿园安全管理制度的建立和健全，是幼儿园实行依法制园的主要内容之一，是幼儿园管理的基本依据。因此，我们应不断制订和完善安全工作的各项规章制度，如幼儿园安全保卫制度，安全检查制度，建筑设施检查维护制度，火源、电源、易燃、易爆物品管理制度，事故报告处理

制度，食品卫生制度，厨房安全制度，卫生消毒隔离制度，幼儿接送卡制度，发现安全隐患报告制度等。通过各种制度的建立和执行，使安全工作纳入幼儿园工作的各个环节，使教职工的行为受到规章制度的约束，从而起到"有章可循，有制可依"的作用。

第二节 常见意外事故的原因及处理

一、常见外伤

（一）擦 伤

1. 原因和症状

摔倒等原因导致皮肤被蹭破。

2. 处 理

观察伤口的深浅，若仅蹭破了表皮，只需将伤口处的泥沙清理干净即可。如果伤口较深有出血，应该用自来水或生理盐水清洁伤口，消毒水消毒伤口，处理后不用包扎。若伤势较严重，要去医院治疗。

（二）扎 刺

1. 原因和症状

带刺的花草、竹刺、木刺等扎入皮肤。有时有一部分刺露出皮肤，有刺痛感。

2. 处 理

将伤口用自来水或生理盐水清洗，然后，用消毒过的针或镊子顺着刺的方向把刺全部挑、拔出来，不应有残留，挤出瘀血，随后再用酒精消毒伤口。如果刺扎在了指甲里或难以拔除，应送医院处理。

（三）划 伤

1. 原因和症状

使用剪刀、小刀等文具或触摸纸边、草叶和打碎的玻璃器具、陶器时，都可能会发生手被划破的情况。

2. 处 理

用干净的纱布按压伤口止血，止血后，用酒精由里向外消毒，敷上消毒纱布，用绷带包扎。如果是玻璃器皿扎伤，应先用清水清理伤口，用镊子清除碎玻璃片，消毒后进行包扎。

（四）挤 伤

1. 症状和原因

手指被门、抽屉挤伤，严重时，可出现指甲脱落的现象，应及时发现并处理。

2. 处 理

若无破损，进行冷敷。若有出血，应消毒，包扎，冷敷。若指甲掀开或脱落，应立即去医院。

（五）跌 伤

1. 症状和原因

由于身体发育特点，2—4岁幼儿头颅占整个身体比重的四分之一，跌倒后会头先着地，碰伤头部，出现破皮和瘀血。

2. 处 理

如果没有破皮，迅速采用冷敷的方法，防止皮下继续出血，以达到止血、消肿、止痛的目的。破皮先清创并检查伤口深度，一般浅表性破皮处理用生理盐水清创，然后敷创可贴，如果跌倒后，出现意识丧失，几秒或十几秒后才有反应，注意观察有无呕吐、嗜睡等脑震荡症状，同时送到医院检查处理。教育幼儿摔伤头部后务必及时告诉教师。

二、骨 折

1. 原因和症状

各种直接或间接的原因导致骨骼断裂，剧烈疼痛，不能正常活动。

2. 处 理

注意观察受伤部位，不要牵拉或强行抱起幼儿。如不能站立行走，应尽量保持原样，送到医院，防止二次受伤。

三、脱 臼

1. 原因和症状

幼儿的关节韧带松，如用力过猛，则可能造成关节面脱离原来的位置，局部疼痛，活动受限。

2. 处 理

尽可能保持原状，迅速送医院，切不可贸然试行复位。

四、烫 伤

1. 原因和症状

因开水、热汤或者化学物质，使皮肤受到热力损伤，出现红肿或有水泡。

2. 处 理

发生烫伤，迅速进行冷却处理。轻度烫伤，涂抹烫伤药膏。不要自行挑破水泡，防止皮肤感染。重度烫伤，则去掉衣服，用干净床单包裹，迅速送医院。

注意如被生石灰烫伤，必须将其除去，才可用水冲洗。

五、鼻出血

1. 原因和症状

鼻部外伤、挖鼻孔损伤了鼻黏膜、发热时鼻黏膜充血肿胀且血管脆性增加、鼻腔异物等原因造成鼻子突然流血不止。

2. 处 理

安慰幼儿不要紧张，用口呼吸，头略低，捏住鼻翼5—10分钟，同时用湿毛巾冷敷鼻部和前额。若无法止血或幼儿经常出鼻血，应去医院诊治。

六、晕 厥

1. 原因和症状

短时间大脑供血不足而失去知觉，突然晕倒在地。病儿面色苍白，四肢冰冷，冒冷汗。

2. 处理

让病儿平躺，松开衣领、腰带，头部略低。病儿清醒后，可喝些热饮料。

七、抽 风

1. 原因和症状

感染性疾病，如流感、流脑、痢疾等疾病，非感染性疾病，如癫痫、脑外伤、低血糖或食物或药物中毒等均会造成惊厥。发作时，意识丧失，头向后仰，眼球凝视，突发性或痉挛性全身或局部肌肉群抽动。持续的时间可由一两分钟到十几分钟甚至几十分钟不等。

2. 处理

幼儿惊厥后，成人千万不可惊惶失措，不可大声呼叫或用力摇晃、拍打幼儿。

（1）让病儿侧卧，便于及时排出分泌物，防止异物入气管。同时，松开衣领、裤带，保持血液循环的畅通。

（2）轻按幼儿抽动的上下肢，防止幼儿从床上摔下。

（3）将毛巾或手绢拧成麻花状放于上下牙之间，以免幼儿咬伤舌头。但如果病儿牙关紧闭，无法塞入毛巾，不可硬撬。

（4）重压人中穴，即唇沟的上三分之一处。

注意幼儿发烧时，切忌包裹过严过厚，否则会使体温持续上升，导致惊厥。

八、异物入体

（一）眼内异物

1. 原 因

小沙粒、小飞虫等东西入眼后，粘在结膜的表面或角膜上，也有的进入眼睑结膜囊内。

2. 处 理

沙粒粘在眼结膜表面和角膜时，教师清洁双手后，用干净柔软的手绢或棉签，轻轻拭去。若嵌入眼睑结膜囊内，则需要翻开眼皮方能拭去。切不可揉搓眼睛，以免损伤角膜。

平时应注意培养幼儿形成爱护眼睛的意识，不用脏手揉眼，不互相扔沙子，眼睛不舒服时应立即告诉家长或教师。

（二）口腔异物

1. 原因和症状

以鱼刺、骨头渣、糖块、枣核等较多见，异物卡在咽部，引起疼痛，不能进食。

2. 处 理

不要用吃大口饭或喝口醋等方法强行咽下，这样会划伤食道，引起其他疾患。仔细观察，了解情况，用镊子将卡在咽部的刺或异物取出。不易取出的，则应请医生处理。

九、中 暑

1. 原因和症状

烈日长时间照射幼儿的头部或天气过于暑热，从而出现头疼、头晕、耳鸣、眼花、口渴甚至昏迷。

2. 处 理

(1) 将病儿移至阴凉、通风处，解开其衣扣，让其躺下休息。

(2) 用凉毛巾冷敷头部，用扇子扇风，帮助散热。

(3) 喝些清凉饮料，或口服十滴水、人丹等。

注意：在炎热的夏季，幼儿户外活动时间应避开早 10 点半至下午 2 点半，因为此时的阳光正处于最灼热的阶段。炎热季节里，幼儿可在树荫或阴凉处游戏，避免阳光直接照射。适当多喝水。

十、冻 伤

1. 原因和症状

多见于耳朵、面颊、手、足等血管末梢，为轻度冻伤，局部红肿，有痛和痒的感觉。

2. 处 理

(1) 易受冻伤的部位要多加保暖。

(2) 加强运动，经常按摩手、脚、耳、鼻等处，促进血液循环。

(3) 不穿挤脚的鞋子，保持鞋内干燥。

十一、触 电

1. 原 因

玩弄电线、电源插座、家用电器而导致触电。

2. 处 理

用干燥的木棒、竹竿或关电源的方法，争分夺秒地让幼儿脱离电源，速送医院。

注意切不可直接拖拉接触者。

十二、食物中毒

1. 原因和症状

食用被细菌、毒素污染的食物，伴有恶心、呕吐、腹痛、发热等症状的腹泻，一日数次，可发生脱水、酸中毒。

2. 处 理

(1) 立即向有关卫生防疫部门报告。

(2) 尽快送往医院进行急救。

十三、误服药物

1．原　因

因药品管理不善，或没有遵照医嘱而致使误服。

2．处　理

应立即喝生鸡蛋、牛奶、稠米汤或豆浆之类可以附着在食道和胃黏膜上的食物，起到保护作用，立即送往医院处理。

 知识窗

滥用退烧药的危害

发烧本身并不可怕，代表着身体对抗外来病原体侵袭所出现的正常反应，是许多疾病的前兆和症状表现，关键是找到原因，对症治疗。很多家长有这样的误解，认为孩子发烧会烧坏脑子，一见孩子有点热，就立即服退烧药，希望在短时间内将体温降下来。殊不知，在未弄清病情之前，快速把体温压下去，不仅会降低孩子的自我保护能力，还不利于疾病的早期发现和治疗，反而会掩盖病情，延误治疗。一般来说，当孩子体温低于38.5 ℃时，最好是多喝开水，多休息，密切注意病情变化，或者应用物理降温方法退热，但如果发热时间过长或发热温度过高（超过38.5 ℃），则必须在医生的指导下使用退热药物进行必要的治疗。

第三节　突发事件的应急处理方法

一、火　灾

（一）预防措施

1．园长是幼儿园消防安全的第一责任人，对本园的消防安全工作全面负责，应根据消防法律、法规，结合实际制定幼儿园消防安全管理制度，落实幼儿园消防安全责任制。

2．幼儿园成立义务消防队伍。按规定配备消防器材，后勤负责人应负责消防器材、设备的维护与保养，经常检查和定期更换灭火器。发现火灾隐患要及时整改。保持通道畅通，不堆放杂物。

3．对师幼员工进行消防安全教育，普及基本消防知识。定期组织师幼进行模拟演练。学会正确使用灭火器材，掌握逃生方法和"三分钟"扑救。

（二）应急措施

1．拨打"119"电话报警，同时报主管领导——园长、幼教科、教育局办公室。

2．立即切断着火楼（室）的电源。

3．按照平时消防演练逃生的路线迅速疏散幼儿。若不能撤离，应迅速带领幼儿进入相对安全的区域，如厕所、阳台、楼顶等有窗户的房间，把毛巾弄湿后折叠起来盖住幼儿口鼻，不要随便打开窗户，以防形成冷热空气对流，加重火势或烟雾。

4．由受过训练的教职工进行三分钟火灾紧急扑救，如三分钟不能扑灭明火，则迅速撤离。

5．如有幼儿或工作人员受伤，要及时送往区级以上医院救治，及时通知家长或者家属。

6. 灭火后立即聘请律师,配合幼儿园进行相应的调查工作。

7. 配合消防部门调查事故,有关人员写出事故报告,追究责任,维护幼儿园的利益,协助处理善后事宜。

二、地 震

(一)防范措施

1. 园长一定在思想上高度重视,做到宁可千日无震,不可一日不防;切实把保护教职工及幼儿生命与国家财产安全放在首位。

2. 对教师和幼儿加强防震抗灾知识及自救知识的宣传教育。

3. 选择合适位置作为避险区,制定好撤离疏散路线图,定期进行模拟演练。

(二)应急措施

1. 地震发生后,要沉着冷静,先看清自己所处的位置,组织幼儿有序地按照平时熟悉的路线逃生,迅速撤离到安全地带。

2. 如果震后不能迅速撤离或被困于室内,最安全、最有效的办法是及时躲到两个承重墙之间最小的房间,如洗手间等。也可以躲在桌、柜等下面以及房间内侧的墙角,并且注意保护好头部。千万不要去窗下躲避。

3. 如果幼儿正在睡觉,叫醒并有序地组织幼儿躲在床底下或墙脚下。

4. 如被建筑物挤压,千万不要惊慌,不要盲目采取措施,要懂得发出报险信号,等待救援。

5. 如果在室外活动,把幼儿集中到操场中间的空旷场地。

从精神上安慰幼儿,不断鼓励幼儿,非常重要。

三、走 失

(一)防范措施

1. 除接送时间开门外,幼儿园的大门应该始终保持关闭状态,并有专人看守。

2. 幼儿牢记父母姓名、家庭住址、工作单位和自己所在的幼儿园。

3. 幼儿无论是在教室里,还是在院子里活动,都应该始终在教师的视线之中。

4. 组织幼儿外出,如散步、游玩和参观等活动,要事先了解沿途的线路,目的地的环境。一位教师领头,一位教师垫后,幼儿俩俩手拉手排成队,随时清点人数。出发前对幼儿讲清纪律要求,教师应该随时清点人数,以便能及早发现问题。

(二)应急措施

1. 一旦发生幼儿走失的情况,立即与园领导联系,同时拨打“110”报警电话。

2. 园领导立刻组织工作人员,以幼儿走失地点为中心,展开辐射式的搜寻。

3. 立即通知家长,散发幼儿的照片,协助警方进行查找。

 章末小结

1. 幼儿园应该如何预防意外事故的发生。

2. 幼儿常见意外事故发生的原因、处理以及一些突发事件的应急处理方法。

拓展阅读

戴淑凤,韩德宽. 婴幼儿安全与急救 [M]. 北京:教育科学出版社,2002.

模块自测

一、单项选择题

1. 流行性腮腺炎的传播途径是（　　）。
   A. 饮食传播　　　　　　　　　　　B. 虫媒传播
   C. 空气飞沫传播　　　　　　　　　D. 医源性传播

2. 能够合成骨骼和牙齿的无机盐是（　　）。
   A. 铁　　　　　　　　　　　　　　B. 钙
   C. 碘　　　　　　　　　　　　　　D. 锌

3. 因用力过猛，导致幼儿的关节面脱离原来的位置，局部疼痛，活动受限，属于（　　）。
   A. 骨折　　　　　　　　　　　　　B. 扭伤
   C. 挤伤　　　　　　　　　　　　　D. 脱臼

4. 实施幼儿园德育最基本的途径是（　　）。
   A. 教学活动　　　　　　　　　　　B. 亲子活动
   C. 阅读活动　　　　　　　　　　　D. 日常活动

5. 幼儿在户外运动中扭伤，出现充血、肿胀和疼痛感，教师应对幼儿采取的措施是（　　）。
   A. 停止活动，冷敷扭伤处　　　　　B. 停止活动，热敷扭伤处
   C. 按摩扭伤处，继续活动　　　　　D. 清洁扭伤出，继续活动

6. 幼儿鼻中隔是易出血区，该处出血后，正确的处理方法是（　　）。
   A. 鼻根部涂抹紫药水，然后安静休息
   B. 让幼儿头略低，冷敷前额、鼻部
   C. 止血后，半小时不做剧烈运动
   D. 让幼儿仰卧休息

7. 幼儿突然出现剧烈呛咳，伴有呼吸困难、面色青紫，这种情况最可能是（　　）。
   A. 急性胃肠炎　　　　　　　　　　B. 异物落入气管
   C. 急性喉炎　　　　　　　　　　　D. 支气管哮喘

8. 被黄蜂蜇伤后，正确的处理方法是（　　）。
   A. 涂肥皂水　　　　　　　　　　　B. 用温水冲洗
   C. 涂食用醋　　　　　　　　　　　D. 冷敷

9. 幼儿园晨检工作的内容是（　　）。
   A. 一摸、二看、三问、四查　　　　B. 一听、二看、三问、四查
   C. 一看、二摸、三问、四查　　　　D. 一问、二看、三查、四摸

10. 安排幼儿生活作息制度要（　　），不同类型的活动要交替进行。
    A. 动静结合　　　　　　　　　　　B. 循序渐进
    C. 合理　　　　　　　　　　　　　D. 科学

二、简答题

幼儿园科学安排幼儿一日生活有何教育意义？

三、材料分析题

小班幼儿琪琪在晨间活动时，不小心摔了一跤，膝盖磨破了皮，头上鼓起了一个包，请说说你的急救方法。

参考答案

一、单项选择题

1. C 2. B 3. D 4. D 5. A 6. B 7. B 8. C 9. C 10. A

二、简答题

幼儿园科学安排幼儿一日生活的教育意义：

(1) 能促进幼儿的身心健康；

(2) 有助于幼儿形成良好的生活习惯；

(3) 是全面完成幼儿园教育任务的保证。

三、材料分析题

答案要点：

(1) 对破了皮的膝盖，应观察伤口的深浅，若仅蹭破了表皮，只需将伤口处的泥沙不用清理干净即可。如果伤口较深有出血，应该用自来水或生理盐水清洁伤口，消毒水消毒伤口，处理后不用包扎。

(2) 对头上鼓起的包，应迅速采用冷敷的方法，防止皮下继续出血，以达到止血、消肿、止痛的目的。如出现呕吐、嗜睡等脑震荡症状，要及时送到医院处理。

模块四 幼儿园环境创设

 考试目标

1. 熟悉幼儿园环境创设的原则和基本方法。
2. 了解常见活动区的功能，能运用有关知识对活动区设置进行分析，并提出改进建议。
3. 了解心理环境对幼儿发展的影响，理解教师的态度、言行在幼儿心理环境形成中的重要作用。
4. 理解协调家庭、社区等各种教育力量的重要性，了解与家长沟通和交流的基本方法。

 内容详解

本模块首先介绍了幼儿园环境创设的意义、原则和方法以及如何进行幼儿园活动区的创设。接着介绍了幼儿园心理环境创设的意义和要求。最后介绍了幼儿园与家庭、社区配合的意义和方法。

第一章　幼儿园环境创设的原则与方法

 考纲提要

1. 理解幼儿园环境创设的重要性。
2. 熟悉幼儿园环境创设的原则和方法。

 内容结构图

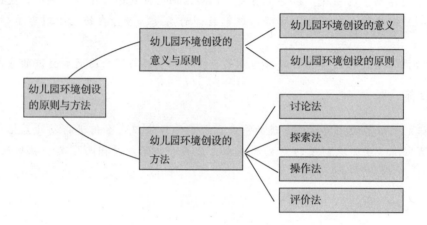

　　幼儿园环境,是指幼儿园内幼儿身心发展所必须具备的一切物质条件和精神条件的总和,它包括物质环境和人文环境两大部分。它是由幼儿园的工作人员、幼儿、各种物资器材、设备条件、人际环境以及各种信息要素,通过一定的文化习俗和教育观念所组织、综合的一种教育的空间、范围和场所。这种空间、范围和场所既是物质的,又是人文的;既是开放的,又是相对封闭的;既有保育的性质,又有教育的性质。

第一节　幼儿园环境创设的意义与原则

一、幼儿园环境创设的意义

(一)提供发展保障

　　幼儿要在幼儿园吃饭、睡觉、游戏等,只有具备相应功能的建筑、空间设备才能使幼儿感到安全、方便、舒适和愉悦。

(二)促进身心健康

　　宽敞的空间、齐全的设备器具可以使幼儿肌体得到锻炼;整洁、优美的环境会给幼儿美的享受;具有探索性的环境可满足幼儿的好奇心,激发幼儿的探究热情,培养幼儿的探究能力;文明有序的集体活动环境有利于培养幼儿的适应能力；融洽和谐的人际关系可使幼儿感到宽松、自由、被尊重、被接纳，从而乐观自信。

（三）激发创造潜能

幼儿不是环境创设的消极旁观者和享用者，而是环境创设的积极参与者和互动者。在环境创设的过程中，幼儿会参与设计构思、材料搜集、动手制作和布置的全过程，激发了幼儿自我发展的主人翁意识。在与环境交互的过程中，幼儿会根据自己的需要自由选择环境、探索环境、控制和驾驭环境，其积极性、主动性、创造性可以得到最大限度的释放。

二、幼儿园环境创设的原则

幼儿园环境创设的原则是指教师创设幼儿园环境时应遵循的基本要求。这些要求是根据幼儿教育的原则、任务和幼儿发展的特点提出来的。幼儿园环境创设必须遵循的基本原则包括：

（一）环境与教育目标一致的原则

幼儿园环境是幼儿园课程的一部分，在创设幼儿园环境时，要考虑它的教育性，应使环境创设的目标与幼儿园教育目标相一致。要注重环境为教育目标服务，应该考虑以下两点：

1. 环境创设要有利于教育目标的实现

幼儿园的教育目标是促进幼儿的全面发展。若教师仅仅注重幼儿的认知活动，设置读写算等区域，而缺少幼儿健康、社会、审美教育等环境，在创设发展幼儿社会性的环境时，只提供幼儿社会认知的环境，而对幼儿社会情感、社会行为发展的环境考虑很少，等等，都不利于幼儿的全面发展。

2. 依据幼儿园教育目标，对环境设置做系统规划

在制订学期、月、周、日及每一个活动计划时，当教育目标确定后应考虑：为了达到这些目标，需要有怎样的环境与之配合；现有的环境因素中，哪些因素对教育目标的实现是有用的，可以利用，哪些环境因素是要创设的，需要幼儿家庭、社区做哪些工作。应将这些列入教育计划并积极实施。

（二）适宜性原则

幼儿正处在身体、智力迅速发展以及个性形成的重要时期，有多方面的发展需要。幼儿园环境创设应与幼儿身心发展的特点和发展需要相适宜。例如，幼儿天性好奇，有强烈的探索愿望，教师就应为幼儿创设问题情境，使幼儿能学习发现问题、解决问题，以提高思维水平和动手能力；幼儿知识经验少，需要学习感性知识，如需要感知春天，就应组织观察活动，让幼儿观察春天的动物和植物以及人们生活、生产方式的变化。处于不同年龄阶段的幼儿，身心发展特点和需要表现出不同的年龄特征，即使同一年龄阶段的幼儿，在兴趣、能力、学习方式方面都存在很大差异。环境创设应适应幼儿的这种差异。例如，小班幼儿喜欢玩平行游戏，即幼儿各玩各的，彼此玩的游戏相同，提供的玩具就应该同品种的数量多一点，中大班幼儿的象征性游戏水平较高，提供的玩具材料可以是一物多用的；幼儿的小肌肉动作发展较差，可提供一些穿珠、拼插、剪贴等方面的材料，让幼儿进行练习。

（三）幼儿参与的原则

环境创设的过程是幼儿与教师共同参与合作的过程。教育者要有让幼儿参与环境创设的意识，认识到幼儿园环境的教育性不仅蕴含于环境之中，而且蕴含于环境创设的过程中。教师应将幼儿参与环境创设融入课程，以便对幼儿有针对性地进行教育。如某教师组织幼儿谈话活动，起

初的主题是环保问题——乱扔垃圾的问题。后来，谈话延伸到计划外的新话题——"北京申奥"，孩子们对这个话题很感兴趣，教师意识到这个话题的教育价值，于是引导幼儿讨论决定在墙壁上制作"奥运主题墙"并制订了活动计划。这个活动通过幼儿集体构思、游戏、调查、制作和家长参与等过程，使教师由单纯的知识传授者变成了观察者、倾听者、合作者、决策者，幼儿由单纯的倾听者变成了计划者、参与者，充分认识到了自己的能力，意识到了自己是环境的主人，人人出谋划策，真正展示和发展了任务意识、有目的学习知识和技能的能力，以及分工合作、讨论、决策的能力和发现、解决问题的能力。

（四）开放性原则

开放性原则是指创设幼儿园环境，不仅要考虑幼儿园内环境要素，也要重视园外环境的各要素，两者有机结合，协同一致地对幼儿施加影响。

利用开放的教育环境对幼儿进行教育，是教育者应该树立的大教育观。因为幼儿的成长受到多方面的影响，因此，幼儿园不能关起门来办教育。面对外界环境的复杂影响，幼儿园应采取积极的态度，主动与外界结合，让家庭、社区成员更进一步了解幼儿和幼儿园，使幼儿园教育获得家庭、社区的支持和配合，有针对性地对幼儿进行教育，同时，也促使家长和社区成员从教师那里学习到教育知识和技能，改善自身的教育观念和行为。

（五）经济性原则

经济性原则是指创设幼儿园环境应考虑幼儿园自身经济条件，因地制宜地办园。如图书架主要是放置图书供幼儿阅读的，可取几根木条，做成可以放书的许多小格钉在墙上，幼儿易拿易放，又不占地方，墙边再放几把小椅子，幼儿看书也方便。此外，根据本园需要，就地取材，一物多用，也能够少花钱，多办事，办好事。

第二节　幼儿园环境创设的方法

一、讨论法

讨论法是指教师引导全班幼儿通过讨论的方法，选择或确定环境创设的主题和内容以及与环境材料互动的方法等。幼儿园环境创设的主题和内容往往是从一日生活中幼儿感兴趣的活动中派生出来的。比如，幼儿对教育活动中的某个主题活动特别感兴趣，教师就可以因势利导地引导幼儿对这一主题的内容进行讨论，派生出有关这一活动的墙饰、窗饰、门饰或者区域活动布置等。

二、探索法

探索法是让幼儿自己在环境中发现问题，独立地解决问题，同时获得相关知识。这种方法可以培养幼儿学习的内在动机，提高他们与环境和材料交往的积极性。幼儿园环境中隐藏了幼儿探索的无限"机密"，幼儿尝试用各种不同的方法，对墙饰、活动区域、材料、游戏、活动设施设备进行探索，发现事物的变化。

三、操作法

操作法是教师指导幼儿动手操作，让幼儿掌握知识，形成技能技巧和习惯的基本方法。操作法的运用依赖于操作材料。幼儿把各种材料视为最美好的材料，通过操作了解材料的性质，实现自己的目的。于是，摸摸看看、敲敲打打、拆拆弄弄、粘粘贴贴、拼拼装装等各种作用于材料的方法都成了幼儿的操作行为。

四、评价法

幼儿园环境的评价是对环境质量的评价，包括对幼儿适应环境的评价、对幼儿的环境创设和互动行为的评价、对教师的环境创设效果的评价等。幼儿园环境评价贯穿环境创设的整个过程，它不仅能了解幼儿发展状况，还能了解环境与幼儿行为的相互影响。同时，环境评价对教师的行为具有明显的导向作用，评价过程的信息反馈能强化教师的教育行为，从而更好地完善和优化环境创设。

 章末小结

1. 幼儿园环境创设的意义：提供发展保障、促进身心健康、激发创造潜能。

2. 幼儿园环境创设的原则：环境与教育目标一致的原则、发展适宜性原则、幼儿参与原则、开放性原则、竞技性原则。

3. 幼儿园环境创设的方法：讨论法、探索法、操作法、评价法。

 拓展阅读

汝茵佳. 幼儿园环境与创设［M］. 北京：高等教育出版社，2006.

第二章　幼儿园活动区环境创设

 考纲提要

了解幼儿园常见活动区的功能，能运用有关知识对活动区设置和材料投放的适宜性进行分析，提出改进建议。

 内容结构图

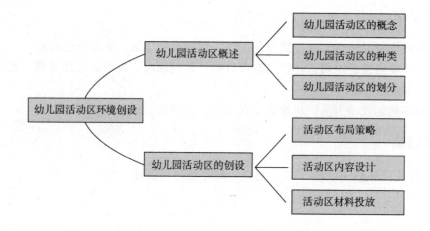

第一节　幼儿园活动区概述

一、幼儿园活动区的概念

活动区，又被称为"区域活动"或者"区域游戏"。是指利用活动室、睡眠室、走廊及室外场地来设置各种区角，依据教育目标、幼儿的兴趣和发展需要以及主题活动发展进程，在各区角投放一定的材料，让幼儿根据自己的兴趣和意愿选择活动内容和活动方式的小组化、个体化教育活动的一种形式。活动区的设置具有开放性、可操作性、灵活性、个性化等特点，有利于幼儿进行个别活动和自由探索，有利于个体的主体性发展。

二、幼儿园活动区的种类

开展区域活动首先将幼儿活动室分成若干区域，每一个区域的活动都指向于一定的发展目标，有相对应的活动内容和操作材料，区域活动的内容和材料随着主题活动的改变、幼儿的发展和探究兴趣定期或不定期进行调整。区域名称可以根据活动领域分为科学区、数学区、语言区、音乐区、美术区、运动区、生活区、角色区等，也可以按活动方式分为操作区、探索区、益智区、扮演区、建构区、阅读区、表演区、美劳区等。

三、幼儿园活动区的划分

教师要考虑本园和本班的实际情况，尽量创设能满足幼儿需要的活动区域。一般来说，60平方米的活动室，30—35人的班级能创设6个左右的活动区，平均每个区域容纳5—6人，这样，幼儿与区域数量基本相同，也便于幼儿自由选择。空间面积有限的幼儿园还可以扩大区域活动的设置空间，利用幼儿园的门厅、走廊、阳台的空间。一般来说，图书柜和操作台可以作为活动区域的分隔物，以扩大幼儿区域活动的空间。

第二节　幼儿园活动区的创设

一、活动区布局策略

（一）干湿与动静分区

区域活动的环境要根据活动的内容、活动的特点来进行合理的布局，例如，科学区、生活区、美工区中的一些活动内容有时需要用水，可以相对靠近盥洗间或有水池的地方；而图书区、建筑区等不需用水，可以选择远离水源的地方设置；有些区域活动需要比较安静的环境，如图书区、数学区，有些区域活动幼儿活动的成分较大，如小舞台、建筑区、角色区等，要根据活动区的特点进行合理布局，以免相互影响。

（二）固定与临时分区

设计时既要考虑到幼儿在自由活动时间可以随时进入活动区，又要留有一块便于随时集体活动的宽敞空间，因此，教师要根据本班环境条件和资源，因地制宜地设立两三个以上的固定活动区域，其他活动区可以临时用地垫、拖拉柜或者其他材料进行区域分割。在条件许可的情况下，要多设立固定的活动区域，以便于操作。

（三）独立与整合分区

一些区域活动独立性较强，和其他区域幼儿交互比较少，比如，建筑区、数学区、图书区等，最好位置相对固定，形成有序的操作氛围；一些区域活动因内容不同，常常会和其他区域的幼儿发生联系，教师可以根据需要进行一些区域活动的整合，如当语言区需要进行故事、时装等表演时，可根据需要与表演区进行整合，美工区的一些编织、粘贴活动也可以和数学区、生活区结合。

区域环境的建立并不是孤立的，它依赖于幼儿、教师根据环境的特点以及主题学习的内容共同创建，教师要注意分析每个活动的教育价值，合理地安排活动区。

二、活动区内容设计

（一）区域活动内容设置应以促进幼儿发展为基础

区域活动内容设置应以促进幼儿发展为基础，根据儿童发展目标和本阶段课程实施目标，在了解幼儿兴趣、需要和能力发展水平的基础上，立足于幼儿生活，确立各个活动区的具体目标，并进行相应内容设计和投放相关材料。一般来说，小班区域活动内容最少为 6—7 个，中班为 8—9 个，大班为 9—10 个。

（二）区域活动内容要与主题活动发展目标相联系

在实施主题活动中，一些操作探索性强的学习内容有机地融入区域活动，幼儿在开放的活动区中，自主探索和操作，不断产生新想法和新做法，起到了丰富和发展主题的作用，区域活动成为主题活动的延伸和补充。区域活动内容应当随着主题活动的改变而不断进行调整。

例如，在中班有关秋天的主题活动中，区域活动内容可设置为：数学区——树叶间隔排序、生活区——筷子夹树叶、美工区——用种子装饰花色蛋糕、建构区——秋天的公园、语言区——编讲有关秋天的故事等。要注意的是，区域活动在主题与主题之间也要形成自然过渡，在过渡到新的主题时，上一个主题的内容应该被逐渐取代，而不是一下子全部地更换。

三、活动区材料投放

区域活动的材料是幼儿主动建构知识的媒介，区域活动的教育功能主要是通过材料来实现的。为了更好地实现教育目标，我们可以预设不同区域的不同教育功能，通过投放与教育目标一致、与幼儿能力发展水平适宜的材料，促进幼儿身心各方面全面发展。

（一）目的性原则

各种材料在运用到不同区域或者采用不同操作方式后所产生的教育价值不同，因此，在一个区域活动中所提供的各种材料总是隐含某种教育功能。教师要明确各个区域的各种材料所隐含的不同教育功能，并在此基础上将幼儿发展目标和材料的教育功能对应起来，有目的地引导幼儿进行操作探索活动，以达到区域活动的预定教育目标。材料和目标之间并不是唯一和绝对的关系，依据投放方式不同，形成宽泛而灵活的目标功能关系。

比如，常见水果的投放，将橘子、苹果、香蕉切成丁，在生活区可以锻炼幼儿熟练使用小勺的能力，发展精细动作；将橘子、苹果、香蕉切开分别放在钻有小孔的小盒里，让幼儿用鼻子闻出水果的味道，发展幼儿的嗅觉能力；在果盘里放上几个橘子、苹果、香蕉，让幼儿画水果，发展幼儿的观察力、小肌肉控制能力以及审美表现能力。同种材料的不同呈现方式，决定材料教育价值的发挥。

（二）适宜性原则

区域活动的材料和工具适宜性体现为要符合幼儿的年龄特点。提供符合幼儿的认知经验和操作能力的材料和工具，容易引起幼儿操作的兴趣，幼儿也容易在操作中获得成功感。例如，同样要发展幼儿手部灵活运动能力，小班可提供瓶子、盖子，玩配对游戏；中班可提供钥匙和锁，玩找钥匙游戏；大班可提供起子、螺丝，玩组装游戏。

区域活动的材料和工具适宜性还体现为适量和有序。活动区材料的种类和数量能充分满足幼儿操作需要即可，并非材料的种类和数量越多越好。所增添的区域活动材料必须是幼儿熟悉的，在懂得操作使用要求的基础上，放置在活动区中，这样既明确体现了材料的功能性，又奠定了活动区有序的基础，有助于幼儿形成使用工具、材料的良好操作习惯。

（三）丰富性原则

为满足幼儿操作需要，需要提供数量充足，形式、功能多样的活动区材料。区域活动材料的丰富性还需要结合幼儿年龄特点和发展状况。比如，角色区的构建，小班幼儿以平行游戏为主，提供的物品种类要少但数量要多，最好每人一份，像班级娃娃家，可以有 4—6 个家，每家家里的物品都基本一样，这样符合这个年龄阶段幼儿的心理特点；中班幼儿喜欢扮演并开始喜欢交往，可以增加幼儿生活经验中常见的交往对象，娃娃家数量减为 3—4 个，可增加理发店、超市、医院等游戏；大班幼儿喜欢挑战，可以开展幼儿园游戏、军队游戏，满足幼儿的模仿需要以及喜欢自己做主、自由行动的需要。

（四）层次性原则

教师在选择和投放操作材料时，要在所要投放的材料与所要达成的目标之间，按照由浅入深、从易到难的要求，分解出若干个能与幼儿认知发展相吻合的层次，投放难度不同的材料，满足幼儿个体操作和学习的需要，从而更大效益地实现教育目标。

以幼儿串珠活动为例，幼儿串珠的一般发展规律为：硬绳大孔珠→软绳大孔珠→硬绳小孔珠→软绳小孔珠→按简单排序规律串珠→按复杂排序规律串珠，教师可以据此逐步提供各种串珠材料和工具，并提出一定的递进性的要求。幼儿常常会选择适合自己能力水平的操作方式投入活动，容易获得成功感，这也是幼儿喜欢区域活动的一个重要原因。

（五）操作性原则

幼儿喜欢操作摆弄，教师所提供的区域活动材料最好是能让幼儿动手做做、摆摆，再配以说说、画画，这样有助于吸引幼儿主动地参与操作，激发创造欲望，在操作中思维能力、动手能力以及合作能力得到发展。

比如，大班科学活动"瓶子里的漩涡"，提供饮料瓶和水，让幼儿先往瓶子里装水，拧紧瓶盖后，探索如何让瓶子里的水旋转起来。教师可以通过层层递进的问题，引发幼儿不断的探索行为。如瓶子里放多少水能很快旋转起来？怎样的运动方向瓶子里的漩涡深？是上下运动，还是左右运动？伴随漩涡水有没有什么变化……让幼儿带着问题探索，鼓励幼儿相互观察和评价，发展幼儿的观察能力、探索实践能力、分析推理能力以及合作能力。

 章末小结

1. 活动区，又被称为"区域活动"或者"区域游戏"。是指利用活动室、睡眠室、走廊及室外场地来设置各种区角，依据教育目标、幼儿的兴趣和发展需要以及主题活动发展进程，在各区角投放一定的材料，让幼儿根据自己的兴趣和意愿选择活动内容和活动方式的小组化、个体化教育活动的一种形式。

2. 幼儿园活动区的种类：区域名称可以根据活动领域分为科学区、数学区、语言区、音乐区、美术区、运动区、生活区、角色区等，也可以按活动方式分为操作区、探索区、益智区、扮演区、建构区、阅读区、表演区、美劳区等。

3. 活动区布局策略：干湿与动静分区、固定与临时分区、独立与整合分区。

4. 活动区内容设计：区域活动内容设置应以促进幼儿发展为基础、区域活动内容要与主题活动发展目标相联系。

5. 活动区材料投放必须遵循目的性原则、适宜性原则、丰富性原则、层次性原则。

 拓展阅读

杭梅. 幼儿教育学 ［M］. 北京：高等教育出版社，2009.

第三章　幼儿园心理环境创设

 考纲提要

了解心理环境对幼儿发展的影响，理解教师的态度、言行在心理环境形成中的重要作用。

 内容结构图

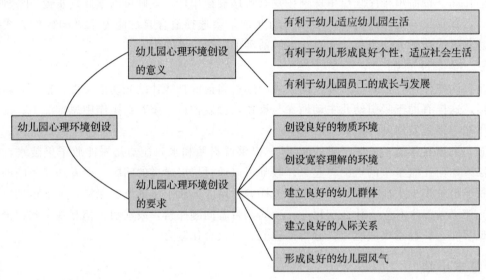

第一节　幼儿园心理环境创设的意义

《幼儿园教育指导纲要（试行）》中指出："幼儿园应为幼儿提供健康、丰富的生活和活动环境，满足他们多方面发展的需要，使他们在快乐的童年生活中获得有益于身心的和谐发展。"

一、有利于幼儿适应幼儿园生活

当幼儿即将进入幼儿园时，意味着他们将踏出人生的第一步，这一步关键而重要，他们从家庭走向了社会，这对每一个幼儿来说都是一种转折，这种转折往往是痛苦的。教师要为新入园孩子做好全方位的准备，而心理上的准备又是至关重要的。教师的首要任务是用自己的爱心、耐心及宽容接纳每一个幼儿，稳定幼儿的情绪。帮助幼儿适应并喜欢幼儿园的集体生活，帮助幼儿克服第一次离开父母、家人的忧虑、紧张和不安情绪，使其形成安全感和信任感，帮助幼儿体验到幼儿园集体生活的乐趣。

二、有利于幼儿形成良好个性，适应社会生活

幼儿社会化是个体社会化的初级阶段，并为个体进一步社会化奠定基础。良好的幼儿园心理环境为幼儿提供同伴之间共同游戏和学习的机会，尤其重视并发挥幼儿与同伴、与集体的相互关系的作用。同时，教师有意识地将幼儿置身于幼儿园的各种人际环境之中，通过幼儿易于接受的民主、科学的教育形式和方法，帮助幼儿理解社会行为规范，适应社会生活。同时培养幼儿合群、组织性、纪律性、利他、勇敢和顽强等优良的性格特征，克服孤独、自私等不良的性格特征。

三、有利于幼儿园员工的成长与发展

心理环境能使人在不知不觉中受到感染和熏陶。良好的心理环境，有利于形成协调的人际关系，使员工乐于从事自己的学习和工作。相反，不良的心理环境，只能使人感到处处受压抑，导致各种个性不良品质的形成，使员工情绪低落，养成消极的思想方法和行为习惯。

第二节　幼儿园心理环境创设的要求

幼儿园作为保育和教育机构，其心理环境包括了幼儿生活、学习和游戏的全部空间，特别是幼儿的学习、活动及生活的气氛，幼儿园的人际关系及风气等，对幼儿的身心发展起着潜移默化的影响作用。

幼儿的一日生活大都是在幼儿园这个环境中度过的，他们每天都在和周围的环境进行着交互作用，作为幼儿教育工作者，应如何为幼儿创设一个宽松、和谐的心理环境呢？

一、创设良好的物质环境

《幼儿园工作规程》（2016 年）明确指出："创设与教育相适应的良好环境，为幼儿提供活动和表现能力的机会与条件。"物质环境应该具有安全、舒适、卫生、实用等特点，环境布置应做到绿化、美化、净化、儿童化和教育化。园内设备和材料应丰富多彩，能满足不同幼儿的不同需要和多种需要。幼儿在这种良好的物质环境中活动，才能产生积极向上的情感和愉悦的情绪，在自由的探索中主动去发现周围世界的奥秘。

二、创设宽容理解的环境

教师要真挚地关心幼儿，充分地与幼儿进行沟通，知道和理解幼儿的想法与感受，并让幼儿知道和理解教师的一些想法，让幼儿在教师的关心和爱护下，健康快乐地成长。教师要站在儿童的角度看待其思维和行为，始终以宽容之心来看待幼儿的各种心理行为，公正、客观地对幼儿进行评价，并要以正面激励为主，使幼儿敢想、敢说、敢探索、敢创造。

如在区角活动中，小班幼儿不会灵活地用积木搭建事物，只能简单地用两块相同的积木叠放在一起，正当幼儿沮丧时，教师正好看见这一幕，并惊喜地对幼儿说道："真能干，你搭的小桥真好看。"幼儿听了便会十分开心，不到几分钟的时间，他又会连续搭出好几样新的东西了。由

此可见，教师经常地、及时地给予幼儿鼓励和支持，能有效地增强幼儿的信心和勇气。

三、建立良好的幼儿群体

建立良好的幼儿群体，是幼儿园心理环境的重要内容，它能促进幼儿个体心理的发展。所以教师初建班集体时，应坚持正面教育和集体教育的教育态度，使幼儿个体的才能在集体中得到充分表现，逐渐使幼儿产生自信和自主感。教师应注意引导、鼓励和帮助幼儿参加各种活动，并随时肯定、表扬他们的积极性和良好表现，以促进幼儿身心健康发展。

四、建立良好的人际关系

人际关系是在社会生活实践过程中，个体所形成的对其他个体的一种心理倾向及其相应的行为。幼儿园具有良好的人际关系，可使教师之间保持相互喜爱、合作共事，幼儿在这样的人际关系里，能受到教师的尊重，扮演成功的角色，满足多方面发展的需要。因此，维系良好的人际关系，对幼儿的心理健康具有十分重要的作用。

五、形成良好的幼儿园风气

良好的幼儿园风气，是指园内所有成员在工作、学习、生活和行为方面比较一致的富有个性特点的、稳定的集中表现。它要靠全体教职员工经过长期培养才能逐渐形成，而一旦形成，则对全体成员具有潜移默化的影响作用。所以，幼儿园领导应重视园风的建设工作，使生活在其中的教师和幼儿，身心都能和谐健康地发展。

我们要善于设身处地地体验幼儿的所作所为，耐心细致地观察、了解幼儿的内心世界，以真诚、热爱和关怀的态度去对待每一个幼儿，关心每一个幼儿，理解每一个幼儿，尽我们所能地为幼儿提供一个理想的成长环境，使他们能健康快乐地成长，勇敢地面对未来的每一天。

 章末小结

1. 幼儿园心理环境创设的意义：有利于幼儿适应幼儿园生活；有利于幼儿形成良好个性，适应社会生活；有利于幼儿园员工的成长与发展。

2. 幼儿园心理环境创设的要求：创设良好的物质环境、创设宽容理解的环境、建立良好的幼儿群体、建立良好的人际关系、形成良好的幼儿园风气。

 拓展阅读

刘晓东. 学前教育学 ［M］. 南京：江苏教育出版社，2004.

第四章　幼儿园与家庭、社区

 考纲提要

理解协调家庭、社区等各种教育力量的重要性，了解与家长沟通和交流的基本方法。

 内容结构图

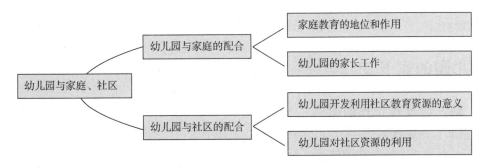

第一节　幼儿园与家庭的配合

家庭教育在整个教育和人的一生成长中，都具有其他教育不能替代的特殊地位和重要作用。要保证儿童的全面发展，幼儿园与家庭必须紧密配合、同心协力地对儿童进行教育。

一、家庭教育的地位和作用

（一）家庭教育是奠基性教育

家庭是儿童生命的摇篮，是人出生后接受教育的第一个场所，即人生的第一课堂。从孩子呱呱落地的那天起，做父母的就成了他们的第一任教师，肩负起了对孩子教育的重任。父母的生活习惯、工作作风、兴趣、爱好等个性特征，都将对孩子产生极其深刻的影响，有的甚至成为孩子终生效仿的榜样。尤其是父母的人生观、是非观、道德行为和道德标准、处世方法和处世原则，一旦被孩子认可和接受，是很难改变的。因此，家庭教育往往能够影响其子女一生的成长。

（二）家庭教育是长久性教育

在人的一生所接受的教育中，家庭教育是长久性教育。家庭教育先于学校教育，并且在学校教育的整个阶段内，都自始至终伴有家庭教育。学校教育结束后，家庭教育仍在继续，甚至影响终身。有的父母对家庭教育的长期性认识不足，以为父母的任务主要是管好孩子入学前的一段，孩子入学后，把一切都交给了教师，虽然充分体现了家长对学校及教师的高度信任，但是这种想法也会导致家庭教育的松懈，对充分发挥校内外整体教育的有效性是极其不利的。

（三）家庭教育是学校教育的有力助手和必要补充

学校教育是在家庭教育基础上进行的。经过家庭有意或无意的教育和影响，孩子在品质、习惯、兴趣、爱好等许多方面，已经能够表现出明显的个性特征。他们可能有好的品质和好的习惯，也可能有不好的品质和习惯，但不管怎样，一旦孩子进入学校以后，学校都要以它特有的模式，按既定目标，去进行有计划、统一的再造性"加工"。如果家长不配合学校做好工作，或者采取偏袒、放纵态度的话，不仅会给学校教育带来困难，而且极容易挫伤教师施教的积极性。实践也证明：学校教育如果没有家庭教育密切配合，其教育效果很难巩固和发展。家庭教育作为学校教育的有力助手和必要补充，不仅是培养目标的客观需要，也是教育内部规律的客观要求。家长不仅熟悉自己子女的行为习惯、思想品德状况，也熟悉自己子女的兴趣爱好和性格特征。可以说，每位家长不仅具有对其子女进行有效教育的优越条件，也应负担起教育子女的不可推卸的责任和义务。只有将学校教育和家庭教育两者紧密地有机结合起来，才能有效地对儿童的成长与成才进行成功的教育。

二、幼儿园的家长工作

（一）幼儿园家长工作的原则

1. 尊重家长的原则

尊重家长是做好家长工作的前提。对不同社会地位、不同职业、不同经济条件的家长要一视同仁，同样尊重。家长对自己孩子在行为、个性、习惯等方面的观察和了解要比教师详细得多、深刻得多，对孩子的期望比教师要高得多。如果教师能够虚心倾听家长的建议，就可以提高我们的教育效果。幼儿园还要维护家长的威信，切忌在孩子面前议论家长之短或变相地训斥家长等。教师只有真诚地尊重家长，家长才会乐于接受幼儿园的教育宣传，才能积极地配合改进家庭教育。

2. 要求适度的原则

由于家长的文化教养、职业状况、精神面貌和生活方式各有差异，所以教师应帮助家长与幼儿园教育保持协调一致，使家长更好地履行父母的职责，发挥应有的作用，促进儿童的发展，增进家庭的幸福。幼儿园对家长提出的要求应当切合实际，是家长能力和物力所能达到的，不能苛求。同时，要体谅家长的困难，在解除后顾之忧方面尽力给予帮助，以加深彼此之间的融洽感情。

3. 双向反馈的原则

幼儿园在开展家长工作时，既要向家长输出科学育儿的信息，也要努力收集家长反映的信息，对来自家长的反馈，无论是积极的或消极的，都要认真分析处理。加强幼儿园教育与家庭教育的相互促进、相互制约，共同保证幼儿的身心健康发展。

（二）幼儿园家长工作的方式方法

1. 入园之前的家访工作

家访前教师要做好充分的准备，包括熟悉孩子的资料，怎样回答家长可能提出的问题及打电话预约等。

2. 上午入园，下午离园

在家长接送幼儿的过程中，有目的地与个别家长交谈，对于孩子的优点要及时地向家长说明，对于孩子需要改进的地方要婉转地向家长提出，并与之协调好家园共育的问题。

3. 各类活动

幼儿园要定期举办一些亲子活动、节日联欢、开放日等，一是可以使家长更清楚地了解到孩子在园的情况，方便与教师之间的配合；二是可以使家长了解教师工作的辛苦，能体谅教师；三是可以增进教师、家长、幼儿之间的亲密程度，更方便以后的家园合作。

4. 家园之窗

一般的幼儿园活动室门口，都有一块"家长园地"，这是联系家园的纽带，是传输信息和知识的桥梁。一是介绍保教内容，帮助家长明确本阶段教育重点，增强家庭教育的目的性；二是定期贴出大家关心的话题，在小型家长会上可以与家长们共同讨论交流。也可以开辟"甜甜温馨语""关注孩子"等栏目，教师把需要家长配合的要求写在上面，家长可以通过该栏目向教师提出意见或建议等。

5. 家长委员会

家长委员会由几位时间充裕、有良好育儿观念的热心家长组成，他们可以把家长共同关心的话题告诉教师，平时有什么好的意见和建议也可向教师说明。另外，如果教师遇到什么棘手的问题，也可以请教家长委员会，大家一起出谋划策，解决问题。

6. 家园联系手册

由于教师每天与家长见面的时间只能是早上和下午接孩子时短短的一段时间，而且由于时间相对比较集中，所以无法与每位家长进行深谈。因此，可以通过"家园联系手册"向家长反映幼儿在园生活、学习情况。家长接到联系册，就能较为全面地了解幼儿在园情况。同时，家长也可及时反馈幼儿在家的一些情况。

7. 家长学校

幼儿园可以通过家长学校系统地向家长传授科学育儿知识，咨询家庭教育中存在的问题，根据家长的要求举办各种专题讲座，组织家长就共同关心或感兴趣的问题进行交流研讨，还可以根据需要印发一些文字材料或办简报等。

第二节　幼儿园与社区的配合

《幼儿园教育指导纲要（试行）》总则中明确指出："幼儿园应与家庭、社区密切配合，综合利用各种教育资源，共同为幼儿的发展创造良好的条件。"在组织与实施中又指出："充分利用自然环境与社区的教育资源，扩展幼儿生活学习的空间，幼儿园同时应为社区的早期教育提供服务。"

一、幼儿园开发利用社区教育资源的意义

第一，适应世界幼儿教育事业发展的需要。随着教育改革逐步深入发展，我国教育已进入终身教育时代，幼儿园教育是终身教育的起始阶段。1981 年，联合国教科文组织指出，幼儿教育必须从学校这个封闭的范围中解放出来，扩展到家庭与社区，这一精神现已成为世界幼儿教育共同发展的方向。如意大利瑞吉欧教育体系中，家庭、社区所起的作用就是显而易见的，可以说整个瑞吉欧教育体系就是一个由幼儿园、家庭、社区共同组成的"教育社会"。

第二，适应我国幼儿教育现实的需要。幼儿园、家庭与社区作为幼儿生活和发展的三大基本空间，其重要性正逐渐被人们认可，但就实践层面而言，还存在一些问题：合作活动的开展往往流于表面形式，内容单一，没有能够很好地挖掘合作教育的内涵与价值所在；教育资源的浪费既

有幼儿园现存的师资、设施设备的浪费，也有家庭与社区自然资源和人文资源的浪费；三种教育力量常常是孤立的，分散的，难以优化整合，合力共进。

第三，适应幼儿自身发展的需要。个体不可能脱离社会，脱离其生长的社会群体而独立成长。幼儿园不仅不能与家庭、社区分离，还要与家庭、社区交融。幼儿园要加强与社区的配合，使幼儿园与社区进行许多高质量的、频繁的交往和互动，使幼儿真正走出幼儿园，投身于充满活力的现实生活之中，受到更为丰富、实在的教育，这对培养幼儿学习的主动性、创造才能及幼儿人格的完善具有重要作用。

第四，适应社区教育发展的需要。幼儿园和社区应发挥自身的优势，进行人力资源与物质资源的优化与互补，提供对方所需要的服务。幼儿园是专门的教育机构，教师懂得儿童身心发展的特点和规律，应将科学的教育方法推广到社区教育中。

幼儿园与社区的合作既有利于幼儿园汇聚丰富的智慧与教育资源，实现教育在时空上的紧密衔接；又有利于社区了解教育，参与教育，促进社区对幼儿园各项工作的理解与支持，提高保教质量。

二、幼儿园对社区资源的利用

社区是以一定的地理区域为基础的社会群体，主要由地域环境、人口环境和文化环境等要素组成。

（一）利用社区的地域环境优化幼儿园教育

社区的地域环境主要指的是社区的地理环境、资源环境和人工环境等。

幼儿园在利用地理环境的时候，要考虑社区的地理位置、地形地势和气候特征等因素。在沿海地区，教师可选择不同时间，带领幼儿去观看海浪的变化，在海边玩沙戏水；在丘陵地区，教师可利用当地的小山丘，开展各种体育游戏活动，如组织幼儿进行奔跑、爬山比赛；在四季分明的地区，教师可随着季节的更替，适时带领幼儿到社区中去走一走，看一看，指导幼儿用自己的眼睛发现季节对人的行为有什么影响等。

幼儿园在利用资源环境的时候，应考虑社区的水资源、土地和矿物等因素。如果附近有水厂，教师可组织幼儿去参观，使幼儿认识到水的来源、净化、输送、饮用的全过程及污水处理问题等，体会到水的来之不易，萌发节约用水的意识。

（二）利用社区的人口环境优化幼儿园教育

可以让幼儿去访问社区中的工作人员，如保安、环卫、邮递员、消防队员等。在访问的过程中，幼儿了解了正是有了社区中的人们在不同的工作岗位上相互奉献、相互关心，才有了大家这么美丽、这么安全温馨的生活，从而也萌发了幼儿关心他们的愿望。

可以让社区人员成为教育者。在爱家乡的教育中，可以请亲历了几代变化的老人来给幼儿讲新旧城市发展变化的故事；在"爱自己的生命教育"中请社区中的老驾驶员给幼儿讲解交通规则；在关爱残疾人的活动中，请残疾人给幼儿讲他们的生活等。

（三）利用社区的文化环境优化幼儿园教育

幼儿园在发挥社区文化环境的教育功能时，要注意协调好以下几种文化之间的关系。

处理好物质文化与精神文化之间的关系。幼儿园一方面要选择时机，增加幼儿对美容院、健身房、茶馆、咖啡屋等的认识，另一方面还要加大比重，促进幼儿对书店、图书馆、博物馆、影剧院、美术馆、科技馆、少年宫等的理解。

处理好传统文化与现代文化之间的关系。例如，当社区里的腰鼓队、木兰拳队、太极拳队、龙舟队在进行表演时，教师可带领幼儿前去观赏；当社区里组织居民进行插花、弹钢琴、跳交谊舞、计算机打字、英语小品比赛时，教师也可指导幼儿参与比赛。

处理好东方文化与西方文化之间的关系。为了促进幼儿对不同文化的认识、理解、尊重、宽容和接纳，教师既可以带领幼儿对比着参观面条店及水饺店、肯德基店及麦当劳店，鼓励幼儿说说中餐店和西餐店的异同点，也可以指导幼儿观看二胡及古筝、钢琴及小提琴，启发幼儿讲讲中国民族乐器和西洋乐器有什么异同点。

幼儿园应全面整合、充分利用社区的不同资源，以提高办园质量，促进教师、社区人士、家长和幼儿的共同发展。

 ## 章末小结

1. 家庭教育的地位和作用：家庭教育是奠基性教育；家庭教育是长久性教育；家庭教育是学校教育的有力助手和必要补充。

2. 幼儿园家长工作的原则：尊重家长的原则；要求适度的原则；双向反馈的原则。

3. 幼儿园家长工作的方式方法：入园之前的家访工作；上午入园，下午离园；各类活动；家园之窗；家长委员会；家园联系手册；家长学校。

4. 幼儿园开发利用社区教育资源的意义：适应世界幼儿教育事业发展的需要；适应我国幼儿教育现实的需要；适应幼儿自身发展的需要；适应社区教育发展的需要。

5. 幼儿园对社区资源的利用：利用社区的地域环境优化幼儿园教育；利用社区的人口环境优化幼儿园教育；利用社区的文化环境优化幼儿园教育。

 ## 拓展阅读

杨彦. 幼儿园环境创设 [M]. 北京：北京师范大学出版社，2014.

 ## 模块自测

一、单项选择题

1. 环境分为物质环境和（　　　）。

　　A. 社会环境　　　　　B. 精神环境　　　　　C. 城市环境　　　　　D. 局部环境

2. 从狭义上理解，幼儿园环境是指（　　　）。

　　A. 幼儿园心理环境

　　B. 幼儿园生活环境

　　C. 幼儿园教育的一切外部条件

　　D. 幼儿园幼儿身心发展所必需的条件总和

3. 幼儿园的环境创设主要是指（　　　）。

　　A. 创设合格的物质条件和良好的精神环境　　　B. 选择清净的场所

　　C. 购买高档的教具　　　　　　　　　　　　　D. 增添大型的娱乐设施

4. 在幼儿园环境创设中，要把大小环境有机结合在一起，实现学校与家庭、社区的合作。这主要体现了（　　　）。

　　A. 参与性原则　　　　B. 开放性原则　　　　C. 多样性原则　　　　D. 经济性原则

5.《幼儿园教育指导纲要（试行）》中指出："（　　　）应有助于形成安全、温馨的心理环境；言行举止应成为幼儿学习的良好榜样。"

A. 教师的态度   B. 教师的管理方法

C. 教师的态度和管理方式   D. 教师的管理风格

6. 有的幼儿园在课程中将社区的历史、风俗、传统等作为乡土教材来利用，丰富了幼儿园的教育内容，发挥了（ ）对幼儿园教育的意义。

A. 社区环境   B. 社区生活方式   C. 社区资源   D. 社区文化

7. 幼儿园环境与外界环境相比具有可控性，即幼儿园内环境的构成处于（ ）控制之下。

A. 园长   B. 家长   C. 教育者   D. 社会

8. 为了让幼儿在户外活动中能一物多玩，最适合的方法是（ ）。

A. 教师集体师范   B. 幼儿自主探索

C. 教师分组讲解   D. 教师逐一训练

9. 幼儿园活动区出入口的地面上一般会有几双小脚印的图示，此环境创设有利于培养幼儿在活动区的（ ）意识。

A. 规则   B. 操作   C. 主体   D. 参与

10. 幼儿园投放的优秀活动材料的特征不包括（ ）。

A. 能够引起幼儿反应的材料   B. 先进的电子玩具

C. 生活中触手可及的物品   D. 能引起幼儿参与和学习行为的材料

二、简答题

1. 简述幼儿园环境创设的原则。

2. 简述幼儿园心理环境创设的重要意义。

三、材料分析题

星期一，A老师埋怨地说："孩子在家过了一个双休日，再回到幼儿园后，许多良好的行为习惯就退步了，不认真吃饭，乱扔东西，活动时喜欢说话，真不知孩子在家时，家长是怎么教育的！"站在一旁的B老师颇有同感地说："是啊，如果家长都能按我们的要求去教育孩子，我们的工作就好做多了！"A老师接着说："可这些家长不按我们的要求去做倒也罢了，还经常给我们提这样那样的意见，好像我们当老师的还不如他们懂得多，真拿这些家长没有办法……"

请你运用幼儿园与家庭相互配合的有关理论，分析和评论A、B老师的教育观点，并具体谈谈家园合作对幼儿发展的重要意义与目前存在的误区。

参考答案

一、单项选择题

1. B   2. D   3. A   4. B   5. C   6. D   7. C   8. D   9. A   10. B

二、简答题

1. 幼儿园环境创设的原则包括：

环境与教育目标一致的原则、发展适宜性原则、幼儿参与的原则、开放性原则和经济性原则。

2. 幼儿园心理环境创设的意义：

（1）有利于幼儿适应幼儿园生活；

（2）有利于幼儿形成良好个性，适应社会生活；

（3）有利于幼儿园员工的成长与发展。

三、材料分析题

答案要点：

家园合作是指幼儿园和家庭都把自己当作促进儿童发展的主体，双方积极主动地相互了解、相互配合、相互支持，通过幼儿园与家庭的双向互动，共同促进儿童的身心发展。《幼儿园教育指导纲要（试行）》在总则里提出：幼儿园应与家庭、社区密切合作，与小学衔接，综合利用各种教育资源，共同为幼儿发展创造良好的条件。在组织与实施中，又指出：家庭是幼儿园重要的合作伙伴，应本着尊重平等合作的原则争取家长的理解、支持和主动参与，并积极支持、帮助家长提高教育能力。家园合作是幼教工作的重要组成部分，对于从家庭环境进入迥然不同的集体环境的新入园幼儿来说，家园合作的意义显得尤为重要。

（1）家园合作有利于家长资源的充分利用。

（2）家园配合一致，促进幼儿健康和谐发展。

目前，家园合作还存在一些误区：一是认为教师是专业教育工作者，而家长大部分不懂教育；二是家长认为自己忙，没有时间参与幼儿园教育工作；三是教师只在知识上要求家长配合，家长也只愿意督促孩子写字、做算术题、背英语单词；四是认为家长与教师"各司其职"，在家归家长管，在幼儿园归老师管。这就造成了教师与家长的教育观念、方法的脱节，直接影响到幼儿园的正常教育工作。案例中的 A、B 两位教师的观点正是否认了幼儿园与家庭的紧密伙伴关系，否定了幼儿园教师、家长均为幼儿的教育主体，其观点是片面的、错误的。

模块五　游戏活动的指导

 考试目标

1. 熟悉幼儿游戏的类型以及各类游戏的特点和主要功能。

2. 了解各年龄阶段幼儿的游戏特点，并能提供相应材料支持幼儿的游戏，根据需要进行必要的指导。

 内容详解

本模块首先介绍了幼儿园游戏的基本特征、分类及各类游戏的功能，接着介绍了各年龄阶段幼儿游戏的特点以及教师在游戏中的指导策略。

第一章　幼儿游戏概述

 考纲提要

1. 熟悉幼儿游戏的基本特征
2. 熟悉幼儿游戏的分类
3. 熟悉各类游戏的主要功能

 内容结构图

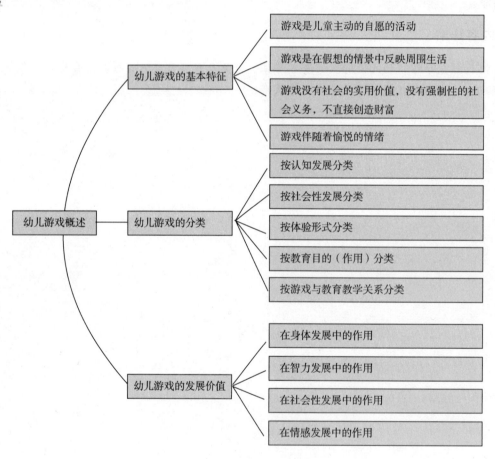

第一节　幼儿游戏的基本特征

　　游戏作为儿童活动的一种模式，具有自身所固有的基本特征。游戏的特征是游戏本质属性的表现，人们从不同的侧面或角度分析和概括游戏的基本特征。

我国教育工作者一般将游戏的特征归为以下四个方面：

一、游戏是儿童主动的自愿的活动

游戏是非强制性的，被迫的游戏就不再是游戏了。儿童之所以游戏，是出于自发、自愿的需要，因为游戏带给他们欢乐，他们在游戏中可以自由选择游戏的内容、玩法、材料及同伴等，自主性是游戏的最本质属性的表现。

二、游戏是在假想的情景中反映周围生活

游戏具有社会性，受社会历史、文化、道德等的影响，儿童游戏是对周围现实生活的反映。但是，这种反映不是机械的模仿，而是加入了想象，创造性地整合和表现周围生活。例如，儿童可以把地板当作草原，把椅子当作大马。

三、游戏没有社会的实用价值，没有强制性的社会义务，不直接创造财富

游戏没有强烈的完成任务的需要，没有外部的控制。游戏的目的不在于外部而在于本身的过程，它更多是一种获得愉快体验的手段，从功利角度讲是非生产性的。

四、游戏伴随着愉悦的情绪

游戏适应儿童身心发展水平和需要，因此使儿童感到满足和愉快。在游戏中，儿童能控制所处的环境，表现自己的能力，实现自己的愿望，从成功和创造中获得愉快。而且由于没有强制的目标，也减轻了紧张感，使儿童感到轻松愉快。

第二节　幼儿游戏的分类

由于人们的研究角度不同，对游戏本质的理解不同，因此分类标准各异，比较典型的有以下几种。

一、按认知发展分类

1. 感觉运动游戏：也称机能性游戏、练习性游戏或实践性游戏，产生动因是感觉或运动器官在使用过程中所获得的快感，主要由简单的重复动作或运动所组成。

2. 象征性游戏：是幼儿阶段最常见的典型游戏形式，带有"好像"和"假装"特点，在游戏中完成以物代物、以人代人为表现形式的象征过程。

3. 结构性游戏：是儿童利用各种结构材料（如积木、积塑、泥、沙、雪等）来建构物体的游戏。

4. 规则游戏：是两个以上儿童在一起，按照一定规则进行的，往往具有竞赛性质的游戏。

二、按社会性发展分类

1. 独自游戏：是指儿童用与其他孩子不同的玩具独自玩耍，很少注意或关心他人的接近或他人的游戏。

2. 平行游戏：是指儿童相互模仿，操作相同或相近的玩具或开展类似的活动，相互交往时有发生，但主要仍是独自游戏，没有合作行为。

3. 联合游戏：是指和同伴一起游戏，谈论共同的活动，但没有围绕具体目标进行组织，也没有建立起集体的共同目标，虽然借还玩具时有发生，但每个儿童仍以自己的兴趣和愿望为中心。

4. 合作游戏：是指以集体共同的目标为中心活动，有达到目标的方法和严格的组织分工，常有较明显的组织者或领导者。

三、按体验形式分类

1. 主动性游戏：儿童的游戏体验是主动的。
（1）机能游戏：以刺激婴幼儿各种感官、机能发展为主的游戏形式；
（2）想象游戏：以再现模仿成人生活、劳动为主要内容的游戏；
（3）制作游戏：以积木、泥、沙等制作材料进行的具有创造性的结构游戏。

2. 被动性游戏：又称接受游戏。是儿童作为观众或听众，以理解为主的游戏。儿童的游戏体验是被动的。

四、按教育目的（作用）分类

1. 角色游戏：以模仿和想象为主，通过角色扮演创造性反映周围生活的游戏。
2. 结构游戏：利用结构材料进行建造的游戏。
3. 表演游戏：按照童话或故事中的角色、情节和语言进行的游戏。
4. 智力游戏：使幼儿在自愿和愉快情绪下增进知识、发展智力的游戏。
5. 体育游戏：以发展基本动作为主的游戏。
6. 音乐游戏：在音乐伴奏或歌曲伴唱下进行的游戏。
7. 娱乐游戏：以娱乐为主的游戏。

五、按游戏与教育教学关系分类

1. 本体性游戏：是指儿童自发自主表现出一种活动，游戏本身即是目的，也称目的性游戏。

2. 工具性游戏：是指作为教育教学的手段或工具的游戏，也称手段性游戏、教学游戏，其直接目的在于教育教学活动的有效进行，任务（或目标）的顺利完成。

第三节　幼儿游戏的发展价值

一、在身体发展中的作用

（一）促进儿童身体的生长发育

游戏既有全身的也有局部的运动，使儿童的各种生理器官和系统得到活动，促进骨骼肌肉的成熟，加速机体的新陈代谢，有利于内脏和神经系统的发育。

（二）发展儿童的基本动作和技能

游戏锻炼了儿童大、小肌肉的活动能力，能够促进对于肌肉运动的控制和协调。

（三）增强儿童对外界环境变化的适应能力

在户外进行的游戏可以使儿童接触充足的阳光、新鲜的空气等自然因素，促进了儿童的身体健康。

（四）有利于儿童的身心健康

游戏的内容和形式丰富多彩，灵活多变，引人入胜，能够带给儿童愉快和满足，有利于儿童的身心健康。

二、在智力发展中的作用

（一）游戏扩展和加深儿童对周围事物的认识，增长儿童的知识

游戏使儿童直接接触周围的各种事物，获取物理知识、数理逻辑知识、社会性知识，并在外部动作操作和内部理解、巩固的心理活动中发展感知觉能力、注意力、记忆力等智力因素。

（二）游戏促进儿童语言的发展

儿童在游戏中发展了口头语言，在与同伴的交流中锻炼语言组织和表达能力。此外，拼音游戏、数数游戏等则直接锻炼儿童对书面文字的理解力。在游戏中儿童发展了语言，并以语言为中介建构对现实世界的理解与认知，发展了智力。

（三）游戏促进儿童想象力的发展

虚拟性或象征性是游戏的普遍特征，并以"假装"或"好像"为标志或条件给儿童提供了想象的充分自由与空间，也为儿童思维的创造性、流畅性、灵活性发展打下了基础。

（四）游戏促进儿童思维能力的发展

积极参与游戏的儿童需要不断思考，解决一个又一个问题，任何一种游戏活动的进行都蕴含着锻炼和发展儿童思维能力的条件。

（五）游戏提供了儿童智力活动的轻松愉快的心理氛围

在游戏轻松愉悦的心理背景下，儿童的觉醒水平适当或处于最佳的平衡状态，可以最大限度地发挥思维活动的积极性、主动性和创造性。

三、在社会性发展中的作用

（一）游戏提供了儿童社会交往的机会，发展了儿童的社会交往能力

游戏及玩具是学前儿童交往的媒介。通过游戏，儿童实现与同伴的交往并形成社会性活动。

（二）游戏有助于儿童克服自我中心化，学会理解他人

在游戏中儿童出于扮演角色的需要，学会发展自我，以及自我与他人的区别，由自我为本位的社会认知向以他人为本位的社会认知过渡。

（三）游戏有助于儿童社会角色的学习，增强社会角色扮演能力

游戏中，儿童通过对角色多样化与稳定性的理解和体验，有助于现实生活的角色扮演和转换，增强社会适应能力。

（四）游戏有助于儿童行为规范的掌握，形成良好的道德品质

儿童在游戏中模仿学习的社会行为规范会迁移到他们的实际生活中去，有助于他们对现实生活中道德行为规范的理解和遵守。

（五）游戏有助于儿童自制力的增强，锻炼儿童意志

游戏中儿童乐于抑制自己其他的愿望，使自身行为服从游戏要求，这个过程就是锻炼意志的过程。

四、在情感发展中的作用

（一）游戏中的角色扮演丰富了儿童积极的情绪情感体验

游戏时儿童体验各种情绪情感，学习表达和控制情感的不同方式，发展友好、同情、责任心等积极情感。

（二）游戏中的自由自主发展了儿童的成就感和自信心

儿童在轻松愉快的游戏氛围中学习解决疑难问题，可以享受成功的快乐，产生自豪感，增强自信心。

（三）游戏中的审美活动发展了儿童的美感

游戏就是儿童感受美、创造美的一种特殊活动，这些活动有助于培养他们对自然、社会、艺术的审美能力，发展美感。

（四）游戏中的情绪宣泄有助于儿童消除消极的情绪情感

游戏（尤其是角色游戏）为儿童提供了表现自己各种情绪的机会，不愉快情绪可以在游戏中得到发泄和缓和，因此具有心理诊断和治疗上的应用价值。

 章末小结

1. 幼儿游戏的基本特征：游戏是儿童主动的自愿的活动；游戏是在假想的情景中反映周围生活；游戏没有社会的实用价值，没有强制性的社会义务，不直接创造财富；游戏伴随着愉悦的情绪。

2. 幼儿游戏的分类：按认知发展分为感觉运动游戏、象征性游戏、结构性游戏和规则游戏；按社会性发展分为独自游戏、平行游戏、联合游戏和合作游戏；按体验形式分为主动性游戏和被动性游戏；按教育目的（作用）分为角色游戏、结构游戏、表演游戏、智力游戏、体育游戏、音乐游戏和娱乐游戏；按游戏与教育教学关系分为本体性游戏和工具性游戏。

3. 幼儿游戏在幼儿身体发展、智力发展、社会性发展以及情感发展方面均具有重要的价值。

 拓展阅读

1. 丁海东. 学前游戏论 [M]. 济南：山东人民出版社，2001.

2. 邱学青. 学前儿童游戏 [M]. 南京：江苏教育出版社，2008.

3. 刘焱. 儿童游戏通论 [M]. 北京：北京师范大学出版社，2004.

第二章 幼儿游戏指导

 考纲提要

1. 了解幼儿游戏中教师的指导策略。
2. 了解各年龄阶段幼儿的游戏特点，并能提供相应材料支持幼儿的游戏。

 内容结构图

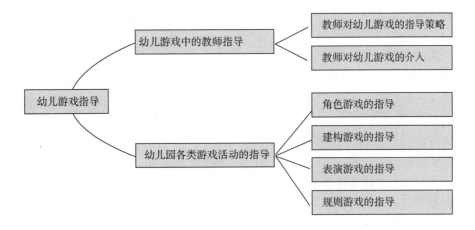

第一节 幼儿游戏中的教师指导

一、教师对幼儿游戏的指导策略

教师对幼儿游戏的指导应当把握以下策略或基本要求。

（一）指导以观察为依据

只有通过观察，了解儿童对当前活动的兴趣、已有的经验或问题，方能准确地做出是否介入以及如何指导的判断。

（二）确定指导的方式方法

1. 以自身为媒介

（1）游戏者

教师通过游戏的语言和行为进行儿童游戏指导，可采取平行游戏（教师通过模仿儿童的游戏来对游戏施加影响）和共同游戏（教师直接参与儿童的游戏中，与其共同玩耍）两种方式。

（2）旁观者

教师站在儿童游戏之外，以现实的教师身份干预儿童游戏。

2. 以材料为媒介

教师通过提供材料的方式来影响儿童，支持和引导儿童在游戏中的学习和发展。

3. 以儿童伙伴为媒介

教师利用儿童伙伴互动这一因素，支持和引导儿童的游戏和发展。

（三）确定指导的时机

（四）把握好指导的对象范围

应将重点与一般、个别与集体、局部与整体结合起来，针对具体情境去灵活把握。

（五）把握好互动的节奏

教师应站在儿童的角度，以"假如我是孩子"的心态体验儿童可能的兴趣与需要，给儿童时间和空间去探索、思考，提供条件，鼓励支持儿童去验证自己的想法，哪怕是"错误"的想法。

二、教师对幼儿游戏的介入

（一）介入的角色定位

根据教师对游戏介入程度的高低，可将教师的角色分为以下两类。在实践中，教师应根据对儿童游戏性质及正在游戏中儿童的特征的仔细观察，不断变换所扮演的角色，推动游戏的发展。

1. 非支持性角色

（1）不参与者

在幼儿园里我们经常看到，当幼儿游戏时，一些教师会利用这段时间忙其他事。在没有成人参与的情况下，儿童的游戏往往类型单一、社会性水平不高、情节简单且常常十分吵闹。

（2）导演者

如果教师以导演角色介入游戏中，告诉儿童在游戏中应该做什么以及不应该做什么，完全控制了儿童游戏，就很可能破坏儿童游戏，变成"游戏儿童"而不是"儿童游戏"。

2. 支持性角色

（1）旁观者

教师在一旁观察儿童游戏，并用语言或非语言信号（如点头、微笑）来表示对幼儿游戏的关注，让幼儿感受到来自教师的支持和赞同。

> **？ 案例**
>
> 几个孩子在图书角玩耍，一边翻书一边讨论书中的图片。教师坐在旁边，用手撑着下巴，面带微笑地看着……她对这群孩子说："你们对这些书很感兴趣啊，看来你们今天挺开心的。"孩子们不时地看她一眼，然后继续看书和讨论。

（2）舞台管理者

教师不参与游戏，但积极地帮助儿童为游戏做准备，并随时为正在进行的游戏提供帮助，如回应儿童关于材料的要求，协助儿童布置环境，提出适当的建议以延伸儿童的游戏等。

> **？ 案例**
>
> 东东和明明在尝试用印模做糕点，但倒出的糕点总是粘在模上，屡次失败后面露难色。见此情景，教师找出食用油和干面粉放在他们的操作台上，并退到一边观察。东东和明明通过自己的一番尝试，最终发现使用食用油和干面粉做出的糕点最漂亮。

（3）共同游戏者

成人作为孩子们的平等游戏伙伴积极参与儿童游戏中，通常扮演小角色，并通过一些策略进行暗示，间接对游戏产生影响。这时成人一般遵循游戏的原有进程，让儿童主宰游戏。

❓ 案例

强强在手工区遇到了小麻烦，他不能很好地用折纸做"馄饨"。强强生性好强，爱面子，若教师直接去教会伤害他的自尊，于是教师坐到他旁边也做起"馄饨"来，边做边自言自语："把这个角和这个边粘在一起，然后用力捏两下……"

（4）游戏带头人

通常在儿童很难自己开展游戏或正在进行的游戏难以拓展下去的时候，成人积极地参与儿童游戏，通过提议新的游戏主题、介绍新的道具或情节元素以扩展已有主题等方式，对儿童游戏施加更多的影响。

❓ 案例

吃完点心，教师带着孩子们到草地上玩轮胎。刚开始，几个男孩用轮胎滚起来，吸引了很多孩子模仿，他们玩得很投入。但这时教师发现当轮胎从坡上往下滚时，很容易撞到下面的孩子。教师想尝试把道理讲给他们听，但没人理她。如果硬要他们停下来，目的虽达到了，但他们肯定会不高兴。反复思考后，教师来到几个女孩身边，指着轮胎说："我们一起来叠轮胎，好吗？"她们的这一玩法被其他孩子发现了，男孩们像发现新大陆似的，一个个都带着轮胎来参与，不一会儿兴趣就转移到叠轮胎上了。

（二）介入的时机

成人对游戏干预时机的选择主要取决于两个因素：一是儿童客观的需要，即看儿童的游戏行为是否自然顺畅，是否需要帮助；二是成人的主观心态和状况，即成人希望幼儿在游戏中表现出的水平、态度和情绪体验，也包括成人是否具备投入儿童游戏的热情和精力。在介入之前，成人一定要仔细观察，选择适宜的时机再介入。

1. 当幼儿游戏出现困难时介入

当幼儿不知道自己该做什么游戏、如何去游戏时，教师的介入是引导幼儿开始游戏的关键。

❓ 案例

琪琪在教室里左瞧右看，半天没有选择任何游戏。她来到建构区，同样也只是看着展示区里其他孩子此前搭的作品。教师发现后，走过去拉起她的小手对她说："琪琪想不想也用雪花片变魔术啊？等你变好了，也把作品放在这里给大家欣赏，好吗？"琪琪点点头。

2. 当必要的游戏秩序受到威胁时介入

当必要的游戏秩序受到威胁时，教师可用游戏口吻自然地制止幼儿的干扰行为，并提出活动建议。

❓ 案例

几个幼儿正在地垫上搭积木，这时另一名幼儿在旁边推着玩具小车想闯过来，眼看就要干扰别人的活动了，教师及时挡住他："请问你有通行证吗？"幼儿说："没有。""没有通行证不能从这里走，请你回去拿通行证，再看看从哪条路走最方便。"

3. 当儿童对游戏失去兴趣或准备放弃时

这时教师的介入可以帮助幼儿拓展游戏内容，提高游戏技能，进一步激发幼儿的游戏兴趣。

案例

一个小女孩搭好一件作品后对建构游戏失去了兴趣，长时间坐在那里玩弄自己的衣角。教师见状走过去，小女孩告诉教师自己搭好了"东方明珠"。教师看了看赞扬她："哇，你搭得这么高，这么有气势！你会搭'东方明珠'，一定也会搭更高的金贸大厦吧?"小女孩听后点点头，又高兴地投入了建构游戏。

4. 在游戏内容发展或技能方面发生困难时

在这种情况下，教师可以作为游戏同伴介入游戏给予儿童示范，或者让幼儿相互启发，相互影响，以帮助幼儿克服困难，拓展游戏。

案例

理发店里很安静，晶晶在为一名顾客理发，面无表情地长时间机械重复简单的修剪动作，两名顾客在旁边等着。教师看见走过去说："晶晶，你忙了半天了，休息一会儿，下面这个顾客交给我，好吗?"晶晶点点头。只见教师先给顾客洗头（模仿流水的哗哗声），然后擦头、梳头、剪发，剪完后拿起一面小镜子给顾客照照："您满意吗?"小顾客开心地点点头。教师又拿起电吹风，嘴里"呜——呜——"有声地给顾客吹头发。晶晶在一旁看得津津有味。"晶晶，下面轮到你来理发了。"教师说。

晶晶开心地模仿着教师的动作、表情和声音，理发店里充满了热情、温馨的气氛。

（三）介入的方式

成人介入游戏的方式主要有以下两种。

1. 外部干预

是指成人并不直接参与游戏，而是以一个外在的角色，引导、说明、建议、鼓励游戏中幼儿的行为。

2. 内部干预

是指成人以游戏中的角色身份参与幼儿的游戏，以游戏情节需要的角色动作和语言来引导幼儿的游戏行为。

（四）介入的注意点

1. 分层次指导

不同年龄阶段，幼儿游戏的发展水平各不相同，教师指导的侧重点也应有所不同。

2. 慎扮"现实代言人"角色

当儿童游戏与现实不太吻合时，成人往往会介入提出一些现实性的问题，或试图加入教育因素，即扮演"现实代言人"角色。这种成人以现实为导向的评议和提问有时不太会严重影响幼儿的游戏，但有时会严重破坏假装游戏的"框架"，致使儿童停止游戏，因此要慎用。

3. 及时退出

无论采用何种干预方式，一旦幼儿开始表现出所期望的游戏行为，成人就应转而扮演无指导性的共同游戏者，或完全从游戏中退出，以便让儿童重新控制游戏，从而培养儿童的独立性和自信心。

第二节　幼儿园各类游戏活动的指导

一、角色游戏的指导

（一）幼儿园角色游戏的共同特点

1. 创造性——对社会现实生活的一种创造性再现；
2. 过程性——从开始到结束有完整过程，所占时间较长，条件较复杂；
3. 变化性——内容随社会生活变化而变化。

（二）小班角色游戏

1. 特　点

处于独自游戏、平行游戏的高峰时期；角色意识差，游戏内容主要是重复操作、摆弄玩具，同时，主题单一、情节简单；儿童之间交往少，主要是与玩具发生作用，与同伴玩相同或相似的游戏。

2. 指　导

教师要根据儿童的生活经验为其提供种类少、数量多且形状相似的成型玩具，避免其为争抢玩具而发生纠纷，满足其平行游戏的需要；以平行游戏法指导游戏，也可以游戏中的角色身份加入游戏，在与儿童游戏的过程中达到指导的目的；注意规则意识的培养，让儿童在游戏中逐渐学会独立。

（三）中班角色游戏

1. 特　点

游戏内容、情节比小班丰富多了；处于联合游戏阶段，想尝试所有的游戏主题，游戏主题不稳定；有了与别人交往的愿望，但还不具备交往的技能，常与同伴发生纠纷；有较强的角色意识，有了角色归属感。

2. 指　导

教师应根据儿童需要提供丰富的游戏材料，鼓励儿童玩多种主题或相同主题的游戏；注意观察儿童游戏的情节及发生纠纷的原因，以平行游戏或合作游戏的方式指导；通过游戏讲评引导儿童分享游戏经验，以丰富游戏主题和内容；指导儿童学会并掌握交往技能及规范，促进儿童与同伴交往，使儿童学会在游戏中解决简单问题。

（四）大班角色游戏

1. 特　点

游戏主题新颖，内容丰富，能主动反映多种生活经验和较为复杂的人际关系；处于合作游戏阶段，喜欢与同伴一起游戏，能按自己的愿望主动选择并有计划地游戏；在游戏中自己解决问题的能力增强。

2. 指　导

教师应根据儿童游戏的特点，引导儿童一起准备游戏材料和场地，多用语言指导游戏，在游戏中培养儿童的独立性；观察儿童游戏的种种意图，给儿童提供开展游戏的练习机会和必要帮助；允许并鼓励儿童在游戏中的点滴创造，通过讲评让儿童相互学习，拓展思路，不断提高角色游戏水平。

二、建构游戏的指导

（一）积木建构的发展阶段

1. 搬弄：只是把积木拿来拿去，并不搭建什么东西。

2. 重复：只是重复堆叠、平铺等简单动作。

3. 搭建：可以搭成"桥"、"楼房"等结构。

4. 围封：用积木围成封闭空间。

5. 再现：为所建造的东西命名，使其成为现实世界中某种物体的象征。

（二）小班建构游戏

1. 特　点

（1）材料选用盲目而简单；

（2）建构技能简单；

（3）易中断，坚持性差；

（4）无主题建构计划。

2. 指　导

（1）引导幼儿认识建构材料，引发其活动兴趣；

（2）为幼儿安排游戏场地和足够数量的建构游戏材料；

（3）在游戏中指导幼儿学习建构技能，鼓励其尝试独立建构简单物体；

（4）引导幼儿理解和明确建构的目的，发现其想象力，使主题逐渐稳定；

（5）建立游戏规则；

（6）教会幼儿整理和保管玩具最简单的方法，让其参与部分整理工作，培养其爱玩具的习惯；

（7）提供小型木质积木、大型轻质积木和小动物玩具、交通工具模型、平面板、小筐等辅助材料。

（三）中班建构游戏

1. 特　点

（1）能按建构物体的特性来选择材料；

（2）建构技能以"架空"为主；

（3）与同伴交流，坚持性增强；

（4）有建构主题，易变化。

2. 指　导

（1）设法丰富幼儿的生活经验，为建构活动打下基础；

（2）培养幼儿设计建构方案，学会有目的地选材，会看平面结构图；

（3）着重指导幼儿掌握建构技能并运用其塑造各种物体；

（4）组织幼儿评议建构活动，鼓励其独立、主动地发表意见和创造发明；

（5）提供大型积木、中小型积木和人偶、小动物、交通工具模型、废旧材料、橡皮泥等各种建构材料及辅助材料。

(四) 大班建构游戏

1. 特　点

(1) 建构的目的性、计划性和持久性增强；

(2) 能合作选取丰富多样的材料；

(3) 建构技能日趋成熟；

(4) 能根据游戏情景需要，不断产生新的建构主题。

2. 指　导

(1) 培养幼儿独立建构的能力，要求其按计划、有顺序地建构；

(2) 让幼儿围绕一个主题进行建构时，学习表现物体的细节和特征，能准确表现游戏的构思和内容，会使用建构材料和辅助材料；

(3) 引导幼儿在欣赏自己和同伴作品的过程中，逐渐发展自我评价和评价他人的能力；

(4) 鼓励幼儿集体进行建构活动，共同设计方案，确定规划，分工合作，开展大型建构游戏；

(5) 提供大型积木、中小型积木、平面板和更多形状的辅助材料。

三、表演游戏的指导

(一) 分　类

1. 桌面表演：是用各种玩具和游戏材料在桌面上扮演文艺作品中的角色，用口头语言和对玩具的操控来再现文艺作品内容的一种游戏形式。

2. 木偶表演：也称木偶戏。

3. 影子戏表演：是根据光学原理，通过光的作用，利用物体阴影来表演故事。

4. 戏剧表演：是幼儿以自己创编的或来自文学作品的故事为线索，通过自身扮演其中的角色来再现故事情节的一种游戏活动。

(二) 中班表演游戏

1. 特　点

(1) 能独立进行角色分配但进入游戏过程较慢；

(2) 嬉戏性强，目的性弱；

(3) 一般性表现为主，以动作为主要表现手段。

2. 指　导

(1) 为幼儿准备封闭或半封闭的空间，且最好在一定时间内是固定的；

(2) 保证幼儿有不少于30分钟的游戏时间；

(3) 提供简单易搭的材料，以2—4种为宜；

(4) 最初开展阶段帮助幼儿做好分组工作，讲解角色更换原则，不急于示范，耐心等待幼儿协商、讨论，提醒其坚持游戏主题；

(5) 在游戏展开阶段，应提高幼儿的角色表现意识，可参与游戏，为幼儿提供适当示范。

(三) 大班表演游戏

1. 特　点

(1) 能独立完成角色分配任务，有很强的角色更换意识；

(2) 游戏的目的性、计划性较强，能自觉表现故事内容；

（3）具有一定表演意识，但尚待提高；

（4）具备一定表演技巧，能灵活运用多种表现手段，但表现水平尚待提高。

2. 指　导

（1）可为幼儿提供较多种类的游戏材料，鼓励和支持他们进行多样化探索；

（2）在游戏最初阶段应尽可能少地干预；

（3）随着游戏的展开，及时给幼儿提供反馈，提高其表现故事、塑造角色的能力，侧重点放在帮助幼儿运用语气、语调、生动的表情、夸张的动作来塑造角色上；

（4）通过反思性谈话和小组讨论来帮助幼儿丰富游戏情节。

四、规则游戏的指导

（一）规则游戏的特点

1. 具有竞争性

竞争性是规则游戏的重要特征，但其强弱与不同的游戏者有关，母子之间和年幼的伙伴之间发生的规则游戏往往不具有竞争性。

2. 具有文化传承性

规则游戏往往以代代相传的方式流传于民间，并以"言传身教"的方式获得传播。

（二）规则游戏的指导要点

1. 尽可能选择可以让大多数幼儿参与而不是旁观、等待的游戏。

2. 游戏如需分组，最好采用随机的方式帮助幼儿分组而不要让幼儿因性别、能力、性格等的差异而体验来自同伴的"忽视"或"拒绝"的压力。

3. 让幼儿体验到游戏成功的快感而不是挫折感：

（1）选择适合幼儿年龄特点和发展水平的规则游戏；

（2）游戏过程中不要常常让幼儿停下来被"纠错"；

（3）在参与游戏的幼儿年龄和技能水平不同的情况下，适当增加游戏的"碰运气"因素，以使每个幼儿都有"赢"的机会。

4. 保持规则的灵活性：

（1）由简单到复杂，逐渐加大游戏规则的难度；

（2）如果幼儿要求且他们都同意改变规则，则应允许幼儿改变规则。

5. 降低游戏的竞争性：

（1）把重点放在游戏过程而不是"赢"的结果上；

（2）不要为"赢者"提供奖品或奖赏；

（3）把幼儿的注意力引导到"赢者"所用的有效策略上，引导幼儿学习伙伴的策略，意识到他人的想法和观点。

6. 注意幼儿的年龄特点：

（1）3—5岁的幼儿喜欢非竞争性的猜谜游戏、简单的拼图或匹配游戏、棋牌游戏、简单的追跑等大肌肉活动，指导要点放在提醒幼儿如何玩和注意游戏的技能上；

（2）5岁以上的幼儿会就游戏规则进行协商、谈判，并改变规则以增强游戏的新颖性和挑战性，成人不要轻易干预。

7. 幼儿参与游戏基于自愿原则，允许个别幼儿在集体游戏时间里独自玩耍。

章末小结

1. 教师对幼儿游戏的指导策略有：指导以观察为依据；确定指导的方式方法；确定指导的时机；把握好指导的对象范围；把握好互动的节奏。

2. 角色游戏、建构游戏、表演游戏、规则游戏四类游戏各年龄班的特点及指导要点。

 拓展阅读

1.《幼儿园活动区丛书》编写组. 建构活动区的设计与应用［M］. 南京：南京师范大学出版社，2003.

2.《幼儿园活动区丛书》编写组. 美工活动区的设计与应用［M］. 南京：南京师范大学出版社，2003.

3.《幼儿园活动区丛书》编写组. 智力活动区的设计与应用［M］. 南京：南京师范大学出版社，2003.

4.《幼儿园活动区丛书》编写组. 角色活动区的设计与应用［M］. 南京：南京师范大学出版社，2003.

5. 李燕. 游戏与儿童发展［M］. 杭州：浙江教育出版社，2008：211-243.

 模块自测

一、单项选择题

1. 游戏是幼儿的（ ）。
   A. 自发学习
   B. 在教师指导下的学习
   C. 自我学习
   D. 有目的性的学习

2. 幼儿园的"娃娃家"游戏属于（ ）。
   A. 结构游戏　　　　B. 表演游戏　　　　C. 角色游戏　　　　D. 智力游戏

3. （ ）是儿童利用各种不同的结构材料，经过动手创造来反映周围现实生活的游戏。
   A. 结构游戏　　　　B. 角色游戏　　　　C. "娃娃家"　　　　D. "白雪公主"

4. 关于幼儿游戏活动区的布置，正确的说法是（ ）。
   A. 以阅读为主的图书区可与娃娃家放在一起
   B. 自选游戏环境的创设是由教师进行的
   C. 可在积木区提供一些人偶、小动物、交通工具模型等辅助材料
   D. 娃娃家应该是完全敞开式，让每个人都能看到里面有什么

5. 认为"游戏是为未来生活做准备"的游戏理论是（ ）。
   A. 预演说　　　　B. 复演说　　　　C. 剩余精力说　　　　D. 松弛消遣说

6. 幼儿反复敲打桌子，在房间里跑来跑去，在椅子上摇来摇去。这类游戏属于（ ）。
   A. 结构游戏　　　　B. 规则游戏　　　　C. 机能性游戏　　　　D. 象征性游戏

7. 儿童最早玩的游戏类型是（ ）。
   A. 规则游戏　　　　B. 建构游戏　　　　C. 象征性游戏　　　　D. 练习性游戏

8. 幼儿拿一根竹竿当马骑，竹竿在这个游戏中属于（ ）。
   A. 表演性符号　　　　B. 工具性符号　　　　C. 象征性符号　　　　D. 规则性符号

9. 幼儿以积木、沙、雪等材料为道具来模仿周围现实生活的游戏是（　　）。

　　A. 表演游戏　　　　　　B. 结构游戏　　　　　　C. 规则游戏　　　　　　D. 角色游戏

10. 以下选项中，属于创造性游戏的是（　　）。

　　A. 体育游戏　　　　　　B. 智力游戏　　　　　　C. 音乐游戏　　　　　　D. 角色游戏

二、简答题

1. 游戏满足了幼儿身心发展的哪些需要？

2. 简述幼儿游戏的基本特征。

三、材料分析题

1.【案例】

小班幼儿在角色游戏区活动，文文在邮局里无所事事，一直摆弄一个称重器。在此之前，孩子们没有"邮局"这个角色游戏的经验。教师看到这种情况，拿了一个盒子走过去，对文文说："我想把这个寄到超市去（旁边有超市游戏区），你能帮我称一下吗？"文文马上接过盒子，放在称重器上，看了一下，说："100克。"教师问："多少钱？""10块钱。"教师假装付了钱，文文立刻把盒子送到了隔壁的超市。接着，有几个小朋友也学着教师的样子将一些东西寄到旁边的医院、美容院、娃娃家，邮局变得热闹起来。

请分析在这个案例中，教师是如何干预幼儿游戏的。

2.【案例】

大班的洋洋想玩"开奖"游戏，他画了很多奖券，还大声叫嚷："快来摸奖呀！特等奖自行车一辆！"

童童在洋洋那里摸到了特等奖，洋洋推给她一把小椅子，告诉她："给你，自行车！"童童高兴地骑上去。

强强也来了，也在洋洋那里摸到了特等奖，洋洋还是推给他一把椅子，强强也很高兴地骑上去，两脚模仿着踩踏板的动作，蹬个不停。

老师也来了，洋洋高兴地让老师摸奖，结果老师也摸到一个特等奖。洋洋迫不及待地把一把椅子推给老师，还说道："恭喜恭喜，你摸到一辆自行车！"可是，老师却说："你这自行车一点也不像，怎么没有轮子呀，应该给它装上轮子！"洋洋低头看看自己的"自行车"，愣住了。在接下来的时间里，洋洋忙着按老师说的给他的"自行车"装上轮子，开奖活动不得不停了下来……

老师对洋洋游戏的干预合适吗？请对洋洋的游戏方式和老师的干预方式做出分析和判断。

参考答案

一、选择题

1. A　2. C　3. A　4. C　5. A　6. C　7. D　8. C　9. B　10. D

二、简答题

1. 游戏满足幼儿身心发展的需要包括：

(1) 游戏满足了幼儿身体发展的需要；

(2) 游戏满足了幼儿智力发展的需要；

(3) 游戏满足了幼儿社会性发展的需要；

(4) 游戏满足了幼儿情感发展的需要。

2. 幼儿游戏的基本特征包括：

(1) 游戏是儿童主动的自愿的活动；

(2) 游戏是在假想的情景中反映周围生活；

（3）游戏没有社会的实用价值，没有强制性的社会义务，不直接创造财富；

（4）游戏伴随着愉悦的情绪。

三、材料分析题

答案要点：

1. 在这个案例中，教师采用的是内部干预的方法，以顾客身份参与幼儿的邮局游戏，虽然没有给幼儿直接建议他们该怎么做，但以角色行为暗示了游戏方法，提示幼儿可以如何进行游戏。对于没有多少生活经验的小班幼儿来说，教师参与游戏、通过角色行为给予游戏暗示的方法比简单的几句建议来得更有效。

2. 在这个案例中，洋洋用小椅子替代自行车，来实现他"摸特等奖"的情节构思。幼儿能够成功地以物代物，反映了幼儿象征思维的发展。替代物与被替代物越不像，越具有符号抽象的意义。而教师以角色身份对洋洋所选择的替代物提出了质疑，认为小椅子不像自行车，试图引导幼儿按真实的样子加以改装，结果阻碍了幼儿的游戏想象，中断了幼儿原来的游戏情节，因此，这种干预是不恰当的。

模块六 教育活动的组织与实施

 考试目标

1. 能根据教育目标和幼儿的兴趣需要和年龄特点选择教育内容，确定活动目标，设计教育活动方案。

2. 掌握幼儿健康、语言、社会、科学、艺术等领域教育的基本知识和相应教育方法。

3. 理解整合各领域教育的意义和方法，能够综合地设计并开展教育活动。

4. 能根据活动中幼儿的需要，选择相应的互动方式，调动幼儿参与活动的积极性。

5. 活动中能根据幼儿的个体差异进行指导。

 内容详解

本模块首先介绍了什么是幼儿园教育活动，开展幼儿园教育活动的原则、方法和组织形式。接着从健康、艺术（音乐和美术）、科学（数学）、语言、社会分别介绍了领域教育的目标、内容、方法以及如何设计、开展相应的教育活动并进行指导。最后介绍了整合各领域教育的意义和方法。

第一章 教 育 观

考纲提要

能根据教育目标和幼儿的兴趣需要和年龄特点选择教育内容，确定活动目标，设计教育活动方案。

内容结构图

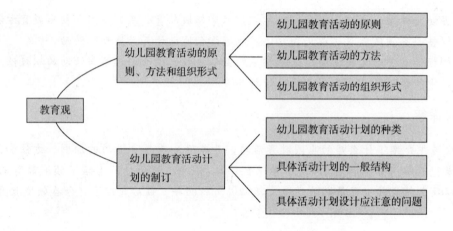

幼儿园的教育活动，是教师以多种形式有目的、有计划地引导幼儿生动、活泼、主动活动的教育过程。教育活动的组织与实施过程是教师创造性地开展工作的过程。

第一节 幼儿园教育活动的原则、方法和组织形式

幼儿园教育活动设计的原则是教师指导幼儿园活动的一般原理和设计教育活动计划必须遵循的基本要求和指导思想。它是根据幼儿园教育的目的、任务和幼儿的年龄特点制定的，是幼儿园教师长期教育实践经验的概括和总结，也是评价幼儿园教育活动的依据之一。

一、幼儿园教育活动的原则

（一）科学性、思想性原则

幼儿园教育内容要有科学性和思想性，促使幼儿正确地感知客观事物和现象，帮助幼儿形成正确的概念，形成对事物的正确态度，并结合各科教学内容有机地进行道德品质教育。

贯彻这一原则有赖于教师正确的教育思想和专业知识水平。

（二）活动性原则

根据皮亚杰的发展理论，儿童是在活动中建构他们的认知结构，发展智力和社会行为的。在教学过程中，幼儿在他们原有发展水平上，通过与物体相互作用的操作活动，与教师和同伴的交往活动，建构他们自己的认知结构，发展其智力，体验与理解自我与他人间的相互关系和情感。因此，活动对幼儿的学习是非常重要的。

贯彻这一原则，教师要为幼儿提供丰富的物质材料和充分的活动时间，以及与同伴、教师交往的机会。教师既要相信幼儿，放手让幼儿进行操作活动、交往活动，又要进行必要的指导。

（三）发展性原则

发展性原则是指通过活动使幼儿得到个性的全面发展，即智力、体力、道德、意志、情感等的发展。

贯彻发展性教学原则，教师选择给幼儿的学习内容，应有一定的难度，而且是逐步加深的，需要幼儿做出一定的努力才能学会，并且要求幼儿不断地努力，从而促进幼儿不断地发展。通过教育能促使幼儿积极地、主动地开展智力的、情感的、独立的活动，以达到幼儿个性的全面发展。

（四）直观性原则

直观性教学原则是指教师运用实物、标本、模型、图片以及形象化语言、表情、动作等各种直观手段，丰富幼儿的直接经验和感性知识。

贯彻直观性原则，教师要根据不同年龄幼儿的发展水平，运用各种类型的直观手段。从具体的、有情节的事物向无情节的事物过渡，从实物类型的直观向图片、模型等过渡。

（五）个别对待原则

各个幼儿由于遗传、环境、生活和教育条件的不同影响，生活经验、知识技能、兴趣、爱好、智力的发展水平等都有差异，在学习活动中的表现也各不相同。为了使每个幼儿都能在原有基础上得到最大限度的发展，在教学中要从每个幼儿的实际出发，个别对待。

教师要观察了解每个幼儿的发展水平、已有的知识经验和兴趣爱好，并针对每个幼儿的情况，区别对待。除了集体的教学活动外，尽可能给予幼儿个别的、小组的学习活动，使每个幼儿的兴趣、需要都有可能得到满足，能力得以发展，使每个幼儿在不同的水平上都有所提高。对发展较差的幼儿要分析原因，给予鼓励、引导和帮助，加强个别教育。

二、幼儿园教育活动的方法

幼儿园教育活动的方法是指为了完成一定的活动任务，师幼在共同活动中采用的方法。既包括教的方法，也包括学的方法。常用的教育教学方法有观察、实验、游戏、操作、参观、谈话和讨论、讲解和讲述等。

（一）观　察

观察法是教幼儿学会运用视觉、听觉、味觉、嗅觉、触觉等感官去认识所选定的观察对象，是幼儿获得感性经验的主要途径。

在使用观察方法的过程中，重点是教幼儿学会运用自己的感官去观察事物的方法，而不是只知道观察的结果"是什么"。如小班幼儿认识水果的活动，幼儿通过活动不仅认识了各种各样的水果，更重要的是知道可以用不同的感官去多方面地认识事物。

（二）实　验

实验法是利用一些生活中常见的物品或材料，让幼儿通过自己的操作，进行尝试和探索。如幼儿进行"沉和浮"的实验时，为了帮助他们探索什么东西能沉下去，什么东西能浮起来，就必须提供各种不同比重的材料，让幼儿在实验中去发现，自己得出结论。

（三）游　戏

游戏法是把幼儿的学习寓于游戏活动中，这种方法很适合幼儿活泼好动及思维具体形象性的特点。如在数学活动中运用游戏法，特别是智力游戏，能激发幼儿的学习兴趣和积极性，集中幼儿的注意力，使幼儿轻松愉快地掌握数学知识，并使他们的智力得到发展。

（四）操　作

操作法是供给幼儿足够的实物材料，创设一定的环境，引导他们按一定的要求和程序，通过自身的实践活动进行学习的方法。幼儿的认知特点决定了他们在相当程度上还要依靠直觉行动进行思维，他们获得数、形的初步知识不能靠成人灌输，而是靠他们自身的操作活动。同时由于幼儿双手操作活动，也促进了大脑积极思维。所以说，操作法也是发展幼儿智力的有效方法。

（五）参　观

参观法是教师根据教育目标的要求，组织幼儿到园外，如自然界、生产现场、社会生活场所等去学习的活动。参观能使幼儿通过对实际事物和现象的观察、探究而获得较丰富的直接知识和经验。

组织参观时要注意：（1）参观要有明确的目标；（2）参观前要做好充分的准备，要取得对方的合作与支持；（3）参观时，要特别注意幼儿的安全；（4）参观后，要组织幼儿谈话和讨论，并提供机会和条件让幼儿用各种方式表现自己的所见所闻，如绘画、手工制作等。

（六）谈话、讨论

谈话与讨论法是教师和幼儿双方围绕一个问题或主题，自由地发表自己的想法、意见，表达自己的感受、体验，进行相互交流的过程。教师应鼓励幼儿大胆地说出自己想说的话，充分尊重幼儿的说法，帮助幼儿形成正确的、科学的概念。

（七）讲解、讲述

讲解法是运用口头语言向幼儿说明、解释事物或事情。幼儿园中很少单独使用讲解的方法，因为幼儿注意力难以持久，不可能长时间聚精会神地听讲解，而且他们对言语的理解能力也有限。如果讲解与其他方法结合起来运用，可以收到较好的效果。

讲述法是运用语言向幼儿叙述事实材料或描绘所讲的对象。教师讲述时要善于运用语言表达技巧，注意语速的快慢和停顿、音调的高低、音量的强弱等。

三、幼儿园教育活动的组织形式

幼儿园的教育教学组织形式有三种：集体活动、小组活动、个别活动。

（一）集体活动

集体活动是指全班一起进行的活动形式。这种活动的特点是集中性和统一性，即活动是全员参与的，并有统一的活动目标和活动要求。集体活动是一种高效性的组织形式。这种形式对培养幼儿的集体意识、组织纪律性和自控力等有特殊的意义。

(二) 小组活动

小组活动是指部分幼儿一起进行的活动形式。这种组织形式有利于教师对幼儿活动情况的了解和指导，有利于因材施教，有利于幼儿之间的相互交往与合作，可为幼儿提供更多的交流与操作机会，使其减少等待时间。可按幼儿发展水平分组，也可根据幼儿兴趣分组，还可按照操作材料分组。

(三) 个别活动

个别活动是指幼儿的自我学习活动或教师对幼儿的个别教育活动。这种活动形式可以满足幼儿的个人需要和兴趣。但是，个别活动不是幼儿随心所欲、盲目的活动，而是教师有意安排、有目的、有计划的活动。幼儿的兴趣、能力存在差异是客观的，而个别教育恰恰是适应幼儿差异的因材施教的方法，同时，个别教育的方法是多种多样的，教师要善于利用各种教育环境，潜移默化地施加教育影响，达到教育目的，促进每个幼儿个性的发展。

在幼儿园教育实践中，集体活动、小组活动和个别活动都是不可缺少的组织形式。教师要灵活运用以上三种不同的教育形式，以达到更好的教育效果。

第二节 幼儿园教育活动计划的制订

幼儿园教育活动计划是指幼儿园为实现幼儿教育的目的和任务，根据《幼儿园教育指导纲要（试行）》所规定的内容和要求，结合幼儿园的实际和幼儿的特点，设计并制订工作方案和实施规划。

一、幼儿园教育活动计划的种类

根据计划的指导范围，幼儿园教育计划可以分为全园性计划和班级计划；

根据计划的具体内容，幼儿园教育计划可以分为领域教育计划、游戏活动计划、日常生活计划、家长工作计划等；

根据计划的时间，幼儿园教育计划可以分为学年计划、学期计划、月计划、周计划、日计划和具体活动计划（即教案）。

二、具体活动计划的一般结构

具体活动计划（即教案）是指某个教育活动的具体计划，它比较详细地说明了在一定的时间内要做什么、怎么做、完成什么目标等，主要包括：

(一) 活动名称、设计意图

活动名称应包括年龄班、活动内容与名称。设计意图主要说明为什么选择这个课题教学，它是针对幼儿的什么问题或兴趣爱好提出来的，试图通过教学达到什么教学目的等。

(二) 活动目标

活动目标是通过本次教育活动所期望获得的某些具体的发展。根据儿童年龄特点、现有发展水平和能力、活动的内容和性质，从幼儿的认知经验、情感态度、技能等方面设计。

（三）活动重点、难点

活动重点是教师按照活动目标，通过有计划开展教育活动必须让幼儿掌握的重要的知识或经验，它是相对于所学的教育内容主次而言的，也是教师教育活动反思必须先要考虑的因素之一。活动难点是教师按照活动目标，通过有计划地开展教育活动必须让幼儿掌握的重要的知识或经验，它是幼儿认知经验范围内较难理解或掌握的知识经验，是针对幼儿现有经验和水平背景下的理解和能力而言的。教师要分析儿童的发展，找准重难点，以期实施教学，达到突出重点、突破难点的目的。

（四）活动准备

活动准备包括幼儿活动中必需的知识经验、技能准备，教育活动中必要的情感、心理准备，以及教学具等物质准备，如幼儿操作材料的准备、教师教具的准备、活动场地的准备、环境布置，等等。

（五）活动形式与方法

教师应根据需要合理安排，因地制宜，灵活地运用各种教学形式和方法。活动形式包括活动中具体采用集体、小组、个人三种形式，先后顺序如何，以什么形式为主，采用哪些教学方法。

（六）活动过程

活动过程设计包括导入设计，基本部分中的活动安排、提问设计、线索设计等，以及结束部分的设计等。导入（开始部分）：教师应集中幼儿的注意，引起幼儿学习的兴趣，向幼儿提出学习任务；基本部分：活动过程的主要部分，教师的任务是有步骤地组织幼儿学习，完成活动任务；结束部分：教师要小结活动的内容和幼儿的学习态度，提出新要求，激发他们再学习的欲望。

（七）活动延伸

活动延伸既是对前面活动的巩固，也是继续开展下一个活动的起点，起着承上启下的作用。要表达清楚延伸的具体活动是什么，其指导要点是什么。

（八）活动评价

活动评价即是教师的教学小结，应包括教师对本次活动内容的总结，突出重难点，也包括对活动中幼儿的行为表现的小结。活动评价是教师教学活动必不可少的一个重要环节，教师可以进行教学反思、自我诊断，通过对儿童活动情况的分析，找到自己设计或组织过程中的优势或不足，以便及时调整和改进工作，促进每个幼儿的发展，提高教学质量。

三、具体活动计划设计应注意的问题

1. 设计一定要层次分明，条理清晰。
2. 要有目标意识，围绕活动目标，为实现目标开展相关活动。
3. 应充分考虑如何突出重点，如何突破难点。
4. 设计好启发性提问，要通过提问激发兴趣，充分调动儿童学习的主体性。

 章末小结

1. 幼儿园的教育活动，是教师以多种形式有目的、有计划地引导幼儿生动、活泼、主动活动的教育过程。教育活动的组织与实施过程是教师创造性地开展工作的过程。教师要根据《幼儿园教育指导纲要（试行）》，从本地、本园的条件出发，结合本班幼儿的实际情况，制订切实可行的工作计划并灵活地执行。

2．幼儿园教育活动设计的原则：科学性、思想性原则；活动性原则；发展性原则；直观性教学原则；个别对待的原则。

3．幼儿园教育活动的方法：观察、实验、游戏、操作、参观、谈话和讨论、讲解和讲述等。

4．幼儿园教育活动组织形式：集体活动、小组活动、个别活动。

5．具体活动计划的一般结构：活动名称、设计意图；活动目标；活动重点、难点；活动准备；活动形式与方法；活动过程；活动延伸；活动评价。

 拓展阅读

1．杭梅．幼儿教育学［M］．北京：高等教育出版社，2009.

2．张琳．幼儿园教育活动设计与实践［M］．北京：高等教育出版社，2005.

第二章　幼儿园健康教育

 考纲提要

1. 掌握幼儿健康领域教育的基本知识和相应的教育方法。
2. 能根据活动中幼儿的需要，选择相应的互动方式，调动幼儿参与活动的积极性。
3. 活动中能根据幼儿的个体差异进行指导。

 内容结构图

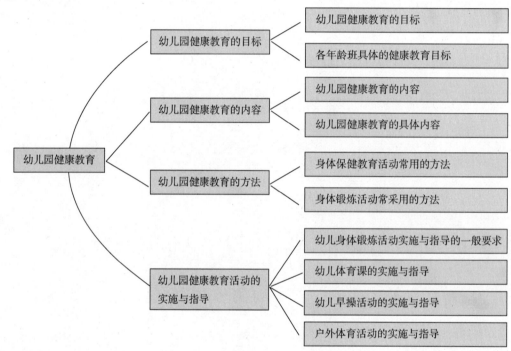

　　幼儿园健康教育活动，是指以保护和促进幼儿的健康为主要目标，以身体锻炼和身体保健的有关知识、技能为主要内容而实施的多种形式的教育过程。它是幼儿园教育活动的重要组成部分。

第一节　幼儿园健康教育的目标

　　幼儿园健康教育的目标是构成健康教育活动的第一要素和前提，它是教师进行健康教育的指导思想和制订计划的依据。幼儿园健康教育目标既是幼儿园教育总目标的有机组成部分，又是幼儿阶段健康教育的特殊要求。

一、幼儿园健康教育的目标

（一）幼儿园健康教育总目标

《幼儿园教育指导纲要（试行）》明确提出了幼儿园健康领域的总目标：

1. 身体健康，在集体生活中情绪安定、愉快；

2. 生活、卫生习惯良好，有基本的生活自理能力；

3. 知道必要的安全保健常识，学习保护自己；

4. 喜欢参加体育活动，动作协调、灵活。

二、各年龄班具体的健康教育目标

幼儿园健康教育的年龄阶段目标是总目标在各阶段上的具体体现，是总目标的具体化，它把健康教育的总目标按不同年龄幼儿的发展水平做了具体的划分。

（一）小　班

1. 了解盥洗的顺序，初步掌握洗手、刷牙的基本方法；学习穿脱衣服；会使用手帕或纸巾；坐、站、行、睡的姿势正确；能及时排便；有良好的作息习惯。

2. 进餐时保持愉快的情绪，愿意独立进餐；认识最常见的食物，爱吃各种食物，主动饮水。

3. 了解身体的外形结构，认识并学习保护五官；能积极配合疾病预防与治疗。

4. 知道过马路、乘坐交通工具、玩大型运动器械时要注意安全，了解日常生活中的安全常识。

5. 知道自己的性别。

6. 喜欢并愿意参加体育活动；能自然地走、跑、跳、爬、投掷；学习听口令和信号做出相应动作；玩滑梯、爬攀登架、转椅等大型体育活动器械时要注意安全，能合作收拾小型体育器材。

（二）中　班

1. 会穿脱衣服，学习整理衣服；学习整理活动用具，能保持玩具清洁；有初步的生活自理能力。

2. 结合品尝经验，进一步认识各类常见食物，在爱吃各类食物的同时，懂得要科学合理地进食，逐步形成良好的饮食习惯。

3. 进一步认识身体的主要器官，逐步形成接受疾病预防与治疗的积极态度和行为；知道快乐有益于健康。

4. 认识常见安全标志，能够在成人提醒下遵守交通规则；不接触危险物品；遇到危险时能告诉成人，有初步的自我保护意识。

5. 愿与父母分床而眠。

6. 喜欢并较积极地参加体育活动；能听取信号按节奏协调地走和跑；能按要求跳、投掷、抛接，能左右手拍球；能随音乐节奏做徒手操和轻器械操。

7. 能注意活动中的安全与合作，爱护公物，能及时收拾小型体育器材。

（三）大　班

1. 保持个人卫生，关心周围环境的卫生；进一步提高独立生活能力，初步形成良好的学习习惯。

2. 初步理解不同的食物有不同的营养，身体需要各种营养；会使用筷子；进一步养成独立进餐的习惯。

3. 进一步认识身体的主要器官及重要功能，并懂得简单的保护方法；了解有关预防龋齿及换牙的知识；注意用眼卫生。

4. 获得应付意外事故（如火灾、雷击、地震、台风等）的常识，具有粗浅的求生技能。

5. 知道男女厕所，初步理解性别角色的不同。

6. 喜欢锻炼身体并感到体育活动的有趣；能轻松自如地走、跑、跳、攀登、滚爬，会肩上挥臂投掷轻物并投准目标，能抛接高球；能熟练地听取多种口令和信号并做出相应的动作；能随音乐节奏有精神地做徒手操和轻器械操，动作有力且到位。

7. 能注意安全，自觉遵守体育活动规则，合作谦让；体验到克服困难取得胜利的愉悦；能独立收拾各种小型体育器材。

年龄阶段目标的制定便于教师操作，使教师较好地把握各年龄阶段幼儿园健康教育的要点，但在具体运用时，还要根据本园、本班幼儿的情况，进行相应的调整。

第二节 幼儿园健康教育的内容

一、幼儿园健康教育的内容

《幼儿园教育指导纲要（试行）》提出了幼儿园健康教育的内容与要求：

1. 建立良好的师幼、同伴关系，让幼儿在集体生活中感到温暖，心情愉快，形成安全感、信赖感；

2. 与家长配合，根据幼儿的需要建立科学的生活常规，培养幼儿良好的饮食、睡眠、盥洗、排泄等生活习惯和生活自理能力；

3. 教育幼儿爱清洁、讲卫生，注意保持个人和生活场所的整洁和卫生；

4. 密切结合幼儿的生活进行安全、营养和保健教育，提高幼儿的自我保护意识和能力；

5. 开展丰富多彩的户外游戏和体育活动，培养幼儿参加体育活动的兴趣和习惯，增强幼儿体质，提高对环境的适应能力；

6. 用幼儿感兴趣的方式发展基本动作，提高动作的协调性、灵活性；

7. 在体育活动中，培养幼儿坚强、勇敢、不怕困难的意志品质和主动、乐观、合作的态度。

二、幼儿园健康教育的具体内容

幼儿园健康教育活动涉及的内容很广，总的来说，它包括身体保健和身体锻炼两大方面的活动内容。

（一）身体保健活动的主要内容

1. 生活习惯和能力

包括盥洗的有关知识、方法和技能，穿脱衣服的有关知识和技能，保护个人和周围环境，清洁卫生的有关知识、技能及情感态度，生活作息的有关知识和习惯，学习习惯，饮食卫生的习惯，坐、行、站、立的正确姿势，等等。

2.饮食与营养

包括饮食的有关知识和技能，常见食物的名称及其营养知识，营养与健康的关系，膳食平衡的简单知识，等等。

3.人体认识与保护

包括身体的主要器官及其主要功能，保护器官的基本知识和技能，预防接种的有关知识和态度，常见疾病的预防知识和治疗，常见外伤的简单处理知识和方法，预防龋齿及换牙的有关知识，心理健康的有关知识，等等。

4.保护自身安全

包括生活安全常识，活动安全常识，药物安全常识，应付和处理意外事故的简单知识与技能，自我保护能力，等等。

(二) 身体锻炼活动的主要内容

1.身体活动的知识和技能

包括走、跑、跳、投掷、平衡、钻爬、攀登等基本动作及有关知识，体育运动的有关知识与技能，等等。

2.身体素质练习

包括平衡、协调、灵敏、柔韧、力量、速度等身体机能练习的有关知识和技能，等等。

3.基本体操和队列队形练习

包括模仿操、徒手体操、轻器械体操，口令、信号与动作、列队、变化队形，等等。

在选择和确定各年龄班的健康教育活动内容时，由于各年龄班幼儿身心发展的特点不同，发展目标不同，因而健康教育活动内容的侧重点和具体的教育活动内容都会有较大的差异。

> **知识窗**
>
> 在人体认识与保护方面，各年龄班的教育内容分别是：
>
> 小班——身体主要外部器官的名称、主要功能及简单的保护方法，疾病预防和治疗的简单知识及态度等；
>
> 中班——身体主要内部器官的名称、主要功能及简单的保护方法，预防接种的有关知识和态度，疾病预防和治疗的态度及行为，处理常见外伤的简单方法，有关心理健康的最简单的知识等；
>
> 大班——预防龋齿的有关知识和方法，换牙的有关知识，心理健康的有关知识和方法等。

第三节 幼儿园健康教育的方法

由于健康教育活动的内容不同，因而在方法上也有所区别。

一、身体保健教育活动常用的方法

(一) 动作与行为练习法

指让幼儿对已学过的生活技能、健康行为等进行反复练习，加深理解，形成稳定的技能和良好行为习惯的方法。

（二）讲解演示法

指教师边讲解边结合动作演示，或以实物、模型演示，具体而形象地向幼儿传授有关健康的知识和技能，提高幼儿对健康的认识水平。要说明的是，演示的手段应多样化，尤其是运用电教手段进行直观而动态的演示，能激发幼儿的兴趣，增强幼儿对健康知识的理解。

（三）情景表演法

现场通过录像向幼儿展示生活情景，让幼儿观察和分析情景中所涉及的健康问题。由于情景表演的主题源于幼儿的现实生活，因而能激发幼儿的兴趣，较好地帮助幼儿认识生活中可能遇到的同类问题和冲突，树立正确的健康态度和行为。

（四）讨论评议法

指在幼儿参与健康教育的过程中，让他们提出问题，发表自己的意见和看法，最后得出结论，形成共识。这种方法能有效地帮助幼儿表达自己的真实想法，在讨论、评议中提高他们辨别是非的能力和对健康的认识水平。

（五）感知体验法

指让幼儿通过各种感官来认识和判别事物的特性。这种方法能有效地激发幼儿参与活动和在活动中探究的兴趣，加深他们对事物认识的印象。例如，在让幼儿认识各种食物，向幼儿介绍简单的营养知识时，让幼儿亲眼看一看，亲手摸一摸，亲自闻一闻、尝一尝，他们往往会十分乐意，并且会对认识的食物留下深刻的印象。

二、身体锻炼活动常采用的方法

（一）讲解示范法

讲解是指教师用语言组织幼儿的活动，指导他们理解和掌握活动的名称及练习内容，领会动作的要领和做法的一种方法。示范是指教师以个体（教师或幼儿）的动作为范例，使幼儿看到所要练习和掌握的动作或技能的具体形象、结构和完成的先后顺序等。在具体的活动中，讲解和示范合理结合，并根据幼儿的年龄特点和幼儿对身体练习内容熟悉的程度确定讲解和示范的多少。示范能弥补讲解的不足，而讲解又能补充示范不易表达的内容。因此，边示范、边讲解、边组织幼儿进行练习，是适合幼儿特点的有效方法之一。

（二）练习法

指通过讲解示范后，在幼儿初步建立与活动有关的表象或概念的基础上，让幼儿在教师的指导下进行各种身体练习，以实现身体锻炼活动目标的一种方法。它是体育活动中最基本也是最重要的方法。幼儿园常用的练习法有以下几种。

1. 重复练习法

指在固定的同样不变的条件下反复练习的方法。如重复做某节体操或练习某个游戏等。

2. 条件练习法

指设置一定的具体条件或在改变先前练习条件的情况下，让幼儿进行练习的方法。如在规定高度的条件下让幼儿练习纵跳触物，或在改变平衡木的练习高度、练习动作或难度后，让幼儿按改变要求练习等，都采用了这种方法。

（3）完整练习法和分解练习法

前者是指把整个动作或活动过程完整地进行练习的方法；后者是指将动作或活动过程分成几

个部分，按部分逐次进行练习，最后再组合成完整动作或活动全过程进行练习的方法。如练习跑的动作，可让幼儿先原地练习摆臂动作，然后再结合下肢动作，完整练习整个动作。

（4）循环练习法

是指依次做几个不同类型和性质的动作，或依次进行几项活动内容的锻炼方法。多用于早操和户外体育活动。

（三）语言提示和具体帮助法

前者是指在幼儿进行身体练习时，教师用简短明确的语言，提示和指导幼儿正确完成动作或进行活动的方法；后者是指教师直接而具体地帮助幼儿改正错误，使其掌握正确的练习要求和方法。这些方法往往结合使用，多用于重复练习时由教师帮助幼儿防止和纠正错误，也是实施个别指导的有效方法。

（四）游戏法

是指以游戏的形式组织幼儿进行锻炼的方法。这种方法能将幼儿难以理解或枯燥的动作和身体素质等练习变成有趣的模仿活动或具体的游戏情节，提高他们练习的兴趣。

总之，幼儿园健康教育活动的方法是多种多样的。在开展具体活动时，应注意综合运用多种方法，并根据幼儿的情况、活动的不同内容和组织形式、幼儿不同的活动方式，以及环境、器材等条件的具体情况灵活运用。

第四节 幼儿园健康教育活动的实施与指导

一、幼儿身体锻炼活动实施与指导的一般要求

（一）确定幼儿在身体锻炼活动中的主体地位，重视通过幼儿自身的身体练习来实现身体锻炼的目标

1. 重视灵活运用多种方法激发幼儿参与活动的兴趣，提高幼儿参加活动的主动性和积极性。
2. 注意精讲多练，为幼儿提供身体练习的机会和条件。
3. 尊重幼儿，多用鼓励、表扬等正面教育的方式方法。

（二）灵活地调控运动的负荷

运动负荷既包括生理负荷（活动量），又包括心理负荷，虽然在活动设计时已考虑到这些负荷的合适安排，但活动中的具体情况将直接影响运动负荷的变化，因此，教师在具体实施活动时应注意：

1. 既要按照活动方案有目的有计划地进行幼儿的身体锻炼活动，又要根据幼儿具体的活动情况，运用观察等方法灵活调节活动的节奏（甚至改变活动的计划），确保运动量的变化符合人体生理机能变化规律；
2. 情绪负荷的高潮不宜出现过早。

（三）树立随机教育意识，灵活机智地指导幼儿的活动

随机教育是教师有目的有计划的教育活动的补充和完善，有利于教师应付和处理偶发事件，使活动自然而顺利地进行下去。为此，教师在组织实施每一次身体锻炼活动时都应注意：

1. 树立随机教育意识，善于捕捉随机教育的时机和条件；

2. 随时观察和了解幼儿在活动中的情况，善于发现问题，及早排除一些影响活动顺利进行的因素和问题；

3. 随机应变，处理好突发事件，遇到突发事件时，教师应处变不惊，灵活运用教育机智指导幼儿顺利进行活动。

二、幼儿体育课的实施与指导

1. 做好活动前的准备工作。包括幼儿的知识准备，活动前的场地、器材和玩具的置备与布置，熟悉活动计划，做好活动前幼儿及场地的安全、卫生工作。

2. 教师的情绪、语调和态度等将直接影响幼儿的情绪和兴趣，因此，教师要注意自身言行对幼儿情绪兴趣的影响和感染，以积极的态度和高昂的情绪投入活动的组织和指导中去，并有执行活动计划的高度责任心和灵活性。

3. 灵活运用多种指导方式，既面向全体，又应注意个体差异，做好个别教育。

4. 控制好活动的时间。一般小班为 15—20 分钟，中班为 20—25 分钟，大班为 30 分钟左右。

5. 重视在活动中发展幼儿的智力，并通过建立活动常规，利用活动的有关内容，培养幼儿良好的品质和个性，促进幼儿身心全面健康地发展。

6. 注意做好活动后的复习辅导和检查评价工作，总结经验教训，不断提高自身的组织指导能力和教育质量。

三、幼儿早操活动的实施与指导

1. 做好活动前的准备工作。

2. 给幼儿提供足够的活动器材，并提供幼儿自选器材的机会和条件。

3. 在活动的不同时间，指导幼儿利用同一器材或选用不同的器材开展各种玩法，培养幼儿活动的创造性，全面锻炼幼儿的身体。

4. 丰富早操活动的内容。早操活动的内容一般都是幼儿基本学会和掌握的内容，一般不进行新内容的学习（除器材的不同玩法外）。基本体操的内容一般应一学期更换 1—2 次，以提高幼儿做操的积极性和做操的能力。做操时，应注意幼儿动作姿势正确、到位（教师可领做并镜面示范），发现错误应及时用语言提示或具体帮助的方法加以纠正，并注意引导幼儿做操时动作和呼吸的配合。为避免幼儿憋气，提高做操的兴趣，教师有时可采用以声助力的方法。

5. 根据季节和气候，灵活调节早操活动的时间和内容。注意早操活动的安全和卫生，即应保证场地整洁，所用器械的安全和卫生，播放音乐的音量不宜过大，等等。

6. 做好个别教育工作。

四、户外体育活动的实施与指导

户外体育活动与早操活动有一定的相似之处。但由于户外体育活动与早操活动相比，活动的内容和形式灵活性更强，因此指导时应注意以下几方面。

1. 保证幼儿足够的户外体育活动时间。

2. 提供足够的活动器械和活动内容，提供幼儿充分的自由活动的机会和条件。在活动的不同时间，应注意投放新的不同的活动器材，开展不同的活动内容。

3. 活动前应向幼儿提出活动的具体要求和注意事项。活动中要注意观察了解每个幼儿的具体情况，有针对性地灵活地加以指导，注意因人施教，做好个别教育工作。

4. 启发幼儿在活动中积极思考。尤其在小型多样的体育游戏活动中，要鼓励和引导幼儿创造多种玩法，发展幼儿活动的创造性，增强幼儿的智力。同时，应要求幼儿遵守活动规则，爱护活动器材，团结合作，处理好同伴间的相互关系，以促进幼儿社会性和良好品德、个性的形成。活动结束时，要求幼儿整理和收拾好活动的器材。

5. 灵活运用多种活动和指导方式开展幼儿的户外体育活动。尤其应加强对幼儿自选活动的指导，避免活动的失控。为此，教师一方面应限制幼儿的不当或过分活动，另一方面又要调动某些消极活动的幼儿积极参与活动，达到锻炼身体的目的。

6. 注意户外体育活动的内容与其他形式的身体锻炼活动的密切配合。

7. 保证户外体育活动的安全和卫生。

大班体育活动——有趣的慢、快拍球

活动目标	1. 初步了解慢、快拍球的动作要点			
	2. 大多数幼儿初步掌握原地慢、快拍球的动作，能初步跟随节奏拍球			
	3. 能积极尝试慢、快拍球；善于动脑筋，并能仔细观察教师和其他小朋友的动作			
活动准备	1. 原地单手拍球比较熟练			
	2. 会玩"慢、快跑"游戏			
场地教具	3. 10×10 米以上硬质地、小篮球 35 个、录音机、音乐 CD			
活动重点	根据节奏，慢、快拍球			
活动难点	慢、快拍球之间的转换			
活动过程	教学进程	场地安排	负荷	时间
热身和熟悉球性游戏	1. 听哨音，抱球"慢、快跑"游戏	游戏队形	大	3
	2. 熟悉球性练习抓球、压球、托球、抛球、转球		中	
复习原地单手拍球	复习原地单手拍球的动作要求	同上图	中大	2
尝试并探究慢、快拍球	1. 观察、比较两种不同的拍球方法	梯形线	小	7
	2. 幼儿自由分组，初步尝试练习	散点	大	
	3. 教师和幼儿一起分析动作，引导幼儿说出慢、快拍球的要点	梯形线	小	
学习慢、快拍球	1. 幼儿根据教师口令慢、快拍球	同上图	大	6
	2. 教师再次小结要点，引入哨音节奏概念		小	
	3. 幼儿根据教师哨音慢、快拍球		大	
听音乐拍球游戏	1. 听音乐，感受节奏	同上图	小	6
	2. 初步尝试跟随音乐节奏拍球		大	
	3. 休息并分析要点		小	
	4. 多次尝试跟随音乐节奏拍球		大	

续 表

自唱拍球游戏	1. 休息并听教师讲解游戏方法	散点	小	4
	2. 自主尝试游戏		大	
放松结束	1. 初步尝试跟随音乐节奏拍球	散点	小	2
	2. 放松手臂和手指，体前屈和蹲起跳练习			
	3. 学习内容复习及下次活动引导			
	4. 师幼再见			

章末小结

1. 幼儿园健康教育总目标。《幼儿园教育指导纲要（试行）》明确提出了幼儿园健康领域的总目标：身体健康，在集体生活中情绪安定、愉快；生活、卫生习惯良好，有基本的生活自理能力；知道必要的安全保健常识，学习保护自己；喜欢参加体育活动，动作协调、灵活。

2. 各年龄班具体的健康教育目标。幼儿园健康教育的年龄阶段目标是总目标在各阶段上的具体体现，是总目标的具体化，它把健康教育的总目标按不同年龄幼儿的发展水平做了具体的划分。

3.《幼儿园教育指导纲要（试行）》提出了幼儿园健康教育的内容与要求：

（1）建立良好的师幼、同伴关系，让幼儿在集体生活中感到温暖，心情愉快，形成安全感、信赖感；

（2）与家长配合，根据幼儿的需要建立科学的生活常规，培养幼儿良好的饮食、睡眠、盥洗、排泄等生活习惯和生活自理能力；

（3）教育幼儿爱清洁、讲卫生，注意保持个人和生活场所的整洁和卫生；

（4）密切结合幼儿的生活进行安全、营养和保健教育，提高幼儿的自我保护意识和能力；

（5）开展丰富多彩的户外游戏和体育活动，培养幼儿参加体育活动的兴趣和习惯，增强体质，提高对环境的适应能力；

（6）用幼儿感兴趣的方式发展基本动作，提高动作的协调性、灵活性；

（7）在体育活动中，培养幼儿坚强、勇敢、不怕困难的意志品质和主动、乐观、合作的态度。

4. 幼儿园健康教育活动的具体内容：身体保健活动的主要内容包括生活习惯和能力、饮食与营养、人体认识与保护、保护自身安全；身体锻炼活动的主要内容包括身体活动的知识和技能、身体素质练习以及基本体操和队列队形练习。

5. 身体保健教育活动常用的方法：动作与行为练习法、讲解演示法、情景表演法、讨论评议法、感知体验法。

身体锻炼活动常采用的方法：讲解示范法、练习法、语言提示和具体帮助法、游戏法。

6. 幼儿身体锻炼活动实施与指导的一般要求：确定幼儿在身体锻炼活动中的主体地位，重视通过幼儿自身的身体练习来实现身体锻炼的目标；灵活地调控运动的负荷；树立随机教育意识，灵活机智地指导幼儿的活动。

7. 幼儿体育课的实施与指导：做好活动前的准备工作；积极投入活动的组织和指导中；灵活运用多种指导方式，既面向全体，又应注意个体差异，做好个别教育；控制好活动的时间，一般小班为 15—20 分钟，中班为 20—25 分钟，大班为 30 分钟左右；重视在活动中发展幼儿的智力，培养幼儿良好的品质和个性，促进幼儿身心全面健康地发展；注意做好活动后的复习辅导和检查评价工作，不断提高自身的组织指导能力和教育质量。

8. 幼儿早操活动的实施与指导：做好活动前的准备工作；给幼儿提供足够的活动器材，并提供幼儿自选器材的机会和条件；在活动的不同时间，指导幼儿利用同一器材或选用不同的器材开展各种玩法，培养幼儿活动的创造性；丰富早操活动的内容；根据季节和气候，灵活调节早操活动的时间和内容；做好个别教育工作。

9. 户外体育活动的实施和指导：保证幼儿足够的户外体育活动时间；提供足够的活动器械和活动内容，提供幼儿充分的自由活动的机会和条件；活动前应向幼儿提出活动的具体要求和注意事项；活动中要注意观察了解每个幼儿的具体情况，有针对性地灵活地加以指导，注意因人施教，做好个别教育工作；启发幼儿在活动中积极思考；灵活运用多种活动和指导方式开展幼儿的户外体育活动；注意户外体育活动的内容与其他形式的身体锻炼活动的密切配合；保证户外体育活动的安全和卫生。

 拓展阅读

麦少美，孙树珍. 学前儿童健康教育活动指导［M］. 上海：复旦大学出版社，2005.

第三章　幼儿园音乐教育

 考纲提要

1. 掌握幼儿园艺术领域（音乐）教育的基本知识和相应的教育方法。
2. 能根据活动中幼儿的需要，选择相应的互动方式，调动幼儿参与活动的积极性。
3. 活动中能根据幼儿的个体差异进行指导。

 内容结构图

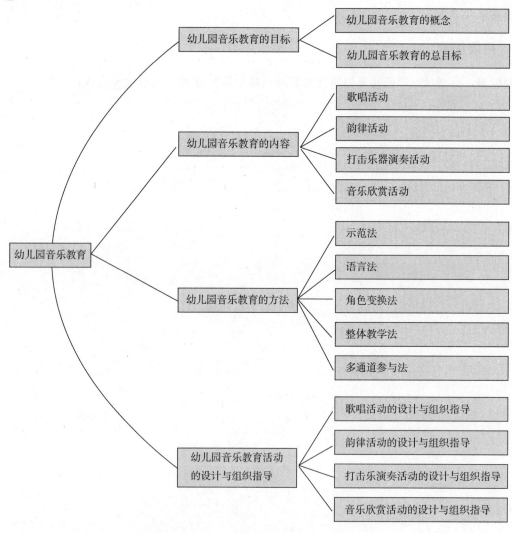

第一节　幼儿园音乐教育的目标

一、幼儿园音乐教育的概念

幼儿园音乐教育是指通过音乐这一媒介来促进幼儿在身体、认知、情感、个性、社会性等方面的整体和谐发展。

二、幼儿园音乐教育的总目标

《幼儿园教育指导纲要（试行）》中对艺术领域的目标做了如下规定：

1. 能初步感受并喜爱环境、生活和艺术中的美；

2. 喜欢参加艺术活动，并能大胆地表现自己的情感和体验；

3. 能用自己喜欢的方式进行艺术表现活动。

幼儿园的艺术活动，不仅包括音乐活动，美术、戏剧、舞蹈等都属于艺术活动的范畴。根据《幼儿园教育指导纲要（试行）》的精神，结合音乐的学科特点以及幼儿的年龄特点，我们确定了幼儿园音乐教育的总目标：

1. 感受周围环境和音乐作品中的美，发展幼儿对音乐美的敏感性和审美能力；

2. 初步学会操作一些简单的材料和道具，通过歌唱、韵律活动，欣赏音乐和乐器演奏等音乐活动，培养幼儿言语的和非言语的思维能力、想象能力和创造能力；

3. 在集体音乐活动中进行自我表达和人际沟通、协调，体验音乐活动的乐趣，发展健全、和谐的人格；

总之，幼儿园音乐教育的目的是通过音乐教育活动使幼儿获得全面、和谐的发展。

第二节　幼儿园音乐教育的内容

幼儿园音乐教育活动，包括歌唱活动、韵律活动、打击乐器演奏活动和音乐欣赏活动四方面的内容。

一、歌唱活动

歌唱活动在幼儿音乐教育中居重要地位，是幼儿园音乐教育的主要内容。幼儿园歌唱活动的主要教育内容有：

（一）歌　曲

（二）歌唱的表演形式

幼儿园常用的歌唱表演形式有独唱、齐唱、接唱、对唱、领唱齐唱、轮唱、合唱、歌表演。

（三）歌唱的简单知识和技能

幼儿可以掌握的歌唱的简单知识技能主要有：

1. 正确的歌唱姿势

站立时身体保持正直，两眼平视，两臂自然放松，口型保持长圆形。

2．正确的发音方法

要使幼儿学会用"自然美好的声音"来歌唱，要学会用一定的发声技巧。

3．正确的呼吸方法

幼儿唱歌时正确的呼吸方法有自然呼吸和均匀用气，在歌唱时能按乐句和表情的需要慢慢地、有节制地运气。

4．咬字吐字

咬字吐字最基本的要求是清楚。

5．音　准

音准是歌唱的基本要求。要训练幼儿的音准，首先必须让儿童获得音准准确的音乐印象，而教师的演唱和琴声正是儿童获得听觉印象的主要途径。

6．正确、默契的合作

也就是在音乐活动中和其他人协调一致，掌握一些与他人合作的技能。

7．保护嗓音的知识技能

嗓音保护的知识技能包括：唱歌时不大声喊叫、不在剧烈运动时和运动后马上唱歌、不要长时间连续不停地唱歌等。

二、韵律活动

韵律活动是指在音乐伴奏下所进行的以身体运动和身体造型为表达媒介的一种艺术活动。幼儿园韵律活动的主要教育内容有：

（一）韵律动作及其组合

幼儿园音乐教育活动中的韵律动作分为基本动作、模仿动作和舞蹈动作。

1．基本动作：如走、跑、跳、拍手等。

2．模仿动作：儿童模仿特定事物的外在形态和运动状况所做的身体动作。可以模仿动物的动作，如模仿小鸟飞、小兔跳等；自然界的动作，如模仿刮风、下雨等；成人劳动或者活动时所做的动作，如刷牙、洗脸、梳头、炒菜、骑马等。

3．舞蹈动作：儿童要学习和掌握的舞蹈动作，主要是一些基本舞步。韵律组合是按照一首结构相对完整的乐曲组织起来的韵律动作组合，包括身体节奏动作组合、模仿动作组合、舞蹈动作组合。

（二）韵律活动的表演形式

包括独舞、双人舞、三人舞、集体舞。

（三）韵律活动的简单知识技能

1．掌握动作的知识和技能

2．变化动作的知识和技能

3．组织动作的知识和技能

动作可以按情节内容组织、按身体部位的秩序组织、按音乐的重复与变化的规律组织、按对称的原则组织、按主题动作组织。

4．使用道具的知识和技能

（四）韵律活动的常规

由于韵律活动的特殊性，幼儿在活动中经常处于运动和兴奋的不稳定状态，所以，良好的常规是非常重要的。

1. 活动开始和结束时的常规

包括听音乐的信号开始起立和坐下，听音乐的信号开始活动和结束活动。

2. 活动进行时的常规

在教师规定的范围内活动；在没有队形要求时，要知道找空位子站；空间移动时，不和他人相撞；在结伴时，能迅速、安静地在规定时间内寻找、交换舞伴。

三、打击乐器演奏活动

幼儿园打击乐器演奏活动的主要教育内容有：

（一）打击乐曲

幼儿园音乐教育活动中使用的"打击乐曲"一般可以分为两类：一类是纯粹的打击乐曲，即专门为打击乐器创作或仅由打击乐器来演奏的乐曲；另一类是指特定的歌曲或器乐曲。目前幼儿园常见的打击乐作品即是指第二类"打击乐曲"。

（二）打击乐器

在幼儿园中，常用的打击乐器有圆弧响板、铃鼓、串铃、碰铃、三角铁、大鼓、钹、锣、木鱼、双响筒、蛙鸣筒、沙球等。

（三）指 挥

1. 知道如何用动作表示"准备"、"开始"和"结束"，并能使自己的动作清楚、明确，易于让被指挥者做出反应。

2. 指挥时应将两腿稍稍分开，站稳，以便于灵活地将身体转向任何声部。

3. 指挥时应将身体倾向于被指挥者，用眼睛亲切、热情地注视被指挥者，并能用体态和表情激起被指挥者的合作热情。

4. 知道如何用指挥动作表现节奏和音色的变化，并能使自己的动作与音乐协调一致。

5. 在声部转换之前，提前将自己的头部和目光转向下一个将要演奏的声部。

（四）打击乐器演奏的常规

1. 活动开始和结束的常规

听音乐的信号整齐地将乐器从座椅下面取出或放回；乐器拿出后，不演奏时需将乐器放在大腿上，不发出声音；开始演奏前，看指挥者的手势整齐地将乐器拿起，做好准备演奏的姿态；演奏结束后，按指挥者的手势将乐器放回大腿上；活动结束后，自己收拾乐器。

2. 活动进行的常规

儿童演奏时身体倾向指挥者，眼睛注视指挥者，积极地与指挥者交流；演奏时注意倾听音乐和他人的演奏；演奏时注意力集中，不做与演奏无关的事情；交换乐器时，先将原来使用的乐器放在座椅下面，再迅速地找到新的座位，拿起新乐器放在腿上做好演奏准备。

四、音乐欣赏活动

学前儿童音乐欣赏领域的教育内容主要有：倾听周围环境中的声音、欣赏音乐作品以及音乐欣赏的简单知识和技能。

（一）倾听周围环境中的音响

在我们周围的环境中，无论是自然界，还是社会生活中都充满了各种音响，如鸟叫、暴风的呼啸、雨水的滴答、汽车的嘀嘀声、火车和飞机的隆隆声等。日常生活中随时可引导学前儿童进行倾听的活动可以有以下几种：

1. 倾听活动场所中的声音；

2. 倾听厨房中的声音；

3. 倾听卧室中的声音；

4. 倾听马路上各种交通工具的声音；

5. 倾听建筑工地上各种建筑机械的声音；

6. 倾听在公园、郊外游玩时所听到的声音；

7. 倾听生活中听到的种种其他声音。

（二）欣赏音乐作品

音乐作品有歌曲和器乐曲两种，其内容主要有：

1. 优秀的中外少年儿童歌曲，包括创作歌曲和广泛流传的民歌、童谣，如《铃儿响叮当》《捉泥鳅》《种太阳》等。

2. 由歌曲改编的器乐曲，包括由中外优秀儿童歌曲及优秀民歌改编的器乐曲，如《洋娃娃和小熊跳舞》等。

3. 专门为儿童创作的简单器乐曲，如《扑蝴蝶》《兔跳》等。

4. 专门为儿童创作的音乐童话的片段，如《龟兔赛跑》《彼得和狼》等。

5. 中外著名音乐作品或其中的片段，如《牧童短笛》《金蛇狂舞》《土耳其进行曲》《梁祝》等。

（三）音乐欣赏的简单知识技能

1. 了解音乐作品的名称、主要内容和常见表演形式；

2. 了解常见乐器的名称；

3. 能听出并理解作品的主要情绪、内容、形象及作品的主要结构；

4. 能分辨常见人声和乐器的音色；

5. 能根据音乐作品展开想象、联想；

6. 能运用一定的媒介表达对音乐的感受，如运用身体动作、语言、绘画等方式。

第三节　幼儿园音乐教育的方法

一、示范法

示范法是指在幼儿园音乐教育活动中借助于教师的演唱、演奏和动作表演，使儿童通过直接感受，获得清晰的音乐表象，提高学习兴趣，优化学习效果的一种方法。

教师在使用示范法时应注意以下几点：

1. 教师的示范应正确、熟练、自然而富有艺术的感染力，示范之前，教师应该明确示范的目的，并让儿童明确应该如何观察示范；

2. 示范应配合一定的语言讲解和提示；

3. 示范应考虑到儿童的年龄特点；

4. 注意示范时教师的位置，应使每个儿童都能清楚地观察、感知。

二、语言法

语言法是指音乐教学活动中以语言为主要教学方法的总称。音乐活动中常用的语言指导方法一般有以下几种：讲解、提问、描述、反馈、激励等。

（一）讲　解

讲解主要是指对音乐活动有关的信息及活动方法、程序和规则进行讲述、说明或解释。

（二）提　问

提问是幼儿园音乐活动中一种常用的语言辅助方法。使用时应注意：

1. 教师的问题应具有启发性、开放性；

2. 问题的设计既要考虑到与活动内容、要求相适应，也应考虑儿童的知识经验和发展水平，问题应便于儿童记忆、理解和回答；

3. 可以在活动中灵活调整问题的难度，也可以在一个问题的基础上进行追问，层层引出新问题。

（三）反　馈

所谓反馈，是指教师在音乐活动中运用语言促使儿童及时了解自己对音乐所做的反应，并及时地调整自己的活动行为。使用这一方法时应注意：

1. 反馈时应注意面向全体；

2. 语言的反馈可以和动作技能的反馈相结合；

3. 教师的反馈要尽量客观化，平等地看待每一个儿童；

4. 反馈时以正面的肯定为主，多对幼儿进行鼓励。

三、角色变换法

角色变换法是指在幼儿园音乐教育活动中，教师的角色定位除了是支持者、引导者、合作者之外，更应是"平等中的首席"，适时地"参与"和"退出"。

（一）参　与

音乐活动中教师的参与不但可以给儿童的音乐探索和表现提供间接的指导，更能够使儿童体验并享受到师幼共同活动的自由和乐趣。

（二）退　出

在幼儿园的音乐教育活动中，教师的"退出"包含三层含义：一是指教师从"参与"的状态中退出，恢复教师的身份和地位，重新对活动施以影响；二是指教师从心理上理解"退出"，不在活动进程中占据权威的、中心的地位；三是指教师在活动的空间位置上退出，把中心位置让给儿童，以观察者、旁观者的身份对活动进行指导。

四、整体教学法

整体教学法是指在幼儿园音乐教育活动中，利用音乐形式结构本身的整体统一性和整体性，从整体入手引导儿童感知、体验并表现音乐的一种方法。整体教学法最突出的优势之一是能够使儿童相对更容易地感受体验到音乐的全部内容，从而进入有完整意义的音乐学习。

五、多通道参与法

在幼儿园音乐活动中，教师要调动幼儿的多种感觉器官协同参与，以更好地丰富和强化儿童对音乐的感受和理解，体验并享受音乐艺术的美。这种方法不仅能够有效地提高儿童感知、理解和表现音乐的能力，同时更能够调动和激发儿童参与活动的主动性、积极性和创造性。

总之，儿童是音乐活动的主体，教师在以音乐教育促进儿童主体性发展的过程中，要合理地根据音乐活动的内容和形式综合地考虑引导儿童进入音乐学习的方法和具体形式，将各种方法视为一个相互渗透、相互补充的有机统一的整体，以更好地促进音乐教育的最优化。

第四节 幼儿园音乐教育活动的设计与组织指导

一、歌唱活动的设计与组织指导

（一）导入教学

教师可根据歌曲特点和幼儿水平，灵活选择导入的方法。常用的导入方法：动作导入、游戏导入、歌词创编导入、情境表演导入、歌词朗诵导入、直观形象导入等。

（二）教师范唱

教师的范唱决定着幼儿学唱的水平，教师的范唱要清楚，音准准确，富有感情，精神饱满，用多种方式重复范唱，适当欣赏录音范唱。

（三）幼儿熟悉、记忆歌词

1. 填充提问法

教师说歌词的前半句，请幼儿填说后半句。

2. 逻辑提问法

指教师按照歌曲内容的逻辑提问，也可以请幼儿自己讲述歌曲内容，然后由教师把幼儿讲述的内容根据歌词顺序组织起来。

3. 直观教具提示法

教师可以选用与歌曲内容相关的图片、玩具、实物等直观教具，配合范唱。生动的教具可以提示、帮助幼儿记住歌词。

4. 节奏朗诵法

教师指导幼儿按照歌曲节奏朗诵歌词，有助于他们记忆歌词、旋律和节奏。

（四）教唱新歌

1. 教唱新歌的两种方法

（1）整体教唱法。教师范唱后，幼儿从头至尾学唱整首歌曲。这种教唱方法使幼儿能够感受歌曲完整的艺术形象。同时，这种唱法要求幼儿的记忆、思维处于一种积极状态，以促进幼儿学唱的主动性。

（2）分句教唱法。教师范唱一句，幼儿跟学一句。这种形式比较容易学唱，常用于歌曲中的重点和难点乐句。

在实践中，两种形式的方法一般结合运用。小班以整体教唱法为主，中、大班的幼儿学唱新歌时，教师可以综合运用两种方法，在分句教唱后，再将一首歌曲整体教给幼儿，以正确把握歌曲所表达的思想感情。

2. 教给幼儿初步的唱歌技能

幼儿掌握一些初步的表现手法，使幼儿能有感情地唱歌，能理解、感受歌曲所表达的感情。例如，可以做一些游戏性的练习，如闻花香、学汽笛声，锻炼幼儿的深呼气；可以加进手势动作来表示旋律进行高低变化，使幼儿对声音的高低有一种形象化的感受，帮助幼儿控制唱得高或低。

（五）对幼儿创造能力的培养

在幼儿学会唱歌的基础上，可以从两个方面展开对幼儿创造能力的培养。创编动作和创编歌词的环节可以根据歌曲内容、节奏、儿童兴趣以及教师的教学需要，安排在教学活动的任何一个程序中。

二、韵律活动的设计与组织指导

（一）幼儿园韵律活动的设计常用的两种模式

模式一：示范—模仿—练习模式

1. 教师用容易引起儿童学习兴趣的方法导入活动。

2. 教师用容易让儿童清楚感知的方法反复示范新的动作或动作组合。

3. 教师分析讲解动作要领，动作表现的形象、情绪或动作组合的结构。

4. 教师用较慢的速度唱谱带领幼儿做动作或组合。

5. 待幼儿掌握后，带领幼儿连贯做动作或组合。

6. 教师采用各种不同的练习组织形式，不断调动幼儿的积极性，让幼儿在练习中逐步达到熟练掌握。

模式二：引导—探索—创编模式

1. 教师在引导幼儿回忆有关经验的基础上引出活动内容。

2. 教师让幼儿自己用动作来表现教师提出的形象、情节、情绪、节奏或结构。

3. 教师组织幼儿倾听、分析、体验音乐，并组织幼儿用讨论的方法，将已准备好的动作与音乐进行匹配。

4. 幼儿按讨论结果随音乐做动作。

5. 教师根据儿童表现的情况，提炼出动作要领及动作表现要领。

6. 教师和幼儿一起按讨论结果随音乐做动作。

（二）韵律活动的指导

1. 韵律活动中的空间处理

如何处理空间是幼儿园韵律活动教学中的一个十分重要的问题。教师为幼儿安排的空间状态以及此空间状态下做的特定动作应该可以充分地展开，幼儿之间不会产生互相干扰。教师为幼儿选择的空间调整或动作调整策略应让幼儿能够主动避免干扰，又能保证自己和同伴能够有充分的自由。

年龄较小的幼儿最初倾向于挤在一起，或挤在教师周围。一开始教师往往会提醒幼儿："找个空一点的地方。"但随着年龄的增长，教师还是应该逐步鼓励幼儿去尝试一下独立的滋味，并逐步学习在更高的水平上尝试进行富有创造性的空间建构。

2. 韵律活动中标记的运用

在教学实践过程中，我们发现儿童很难按照教师的要求保持一定距离的站位，所以可以从小班就开始在韵律活动教学中在地上贴一些标记，或是小动物头像，或是三角形、方块，让儿童找到一个点就行，长期下来，儿童就能慢慢形成一种距离意识。

三、打击乐演奏活动的设计与组织指导

（一）幼儿打击乐的配器设计

1. 选择音乐作品。适合演奏打击乐器的音乐作品必须节奏鲜明，一般为进行曲、舞曲等。

2. 了解和掌握各种打击乐器的特点及其运用。

3. 分析音乐作品，进行配器。首先，教师要分析音乐作品的性质、情绪和风格，依据其特点选配合适的打击乐器，注意是否协调和悦耳动听。然后，教师应研究乐曲的形式、节拍、节奏和旋律，考虑是采用齐奏、合奏，还是轮奏的形式，也可选择多种奏法，编制相应的节奏型。节奏型应注意有所变化，不可每拍敲击，一成不变。

（二）打击乐活动教学的空间安排

在打击乐演奏的教学活动中，合理舒适的空间安排是活动能够有秩序地完成并且达到较好的声部音色混响效果的重要保证。一般来说，幼儿园打击乐教学常用的队形有四种：单马蹄形、双马蹄形、品字形、满天星形。

（三）打击乐活动过程设计与指导

1. 幼儿倾听音乐

欣赏音乐是打击乐活动的重要一环，可以引起幼儿对打击乐曲的兴趣，使其熟悉音乐，感受音乐的性质、力度、速度等。

2. 学习身体谱

为了便于幼儿充分感受音乐的节奏感，教师可以给每种乐器编上相应的身体动作，如拍手、拍腿、拍肩、拍膝盖、碰手指、跺脚等。这种身体动作是一种特殊形式的律动，通过练习身体动作，可以充分感受音乐的节奏。但应注意这一环节不宜过长。

3. 把身体谱转化为乐器演奏

（1）讨论配器方案

对于有一定基础的班级，教师可以引导幼儿自己为乐曲设计打击乐器的演奏方案。编配演奏方案时要考虑幼儿的年龄特点：为小班编配的方案乐应简单，以齐奏为主，节奏型变化不大；为中大班编配的方案可以稍微复杂一点，可以用不同乐器轮流演奏，不同乐器的节奏型也可以不同。

（2）徒手练习

在正式操作打击乐器之前，教师也可以先进行分声部徒手练习。即用双手食指轻轻相碰表示模仿敲碰铃的动作，用拍手的动作模仿敲击铃鼓的动作，而右手五指并拢轻敲左手手心为圆舞板的演奏动作等。

练习时重点要求互相倾听、相互配合，共同创造出心目中已初步建立的整体音响效果。在这一步骤中应开始学习看教师如何指挥。教师指挥时所做的动作，最初应与幼儿所做的动作一致，熟练以后，教师可改用击拍法，但仍要把节奏型打出来。徒手练习的时间不宜过长，以免打击幼儿操作乐器的积极性。

（3）正式演奏

使用乐器练习时，演奏的速度可稍慢，由教师指挥并做语言指导，指挥的动作要清楚、利落。除手的动作之外，注意眼神和面部表情也帮助一同指挥。

持相同乐器的幼儿应集中坐在一起，高音乐器一般排在前面，中音、低音乐器依次向后。

4．试奏和调整

（1）教师和幼儿总结刚才演奏中存在的问题和改进的方案。

（2）请幼儿尝试担任小指挥。

（3）根据需要将特色乐器、加强乐器逐步加到演奏中去，或者改变原先的配器方案。

如：原方案　　　　　　新方案

①×　×　×　|　　　①×　×　　×　×　×

铃鼓　碰铃　　　　圆舞板　铃鼓

四、音乐欣赏活动的设计与组织指导

欣赏音乐是一个由浅入深、由表及里、由感性到理性的认识过程。音乐欣赏教育采用的方法是多通道参与法。

幼儿音乐欣赏活动的全过程一般可分为三个阶段。

1．初步欣赏作品，完整地听一至两遍。

2．根据音乐本身的特点，教师选取合适的通道引导幼儿多维感知音乐。

动觉：主要是与韵律活动和打击乐活动的结合。

视觉：主要是与美术领域的结合，如欣赏和音乐风格相似的图片等。

听觉：主要与语言相结合，也可以是与欣赏曲目相关的其他音乐。

以上提到的各种参与方法，在实际使用中是千变万化的，在围绕一个音乐材料设计的欣赏活动中，可综合地使用多种不同参与方法。在实际的音乐欣赏教育活动中，选择何种参与方法，也应当考虑作品本身的因素以及欣赏的要求。当然，无论使用何种参与方法，引导儿童倾听音乐是最重要的。

3．再次完整地欣赏音乐。

 章末小结

1．幼儿园音乐教育是指通过音乐这一媒介来促进幼儿在身体、认知、情感、个性、社会性等方面的整体和谐发展。

2．幼儿园音乐教育的总目标：感受周围环境和音乐作品中的美，发展幼儿对音乐美的敏感性和审美能力；初步学会操作一些简单的材料和道具，通过歌唱、韵律、欣赏音乐和乐器演奏等音乐活动，培养幼儿言语的和非言语的思维能力、想象能力和创造能力；在集体音乐活动中进行自我表达和人际沟通、协调，幼儿体验音乐活动的乐趣，发展幼儿健全、和谐的人格。

3. 幼儿园音乐教育活动，包括歌唱活动、韵律活动、打击乐器演奏活动和音乐欣赏活动四方面的内容。

4. 幼儿园音乐教育的方法：

（1）示范法。幼儿园音乐教育活动中借助于教师的演唱、演奏和动作表演，使儿童通过直接感受，获得清晰的音乐表象的方法。

（2）语言法。以语言为主要教学方法的总称。音乐活动中常用的语言指导方法一般有：讲解、提问、描述、反馈、激励等。

（3）角色变换法。幼儿园音乐教育活动中，教师的角色定位除了是支持者、引导者、合作者，更应是"平等中的首席"，适时地"参与"和"退出"。

（4）整体教学法。在幼儿园音乐教育活动中，利用音乐形式结构本身的整体统一性和整体性，从整体入手引导儿童感知、体验并表现音乐的一种方法。

（5）多通道参与法。在幼儿园音乐活动中，教师要调动幼儿的多种感觉器官协同参与，以更好地丰富和强化儿童对音乐的感受和理解，体验并享受音乐艺术的美。

5. 幼儿园歌唱活动的设计包括：

（1）导入教学；

（2）教师范唱；

（3）幼儿熟悉、记忆歌词；

（4）教唱新歌；

（5）对幼儿创造能力的培养。

6. 幼儿园韵律活动的设计常用的两种模式：

模式一，即示范—模仿—练习模式；

模式二，即引导—探索—创编模式。

教师在组织实施韵律活动时要注意：韵律活动中的空间处理以及韵律活动中标记的运用。

7. 幼儿园打击乐活动选择音乐作品必须节奏鲜明，一般为进行曲、舞曲等。

打击乐活动教学的空间安排有单马蹄形、双马蹄形、品字形、满天星形。

幼儿园打击乐活动过程设计和指导包括：

（1）幼儿倾听音乐；

（2）学习身体谱；

（3）将身体动作转化为乐器演奏；

（4）试奏和调整。

8. 幼儿园音乐欣赏活动采用的方法是多通道参与法。幼儿园音乐欣赏活动的全过程一般可分为三个阶段：

（1）初步欣赏作品，完整地听一至两遍；

（2）根据音乐本身的特点，教师选取合适的通道引导幼儿多维感知音乐；

（3）再次完整地欣赏音乐。

 拓展阅读

教育部教育司. 从理念到行为：《幼儿园教育指导纲要（试行）》行动指南 ［M］. 南京：江苏少年儿童出版社，2003.

案例分析

大班韵律活动"公交车"

【活动目标】

1. 初步学习游戏，用各种动作来表现乘坐公交车的感受。

2. 进一步学习根据图谱的提示，在游戏情节中记忆动作的顺序。

3. 通过游戏，体验乘坐公交车的乐趣。

【活动准备】

1. 幼儿事先有乘坐公交车的经验。

2. 游戏的流程图。

3. 音乐 CD《西班牙牛士》。

【活动过程】

一、提炼幼儿已有经验，创编动作

1. 提　问

你们乘坐公交车的时候身体会怎么样？

在什么样的情况下，身体会怎样？

2. 回　答

教师根据幼儿的回答，提取三个基本动作：上下颠、左右晃、后仰。并出示相应的小图片。

二、出示一半的游戏流程图，引导幼儿根据路况的不同，配上相应的动作

1. 创设游戏情境

今天，我们要一起乘坐公交车去旅行，这里有一张地图，我们一起来看一看。

2. 观　察

引导幼儿观察，说出不同的路况并配上相应的动作。

3. 教师清唱旋律，幼儿看图做动作

4. 讨　论

遇到红灯，车子要怎样？我们的身体会怎样？

引导幼儿创编合作动作，如相互依靠等。

5. 随乐表演第一段，教师根据幼儿的情况，进行相应的讨论

三、出示另一半的游戏流程图，引导幼儿尝试站着乘公交车来表现自己的身体动作

1. 出示另一半流程图

教师创设情境：因为路途比较遥远，所以在葵花处我们要转乘车，但是如果这辆车上没有空座位了，那怎么办呢？

引导幼儿随乐表演站着乘公交车。

2. 说说自己的感受

3. 再次随乐表演

四、集体游戏

1. 共同讨论乘车规则

2. 教师做驾驶员，看图随乐旅行

3. 请一名幼儿做驾驶员，看图随乐旅行

分　析：

　　本次活动是根据幼儿已有的生活经验进行创编的一节韵律游戏活动。活动以"地图"为主线，以"旅行"为主要结构形式，贯穿全篇。

　　歌曲来源《西班牙斗牛士》，是一首节奏欢快的乐曲且段落分明。A段的流畅感非常符合幼儿身体的自然律动，恰似坐在公交车上跟随道路的变化时而左拐，时而右拐；B段断奏更加符合身体的上下波动，让欣赏者有一种紧促的颠簸感，恰似公交车行驶在曲折的山路上。教师结合歌曲的特色将其设计为一次奇妙的公交车之旅，以图谱为线索贯穿全篇，教师引导幼儿根据自己观察的路况的不同，结合原有的生活经验进行动作创编。在幼儿创编动作的过程中，教师有目的地引导幼儿将动作与音乐的节奏相匹配。最终，要求幼儿能够根据音乐的节奏，在图谱的提示下进行表演。

第四章　幼儿园美术教育

 考纲提要

1. 掌握幼儿艺术领域（美术）教育的基本知识和相应的教育方法。
2. 能根据活动中幼儿的需要，选择相应的互动方式，调动幼儿参与活动的积极性。
3. 活动中能根据幼儿的个体差异进行指导。

 内容结构图

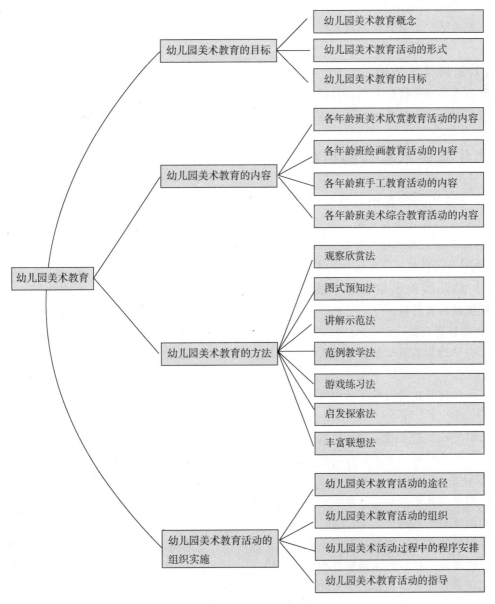

第一节 幼儿园美术教育的目标

一、幼儿园美术教育概念

幼儿园美术教育是指教师有组织、有目的、有计划地借助美术手段，根据美术规则对幼儿美术活动进行适时适宜地干预和指导，使幼儿在愉悦的氛围中学会感受美、表现美、创造美，建立和遵守美的规则，发展美感，开启心智和创造意识的系统教育活动。

二、幼儿园美术教育活动的形式

（一）命题美术活动

命题美术活动是指教师设计和提出美术活动的主题和要求，幼儿按照教师的设计要求完成美术活动。

（二）意愿美术活动

意愿美术活动是指幼儿根据自己的生活经验，由自己独立确定美术活动的主题和内容，运用所掌握的美术知识和技能，自由表达自己对事物的认识、情感和愿望的美术活动。

三、幼儿园美术教育的目标

（一）《幼儿园教育指导纲要（试行）》中关于幼儿艺术教育的目标

1. 能初步感受并喜爱环境、生活和艺术中的美；

2. 喜欢参加艺术活动，并能大胆地表现自己的情感和体验；

3. 能用自己喜欢的方式进行艺术表现活动。

（二）幼儿园美术教育的年龄目标

小班美术教育目标

1. 欣赏教育目标

（1）引导幼儿乐意参加美术欣赏活动，培养幼儿集中注意力欣赏的习惯，体验美术欣赏的快乐。

（2）引导幼儿欣赏日常生活中常见的、造型简单、色彩鲜明的物品和作品，逐步产生欣赏的兴趣。

（3）引导幼儿初步欣赏教师的范例、作品以及同伴的作品。

（4）帮助幼儿展示美术作品，用自己的美术作品进行墙面装饰，体验成功的快乐。

2. 绘画教育目标

（1）引导幼儿乐意参加绘画活动，养成幼儿大胆作画的习惯，体验到绘画活动的乐趣，培养幼儿对绘画活动的兴趣。

（2）引导幼儿认识和初步学会使用蜡笔、油画棒、水彩笔、纸、棉签、印章、颜料等绘画工具材料，逐渐养成良好的作画姿势和绘画习惯。

（3）培养幼儿美术观察的兴趣和习惯，在游戏中学习点、线、圆形、方形和简单物体的画法及涂色方法，并用这些方法表现日常生活中喜爱的、熟悉的、简单的物体的轮廓特征。

（4）引导幼儿认识红、黄、蓝、绿、黑、褐、白等颜色，初步学会选用多种颜色绘画。引导幼儿区分主体色和背景色，培养幼儿对使用色彩的兴趣。

（5）引导幼儿在画面的中心位置画出主要形象，并把它画得大一些。

3．手工教育目标

（1）引导幼儿乐意参加手工活动，愿意尝试准备好的手工工具材料，体验到手工活动的乐趣。

（2）引导幼儿学习用胶水等粘贴沙子、芝麻、麦片、橘子皮等材料以及教师准备好的简单物体图形。

（3）引导幼儿初步学习撕纸、折纸（对边折、对角折）、染纸的最简单技能。

（4）引导幼儿体验泥的可塑性，学习用搓长、团圆、压扁、分泥的技能塑造最简单的物象。

（5）引导幼儿学习在原形物体上进行简单粘贴，制作出最简单的玩具及物品。

中班美术教育目标

1．欣赏教育目标

（1）引导幼儿欣赏和理解与他们生活经验有关的成人美术作品、工艺美术品、同伴美术作品、日常生活用品，以及自然环境、节日装饰、环境布置等。产生与作品相一致的感觉和情感，培养幼儿对美好事物的关注力。

（2）引导幼儿欣赏并初步理解作品形象和作品主题的意义，使其知道美术作品能反映现实生活和人们的思想感情。

（3）引导幼儿初步欣赏并感受欣赏对象独特的造型，色彩的变化与统一，构图的对称与均衡。

（4）引导幼儿展示自己的作品，初步评价自己和同伴的作品，体验和分享成功的快乐。

2．绘画教育目标

（1）引导幼儿在小班绘画的基础上进一步学习用多种工具材料绘画的方法（如蜡笔水彩画、蜡刻画、糨糊刻画、水墨画、滚画、泡泡画等），体验绘画的乐趣。

（2）引导幼儿学习用各种线条表现熟悉的事物的基本结构和主要特征。

（3）引导幼儿认识和使用 12 种颜色，并会辨别颜色的深浅，学习用物体的固有色绘画，并能选择多种颜色作画。

（4）引导幼儿初步学习在画面上安排物体的上下、左右关系。

（5）引导幼儿根据自己的经验和技能，用绘画（写生画、故事画、主题添画等）表达自己的认识和情感。

3．手工教育目标

（1）引导幼儿认识和使用多种手工工具材料，参加各种手工活动，体验手工活动的快乐。

（2）引导幼儿在小班粘贴的基础上，用更丰富、更复杂的材料（如纸屑、木屑、泡沫屑等），粘贴出简单的物象。

（3）引导幼儿在小班折纸的基础上，学习用集中一角折、双正方形折、双三角形折等技能，折出简单玩具和物象。

（4）引导幼儿在小班泥工的基础上，学习黏合、捏以及平面泥贴的技能，塑出常见物体的基本形象和主要特征，并能在泥工板、玻璃杯子、玻璃瓶子上进行简单的泥贴画。

（5）引导幼儿在小班撕纸和染纸的基础上，撕出简单物体的轮廓和形象。用渍染和点染结合的技能，将表现简单生活用品的纸形折叠后进行染纸。

（6）引导幼儿在小班制作的基础上，初步学习用自然材料和废旧材料制作造型简单、制作方便的玩具和物品。

大班美术教育目标

1. 欣赏教育目标

（1）引导幼儿欣赏和感受各种感兴趣的美术作品、工艺美术品，欣赏和感受生活和自然界中美的事物和形象，培养幼儿逐步发现生活环境和自然环境的美的能力。

（2）引导幼儿初步了解所欣赏作品的简单的知识背景，初步感受和理解作品的形象和主题意义，以及作品是如何反映现实生活和思想感情的。

（3）引导幼儿欣赏并感受作品的形象美、造型美、色彩美和作品的情感表现性，以及构图的对称、均衡、有韵律等所体现的和谐美。

（4）引导幼儿积极主动参与美术欣赏活动，逐步学会用感官、语言、动作、表情等手段，多通道表达自己对作品的感受、理解、联想和想象。

（5）引导幼儿分析评价作品，用自己的作品进行环境布置和游戏活动，体验分享和成功的快乐。

2. 绘画教育目标

（1）引导幼儿学习用多种绘画工具材料，初步运用不同的技法（如水墨画、水彩画、吹画、喷刷画、纸版画等）表现自己独特的思想和感受，体验绘画创造的快乐。

（2）引导幼儿较完整地表现熟悉的或想象中的物体的动态结构和简单情节。

（3）引导幼儿大胆选择喜欢的色彩绘画，学习用对比色、类似色进行绘画，并初步学习根据画面的需要，用色彩表现自己的情感。

（4）引导幼儿初步表现画面物体的前后、远近等简单的空间关系及主题与背景的关系。

（5）引导幼儿根据自己的经验和技能，开展各种形式的绘画活动（写生画、故事画、音乐画、图形想象画、自由想象画等），将绘画作为表达思想和情感的手段和方式之一。

3. 手工教育目标

（1）引导幼儿较熟练地选择和使用手工工具材料，创造性地进行手工操作活动，表达自己的手工意愿。

（2）引导幼儿自己收集各种常见的自然材料和废旧材料，进行手工操作活动。

（3）引导幼儿综合运用所掌握的泥工技能，进行立体塑捏及平面泥贴活动，启发幼儿逐渐探索泥工的技巧，创造性地表现各种物体的形象，并获得塑捏成功的快乐。

（4）引导幼儿运用对边折、对角折、集中一角折、双正方形折、双三角形折、四角向中心折等技能，折出简单玩具和物象，并将折纸活动与绘画、粘贴、环境布置结合起来。

（5）引导幼儿在中班撕纸和染纸的基础上，初步撕出自己喜欢的物体的轮廓和形象（可以是现实的，也可以是想象的）。用渍染和点染结合的技能，将喜欢的生活用品纸形正确折叠后进行染纸。

（6）引导幼儿用目测的方法单独或折叠剪出各种窗花、拉花以及自己喜欢的形象或想象中的形象等。

（7）引导幼儿综合运用各种美术技能技巧，对选择后的自然材料和废旧材料进行简单的加工改造，制作出各种简单玩具和物品。

（三）幼儿园美术教育的活动目标

1. 审美情感目标

审美情感目标的制订，是将日常生活、周围环境以及幼儿喜爱并能理解的美好的人和事，通过绘画和手工活动形式表达出来，并在表达的过程中融入自己的情感和体验，同时体验各种美术作品和美术工艺品中的形状、线条、色彩所表达的思想和情感。审美情感目标的制订与实施，能够帮助幼儿提高审美欣赏和感受能力，丰富幼儿的审美体验，形成幼儿健康的审美态度，完善幼儿审美心理结构，从而逐渐培养幼儿完善的人格。

2. 审美认知目标

美术活动和艺术作品集中表现了美的普遍规律，具有美的典范性，易于为幼儿认知。通过教师有计划、有步骤的美术审美感知活动，能让幼儿在美术作品中发现美的形态，体验美的韵味，感知美的因果关系以及表达方式，获得对多种美术形象的认知能力。

3. 审美技能目标

合理的知识和技能是指符合幼儿年龄特点的，幼儿易于理解和掌握的，能帮助幼儿进行审美表现和创造的，自然的、最基本的美术知识技能。美术教育本身包含着技能技巧的学习和运用，教给幼儿适度的美术知识技能，是幼儿美术教育的基本任务。只有使幼儿掌握一些基本知识和技能，他们才能在各种不同类型的美术活动中更好地表现和创造艺术形象，表达自己的审美情感，从而有效实现美术教育的目标。

4. 审美创造目标

美术活动在很大程度上是一种创造活动，培养幼儿创造美，就要为幼儿提供大量感性材料、工具媒介，在教师生动的、具有启发性的语言引导下，激活幼儿已有经验，在幼儿积极主动的配合、吸纳、变形中加工出新的形象。

第二节　幼儿园美术教育的内容

在幼儿园美术教育活动中，可选择的活动内容很多，由于课程模式、教育方法、活动形式以及各年龄阶段幼儿美术发展水平存在差异，此表所列的各年龄班美术教育活动的内容，可供教师在制订各年龄班幼儿美术教育活动计划时参考和选择，也可以在此基础上进行调整和增补。

一、各年龄班美术欣赏教育活动的内容

小班	中班	大班
1. 日常生活中美的欣赏（手帕、服装、马路、花坛、路灯等） 2. 周围环境中美的欣赏（幼儿园环境、儿童节环境等） 3. 绘画、手工活动中美的欣赏（范例等） 4. 美术作品欣赏（幼儿图书里的画，如婴儿画报、东方娃娃；动画片里的形象，如天线宝宝、米老鼠和唐老鸭；工艺美术品，如泥玩具等）	1. 日常生活中美的欣赏（服装、围巾、手套、伞、街道、橱窗等） 2. 周围环境中美的欣赏（自然环境，国庆节、元旦等节日环境等） 3. 绘画、手工活动中美的欣赏（范例、幼儿作品等） 4. 美术作品欣赏（画家的画，如韩美林的福娃、张乐平的三毛；幼儿图书里的画，如东方娃娃；动画片里的形象，如黑猫警长、喜羊羊等；工艺美术作品，如脸谱、建筑、桥梁等）	1. 日常生活中美的欣赏（服饰、窗帘、鞋帽、器皿、街道等） 2. 周围环境中美的欣赏（自然环境，国庆节、元旦、圣诞节、春节等节日环境，社区环境等） 3. 绘画、手工活动中美的欣赏（范例、幼儿作品等） 4. 美术作品欣赏（画家的画，如齐白石的虾、凡·高的向日葵；幼儿图书里的画及幼儿图书封面；动画片里的形象，如孙悟空、机器猫；工艺美术作品，如剪纸、陶瓷、刺绣、雕塑、建筑等）

二、各年龄班绘画教育活动的内容

小班	中班	大班
1. 线条（涂鸦、点、直线、斜线、曲线、交叉线） 2. 造型（圆形、方形、三角形物体的最简单造型） 3. 色彩（印章画、棉签画、点画、按物体轮廓描画、滚画等） 4. 构图（凌乱式造型）	1. 造型（在几何形的基础上造型，并以两个形体组合造型，表现物体的基本形象和主要特征） 2. 色彩（在各种物体的纸形上进行印章画、点画、水粉画、蜡笔水粉画、拓印画、对印画等，感受和运用对比色，作品表现物品的固有色） 3. 构图（以散点式构图、一字形构图、基线式构图为主） 4. 情节（记忆画、故事画、主题画等） 5. 想象画（以主题想象画、几何形想象画为主）	1. 造型（以两个或两个以上形体组合造型，表现物体的基本形象、主要特征和主要细节部分） 2. 色彩（糨糊刻画、蜡刻画、国画、吹画、喷刷画、纸版画等，感受和运用对比色、冷暖色） 3. 构图（以基线式构图、多层并列式构图、主题式构图为主） 4. 情节（记忆画、故事画、故事连环画、日记画、探索画、音乐画等） 5. 想象画（以主题想象画、图形想象画、自由想象画为主）

三、各年龄班手工教育活动的内容

（一）各年龄班泥工教育活动的内容

小班	中班	大班
1. 玩泥 2. 拓印 3. 分泥 4. 简单地搓长、团圆、压扁	1. 在搓长、团圆、压扁的基础上压坑、黏合、捏 2. 在泥工板、塑料板等平面上泥贴	1. 综合运用搓长、团圆、压扁、压坑、黏合、捏的技能，进行塑捏 2. 在平面泥贴的基础上进行杯、盘、瓶等器皿的泥贴

（二）各年龄班粘贴教育活动的内容

小班	中班	大班
1. 点状材料粘贴（芝麻、麦片等） 2. 面状材料粘贴（纸、橘子皮等）	1. 点状材料粘贴（米、麦片、泡沫屑等） 2. 线状材料粘贴（吸管、麦秸等） 3. 面状材料粘贴（纸、席子等）	1. 点状材料粘贴（瓜子壳、豆子、纽扣、贝壳等） 2. 线状材料粘贴（麦秸、毛线、包装绳等） 3. 面状材料粘贴（纸、布、席子等）

（三）各年龄班折纸教育活动的内容

小班	中班	大班
1. 玩纸 2. 对边折 3. 对角折	1. 对边折及变化 2. 对角折及变化 3. 集中一角折及变化 4. 双正方形折 5. 双三角形折	1. 双三角折及变化 2. 双正方折及变化 3. 四角向中心折及变化

（四）各年龄班剪纸教育活动的内容

小班	中班	大班
使用剪刀探索剪纸	1. 按老师画好的或自己画好的轮廓剪 2. 目测剪（拉花、花边、窗花） 3. 自由剪	1. 按轮廓剪（以自己画轮廓为主） 2. 目测剪（两方对称折叠剪、四方连续折叠剪、团花、拉花、花边） 3. 自由剪

（五）各年龄班制作教育活动的内容

小班	中班	大班
利用原形（在纸杯、果奶瓶等物品上进行简单剪贴，或装入小豆子、小石子等）	1. 利用原形（纸盒造型、蔬果造型、纸杯造型、纸盘造型、餐盒造型、碟片造型等） 2. 改装变形（铅丝造型、硬纸条穿编、挂历纸制作等） 3. 组合造型（纸盒组合造型等）	1. 改装变形（瓶盖造型、铅丝造型、壳类造型、稻草编结、麦秸编结、绳子编结、硬纸制作、报纸制作等） 2. 组合造型（纸盒组合造型、碟片组合造型、蔬果组合造型等）

四、各年龄班美术综合教育活动的内容

小班	中班	大班
1. 折贴画的结合 2. 绘画与墙面布置的结合	1. 折贴画的结合 2. 剪贴画的结合 3. 美术活动与墙面布置的结合 4. 手工制作与区角环境材料的结合 5. 美术活动与其他领域活动的渗透 6. 美术活动与主题活动的渗透	同中班

第三节 幼儿园美术教育的方法

一、观察欣赏法

观察欣赏法是在教师的引导下，幼儿有意识、有目的地感知并欣赏周围生活、美术作品和大自然中的美的人、物、事，并用头脑进行思考和比较的方法。利用观察欣赏法引导幼儿观察欣赏物象的形状、颜色、结构等主要特征以及该事物与相关事物之间的关系，了解对称、均衡美，感受其形式美和内容美，从而丰富幼儿的审美经验，培养幼儿的审美情感和评价能力。

二、图式预知法

图式预知法是通过各种方法和手段，帮助幼儿在头脑里获得对物象的鲜明的、深刻的图式，以便引导幼儿在创作中形成对图式的分化能力、联想能力，以及对图式的组合能力，为幼儿的创

作积累原材料。

三、讲解示范法

讲解示范法是实际示范操作与语言解释有机结合，把操作的过程和方法展示出来。如对工具材料的理解和运用、对外界信息的掌握以及对形状和颜色以及空间的认识与使用、手眼的协调能力与手的控制能力等必要的技能是通过教师的讲解示范而习得的。

四、范例教学法

范例是典型的样式以及特别能说明问题的样式。幼儿美术活动中的范例是指为了便于幼儿掌握某项美术活动的技能或方法而专门提供的相关样式，这种样式是多样化的，只要能够反映表现对象的形状、颜色、结构，都可以作为幼儿美术活动的范例。所谓范例教学法，就是要运用范例进行美术教学，使幼儿能够依靠这些范例，掌握一般的美术技能和方法。

五、游戏练习法

游戏练习法是在娱乐和玩耍中进行美术活动，使幼儿在自然、轻松、愉快中饶有兴致地反复学习和操作，在获得情感体验的同时获取知识技能。美术活动是幼儿手眼脑并用、自我构建的实践操作活动，无论是手部肌肉的发育、手的动作的灵活性，还是视觉记忆与视觉思维的发展，都需要一个逐渐进步的过程。

六、启发探索法

启发探索法是教师在活动中依靠幼儿已有的知识经验，启发他们去探索并获得新的知识和操作经验。这是幼儿在教师指导下进行创造性美术活动的重要方法。启发探索法最大的优点是激发幼儿操作的主动性，独立探索并获得成功体验。

七、丰富联想法

丰富联想法是教师在幼儿的美术活动中引导他们以感知事物为基础，根据自己的所见、所闻、所想，围绕着活动主题回忆并联想与之有关的人、事、物，不断丰富自己的作品内容的方法，这种方法对丰富幼儿操作的构思以及内容的想象具有重要作用。鼓励幼儿大胆联想，以联想目标激励幼儿创新，启发幼儿改组、迁移、综合运用美术的工具材料和知识技能，架设通向联想目标的桥梁。

第四节　幼儿园美术教育活动的组织实施

一、幼儿园美术教育的途径

（一）集体美术教学活动

集体美术教学活动是教师有目的、有计划、有组织地对幼儿进行美术教学的一种活动形式，可以全班进行，也可以分成若干小组进行。

（二）区角美术活动、美术室活动

1. 区角美术活动

美术区角的创设及相关的活动，为幼儿提供了多种美术活动的材料和不同活动类型的活动空间，在时间上也对幼儿很少限制，幼儿能自主选择自己喜爱的美术活动内容和形式，大胆表达自己的认识和情感，真正做出自己"心中"的作品。

（1）作品欣赏区。在作品欣赏区角中提供成人的美术作品、工艺美术品、少儿影视或出版物中的形象、形象美观色彩鲜艳的玩具、雕塑作品、幼儿美术作品等，让幼儿欣赏和感受其形式美和内容美，丰富幼儿的美感经验，培养其审美情感和评价能力。

（2）意愿绘画区。意愿绘画区角中提供多种绘画工具和材料，如蜡笔、油画棒、毛笔、水粉颜料、纸、各种自制印章等，让幼儿进行各种绘画活动，感受不同工具材料带来的操作快乐和惊喜。

（3）意愿手工区。区角中的手工活动主要是使用各种不同的自然材料和废旧材料，运用贴、撕、剪、折、塑等手段制作不同形态的物体形象，培养幼儿的审美创造能力和动手能力，美化生活。

2. 美术室活动

根据幼儿的兴趣和活动需要及幼儿园房舍条件设置专门的绘画活动室，将绘画活动室分割成印章区、国画区、水粉画区、版画区等；专门的手工活动室，将手工活动室分割成泥塑区、折纸区、粘贴区、染纸区、剪纸区、玩具制作区等；也可设置成综合美术室，再将其分割成欣赏区、意愿绘画区、意愿手工区等。美术室应为幼儿配备展示和陈列幼儿作品的柜子和墙面。

（三）环境创设中的美术活动

1. 幼儿园环境创设中的美术活动

幼儿园环境创设是幼儿美术活动与美化环境有机结合的日常美术活动，幼儿可以参与墙饰的制作、活动区角的制作、门厅和走廊的布置、户外环境的绿化，等等，真正让"幼儿园环境布置儿童化"这一教育原则落到实处。

2. 节日环境创设中的美术活动

结合节日的到来，进行节日的环境布置，是幼儿的美术能力和美术情趣得到充分展示和发展的极好机会。幼儿在教师的引导下，积极动手动脑，主动收集材料，自己制作演出的服装、道具；互相装扮，做好演出前的准备工作；装饰和美化班级的节日环境等。

（四）亲子美术活动

亲子美术活动是指家长根据幼儿园美术教育的要求或幼儿在家庭中美术活动的需要，亲身参与幼儿美术活动，引导家长走进幼儿美术世界，并对幼儿的美术活动给予必要的支持。亲子美术活动是幼儿园美术活动的形式之一，也是受到幼儿和家长喜爱的一种美术活动。

二、幼儿园美术教育活动的组织

（一）美术教育活动的准备

1. 图式预知

有针对性的生活经验的准备是美术活动的必要前提，它有利于幼儿加深已有的视觉印象与情绪、情感体验。例如，要求幼儿制作钟，就应该在活动前让幼儿认识各种不同的钟，在幼儿头脑中积累关于钟的图式和经验，如钟的形状，钟面上数字的布局，时针、分针、秒针的关系等。

2. 知识技能准备

在美术活动实施前，教师要了解幼儿已有的美术知识技能水平，对幼儿提出的技能要求应当适合幼儿的美术表现力、积极性的发挥，并把幼儿美术兴趣的激发和保持作为美术教学的首要任务。

3. 活动程序准备

教师在美术活动实施前，对幼儿操作的步骤做认真的分析，明确先做什么，后做什么。

4. 工具材料准备

不同工具材料的特点、性能和操作方法都相去甚远。准备时教师应根据幼儿的年龄、兴趣、能力等因素有所侧重。

5. 创作情感准备

宽松的美术创作环境能帮助幼儿建立对美术活动的积极情绪、情感体验，提供充分的、自由的表现机会。在没有了解幼儿创作意图前不能轻易指责幼儿作品；幼儿在操作时不要大声说话；与个别幼儿交流时也要轻声，以免破坏幼儿的创作情绪。

（二）美术教学活动的过程

1. 激活预知图式，再现生活经验

幼儿有时虽然预知了一定的图式，也具有与美术活动相关的生活经验，但常常无法顺利地表现出来，需要教师的启发和诱导，通过创设相应的活动情景或提供相关的范例、图片等，帮助幼儿激活预知图式，回忆相关经验，促成幼儿的顺利表现。

2. 实施指导计划，适时提供帮助

结合幼儿个体差异，对其表现提供有效帮助，在发现幼儿表现困难时给予指导，重点指导能力弱的幼儿，让他们产生成就感。对幼儿表现技能指导时一般采用示范与讲解相结合的方法，尽量避免手把手地教，更不能将示范演示作为每次活动的必需。

3. 引导美术态度，提升完满人格

对幼儿美术态度的引导主要有三个方面：首先，能合理看待自己和同伴美术表现的长处与不足；其次，既能表现自己的主张，又能学习和容纳同伴和教师的主张；再次，能够客观评价自己和同伴的作品，并学会将评价贯穿美术活动始终。

（三）美术活动的延伸

美术活动的延伸是指围绕着集体美术活动的主题、目标，在集体美术教育活动后进行相关内容、形式的扩展或向其他领域的渗透。

1. 给予幼儿一定的继续操作时间

对没有按时完成作业的幼儿，不能强行终止他们的操作，要视具体情况给予他们继续操作的时间，以保护幼儿表现和创作的积极性。

2. 创设美术活动区

根据美术活动年龄目标和分类目标设置绘画区、手工区、制作区等，吸引幼儿参加区域活动，促进幼儿美术兴趣。

3. 与其他领域及环境创设的渗透

在各领域活动中，有机渗透美术活动。引导幼儿参与班级环境布置、节日装饰等，提高其美术综合能力。

4. 与亲子活动有机结合

及时向家长展示幼儿美术作品，开展亲子绘画和制作活动，展示亲子美术作品，吸引家长对幼儿美术活动的关注和支持。

5. 记录分析幼儿活动的行为表现及作品

教师根据幼儿美术活动的行为表现、作品资料等，做总结分析，然后与预定目标进行对照，以确定和修整下一个美术活动主题的具体目标。

三、幼儿园美术活动过程中的程序安排

在幼儿美术活动过程中，有观察欣赏、讲解（示范）、探索、讨论、操作、评价等几个方面的程序，在活动程序的安排策略上，教师可以根据表现对象的难易和幼儿的特点，将这些活动程序加以调整，使活动程序更加多样化，更能引起幼儿审美兴趣和审美表现。

1. 观察欣赏→谈论→操作→欣赏→评价。

2. 探索→观察欣赏→讲解（示范）→操作→欣赏→评价。

3. 操作→讲解（示范）→操作→评价→欣赏。

4. 讲解（示范）→操作→评价→欣赏。

5. 讨论→观察欣赏→操作→评价→欣赏。

6. 讨论→操作→评价→欣赏。

7. 讨论→探索→再讨论→操作→展示→欣赏。

8. 操作→展示→欣赏。

四、幼儿园美术教育活动的指导

（一）命题美术活动的指导

1. 引导幼儿观察欣赏，掌握所表现物体的基本特征

教师要抓住物体的表现特征，以形象、简练、明确的语言引导幼儿观察欣赏，并在幼儿头脑中留下表象。

2. 必要的示范，教给幼儿表现物体的基本方法

（1）允许幼儿不完全依照范例和教师的示范要求，这主要体现为幼儿表现物体的形状、大小、数量及位置上的不同，也体现幼儿在完成教师要求以外，可以进行相关美术创造活动。

（2）教师通过制作活动教具、演示物体的多种动态，提高单位美术教学时间的效率。如画小鸡，教师可以示范一种小鸡动态，通过操作活动教具演示小鸡的不同动态。

（3）教师的示范应适时，不一定在每次新的活动前都要进行示范，一般以局部示范为主，以帮助幼儿解决美术表现中的重点和难点问题，同时为幼儿留有合适的表现和创造的空间。

（4）教师示范要与语言有机结合，边示范边讲解，使示范更加清晰、明了。

3．帮助幼儿了解和掌握更多的美术工具

采用多种美术工具和材料进行活动，可以激发幼儿美术活动的兴趣，让幼儿自由选择和感受不同的工具材料带来的操作乐趣。

4．引导幼儿感知物体之间的空间关系，形成相关表象

空间关系是美术活动中构图和造型的重要方面，幼儿对空间关系的处理与作品的表现是密切相关的。在命题美术活动中，教师应引导幼儿设置所表现的内容的主题，围绕主题进行构思，了解所表现物体的结构以及物体之间的结构关系。

（二）意愿美术活动的指导

1．通过各种形式的活动帮助幼儿积累图式

通过日常生活、周围环境、美术教育活动中美的观察欣赏，其他教育活动和主题活动中对事物的理解和讲述，游戏活动中对材料和玩具的操作等，帮助幼儿感知物象的形状、色彩和结构，感知物体之间的空间关系，积累丰富的图式，形成表象，以便在意愿美术活动中，幼儿激活这些图式，并进行迁移，创造出新的美术形象。

2．创设宽松的意愿创作环境

幼儿自发进行美术活动的最基本要素是有一个宽松的创作环境，使幼儿主动激活预知图式，激发创造的动机与热情。在美术意愿活动过程中，教师要求不能过细，不能以各种条条框框去限制幼儿，还要给予幼儿创作的时间，让幼儿大胆地、不受拘束地表现出他们心中的物象。

3．通过提问、谈话的方式帮助幼儿进行创作前的构思

在意愿美术活动的初始阶段，一些幼儿会感觉无从下手，教师不能急于求成。应根据幼儿的不同兴趣、爱好和能力，帮助他们确立表现的主题，并在构图、造型、色彩等方面启发引导。提问、谈话是帮助幼儿将自己记忆中的相关经验与图式进行回忆及重组的有效方法，但教师不能过多干预，避免以自己的想法替代幼儿的创作，一般是在幼儿发生创作困难时提供必要的帮助。

4．提供多样化的工具和充足的材料

在意愿活动中，提供多样化的工具和充足的材料，可以满足不同兴趣和不同水平幼儿创作的需要，便于幼儿表达对事物的认识和情感。

5．在评价幼儿意愿作品时，要突出幼儿的创造性表现

意愿活动强调幼儿审美想象和审美创造的表达，是幼儿经验、知识、技能以及创造情感的全新整合，作品体现的是个体对已有经验在不同兴趣和视角支配下的个性化组合，倾注了幼儿的满腔热情，只要美术创造所表现的内容对其个人而言是前所未有的，那么这幅作品就有审美创造的价值，它就应该成为幼儿意愿活动评价的重要依据。

 案例

可爱的天线宝宝（小班欣赏）

设计与执教　姚燕文

一、设计思路

天线宝宝的主要观众是低幼儿童。他们独特的外形设计、鲜艳的色彩、有趣的内容非常适合小班幼儿的年龄特点。幼儿对天线宝宝都非常熟悉，对他们的生活习惯、兴趣爱好等，说起来也是如数家珍。因此，天线宝宝外形及性格的内容是本次活动中欣赏和讨论的重点。在美术创作的安排上以色彩为主，通过识别及涂色游戏——给天线宝宝穿衣服，增进幼儿对天线宝宝的了解，同时帮助孩子们完成一次很好的涂色技能练习。

二、活动设计

【活动目标】

1. 欣赏天线宝宝的色彩、形象、语言及动态，感受天线宝宝可爱、乖巧的性格特征。

2. 感受天线宝宝身上的圆形所表达的效果，欣赏天线宝宝的可爱形象。

3. 较清晰地表达自己的感受并安静地倾听同伴的发言。

4. 用模仿动作、绘画、语言等多种方式表达自己对天线宝宝的情感。

【重点难点】

欣赏活动从天线宝宝的颜色开始，通过颜色的不同来识别天线宝宝，表达自己对颜色的喜好，并寻找身上的颜色和天线宝宝相对应，这对幼儿正确选择颜色进行涂色活动是一种有效的引导和帮助。

【活动准备】

实物投影仪、天线宝宝玩具、天线宝宝图片及相关视频、画有天线宝宝的操作卡、油画棒等。

【活动过程】

1. 观看《天线宝宝》录像，并定格在四个宝宝的形象上

导语：我们看见四个天线宝宝都是什么颜色的？

紫色的，绿色的，黄色的，红色的。

导语：你喜欢哪个宝宝呢？

我的天线宝宝一

翰翰：我喜欢丁丁，他是紫色的。

豆豆：我喜欢小波，她是红色的。

呜呜：我喜欢绿色的，他叫迪西。

融融：我喜欢黄色的拉拉。

导语：大家有的喜欢红色的，有的喜欢黄色的，有的喜欢绿色的，还有的喜欢紫色的，为什么呢？

豆豆：他们很可爱，小波最小，我最喜欢她。

融融：他们衣服的颜色很漂亮，我最喜欢黄色，所以我喜欢拉拉。

我的天线宝宝二

若娴：因为我喜欢红色，所以我喜欢小波。

……

2. 寻找身边和天线宝宝的衣服一样的颜色

导语：找找我们身上的颜色，有和他们一样的吗？

翰翰：洋洋的衣服是紫色的，比丁丁的紫色要淡一点。

众幼儿：我们的衣服是黄色的，和拉拉一样。

乐乐：若娴的衣服就是绿色的。

豆豆：我的衣服是红颜色的，和小波的很像。

3. 感受天线宝宝温柔地说话

我的天线宝宝三

导语：你们除了喜欢天线宝宝衣服的颜色外，还喜欢天线宝宝的什么呢？

天线宝宝讲话轻轻的，很温柔，我们都很喜欢天线宝宝讲话的声音。

导语：那你们能学一学拉拉讲话的样子吗？

幼儿用温柔的声音轻轻地问好。

导语：我们一起像拉拉一样温柔地打招呼吧。

众幼儿：你好！

天承：小波的声音更温柔，她经常这样更轻柔地说你好。

导语：小波为什么这么说话呢？

豆豆：因为小波最小，声音最轻。

导语：他们的声音有什么不一样？

（幼儿尝试模仿丁丁、迪西、拉拉的声音）

天线宝宝最喜欢在地上打滚，我们也会！

4. 感受天线宝宝身上的圆形所表达的效果，欣赏天线宝宝的可爱形象

导语：我们再看看天线宝宝的脸长的是什么样的。

若娴：圆圆的。

帆帆：他们的眼睛、鼻子都是圆圆的。

导语：为什么都是圆形的呢？

融融：这样好看，好玩。

天承：如果不是圆形的就不好看了，就像妖怪。

······

5. 欣赏天线宝宝跳舞的视频，学学天线宝宝的可爱舞蹈

（1）幼儿学天线宝宝走路的姿态。

导语：我们来看看天线宝宝的身体是什么样的，他们是怎么走路的。

翰翰：他们的身体是胖胖的，胳膊和腿短短的。

天承：他们的屁股也是圆圆的。

（2）欣赏一段天线宝宝跳舞的视频。

导语：我们一起来学学天线宝宝的可爱舞蹈吧！

幼儿学天线宝宝的舞蹈。

我们像天线宝宝一样走路

6. 给天线宝宝涂色

导语：（出示涂色卡）你们喜欢天线宝宝吗？想把他带回家吗？这里有一个可爱的天线宝宝，你喜欢谁，就给他穿上谁的衣服。如果你涂了红色，就变成了小波；如果涂了黄色，就变成了拉拉······

幼儿选择自己喜欢的天线宝宝，给天线宝宝涂色。

三、活动反思

天线宝宝颜色的欣赏对幼儿的创作有很大的帮助，大家都能根据自己的兴趣和喜好选择正确的颜色"给天线宝宝穿衣服"。对于天线宝宝圆圆的眼睛、鼻子和胖胖的身体，孩子们都能准确地描述，并认为"这样好玩，好看，可爱······"对圆形在天线宝宝设计上的运用有了很好的感受。创作活动中还可以准备一些天线宝宝的天线形状，让幼儿进行粘贴，这样一来形象就更加完整有趣，也能更好地帮助幼儿对天线宝宝加以表现，从而获得成功体验。

抱 抱

四、作品介绍

1. 作品介绍

《天线宝宝》是 1996 年 Ragdool 公司与英国 BBC 签约制作的 260 集、每集 30 分钟的低幼节目，以动画片为载体，讲述四个可爱的外星人（即天线宝宝）的日常生活，主要的收视对象是从 12 个月到 5 岁的孩子。《天线宝宝》没有设定明确的教育目标，所以它并不是一个教育节目，它只是呈现孩子们在游戏中学习、发展的有趣经验。

《天线宝宝》每一集的内容都极为简单，并不放入很多的信息，但无论是几个天线宝宝服装颜色的选择，还是他们的动作，都充分运用和体现了幼儿的心理，因而深受幼儿的喜爱。他们会发现，天线宝宝就像自己的小伙伴，讲的是他们那个星球的故事。

2. 天线宝宝介绍

波波（Po Po）：是最矮的天线宝宝，是红色的，喜欢随心所欲地跳舞、唱歌，小波最喜欢的是一辆粉红色和蓝色的车。

丁丁（Tinky Winky）：是最高的天线宝宝，是紫色的，喜欢散步、跳舞和摔跤，最喜欢的是一个红色的提包。

迪西（Dipsy）：是第二高的天线宝宝，是绿色的，喜欢跳舞，并喜欢做出一些新奇的动作，最喜欢的东西是一顶黑色的帽子。

拉拉（La La）：是第二矮的天线宝宝，是黄色的，喜欢唱歌、跳舞蹦蹦跳，最喜欢的东西是一个橘色的球。

 章末小结

1. 幼儿园美术教育的目标。

2. 幼儿园美术教育的内容。

3. 幼儿园美术教育的方法：观察欣赏法、图式预知法、讲解示范法、范例教学法、游戏练习法、启发探索法、丰富联想法。

4. 幼儿园美术教育活动的组织与实施方法。

 拓展阅读

1. 孔起英. 学前儿童美术教育［M］. 南京：南京师范大学出版社，1998.

2. 汝茵佳. 幼儿园美术教育活动指导［M］. 北京：人民教育出版社，2009.

3. 沈建洲. 幼儿艺术教育活动指导［M］. 北京：北京师范大学出版社，2002.

第五章　幼儿园科学教育

 考纲提要

1. 掌握幼儿科学领域教育的基本知识和相应的教育方法。
2. 能根据活动中幼儿的需要，选择相应的互动方式，调动幼儿参与活动的积极性。
3. 活动中能根据幼儿的个体差异进行指导。

 内容结构图

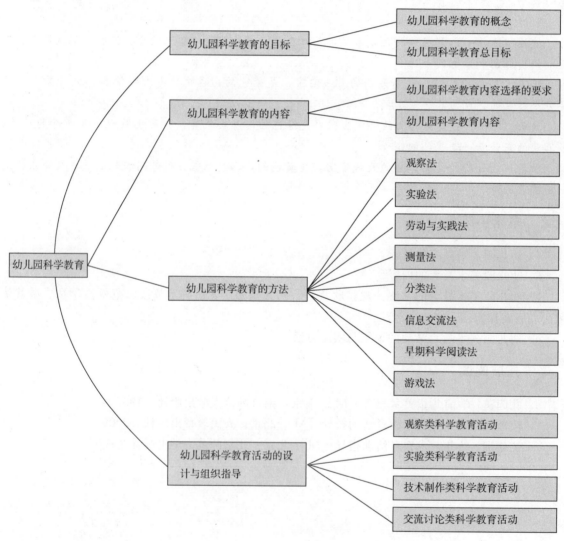

第一节　幼儿园科学教育的目标

一、幼儿园科学教育的概念

幼儿科学教育是引导幼儿主动学习、主动探索的过程；是支持幼儿亲身经历探究过程，体验科学精神和探究解决问题策略的过程；是使幼儿获得周围有关物质世界及其关系的感性和经验的过程。

二、幼儿园科学教育总目标

《幼儿园教育指导纲要（试行）》明确提出了幼儿园科学领域的总目标：

1. 对周围的事物、现象感兴趣，有好奇心和求知欲；
2. 能运用各种感官，动手动脑，探究问题；
3. 能用适当的方式表达、交流探索的过程和结果；
4. 能从生活和游戏中感受事物的数量关系并体验到数学的重要和有趣；
5. 爱护动植物，关心周围环境，亲近大自然，珍惜自然资源，有初步的环保意识。

除目标 4 是关于数学教育的目标外，目标 1 和目标 5 是关于科学情感、态度和价值观方面的目标；目标 2 和目标 3 是关于科学方法和过程的目标。知识的目标已然蕴藏在其他目标之中。

《幼儿园教育指导纲要（试行）》中不专门列出具体的科学知识目标，原因有两个：其一，幼儿的学习是人性、经验性的学习，我们要强调学习的经验性，就不宜对幼儿应该获得哪些科学知识做具体的规定；其二，还有利于纠正以往科学教育中，"重知识"的错误观念，避免教育实践中片面追求知识的倾向。

第二节　幼儿园科学教育的内容

一、幼儿园科学教育内容选择的要求

（一）科学性和启蒙性

幼儿科学教育的内容应符合科学的原理，不能违背科学事实。同时科学性又应和启蒙性相结合，即提供给幼儿的科学内容应是一种粗浅的科学知识，以此激发幼儿的好奇心和科学探索的欲望，而不能超越幼儿的发展水平和理解能力。

（二）广泛性和代表性

幼儿科学教育的内容应是丰富多彩的，以反映幼儿日常生活中所接触的物质世界的多样性、多变性和自然科学知识本身的广泛性；又应是有选择的，能代表自然科学各个领域的基本知识结构，为幼儿今后系统地学习科学知识打下基础。

（三）地方性和季节性

幼儿科学教育内容的选择也应结合当地的自然条件和季节特点。

（四）时代性和民族性

幼儿科学教育的内容既应体现现代科学技术的发展，以适应时代的变化；又应体现传统文化的特色，以发扬光大民族的优秀文化。

二、幼儿园科学教育内容

（一）了解自然环境及其和人们生活的关系

1. 自然界常见的动植物及其与环境的关系

幼儿应当尽可能多地认识各种动物和植物，认识其外形特征与结构，了解它们的生活方式和繁衍方式；了解动植物之间的关系，了解动植物和人类之间的关系，了解动植物与气候、季节变化之间的关系；管理和照顾几种动植物；利用动植物进行各种实验与观察活动。

2. 自然界中的非生命物质及其与人及动植物的关系

（1）知道石、沙、土之间的关系、用途及与人类的关系；了解土壤对动植物的作用，了解土壤污染对人类健康的影响；初步了解植树造林对人类的重要意义，懂得保护森林的重要性等。

（2）知道水是无色、无味、透明的；了解水在日常生活中的用途，有许多物质能够溶解于水；知道地球上的水资源是有限的，有些可以供人们饮用，但淡水资源更加有限，懂得保护水资源、节约用水的重要性等。

（3）知道空气是看不见、摸不着的，动植物和人类的生存都离不开空气等。

3. 人与自然环境的关系

自然生态环境的教育，特别要体现人与自然的和谐关系，可以渗透和体现在认识自然界的动植物和非生物的内容中。

（二）探究身边事物的自然科学现象

1. 认识气候与季节变化；观察雨、雪、雷、闪电、彩虹、冰、霜、露等自然现象；辨别春、夏、秋、冬的四季特征；了解气候变化与人类活动之间的关系等。

2. 认识各种物理现象，如多种多样的光、美妙的声音；感受冷、热的现象；探究力、有趣的磁铁、电等物理现象。

3. 认识各种安全、有趣、简单的化学现象，如牛奶发酵成为酸奶。

4. 认识宇宙中的日月星辰，知道为什么白天有太阳，夜晚没有太阳，观察什么时候月圆，什么时候月缺；适当向幼儿介绍人类在宇宙中的活动等。

（三）感受科学技术及其对生活的影响

初步了解各种通信工具在人们生活中的用途；认识各种家用电器，如电视、电话、电冰箱、洗衣机等，了解它们的用途和安全使用方法；认识各种常见的海陆空交通工具；初步认识现代科技，知道科技是不断发展的，了解科技是人类创造的，它会给人类带来更多的方便。同时，也应使儿童认识到科学技术的发展对环境造成的负面影响。

第三节　幼儿园科学教育的方法

一、观察法

观察法是指幼儿在直接接触事物的过程中，运用多种感官直观、生动、具体地认识事物，提高幼儿感官的综合活动能力，培养其运用感官探索周围环境的习惯。

二、实验法

科学小实验是指教师或幼儿按照预想的目的或设计，利用一些材料，通过简单演示或操作，对周围常见的科学现象加以验证的一种活动。

三、劳动与实践法

主要有种植、饲养、科学小制作和协助成人的辅助劳动活动。

（一）种　植

通过班级自然角种植花卉、蔬菜和农作物等，让幼儿认识各种植物的播种、管理、收获等全过程。

（二）饲　养

幼儿通过在饲养角里喂养和照管习性温顺的动物来认识动物。主要包括帮助收集饲料、喂养，并观察小动物的外形特征、动作和生活习性，培养爱护小动物的情感。

（三）科学小制作

帮助幼儿采用各种自然材料（如树叶、石头、瓜子壳等）和废旧材料（如木块、包装纸、盒、废塑料盒等），制作一些简单的科学玩具和装饰品，如不倒翁。

（四）协助成人劳动

协助成人参加一些力所能及的劳动，如摘菜、剥花生等，从中获得有关科学的感性经验。

四、测量法

幼儿科学教育中的测量，是指通过观察或运用简单的测量工具，对物体进行简单的初级的测定。

（一）观察测量

通过眼睛、手等感官的观察来测量物体。

（二）非正式量具测量（也叫自然测量）

不采用通用的量具，而是用一些自然物，如木棍、绳子、手指、步长等作为量具对物体进行测量。

（三）正式量具测量

以通用的标准量具对物体进行测量，适合幼儿用的有尺、天平、温度计、钟表、秤等。

五、分类法

科学教育活动中的分类，是指幼儿把具有某一个或几个共同特征的物体聚集在一起，也叫归类。

六、信息交流法

信息交流是幼儿运用言语或非言语的形式表达自己在科学探索活动中的发现，交流自己所使用的方法、探索过程以及认识和情感体验。

七、早期科学阅读法

早期科学阅读是指幼儿阅读富有科学知识的作品，包括儿童诗、儿歌、谜语、故事、科学童话等，如故事《小蝌蚪找妈妈》《小壁虎借尾巴》等。

八、游戏法

科学游戏是指运用自然物质（树叶、贝壳、沙、土等）和有关图片、玩具等，进行带有游戏性质的操作活动。游戏在幼儿科学教育活动中可用于教育活动的各个环节。

此外，利用电化教育手段（如广播、电视、录像、录音等）进行教育，同样是向幼儿进行科学启蒙教育的方法。

第四节　幼儿园科学教育活动的设计与组织指导

科学教育活动最主要的有四种类型：观察类、实验操作类、技术制作类、交流讨论类。

一、观察类科学教育活动

（一）定　义

在教师的指导下，幼儿通过有目的地观察实物，了解物体的各种特征和物体之间的区别，获得对事物的感性认识和观察技能。

（二）类　型

1. 对个别物体的观察

指对单个的物体（或一类物体）的观察。

2. 比较性观察

指同时观察两种或两种以上的物体并进行比较，以找出物体间的异同点。这种观察方法能帮助幼儿较快发现事物的特征，利于幼儿分类能力的发展和概念的形成。比较性观察要求选择同类物体进行比较，既找物体的不同点，也要找出相同点。观察时先选择一些差异比较明显的物体给幼儿观察，逐步发展到观察差异较小或差异细微的物体。

3. 长期系统性观察

指在一段时间内，持续不断地观察某种物体或现象在质和量两个方面的变化和发展并形成完整认识。主要用于观察动物、植物的生长变化过程，以及气象的变化，以了解物体间的相互关系。

（三）组织与指导要点

1. 在幼儿开始观察前，教师要明确观察的任务和要求，对幼儿进行有目的的指导，讲清楚观察的内容。

2. 教给幼儿相适应的观察方法，如有序观察法、比较观察法。

3. 提出问题，引导幼儿观察。问题要有启发性，具体明确，有层次性。

4. 鼓励幼儿运用多种感官参与活动。充分调动幼儿的视觉、触摸觉、听觉、味觉、嗅觉等多种感官去获取有关观察对象的经验。

5. 教会幼儿做观察记录，鼓励幼儿用自己喜欢的方式表达观察结果。

二、实验操作类科学教育活动

（一）定　义

实验操作类科学教育活动是指幼儿在教师指导下通过自己动手操作仪器和材料，以发现客观事物的变化及其关系的科学活动。实验操作对于幼儿知识经验的积累和智力的发展有着至关重要的作用，同时，可以极大地满足幼儿的探究欲望，培养儿童对科学的兴趣。

（二）分　类

实验操作类科学教育活动大致分为三类。

（1）演示探究类

即教师演示，然后幼儿对应操作，通过自己的观察，获得发现。这种设计幼儿实验探究的目的性较强，但对幼儿的自主探究学习会有一定的限制。

（2）引导探究类

即由教师通过材料引导幼儿，让其先行自由探究，然后再组织幼儿交流，引起幼儿进行有兴趣、有目的的进一步探究。这一思路能较好地将幼儿的自主探究和教师的引导结合起来，取得较好的效果。

（3）验证探究类

即针对某一问题，教师启发幼儿先猜想可能发生的问题，然后让幼儿进行实际探索活动来验证先前的猜想是否正确。这种方式适合于幼儿已有类似的生活经验的情况，如果验证探究的问题幼儿不熟悉且难理解，这种设计就失去了意义。

（三）组织与指导要点

1. 为幼儿创设宽松、和谐的活动氛围

教师对幼儿行为的理解、认同、赞扬和尊重会给幼儿带来满足和自信，这种满足和自信给幼儿强大的动力，使之更加努力地去进行新的探索。教师应重视每个幼儿在实验中的表现，重视每个幼儿提出的每一个问题，使幼儿感受到教师对他们的重视，感受到他们在探索中所发挥的作用。

2. 为活动提供充足、多样的材料

实验操作类活动是幼儿与材料的相互作用过程，材料是幼儿的活动对象。所以，为幼儿提供多少材料、提供什么材料、以什么方式提供等，对幼儿的操作活动都有着十分重要的关系。

幼儿实验操作活动，采用分层投放材料是更为常见的方法。分层投放材料使幼儿的操作活动条理清楚、层次分明，对问题的探究由浅入深、由表及里，这对培养幼儿思维的逻辑性和操作的条理性大有益处。

3. 引导每个幼儿积极动手操作，自主探索，主动建构认识

在幼儿实验操作类科学活动中，教师对活动引入过程占用时间不可太长，让幼儿有更多的时间去自主探索。

教师对幼儿的实验操作除安全方面的考虑外不应做过多的限制，应让幼儿按照自己的想法去做，尝试解决问题。鼓励幼儿多角度多层面思考问题，变化使用多种材料，尝试多种实验方法，包括学习他人的方法。允许幼儿有不同的实验结果，认同幼儿按照自己的思维解释实验现象。积极热情地对待幼儿在操作中提出的问题。

三、技术制作类科学教育活动

（一）含 义

让幼儿获得对科学技术的基础认识，了解技术的转化和中介作用，从而为幼儿提供理解和掌握这个现代化世界的窗口。

（二）类 型

1. 感受—操作，即是让幼儿充分接触和感受运用技术产品。

2. 运用—操作，即是让幼儿学习使用工具。

3. 学习—制作，即是通过开展小制作活动让幼儿按固定步骤学习制作，如制作降落伞、潜望镜、万花筒等。

4. 设计—制作，即是让幼儿进行简单的科技创作，如设计并制作石膏玩具、不倒翁等。

（三）组织与指导要点

1. 使幼儿明确科学制作的目标

在活动中，教师要让幼儿明确科学制作的目标，知道自己要做什么，教师可以向幼儿讲解示范制作的步骤，让幼儿知道应该怎么做。

2. 提供机会，让幼儿自己探索制作的方法和技巧

科学制作中，不能全是教师的演示，幼儿的模仿学习，否则幼儿就会成为"手工匠"。教师可以适当地让幼儿自己去探索某一个步骤的制作。

3. 为幼儿提供适当的制作材料

材料最好提供半成品，既可以保证幼儿能有成功的结果，又可以让幼儿拥有制作的经验。教师要有选择性地提供材料，易于激发幼儿的探究。

四、交流讨论类科学教育活动

（一）定 义

交流讨论类活动是指幼儿在亲自探究与收集资料、整理资料的基础上，通过集体的交流讨论获取科学知识的一种科学教育活动。尽管它不是一种直接的探究活动，仍是幼儿获取科学知识的一种非常重要的手段，常与其他方式结合使用，是学前儿童科学教育活动中一种较为普遍的活动类型。

（二）类 型

按照幼儿知识经验准备的途径不同，我们把交流讨论类活动分为两大类。

1. 幼儿知识准备来源于直接经验，根据具体的途径分为两种：实验操作—交流讨论式和观

察参观—汇报交流式。

2.幼儿知识准备来源于间接经验,根据具体途径又分为三种:收集资料—共同分享式、设疑提问—集中讨论式和科学文艺—交流讨论式。

(三)组织与指导要点

1.交流讨论时,运用适当、多样化的教育手段进行引导和补充,避免灌输。

2.教师要对幼儿的表达认真、耐心地倾听并及时做出反应。教师应给予幼儿足够的思考时间,不要急于要求幼儿表达。

3.教师要营造一个民主平等、宽松自由的交流氛围,使幼儿想说、敢说、喜欢说、有机会说。教师不要预设结论,而应认真、耐心地倾听幼儿的观点。对于幼儿来说,既要鼓励他们大胆讲述自己的经验,又要培养幼儿尊重他人,善于倾听的习惯,使交流讨论成为真正的"社会建构"学习。

4.幼儿表达和交流信息有语言和非语言两种方式(包括图像记录、手势、动作、表情等)。教师应充分调动幼儿运用熟悉的、善于交流的各种方式进行表达。

 章末小结

1.幼儿科学教育是引导幼儿主动学习、主动探索的过程;是支持幼儿亲身经历探究过程,体验科学精神和探究解决问题策略的过程;是使幼儿获得有关周围物质世界及其关系的感性和经验的过程。

2.《幼儿园教育指导纲要(试行)》对幼儿园科学教育的目标做了具体规定:对周围的事物、现象感兴趣,有好奇心和求知欲;能运用各种感官,动手动脑,探究问题;能用适当的方式表达、交流探索的过程和结果;能从生活和游戏中感受事物的数量关系并体验到数学的重要和有趣;爱护动植物,关心周围环境,亲近大自然,珍惜自然资源,有初步的环保意识。

3.幼儿园科学教育内容大致可以分为三个方面:了解自然环境及其和人们生活的关系;探究身边事物的特点及变化规律;感受科学技术及其对生活的影响。

4.幼儿园科学教育的方法有观察法、实验法、劳动与实践法、测量法、分类法、信息法、早期科学阅读法和游戏法。

5.幼儿园科学教育活动有四类:观察类、实验操作类、技术制作类、交流讨论类。

6.观察法是指在教师的指导下,幼儿通过有目的地观察实物,了解物体的各种特征和物体之间的区别,获得对事物的感性认识和观察技能。分为个别物体观察、比较性观察和长期系统性观察。

观察活动的组织与指导要点:在幼儿开始观察前,教师要明确观察的任务和要求,对幼儿进行有目的的指导,讲清楚观察的内容;教给幼儿相适应的观察方法;提出问题,引导幼儿观察;鼓励幼儿运用多种感官参与活动;教会幼儿做观察记录。

7.实验操作类科学教育活动是指幼儿在教师指导下通过自己动手操作仪器和材料,以发现客观事物的变化及其关系的科学活动。分为演示探究类、引导探究类和验证探究类。

实验操作类活动的组织与指导要点:为幼儿创设宽松、和谐的活动氛围;为活动提供充足、多样的材料;引导每个幼儿积极动手操作,自主探索,主动建构认识。

8.技术制作类科学教育活动是让幼儿获得对科学技术的基础认识,了解技术的转化和中介作用。技术制作类科学教育活动一般分四种类型:感受—操作、运用—操作、学习—制作、设计—制作等。

技术制作类活动的组织与指导要点:使幼儿明确科学制作的目标;提供机会,让幼儿自己探索制作的方法和技巧；为幼儿提供适当的制作材料。

9. 交流讨论类活动是指幼儿在亲自探究与收集资料、整理资料的基础上，通过集体的交流讨论获取科学知识的一种科学教育活动。

交流讨论类科学教育活动的组织与指导要点：交流讨论时，运用适当、多样化的教育手段进行引导和补充，避免灌输；教师要对幼儿的表达认真、耐心地倾听并及时做出反应；教师要营造一个民主平等、宽松自由的交流氛围；教师应充分调动幼儿运用熟悉的、善于交流的各种方式表达。

 拓展阅读

1. 夏力. 学前儿童科学教育活动指导［M］. 上海：复旦大学出版社，2007.

2. 教育部教育司. 从理念到行为：《幼儿园教育指导纲要（试行）》行动指南［M］. 南京：江苏少年儿童出版社，2003.

 案例

中班科学观察活动：一样不一样

【活动目标】

1. 通过观察分类活动，发现不同叶子的外形特征及同种叶子的异同特点。

2. 能愉快参与活动，大胆表述自己的发现，有对叶子观察的兴趣。

【活动准备】

活动前利用散步时间，带领幼儿在园里捡拾常见的几种落叶。

每组一个篓子，里面装有广玉兰、枫叶、银杏叶、水杉叶；

每人一个小篓子，装有梧桐叶；

教师记录表。

【活动过程】

一、探索不同树叶的特征

1. 游戏：猜猜我是谁

游戏规则：教师出示叶子图片，引导幼儿观察，猜测是什么叶子。

教师：猜猜看，这是什么叶子？

教师：你是怎么猜出来的？（教师引导幼儿说说树叶的特征：形状、颜色、大小、像什么等）

教师：你能从篓子里找到一样的叶子吗？（幼儿找出一样的叶子放在自己的篓子里）

2. 树叶找妈妈

教师：小树叶离开了树妈妈，心里很着急，我们帮助小树叶一起把它们送回家！（出示树叶的家，大树已贴好双面贴）请你们把手上的树叶送回它们的家。如这是××树叶的家。

二、出示PPT了解更多树叶的不同特征

教师小结：刚才我们看到了树叶有各种各样的，有红的、黄的、绿的，有的大大的，有的小小的，有的树叶的形状圆圆的、长长尖尖的，还有的像手掌一样。

三、探索同种树叶的异同点

1. 提　问

有一种树叶，长在高高的树上，它的形状大大的，像手掌，秋天到了，它也离开了树叶妈妈，你们知道是什么树叶吗？

2. 幼儿自由探索梧桐树叶的异同点

老师为你们准备了一篮子的梧桐叶子，请你们去看看它们有什么相同和不同之处，分一分，把你的发现告诉我们。

3. 请幼儿介绍自己的分类方法，教师进行记录

4. 小 结

我们发现梧桐树叶虽然形状是一样的，但是它的大小、颜色也会有许多的不同。

四：欣赏：树叶贴画

看看这些画是用了什么形状、什么颜色的叶子拼成的。

【活动建议】

1. 教师根据园所条件因地制宜地选择和准备不同树叶作为活动材料。

2. 活动开展的时间段要根据大树生长状况，一棵树上叶子本身呈现出明显的差异。

第六章　幼儿园数学教育

 考纲提要

1. 掌握幼儿科学领域（数学）教育的基本知识和相应的教育方法。
2. 能根据活动中幼儿的需要，选择相应的互动方式，调动幼儿参与活动的积极性。
3. 活动中能根据幼儿的个体差异进行指导。

 内容结构图

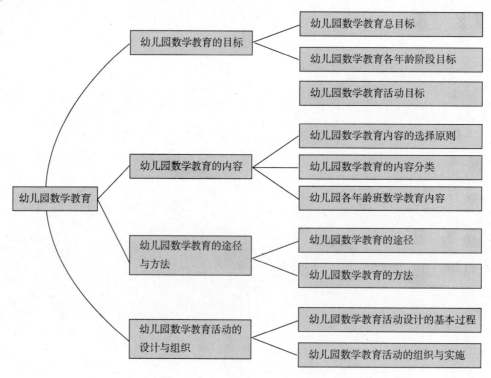

第一节　幼儿园数学教育的目标

　　幼儿园数学教育目标是指幼儿园教育工作者在进行幼儿园数学活动之前对活动结果的一种期望，不仅体现并规定了向幼儿进行数学教育的目的和要求，还是向幼儿进行数学教育的依据和准则。

一、幼儿园数学教育总目标

（一）具体内容

1. 对周围环境中事物的数量、形状、时间和空间等感兴趣，有好奇心和求知欲，喜好参加数学活动和游戏。

2. 能从生活和游戏中感受事物的数量关系，获得有关数、形、量、时间和空间等方面的感性经验，体验到数学的重要和有趣。

3. 学习用简单的数学方法解决生活和游戏中某些简单的问题，能用适当的方式表达、交流操作和探索问题的过程和结果。

4. 会正确使用数学活动材料，能按规则进行活动，有良好的学习习惯。

（二）目标分析

1. 目标 1 是有关培养幼儿对数学的情感、态度的目标

幼儿园数学教育目标的核心应是培养幼儿的情感、态度。幼儿只有愿意参加数学活动，才可能观察、感知到环境中事物的数量、形状等。幼儿只有喜好数学活动，对数学活动有兴趣，才可能积极主动地投入活动中，才可能去探索、发现其中的数学现象，从而获得有关数、形、量、时间和空间方面的感性经验。

2. 目标 2 是有关幼儿学习数学知识方面的目标

这一目标指出了幼儿应学习哪些数学知识，幼儿获得的数学知识具有什么性质，以及幼儿怎样获得数学知识。幼儿获得的数学知识是经验性的、具体的知识，建构的是初级的数学概念，这种概念是幼儿从具体的实际经验中归纳出来的，是建立在表象水平上的概念。数学知识的获得不是通过成人传授，而是通过让幼儿与环境交互作用而学习和掌握。

3. 目标 3 是有关培养幼儿认知能力，特别是发展思维能力的目标

该目标指出幼儿数学教育应重视幼儿认知能力的发展，尤其是思维能力的发展。幼儿学习解决问题，学习用适当方法表达和交流，这一过程不仅能够促进幼儿认识能力的发展，还将促进幼儿自主性、创造力、想象力的发展。

4. 目标 4 是有关培养幼儿正确使用数学材料的技能和良好学习习惯的目标

幼儿是通过与各种有关的数学材料发生相互作用而对其中蕴含的数学关系有所感受和认识的。

二、幼儿园数学教育各年龄阶段目标

（一）小 班

1. 愿意参加数学活动，喜好摆弄、操作数学活动材料，能在教师的帮助下按要求取放操作材料和进行活动。

2. 对生活中常见的各种物品的大小、形状、数量有兴趣，能感知 5 以内的数量。

3. 能按物体的外部特征进行分类。

（二）中 班

1. 能专心地进行数学操作活动，对自己的活动成果感兴趣；愿意并学习用适当的方法表达、交流自己操作、探索的过程和结果。

2. 能自己选择数学活动内容和按规则进行活动。

3. 能按物体的某一特征和数量进行分类。

4. 能注意和发现周围环境中物体的数量、形状、物体量的差异，以及它们在空间中的位置等。

5. 能比较、判断10以内物体数量的多少，感受10以内相邻两数的大小关系。

6. 认识一些常见的几何图形。

（三）大 班

1. 能积极、主动地进行数学活动，遵守活动规则，会有条理地摆放、整理数学活动材料。

2. 能用适当方式表达、交流数学操作活动的过程和结果。

3. 能倾听教师和同伴的讲话，能在教师帮助下，归纳、概括有关数学经验，感受生活和游戏中事物的数量关系。

4. 能运用对应、比较、类推、分类统计等简单数学方法解决生活和游戏中的某些问题。

5. 能按物体的两种特征和从事物的多个角度进行分类。

6. 认识一些常见的立体图形，对平面图形间的关系能有所感受。

三、幼儿园数学教育活动目标

数学教育活动目标表述得都比较具体，因而可操作性较强，教师能从幼儿的活动中观察到他们对目标的掌握情况，从而较好地诊断、评价幼儿的发展情况，而这些情况对教师考虑、安排后阶段的教育目标和内容提供了必要的依据。

第二节 幼儿园数学教育的内容

一、幼儿园数学教育内容的选择原则

（一）启蒙性

是指应让幼儿在操作的层面上对数学教育内容获得较丰富的感性经验，而不是让幼儿在此阶段对数学的某一内容形成科学的概念。

（二）生活性

是指数学教育活动内容应与幼儿的生活实际紧密联系。

（三）可探索性

是指幼儿数学教育的内容应具有可探索性、可猜想的因素，应提出需要幼儿解决的问题。

（四）系统性

是指在数学教育内容的选择和安排上，应遵循数学知识的逻辑和幼儿学习的逻辑顺序，体现先易后难、循序渐进、前后联系的特点。

二、幼儿园数学教育的内容分类

1. 分类、排序与对应。
2. 数、计数与数的运算。
3. 几何图形。
4. 量与计量。
5. 空间和时间。

三、幼儿园各年龄班数学教育内容

（一）小　班

1. 学习按物体的一个特征（颜色、大小、形状等）进行分类。

2. 学习按物体量（大小、长短）的差异进行 4 以内物体的排序，学习按物体的某一特征进行排序。

3. 认识"1"和"许多"及其关系。

4. 学习用一一对应的方法比较两组物体的数量，感知多、少和一样多。

5. 学习手口一致地从左到右点数 5 以内的实物，能说出总数，能按实物范例和指定的数目取出相应数量的物体，学习一些常用的量词。

6. 认识圆形、正方形、三角形。

7. 初步理解早上、晚上、白天、黑夜的含义，学习正确运用这些时间词汇。

8. 学习区分和说出以自身为中心的上下方位；学习判断两个物体之间明显的上下关系，说出什么在什么上面，什么在什么下面。

9. 在教师引导下能注意周围环境中物体的形状和数量。

（二）中　班

1. 认识 1—10 以内数字，了解其含义，会用其表示物体数量。

2. 学习目测数群，学习不受物体空间排列形式和物体大小等外部因素干扰，正确判断 10 以内的数量；学习 10 以内序数；感知和体验 10 以内自然数列中相邻两数的等差关系。

3. 认识长方形、梯形、椭圆形。

4. 学习用各种几何体（积木或积塑）进行拼搭和建造活动。

5. 学习概括物体（或图形）的两个特征；学习按物体的某一特征和数量进行分类。

6. 学习按量（粗细、高矮等）的差异进行 7 以内的正逆排序；学习按一定的规律排列顺序。

7. 观察、比较、判断 10 以内的数量关系，逐步建立等量观念；运用已有的知识经验解决新问题，学习新知识，促进初步的推理和迁移能力的发展。

8. 初步理解昨天、今天、明天的含义，知道它们之间的关系，学习正确运用这些时间词汇。

9. 学习区分和说出以自身为中心的前后方位；学习区分和说出物体之间的上下、前后位置关系；学习按指定方向运动。

10. 能注意和发现周围环境中物体量的差异、物体形状及它们在空间中的位置等。

（三）大 班

1. 学习 10 以内单、双数和相邻数，学习顺着数和倒着数。

2. 学习 10 以内数的分解和组成，体验总数与部分数之间的包含关系，部分数与部分数之间的互补与互换关系。

3. 学习 10 以内数的加减，认识加号、减号，初步理解加减法的含义，学习用加减法解答生活中的一些简单问题。

4. 能理解符号"＋、－、＝"表示的意义。

5. 学习按物体两个或两个以上特征进行分类，按某一特征的肯定与否定进行分类，层级分类和多角度分类。

6. 学习按物体量的差异和数量的不同进行 10 以内正、逆排序，初步体验序列之间的传递性、双重性和可逆关系。

7. 认识几种常见的几何形体图形（正方体、长方体、球体、圆柱体），能根据图形特征进行分类。

8. 学习等分实物或图形；学习自然测量。

9. 学习以自身和客体为中心区分左右，会向左、向右方向运动；在日常生活中能注意自己（或物体）在空间中的位置和运动方向。

10. 认识时钟，学会看整点、半点，学习看日历，知道一星期中每天的名称和顺序；学习一些表示时间的词汇，在日常生活中感受和注意时间的长短和更替，知道要珍惜时间。

11. 认识角、元（1元、5元、10元）以内的人民币，能说出它们的单位名称，知道它们的值不同。

第三节 幼儿园数学教育的途径与方法

一、幼儿园数学教育的途径

（一）专门的数学教育活动

1. 正式的数学教育活动

是指教师组织或安排专门的时间让幼儿参加的数学活动。这类数学教育活动是事先经过缜密筹划的，而不是偶发和随机的；内容是专项指向数学的，而不是综合的；形式一般为集体活动方式，而不是个别活动方式。

2. 非正式的数学教育活动

是指教师为幼儿创设一个宽松和谐的环境，提供各种数学活动设备和丰富多样的学具、玩具，引发幼儿自发、自主、自由进行的数学活动。

(二) 渗透性的数学教育活动

1. 日常生活中的数学教育活动

教师要善于利用日常生活活动中的数学教育资源，引导幼儿发现数学，学习数学，运用数学。

2. 游戏活动中的数学教育活动

教师可以在角色游戏中渗透数学知识，让幼儿积累数学经验。教师也可以通过结构游戏，增强幼儿对数量、图形的理解和认识，让幼儿在结构游戏中积累数学经验。

3. 在各领域活动中渗透数学教育

教师可以在各领域中渗透数学教育，将数学内容与其他课程整合起来，使它们相互促进，相互渗透，共同提高。

二、幼儿园数学教育的方法

(一) 操作法

1. 含　义

是指提供给幼儿合适的材料、教具和环境，让幼儿在自己的摆弄、实践过程中进行探索，获得数学感性经验和逻辑知识的一种方法。

2. 分　类

按其性质可分为示范性操作、验证性操作、探索性操作、发散性操作。

按其组织形式可分为集体操作和个人操作。

3. 注意点

(1) 明确操作目的

应明确操作的意义在于激发幼儿学习的兴趣，促进其思维的发展，因此不仅要重视操作的结果，而且要重视操作的过程。

(2) 创设操作条件

包括为幼儿提供可供选择利用、数量足够的操作材料；给予幼儿充分的操作空间和时间；允许幼儿有同伴间的交流机会。

(3) 交代操作规则

教师应在幼儿动手操作前，先向幼儿说明操作的目的、要求和具体的操作方法，以保证幼儿的操作具有一定的方向性，减少盲目性和随意性。

(4) 评价操作结果

教师要重视对幼儿操作过程的归纳、评价，帮助其形成比较完整、正确的数学概念，对幼儿操作中表现出的合理性、新颖性和创造性给予充分肯定，以激发其进一步探索和学习的积极性。

(5) 体现年龄差异

各个年龄班在运用操作法的过程中应根据幼儿的实际水平和年龄特点有所区别。

（6）与其他方法有机结合

操作法的优势要在与其他方法的有机结合、相互配合下方能显现出来，应使每种方法的长处得到充分发挥和体现，共同促进幼儿数概念和思维的发展。

（二）游戏法

1. 含　义

是根据幼儿好动的天性、具体形象的思维特点，将抽象的数学知识寓于幼儿感兴趣的游戏中，让幼儿在轻松愉快的游戏活动中学习数学的一种方法。

2. 种　类

（1）操作性数学游戏

是指幼儿通过操作玩具或实物材料，从而获得数学知识的一种游戏，有一定的游戏规则。如小班的"图形宝宝找家"操作游戏，让幼儿把"图形宝宝"送到相应特征的玩具动物"家"里去。

（2）情节性数学游戏

是指通过一定情节安排来体现所学数学知识的游戏，特别适合于小年龄幼儿。如为小班幼儿学习"1"和"许多"而设计的"猫抓老鼠"游戏。

（3）竞赛性数学游戏

是指带有竞赛性质的数学游戏，更适合中、大班。如比赛谁找到的"七星瓢虫"最多（目测数群）。

（4）运动性数学游戏

是指寓数学概念和知识于体育活动中的数学游戏。如用表格记录投球的结果（投中、未投中）。

（5）运用各种感官的数学游戏

是指通过不同的感官进行数学学习的游戏。如"奇妙的口袋"游戏，让幼儿通过触摸来感知、区别图形的不同特征。

（6）数学智力游戏

是一种运用数学知识以促进幼儿智力发展为主的游戏。

（三）比较法

1. 含　义

是指通过对两个或两个以上物体的比较，让幼儿找出它们在数、量、形等方面的相同和不同。

2. 种　类

按比较物体的数量可分为简单比较（对两个或两组物体的数或量比较）、复杂比较（对两个或两组以上物体的数或量比较）。

（四）讨论法

1. 含　义

是引导幼儿有目的、探讨性地主动学习数学的一种重要方法，能够起到相互交流、互相启发、共同探究的作用。

2. 种　类

按讨论时机可分为随机性讨论和有计划的讨论。

按讨论功能可分为辨别性讨论、修正性讨论、交流性讨论和归纳性讨论。

3. 注意点

(1) 以操作体验作为讨论的基础

幼儿通过操作有了一定感性认识，才能对要讨论的内容做出积极反应，才能接受讨论的最终结果。

(2) 注重讨论的过程

鼓励幼儿积极参与讨论、开动脑筋、促进思维能力的发展才是讨论的目的所在。

(3) 体现因人而异、因材施教

教师应以激励者的身份鼓励能力弱的幼儿参与讨论，帮助他们克服自卑感、紧张感，树立自信心，当幼儿有了一定基础后，再渐渐提高问题的难度。

(五) 发现法

1. 含　义

是指在教学过程中，教师不直接讲解数学知识和概念，而是引导幼儿依靠已有的数学知识和经验去发现和探索并获得初步的数学知识和概念的一种方法。

2. 注意点

(1) 为幼儿创设合适的探索、发现环境

要让幼儿在宽松、自由、充分享有时间和空间的环境中，主动、自信地去尝试发现问题，进而解决问题。

(2) 充分相信幼儿，放手让其探索、发现

教师要学会等待、观察，不要急于暗示答案，而应适时、合理地给予启发，对通过探索、发现找到解决问题办法的幼儿，应多给予肯定和鼓励。

(六) 寻找法

1. 含　义

是让幼儿从周围环境中寻找数、量、形及其关系或在直接感知的基础上按数、形要求寻找相应数量的实物的一种方法。

2. 分　类

(1) 在自然环境中寻找。

(2) 在已准备好的环境中寻找。

(3) 运用记忆表象来寻找。

3. 注意点

(1) 应根据具体的教学内容和幼儿的年龄特点适时适宜地选用，避免追求形式。

(2) 可与游戏法结合，特别是对小年龄幼儿，可用游戏口吻、情节和场景启发幼儿寻找。

(3) 对幼儿的寻找给予必要的启发和引导。

(七) 其他辅助性方法

还可采用欣赏法、归纳法、演绎法等辅助性方法。

第四节　幼儿园数学教育活动的设计与组织

一、幼儿园数学教育活动设计的基本过程

（一）活动名称

1. 按数学活动的要求，用数学术语定名称，如"学习 7 的加减"、"认识序数"。

2. 按活动内容或选用材料，用生活语言定名称，如"图形宝宝找家"、"盖印章"。

（二）活动目标

1. 活动目标中的学习内容应包括知识概念，认知能力，操作技能，兴趣、态度和行为习惯的学习。

2. 在一次教学活动中所列出的目标往往只是主要方面，在实际教学中则应注重幼儿整体的发展。

3. 活动目标的表述通常以幼儿为行为主体，用幼儿的行为变化来表述。

（三）活动准备

1. 幼儿的经验准备。

2. 活动所需教具、学具和环境创设等方面的准备。

（四）活动过程

1. 活动开始：通过引导幼儿观察材料、配合提问来介绍活动内容和要求。

2. 活动进行：可让幼儿分组进行不同的操作活动，也可集体进行统一的操作。

3. 活动结束：可请部分幼儿讲述自己活动的过程和结果，并引导幼儿进行讨论。

（五）活动建议和活动延伸

活动建议：一般是针对数学教学活动过程中需要注意的问题提出几点建议。

活动延伸：是指这一活动与下一教学活动之间的联系。

> **？ 案例**
>
> **小班活动：我把玩具送回家（实物归类）**
>
> 【活动目标】
>
> 1. 认识玩具、用品的图标及它们所代表的各种物品，能按图标将物品（玩具）分别进行归类，体验物体的共同属性。
>
> 2. 学习收拾整理玩具，知道玩具玩过了要收拾到指定的位置。
>
> 【活动准备】
>
> 1. 将班级的各种玩具、用品按类有序摆放到玩具橱和用品橱内，并按其种类设计玩具橱图标。
>
> 2. 设计各种玩具、用品的图标每种一张，胶棒若干。

【活动过程】

1. 参观班级的玩具橱

带领幼儿逐一参观班级的玩具橱，向幼儿介绍各种玩具橱的名称，让幼儿仔细观察玩具橱里有哪些玩具，对幼儿叫不出名字的玩具，教师可与幼儿一起讨论给玩具起名字。

2. 认识玩具图标

出示各种玩具图标，请幼儿猜猜每个图标代表的是什么玩具，猜对了就请一个幼儿将该图标贴到存放该玩具的那一层（或格子）中，并告诉幼儿：这里就是该玩具的"家"。还可以提问：这种玩具的旁边（或上面）是什么玩具的家？这种玩具的家在哪个玩具橱？

3. 建立玩具收放常规

告诉幼儿可以到玩具橱中选择自己喜欢玩的玩具到指定地点玩，但玩过后必须把玩具送回原来的地方。

让幼儿自选玩具开展游戏活动，游戏结束时请幼儿把玩具分别送回家，教师组织幼儿集体检查各种玩具用品是否放到了规定的地方。

建议：

此活动可在建立玩具使用常规过程中自然进行，但常规一旦建立，班级中所有人员都要遵守；在更换玩具材料时，其图标也要及时更换。

活动可在某天自选游戏活动的前后两段进行，游戏前介绍玩具橱及图标，游戏后进行玩具用品的实物归类。

二、幼儿园数学教育活动的组织与实施

（一）正式的数学教育活动

1. 创设恰当的问题情境，促进幼儿的主动探究

教师应善于思考和发现幼儿生活中所蕴藏的数学问题，把数学问题嵌入在一定的情境中，通过解决情境中一系列问题的过程引导幼儿主动探究数学知识。

2. 积极关注幼儿的活动，及时加以解析和回应

教师应在观察的基础上，解析幼儿思维建构活动的大致脉络，进而及时给予回应，视情况给予质疑、求证、建议或挑战。

3. 支持幼儿的发现和探索，适时给予推动

教师对已经发生和即将发生的学习情境，应能够通过建议、提示和部分介入等方式给予支持，推进幼儿的学习进程。

在幼儿的操作过程中，教师要给予其足够的时间和空间，让其充分尝试和探索，寻求解决问题的办法，并感受和发现其中的数学关系；对幼儿在活动中获得的经验，应帮助其归纳与整理，使其系统化。

（二）非正式数学教育活动的组织与实施

1. 观察与记录

通过观察和记录，能够及时了解幼儿在操作中对操作材料的适应状况、操作态度、数学思维

发展水平、与同伴的合作交往能力等方面信息，从而为制订个别幼儿的指导方案提供依据。

2. 个别化指导方案

非正式数学教育活动主要以幼儿的个别活动和个体操作为主，因此教师的活动指导主要体现在为个别幼儿制订有针对性的指导方案上。

3. 评价与反思

教师通过评价与反思可以寻找和发现在个别化指导过程中存在的问题，尤其对方案制订的可行性、有效性的分析能更好地提高教师工作的有效性，促进幼儿发展。

 章末小结

1. 幼儿园数学教育总目标、各年龄阶段目标和幼儿园数学教育活动目标。

2. 幼儿园数学教育内容的分类、各年龄阶段幼儿数学教育的内容。

3. 幼儿园数学教育的途径有专门的数学教育活动与渗透性的数学教育活动，幼儿园数学教育的方法有操作法、游戏法、比较法、讨论法、发现法和寻找法。

4. 幼儿园数学教育活动设计的基本过程。

5. 幼儿园数学教育活动的组织与实施的要求。

 拓展阅读

1. 张慧和，张俊. 幼儿园数学教育 [M]. 北京：人民教育出版社，2004.

2. 黄瑾. 幼儿园数学教育与活动设计 [M]. 北京：高等教育出版社，2010.

3. 梁慧琳. 数学教育活动设计 [M]. 北京：中国社会出版社，2010.

第七章　幼儿园语言教育

考纲提要

1. 掌握幼儿语言领域教育的基本知识和相应的教育方法。
2. 能根据活动中幼儿的需要，选择相应的互动方式，调动幼儿参与活动的积极性。
3. 活动中能根据幼儿的个体差异进行指导。

内容结构图

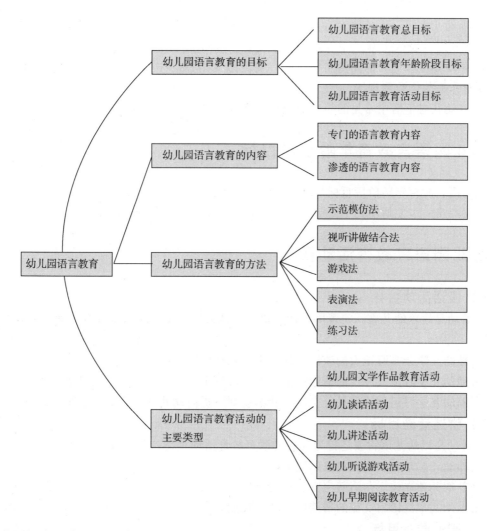

　　幼儿园语言教育是一门专门研究 3—6 岁儿童语言发生、发展及其教育的应用性学科，它通过探索和发现幼儿语言学习中的现象，揭示其中所蕴含的规律，从而运用这些规律对幼儿实施有效的教育，促进幼儿语言能力的提高。

第一节　幼儿园语言教育的目标

一、幼儿园语言教育总目标

《幼儿园教育指导纲要（试行）》中对语言领域提出了以下目标：乐意与人交谈，讲话礼貌；注意倾听对方讲话，能理解日常用语；能清楚地说出自己想说的事；喜欢听故事、看图书；能听懂和会说普通话。

理解《幼儿园教育指导纲要（试行）》的语言教育目标，我们可以把幼儿园语言教育总目标划分为四个大方面，即倾听、表述、欣赏文学作品和早期阅读，并且从以下几个方面对幼儿实施教育。

1. 养成幼儿注意倾听的习惯，发展他们的语言理解能力。

2. 鼓励幼儿大胆、清楚地表达自己的想法和感受，尝试说明、描述简单的事物或过程，发展思维能力和语言表达能力。

3. 引导幼儿接触优秀的儿童文学作品，使之感受语言的丰富和优美，并通过各种活动帮助幼儿加深对作品的体验和理解。

4. 培养幼儿对生活中常见的简单标记和文字等感兴趣。

二、幼儿园语言教育年龄阶段目标

幼儿园语言教育年龄阶段目标是幼儿园语言教育总目标的具体化。幼儿所要达到的语言教育总目标需要一步一步地落实到不同年龄幼儿身上，这样才能循序渐进地促进儿童的语言发展。

三、幼儿园语言教育活动目标

（一）谈话活动目标

谈话活动是培养幼儿在一定范围内运用语言与他人进行交流的语言教育活动类型，其目标主要有：

1. 帮助幼儿学会倾听他人的谈话，逐步掌握几种倾听技能；

2. 帮助幼儿学习围绕一定的话题谈话，充分表达个人见解，培养幼儿口语表达能力；

3. 帮助幼儿学习运用语言进行交流的基本规则，提高幼儿的语言交往水平。

（二）讲述活动目标

讲述活动是以幼儿语言表述行为为主的语言教育活动类型，其目标主要有：

1. 培养幼儿感知理解讲述对象的能力；

2. 培养幼儿独立构思与清楚完整表述的能力；

3. 帮助幼儿掌握语言交流的情绪度、调节技能。

（三）听说游戏目标

听说游戏是采用游戏的方式开展的语言教育活动，其目标主要有：

1. 帮助幼儿按照一定规则进行口语表达练习；

2. 提高幼儿积极倾听的水平；

3. 培养幼儿在语言交往中的机智性和灵活性，锻炼幼儿迅速领悟语言规则的能力，迅速调动个人已有的语言经验编码的能力，以及迅速以符合规则要求的方式表达的能力。

（四）早期阅读活动目标

幼儿园的早期阅读活动，是帮助幼儿接近书面语言的教育过程，其目标主要有：

1. 提高幼儿学习书面语言的兴趣；

2. 帮助幼儿初步认识书面语言和口头语言的对应关系，懂得书面语言学习的重要性；

3. 帮助幼儿掌握早期阅读的技能。

（五）文学作品学习活动目标

文学作品学习活动是通过欣赏文学作品来学习语言的语言教育活动类型，其目标主要有：

1. 要求幼儿积极参加文学活动，乐意欣赏文学作品，知道文学作品有童话故事、诗歌和散文等体裁；

2. 帮助幼儿感受文学作品的语言美，培养他们对艺术语言的敏感性；

3. 要求幼儿理解文学作品内容，学习用语言和非语言的表现方式表达自己对某个文学作品的理解；

4. 要求幼儿根据文学作品所提供的线索，进行创造性想象，并用口头语言表达自己的经验和想象。

第二节　幼儿园语言教育的内容

幼儿园语言教育内容可以分为专门的语言教育内容和渗透的语言教育内容两类。

一、专门的语言教育内容

（一）谈　话

谈话是人与人之间运用问答、对话的语言手段进行交往的一种基本能力。谈话在培养语言交际意识、情感、能力方面有特别重要的意义。幼儿园专门的谈话活动与日常谈话是有区别的。日常谈话是幼儿在日常生活中所进行的谈话，是无预期目标和计划的谈话，具有自发性和随意性。幼儿园的谈话活动是一种有目的、有计划地组织幼儿学习的语言教育活动。

谈话内容主要有以下几个方面：（1）围绕主题交谈；（2）交流信息谈话；（3）分享经验谈话。

（二）讲　述

讲述是指运用完整的句子、连贯的语言，围绕一个主题描述事物，表达思想。讲述时运用的是独白语言，是比谈话更为复杂、周密的一种口语表达形式。

讲述的主要内容有：（1）实物讲述和图片讲述；（2）排图讲述和情景讲述；（3）经验讲述。

（三）文学作品学习活动

幼儿文学作品学习活动是以幼儿文学作品为基本教育内容而设计组织的语言教育活动，它从一个具体的文学作品教学入手，围绕着这个作品展开一系列相关的活动，帮助幼儿理解文学作品所展示的丰富、优美的艺术语言和生动、有趣的情节。

具体内容有：（1）聆听与感受文学作品；（2）朗诵与表现文学作品；（3）仿编与创作文学作品。

（四）早期阅读

早期阅读是指儿童对简单的文字、图画、标记等的阅读活动，其中包括知道图书和文字的重要性，愿意阅读图书和汉字，学习初步的阅读和书写的准备技能等，早期的阅读是儿童由口头语言向书面语言过渡的前期阅读准备和前期书写准备，理解口语与文字之间关系的重要经验。

具体的内容有：（1）前图书阅读经验；（2）前识字经验；（3）前书写经验。

二、渗透的语言教育内容

主要是利用学前儿童各种生活和学习经验，在真实的生活情景中，为儿童提供充分而又广泛的、多种多样的学习和运用语言的机会。

第三节　幼儿园语言教育的方法

幼儿园语言教育的方法，是成人为发展幼儿的语言创设条件和提供机会，让儿童参与各种丰富多彩的活动，支持、鼓励、吸引幼儿在与人、物、环境、材料等交互作用的过程中，学习语言，发展语言。

一、示范模仿法

示范模仿法是指教师通过自身规范化的语言，为幼儿提供语言学习模仿的榜样，让幼儿始终在良好的语言环境中自然地模仿学习。教师的示范是幼儿进行语言模仿的基础。

二、视听讲做结合法

"视"是指教师提供具体形象的讲述对象，让幼儿充分地观察；"听"是指教师用语言描述、启发、引导、暗示、示范等，让幼儿充分地感知与领会；"讲"是指幼儿在感知理解的基础上，充分地表述个人的认识；"做"是指教师给幼儿提供一定的想象空间，通过幼儿的参与或独立的操作活动，帮助幼儿充分构思，从而组织起更加丰富、连贯、完整、富有创造性的语言进行表述。视听讲做结合法的四个方面必须有机地结合，"视"、"听"、"做"都是为"讲"服务的，在"讲"的过程中，促使幼儿语言能力的发展。

三、游戏法

游戏法是指教师运用有规则的游戏，训练幼儿正确发音，丰富幼儿词汇和学习句式的一种方法。游戏符合幼儿的年龄特点，目的在于提高幼儿学习兴趣，集中幼儿的注意，促进幼儿各种感官和大脑的积极活动。游戏法是幼儿语言教育中常见的活动方式之一。

四、表演法

表演法是指在教师的指导下，幼儿扮演文学作品中的人物，根据作品情节的发展，通过对话、动作表情等再现文学作品，以提高口语表现力的一种方法。

五、练习法

练习法是指有意识地让幼儿多次使用同一个言语因素（如语音、词汇、句子等），或训练幼儿某方面言语技能技巧的一种方法。通过练习，学前儿童可以加深理解语言教育中的有关内容，牢固掌握有关的语言知识，熟练运用语言技能。

第四节　幼儿园语言教育活动的主要类型

一、幼儿园文学作品教育活动

幼儿园文学作品教育活动是从一个具体的文学作品教学入手，围绕这个作品展开一系列相关的活动，以帮助儿童理解文学作品所展开的丰富而有趣的生活，体会语言艺术的美，为儿童提供全面的语言学习机会。

（一）基本特征

1. 围绕文学教育活动展开一系列活动

例如，大班散文诗《秋天》系列活动：活动一，欣赏感知秋天的美丽景象及文学语言特色；活动二，运用折纸、粘贴、绘画等形式表现秋天的美丽景象；活动三，改编或仿编《秋天》，加深儿童对作品的理解。

2. 整合相关学科的学习内容

例如，《小熊开商店》中，小熊开了一个鞋店，却总是关门，原来小熊的鞋店中总是缺乏顾客需要的鞋。大象穿大鞋，老鼠穿小鞋，小兔子穿四只鞋，蜘蛛穿八只鞋，而蜈蚣穿十六只鞋。在活动前要利用图片、幻灯等形式穿插进行科学教育，才能保证儿童全面、细致地理解作品内容。

3. 提供多种与文学作品相互作用的途径

幼儿园文学教育活动应用活动的形式来组织，使幼儿在动手、动口、动脑、动眼、动耳等活动中，更深刻、更全面地理解与感受文学作品。

4. 扩大幼儿自主活动的范围

在文学作品教育活动中，幼儿在教师的引导下，能够比较自由地进行讨论、操作表演等，在亲自操作实践、探索和想象创造中，达到对文学作品和文学语言准确、深刻的理解和感知。

（二）主要类型

幼儿园文学教育活动主要包括文学欣赏和文学创作两种形式。

（三）设计与实施的基本结构

1. 学习文学作品内容

教师要根据作品的难易程度、本班幼儿的实际水平以及活动环境与材料利用的便利与否，采取不同的形式来组织教学。有的采用直观形象的图片、幻灯、录像、多媒体等视觉教育手段；有的采用录音、教师讲述和教具、玩具等辅助教育手段呈现作品内容；有的观看情景表演或哑剧来接近学习内容。

2. 理解体验作品经验

教师可以围绕作品内容设计和组织几个相关的活动，如观察走访、观看动画片，组织认识自然和社会的活动，采用绘画、纸工等艺术创作手法，引导儿童讨论、表达和表现文学作品内容。

3. 迁移作品经验

在帮助幼儿深入理解作品的基础上，教师还可以进一步引导幼儿迁移作品的经验。因此，需要进一步组织与作品重点内容有关的操作、游戏、角色扮演等活动，向幼儿提供一个将文学作品讲演迁移到生活中与幼儿生活经验和体验有机结合的机会。

4. 创造性想象和语言表述

教师可以进一步创设条件，让幼儿扩展自己的想象，并创造性地运用语言去表达自己的认识与想象。在这一层次活动中，教师可以让幼儿学习续编故事，也可以让幼儿仿编诗歌，还可以让幼儿围绕文学作品内容想象讲述。

二、幼儿谈话活动

谈话是帮助幼儿学习在一定的范围内运用语言与他人交流的活动。在各种类型的语言教育活动中，谈话具有独特的促进儿童语言发展的功能。它根据一定的语言教育理论，一定的语言教育目标和内容，将一部分语言教育理论、教育目标和内容以及任务付诸实施，对儿童的语言发展产生影响。

（一）基本特征

1. 拥有一个具体、有趣的中心话题

幼儿对中心话题具有一定的熟悉度。话题应是幼儿日常生活中熟悉的、喜闻乐见的内容，如中班的谈话活动"我最喜欢的人"，这一类话题贴近幼儿的生活，幼儿往往比较感兴趣。同时，中心话题要能调动幼儿参与谈话的积极性，对幼儿具有一定的新鲜感和刺激性，如大班谈话活动"恐龙乐园"等。

2. 拥有较丰富的谈话素材

谈话所涉及的素材必须是幼儿知识经验范围以内的，取材于幼儿参观、游览、日常生活中的观察、教育活动以及游戏、电影或电视中所获得的知识经验。儿童的知识越丰富，谈话素材积累得越多，谈话的内容便越丰富。

3. 注重谈话的多方交流

这一特征是谈话活动和讲述活动最主要的区别之一。讲述活动是发展幼儿的独白语言，谈话活动则更注重于幼儿的交往语言或对白语言，侧重于师幼间、同伴间的信息交流与补充。

4. 谈话的语境宽松自由

在谈话活动中，谈话的语境是比较宽松自由的。无论原有经验如何，幼儿都可以在活动中畅所欲言。谈话活动中没有统一的答案和看法，也没有什么一致的讲述经验和思路。同时它不要求幼儿一定使用准确无误的句式、完整连贯的语言来表达。

5. 教师在谈话活动中起间接引导的作用

在谈话活动中，教师以参与者的身份参加谈话，给幼儿以平等的感觉，但是教师仍然需要按照预定的目标内容，紧扣谈话的中心话题，有效地影响谈话活动的进程。教师的间接引导主要体现为：用提问的方式引出话题或转换话题，引导幼儿谈话的思路，把握谈话活动的方式；教师用平行谈话的方式对幼儿做隐性示范。

（二）主要类型

1. 日常生活中的谈话

包括日常个别谈话、日常集体交谈。

2．有计划的谈话活动

这类活动是教师制订一定的计划和教育活动方案，依据事先确定的话题，有目的地组织幼儿进行。谈话的话题可以各式各样，凡是幼儿熟悉的或与他们的生活紧密相关的，都可以加以选择。这些题目可由教师拟定，在大班也可以请幼儿参与拟定。主要话题有：我最喜欢的……（人物、动物、玩具、图书、衣服等）；我和周围的人（爸爸妈妈、爷爷奶奶、老师及同伴等）；我和节日（儿童节、国庆节、春节、妇女节等）；我参加的一些活动（春游、参观、访问、旅游、探亲访友等）；周围环境的变化（花草树木、建筑物、道路、居住环境等）。

3．开放性的讨论活动

讨论活动是一种特殊的谈话活动形式。说其特殊，是由于它在话题形式、语言交往和教师的指导上都有其开放性的特点。

讨论活动的话题形式一般都是开放性的问题，同时讨论所涉及的事物应与幼儿已有生活经验相符合，但对幼儿来讲又有一定的难度。例如，讨论的话题是"假如你有一双翅膀，你最想做的事是什么"。

讨论活动是一种开放性的语言交往活动。在讨论中，幼儿可以就自己的观点去与他人进行充分的语言交往。幼儿既要清晰地向对方表达自己的看法，又要善于倾听他人的见解并进行分析、反驳或接纳，从而使语言交往延续下去。

教师的指导态度要开放。与讨论的问题相对应，教师对幼儿提出的看法也应采用开放的态度。教师要将指导的重点转向幼儿的语言交往能力，而对幼儿的某些富有想象力和创造力的想法采取接纳和鼓励的态度。

（三）设计与实施的基本结构

1．创设谈话情境，引出谈话话题

教师要努力营造一个宽松自由的谈话氛围，创设生动、有趣的谈话情境。

2．围绕话题运用已有经验自由交谈

教师要指导幼儿围绕中心话题大胆地与同伴交谈，同时要有意识地将语言能力较差和语言能力较强的幼儿安排在一起，让他们互相促进、互相交流。

3．围绕中心话题拓展交谈内容

在幼儿运用已有的知识经验充分地交谈后，教师要适时地将幼儿集中起来，以提问或启发的方式帮助幼儿学习新的谈话技能和谈话规则，掌握正确的谈话思路和方法。

4．教师隐性示范新的谈话经验

在通过逐层深入拓展幼儿谈话内容的基础上，教师可以通过隐性示范向幼儿提供谈话范例，帮助幼儿掌握新的谈话经验，使幼儿的谈话水平进一步提高。

三、幼儿讲述活动

幼儿讲述活动是让幼儿凭借一定的讲述对象，在相对正式的语言环境中独自完成的语言表达活动。讲述活动以培养幼儿独立构思和表述一定内容的语言能力为基本目的，是幼儿语言教育的一种重要组织形式。

（一）基本特征

1．讲述活动拥有一定的凭借物

与主要围绕已有经验进行交谈的谈话活动不同，讲述活动需要针对一些凭借物来开展。所谓凭借物，即幼儿在活动中讲述的对象，这决定了幼儿讲述的内容范围和指向，这里所说的凭借物主要是指讲述活动中教师为幼儿准备的或幼儿自己参与准备的（如图片、情景、实物等）。

2. 讲述活动的语言是独白语言

讲述活动的语言交流有别于其他类型的语言活动，它要求幼儿使用的是独白语言。所谓独白，就是需要说话的人独自构思和表达对某一方面内容的完整认识。它需要幼儿用完整、连贯的语言将内心的感受和体验准确无误地表达出来，并能得到他人的理解。

3. 具有相对正式的语言情境

与宽松、自由的交谈不同，讲述活动为幼儿提供的是一种相对正式规范的语言运用场合。它不仅要求幼儿能在小组中发表自己的见解和观点，还要求幼儿能在集体面前用规范语言大胆地表达自己的认识。

4. 讲述活动中需要调动幼儿的多种能力

讲述时幼儿需要感知理解一定的凭借物，并借助对这一凭借物的认识和已有的生活经验，构思并组织自己的独白语言，从独立完整地编码到独立完整地发码，而且不同讲述内容有不同的思维方式，也有不同的逻辑顺序，这对幼儿的观察力、记忆力、想象力和思维能力的要求极高。

（二）主要类型

1. 从讲述内容来分类

（1）叙事性讲述

即用口头语言把人物的经历、行为或事情的发生、发展、变化讲述出来。叙事要求说清楚人物、事件、时间、地点和为什么，并且要求说明事情发生、发展的先后顺序。

（2）描述性讲述

即用生动形象的语言，把人物的状态、动作或物体以及景物的性质、特征具体描述出来。

（3）说明性讲述

即用简单明了的语言，把事物的形状、特征、用途等解说清楚的讲述形式。如讲述"我喜欢的玩具"，要求说明玩具是什么样的，什么材料做的，怎么玩法等。

（4）议论性讲述

议论是讲道理或论是非。议论性讲述通过摆观点、摆事实来说明自己赞成什么或者反对什么。

2. 从凭借物的特点来分类

（1）看图讲述

看图讲述是教师启发幼儿在观察图片、理解图意的基础上，根据图片提供的线索，运用恰当的词句和完整连贯、有条理的语言表达图意。根据图片的运用和对幼儿语言上的不同要求，可以分为描述性的看图讲述、创造性的看图讲述、排图讲述、拼图讲述和绘图讲述。

（2）实物讲述

实物讲述是以实物作为凭借物来帮助幼儿讲述的一种活动，具有真实可信的特点。实物包含真实的物品、玩具、教具、动植物、日常生活用品和外在的自然景物等，指导幼儿感知理解实物并进行讲述时，最重要的是帮助幼儿把握实物的特征。在观察中或观察后，要求幼儿将实物的基本特征、用途、使用的方法等多方面的内容清楚地描述出来。

（3）情景表演讲述

情景表演讲述是要求幼儿凭借对情景表演的观察与理解来进行讲述的一种活动。在某种情景表演后，在教师的帮助下，幼儿将表演中的情节、对话和内容较完整、连贯地表达出来。这种讲述包括真人表演的情景，用木偶表演的情景，真人与木偶共同表演的情景，或者是通过录像或多媒体展示的一段情景。

（三）设计与实施的基本结构

1. 感知理解讲述对象

感知理解讲述对象，主要通过观察的途径进行。这里所说的观察，大部分是通过视觉汲取信息，但也不排斥从其他感觉通道去获得认识。

 案例

许多看图讲述、实物讲述、情境表演讲述，先让幼儿仔细看图、看实物、看表演，理解讲述对象。而触摸实物讲述"神奇的口袋"，要求幼儿闭上眼睛从口袋里摸出一样物体，然后通过触摸感觉物体的特征，猜出物体名称并讲述物体。听录音讲述"夏天的池塘"，先让幼儿听一段录音，请幼儿分辨出录音中各种声响，如蝉、青蛙的叫声。通过听录音将各种声音联系起来，想象出夏天池塘的环境以及发生的事情。这是从听觉途径去感知理解讲述对象的。

2. 运用已有经验讲述

在幼儿感知理解讲述对象的前提下，教师引导幼儿运用已有的经验进行讲述。这一步骤的活动组织，要求教师尽量放开让幼儿自由地讲述，给他们以充分的机会，实践运用已有的讲述经验。组织幼儿运用已有经验讲述的方式可分为集体讲述、分小组讲述和个别交流三种。

3. 引进新的讲述经验

新的讲述经验主要是指讲述的思路和讲述的方式。在制订活动目标时，教师应考虑上次活动的重点、解决的问题、达到目的情况，以便在此基础上向幼儿提供新的讲述经验。

4. 巩固和迁移新的讲述经验

讲述活动中，仅仅引进新的讲述经验是不够的，还需要提供幼儿实际操练新经验的机会，以利于他们更好地获得这些经验。

四、幼儿听说游戏活动

听说游戏是一种特殊形式的语言教育活动，它是用游戏的方式组织幼儿进行的语言教育活动，含有较多的规则游戏的成分，能够较好地吸引幼儿参与语言学习活动，并在积极愉快的活动中完成语言学习的任务。活动的目标是以培养幼儿倾听和表述能力为主，活动的内容主要集中在听和说的理解与表达方面。

（一）基本特征

1. 语言教育目标内隐于游戏之中

教师通过对听说游戏活动的设计和实施，将近阶段的语言教育目标，内隐于听说游戏活动的内容和过程中。

2. 游戏规则即为语言学习的重点内容

教师在设计听说游戏时，根据具体的教育目标，选择适当的语言学习内容，并将本次活动的语言学习重点转化为一定的游戏规则，游戏的规则可能是竞赛性质的，也可能是非竞赛性质的。当幼儿参与听说游戏时，他们必须遵守一定的游戏规则，并在活动中锻炼听说能力。

3. 活动过程中逐步扩大游戏的成分

听说游戏活动兼有游戏和活动双重性质，从活动组织形式上看，具有从活动入手，逐步扩大游戏成分的特征。

（二）主要类型

1. 语音练习的游戏

这类游戏是以练习幼儿正确发音，提高幼儿辨音能力为目的的一种活动。

2. 词汇练习的游戏

这类游戏以丰富幼儿的词汇和正确运用词汇为目的。

3. 句子和语法练习的游戏

这类游戏主要让幼儿通过专门的集中的学习迅速地掌握某一种句法的特点规律，并在尝试运用过程中提高熟练使用的水平。

4. 描述练习的游戏

这类游戏以训练幼儿用比较连贯的语言，具体形象地描述事物，提高口语表达能力为目的。

（三）设计与实施的基本结构

1. 创设游戏情境，引发幼儿兴趣。
2. 交代游戏规则，明确游戏玩法。
3. 教师指导幼儿游戏。
4. 幼儿自主游戏。

五、幼儿早期阅读教育活动

幼儿早期阅读教育是以幼儿自身经验为基础，在适当情景中，幼儿通过对文字、符号、标识、图片、影像等材料的认读、理解和运用，对于幼儿身心所施加的一种有目的、有组织、有计划的影响活动。它不是单纯的看书、识字活动，而是一种具有结构相对完整、体系相对独立、能促进幼儿全面和谐发展的活动。根据幼儿早期阅读活动的目标，为幼儿提供的早期阅读内容包含三个方面的阅读经验，即前图书阅读的经验、前识字经验、前书写经验。

（一）基本特征

1. 早期阅读活动需要丰富的阅读环境

在早期阅读中，教师应为幼儿创设丰富的阅读物质环境，包括为幼儿提供阅读的时间和空间；同时，还要为幼儿创设宽松、自由的阅读氛围，以帮助幼儿全身心地投入阅读活动中，在阅读活动中获得无穷的乐趣。

2. 早期阅读活动与讲述活动紧密相连

幼儿在阅读过程中不仅要理解图书的主要内容，还要将图书的主要意思以口头表达的形式表现出来。因此，阅读活动与讲述活动紧密结合在一起，幼儿可以边看边说，也可以在看完之后把图书的大意讲述出来。讲述的形式可以多种多样，幼儿可以独自讲述图书的主要内容，也可以在小组、集体中讲述；可以一个人讲述一本图书，也可以由两三个幼儿共同讲述一本图书。

3. 早期阅读活动应具有整合性的特点

早期阅读是一种整合性教育，它贯穿于各种活动中，应与语言教育活动、其他领域教育活动紧密结合起来。

（二）主要类型

1. 阅读区活动

阅读区应设在活动室光线充足的地方，并应设有便于幼儿取放书籍的书橱或书架。阅读区有以下功能：提高幼儿的阅读水平；选择合适的图书，为有计划的阅读活动做准备；培养幼儿对图书的兴趣。

教师在指导阅读区活动时应注意：阅读区活动应建立必要的规则；要引导幼儿积极主动地利用图书；培养幼儿良好的阅读习惯。

2. 有计划的早期阅读活动

这种阅读活动一般以分组形式进行，一组幼儿与教师一起参加本次活动，另一组幼儿则进行与本次阅读活动内容相关的活动，如绘画图书中的人物形象或进行涂色等。分组可以使每个幼儿都有表现的机会，也有利于教师观察、指导幼儿的阅读行为表现。

（三）设计与实施的基本结构

1. 阅读前准备性活动

教师在指导这个阶段活动时应注意：第一，阅读前准备性活动只是为正式阅读做好铺垫，它并不能代替正式的阅读活动，因此，不要让幼儿对图书的内容过于熟悉，否则幼儿在正式阅读时就会对图书失去兴趣，影响正式阅读活动的质量；第二，准备活动中可以让幼儿从头到尾翻看图书一两遍，或让他们边看边讲述图书的内容；第三，对幼儿理解不正确的地方，教师可以给予提示。

2. 幼儿自由阅读

阅读活动适合于个别化教学，因此，每次阅读活动时幼儿的人数不宜过多，一般是班级人数的一半以下，以便于教师对每个幼儿进行个别指导。

教师在指导这个阶段时应注意：第一，教师在指导时要用提问方式引导幼儿的思路，使他们能带着问题边思考边阅读；第二，在教师巡回指导时，要注意观察每个幼儿的表现。

3. 师幼共同阅读

这个步骤又可以分为几个阶段：师幼一起阅读，了解和理解图书大致内容；围绕阅读重点开展活动；归纳图书内容。当幼儿对图书的主要内容有深入的理解后，教师要鼓励幼儿将主要内容总结、归纳出来，从而巩固、消化所学的内容。

4. 幼儿讲述阅读的主要内容

这个阶段是幼儿将所理解的图书内容以口头语言的形式表达出来，它是幼儿将图画符号转化为语言符号的阶段，因此也是阅读活动中不可缺少的一个环节。幼儿可以在小组内自由讲述，可以在集体中讲述，也可以同伴间合作讲述。

 案例

幼儿园中班故事：生气猪上天

【活动目标】

1. 尝试用表演的方式表达对故事的理解。

2. 乐意为小动物动脑筋想办法，语言表达清楚完整。

3. 知道生气不利于身心健康。

【活动准备】

课件、小动物头饰（小猪、小猫、小兔、小狗）、自制录音（小动物的笑声与"生气虫"的独白）、"生气蛋糕"一个。

【活动过程】

（一）利用录音，激趣导入

教师引导语：小朋友，你们听……（播放录音：小动物的笑声与"生气虫"的独白）

谁在笑呢？他们之间发生了一件什么事呢？我们一起来听个故事吧！

（二）观察课件，理解故事

1. 观察段一

提问：谁在草地上高兴地玩？他们的歌声、笑声传到了谁的耳朵里？"生气虫"非常爱生气，看到小动物们这么开心，心里很嫉妒。

提问："生气虫"会想什么主意让小动物们生气呢？（请小朋友们猜一猜）

教师过渡语：真有那么多令人生气的事情吗？让我们来看看谁上了"生气虫"的当。

2. 观察段二

提问：谁上了"生气虫"的当？"生气虫"想了什么主意让小猪上当？

教师小结："生气虫"用生气面粉做了个生气蛋糕，他想让小动物们也整天生气，真是个可恶的家伙。

出示"生气蛋糕"，引导幼儿表演。教师引导语：瞧，这就是那个"香喷喷的生气蛋糕"，我们来演演这一段。（集体与个别结合）

（1）教师以旁白的形式指导幼儿的表演。

（2）引导幼儿想象并表达角色的语言。

（3）引导幼儿想象并表演角色的动作与表情。

教师提问：吃了"生气蛋糕"的小猪会怎么样？（启发幼儿联系生活经验，说说生气的样子，教师可适当丰富幼儿语言，如"火冒三丈"、"暴跳如雷"、"气鼓鼓地"、"气得涨红了脸"、"气得吹胡子瞪眼睛等"。）

3. 观察段三

提问：吃了"生气蛋糕"的小猪变成了什么？

小猪吃了"生气蛋糕"竟然成了生气猪，瞧他的肚子气鼓鼓的，越气越大，像一只气球似的飞上了天。小伙伴是怎样救他的？成功了吗？结果呢？小动物们在天上会喊什么呀？（救命——）

教师提问：这下可怎么办呢？赶紧想个办法救救可怜的小动物们吧！（幼儿讨论后教师小结并肯定幼儿的想法）

教师过渡语：小动物们听了你们的主意，自己也有了好办法。

4. 观察段四

教师提问：瞧，他们想出了什么好办法？（唱歌）

教师小结：小动物的办法真灵，小猪一高兴，肚子里的气就慢慢消了。大家回到了草地上快乐地游戏，这可把"生气虫"气坏了，他"嗖"的一声飞上了天，再也下不来了。

（三）完整倾听故事

教师引导语：谁给这个故事起个好听的名字？（可选幼儿的题目）让我们完整地听听这个故事。

（四）迁移拓展

1. 教师引导语：故事里的小动物动脑筋想办法战胜了可恶的"生气虫"。在我们平时的生活中如果遇到了一些生气的事情，你会怎么办呢？（启发幼儿联系经验，师幼共同谈谈生活体验）

教师小结语：万一遇到自己解决不了的事情，可以找别人帮忙（如与别人谈谈、请别人出主意、听听音乐缓解情绪等）。生气对我们的身体不好，我们要让自己天天开心，这样，"生气虫"就无机可乘，不会欺负我们了。

2. 让我们听着音乐开心起来吧！（师幼跟着音乐跳起来）

3. 我们回到教室把这个故事完整地表演出来吧！

附故事:

生 气 猪 上 天

小兔、小狗、小猫和小猪是好朋友,他们在草地上又唱又跳,玩得真高兴。

他们的歌声、笑声传到了地下的"生气虫"耳朵里。"生气虫"握着拳头说:"哼,我一定要让你们高兴不起来。""生气虫"一边生气,一边做"生气蛋糕",嘴里还不停地念着:"吧唧嘿,变生气,吧唧嘿,变生气。""生气虫"把"生气蛋糕"悄悄地放在草地上,躲在一边偷偷笑:一会儿,四个小傻瓜全变生气虫。四个好伙伴拿着渔网正准备去网鱼。"咦,一块蛋糕。"小猪说:"我们四个分着吃吧!""不行,不行,别人的东西我们不能吃。"小兔、小狗和小猫都这么说。可话音未落,馋嘴的小猪已经吃下了一块"生气蛋糕"。呀,小猪的肚皮鼓起来了,像个皮球。原来吃了"生气蛋糕",小猪爱生气了,气得涨红了脸,肚子都鼓了起来。小猪还在生气,肚皮还在变大,一阵风吹来,小猪飘了起来。三个小伙伴赶紧用渔网把小猪网住。"你们网住我干什么,我又不是鱼,你们这群傻瓜!"小猪尖叫着。小猪还在生气,肚皮还在变大,结果像气球似的飞了起来,还带着渔网和三个小伙伴。到了半空中,小猪害怕了,他忘了生气,一个劲地叫:"怎么办? 怎么办?"小鸟飞来了,他用尖嘴啄小猪的肚皮。小猪被啄得好痒,忍不住大笑起来。小猫说,"咱们一起唱歌吧,小猪听了歌声一高兴就不生气了。"他们一起唱起来了:"嘿嘿啦,我们是快乐的小伙伴,上天入地在一起……"唱着,唱着,小猪肚皮里的气没了,他们慢慢地降落到地上。"嘿嘿啦,嘿嘿啦……"四个小伙伴又高兴地在一起玩了。"生气虫"气得"嗖"一下,像火箭一样窜上天去,再也下不来了。

 章末小结

1. 幼儿园语言教育总目标:乐意与人交谈,讲话礼貌;注意倾听对方讲话,能理解日常用语;能清楚地说出自己想说的事;喜欢听故事,看图书;能听懂和会说普通话。

2. 幼儿园语言教育年龄阶段目标:幼儿园语言教育年龄阶段目标是幼儿园语言教育总目标的具体化。幼儿所要达到的语言教育总目标需要一步一步地落实到不同年龄幼儿身上,这样才能循序渐进地促进幼儿的语言发展。

3. 幼儿园语言教育活动目标:谈话活动目标、讲述活动目标、听说游戏目标、早期阅读活动目标、文学作品学习活动目标。

4. 幼儿园语言教育内容可以分为专门的语言教育内容和渗透的语言教育内容两类。专门的语言教育内容:谈话、讲述、文学作品学习活动和早期阅读;渗透的语言教育内容,主要是利用学前儿童各种生活和学习经验,在真实的生活情景中,为幼儿提供充分而又广泛的、多种多样的学习和运用语言的机会。

5. 幼儿园语言教育的方法:示范模仿法、视听讲做结合法、游戏法、表演法、练习法。

6. 幼儿园文学教育活动是从一个具体的文学作品教学入手,围绕这个作品展开一系列相关的活动,以帮助幼儿理解文学作品所展开的丰富而有趣的生活,体会语言艺术的美,为幼儿提供全面的语言学习机会。

7. 幼儿园文学教育活动的基本特征:

(1) 围绕文学教育活动展开一系列活动;

(2) 整合相关学科的学习内容;

(3) 提供多种与文学作品相互作用的途径;

(4) 扩大幼儿自主活动的范围。

8. 幼儿园文学教育活动的类型包括文学欣赏和文学创作两种形式。

9. 幼儿园文学教育活动的基本层次：学习文学作品内容；理解体验作品经验；迁移作品经验；创造性想象和语言表述。

10. 谈话是帮助幼儿学习在一定的范围内运用语言与他人交流的活动。

11. 谈话活动的基本特征：

（1）拥有一个具体、有趣的中心话题；

（2）拥有较丰富的谈话素材；

（3）注重谈话的多方交流；

（4）谈话的语境宽松自由；

（5）教师在谈话活动中起间接引导的作用。

12. 谈话活动的主要类型：

（1）日常生活中的谈话，即日常个别谈话、日常集体交谈；

（2）有计划的谈话活动；

（3）开放性的讨论活动。

13. 谈话活动设计与实施的基本结构：

（1）创设谈话情境，引出谈话话题；

（2）围绕话题运用已有经验自由交谈；

（3）围绕中心话题拓展交谈内容；

（4）教师隐性示范新的谈话经验。

14. 幼儿讲述活动是让幼儿凭借一定的讲述对象，在相对正式的语言环境中独自完成的语言表达活动。讲述活动以培养幼儿独立构思和表述一定内容的语言能力为基本目的，是幼儿语言教育的一种重要组织形式。

15. 讲述活动的基本特征：

（1）讲述活动拥有一定的凭借物；

（2）讲述活动的语言是独白语言；

（3）具有相对正式的语言情境；

（4）讲述活动中需要调动幼儿的多种能力。

16. 讲述活动的主要类型：从讲述内容来分可分为叙事性讲述、描述性讲述、说明性讲述、议论性讲述；从凭借物的特点来分可分为看图讲述、实物讲述、情景表演讲述。

17. 讲述活动设计与实施的基本结构：

（1）感知理解讲述对象；

（2）运用已有经验讲述；

（3）引进新的讲述经验；

（4）巩固和迁移新的讲述经验。

18. 幼儿听说游戏活动：是一种特殊形式的语言教育活动，它是用游戏的方式组织幼儿进行的语言教育活动，含有较多的规则游戏的成分，能够较好地吸引幼儿参与语言学习的活动中，并在积极愉快的活动中完成语言学习的任务。

19. 听说游戏活动的基本特征：

（1）语言教育目标内隐于游戏之中；

（2）游戏规则即为语言学习的重点内容；

（3）活动过程中逐步扩大游戏的成分。

20. 听说游戏活动的主要类型：语音练习的游戏、词汇练习的游戏、句子和语法练习的游戏和描述练习的游戏。

21. 听说游戏活动设计与实施的基本结构：

(1) 创设游戏情境，引发儿童兴趣；

(2) 交代游戏规则，明确游戏玩法；

(3) 教师指导幼儿游戏；

(4) 幼儿自主游戏。

22. 幼儿早期阅读教育是以幼儿自身经验为基础，在适当情景中，幼儿通过对文字、符号、标记、图片、影像等材料的认读、理解和运用，对幼儿身心所施加的一种有目的、有组织、有计划的影响活动。

23. 幼儿园早期阅读活动的特点：

(1) 早期阅读活动需要丰富的阅读环境；

(2) 早期阅读活动与讲述活动紧密相连；

(3) 早期阅读活动应具有整合性的特点。

24. 早期阅读活动的主要类型：

(1) 阅读区活动；

(2) 有计划的早期阅读活动。

25. 早期阅读活动设计与实施的基本结构：

(1) 阅读前准备性活动；

(2) 幼儿自由阅读；

(3) 师幼共同阅读；

(4) 幼儿讲述阅读的主要内容。

 拓展阅读

余珍有. （幼儿园领域课程指导丛书）幼儿园语言领域教育精要：关键经验与活动指导[M]. 北京：教育科学出版社，2016.

第八章　幼儿园社会教育

考纲提要

1. 掌握幼儿园社会领域教育的基本知识和相应的教育方法。
2. 能根据活动中幼儿的需要，选择相应的互动方式，调动幼儿参与活动的积极性。
3. 活动中能根据幼儿的个体差异进行指导。

内容结构图

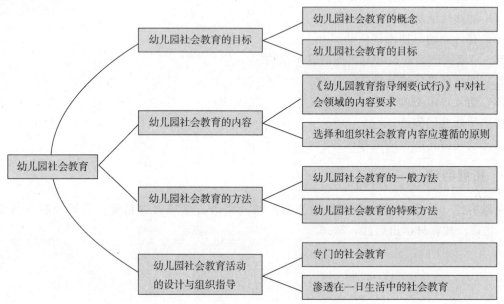

第一节　幼儿园社会教育的目标

一、幼儿园社会教育的概念

　　幼儿园社会教育主要是指对幼儿进行社会认知、社会情感、社会行为等方面的教育。具体而言，幼儿园社会教育是可以帮助幼儿正确地认识自己、他人和社会，形成积极的社会情感，掌握与同伴、成人、周围环境的交往和互动技能，以便更好地实现社会化的教育。

　　在幼儿园阶段对幼儿进行社会教育可以帮助幼儿形成正确的价值观；丰富和陶冶幼儿的自然情感和社会情感，使幼儿学会用恰当的方式表达自己的情感；习得社会交往技能等。

二、幼儿园社会教育的目标

（一）幼儿园社会教育总目标

《幼儿园教育指导纲要（试行）》明确提出了幼儿园社会领域的总目标：

1. 能主动地参与各项活动，有自信心；

2. 乐意与人交往，学习互助、合作和分享，有同情心；

3. 理解并遵守日常生活中基本的社会行为规则；

4. 能努力做好力所能及的事，不怕困难，有初步的责任感；

5. 爱父母长辈、老师和同伴，爱集体、爱家乡、爱祖国。

以上五条目标，主要涉及三个方面：人际关系、社会环境和社会文化、社会行为规范。

（二）幼儿园社会教育的分类目标

1. 人际关系

（1）培养幼儿的自信心、自尊心、独立性，以及最基本的自我控制和应变的能力。

（2）逐渐了解父母、老师、同伴及其他社会成员，引导幼儿逐渐学会同情、关心他人，并乐于帮助他人，激发幼儿初步的爱父母、爱长辈、爱老师的情感。

（3）积极地同他人交往，并培养幼儿合作、交往、分享、谦让等方面的基本社会技能。

（4）初步了解自己所在的集体，使幼儿逐步适应并喜欢集体生活，初步产生对集体的关心、喜欢之情。

（5）培养幼儿的诚挚、勇敢、守纪律等基本品质，培养幼儿活泼开朗的性格。

2. 社会环境和社会文化

（1）了解家庭、幼儿园，初步认识主要的生活机构和设施及其与人们生活的关系。

（2）观察和感受周围的主要自然景观，初步激发幼儿热爱家乡的情感。

（3）初步了解自己所在地的名称。

（4）感知我国的国名、国旗、国歌、国徽，初步了解我国几个主要的少数民族及几个主要的风景名胜区。

（5）初步了解重大的节日和重大的社会事件。

（6）知道世界上有许多国家和民族，激发幼儿爱和平的情感。

（7）初步了解我国主要的人文景观、文化精品和民间节日等。

（8）初步感受世界著名的人文景观及优秀的艺术作品，引发幼儿对世界文化的兴趣。

3. 社会行为规范

（1）初步了解并掌握基本的公共卫生规则，初步养成讲卫生的习惯。

（2）初步了解并逐步掌握基本的公共交通规则。

（3）初步了解并逐步掌握与人交往的基本规则。

（4）初步了解并逐步掌握生活中的各种规则。

（5）初步懂得要保护环境。

（6）初步养成爱劳动、爱惜劳动成果的习惯，激发幼儿初步的热爱劳动的情感。

（7）初步懂得正确与错误，培养幼儿初步的是非观念。

第二节　幼儿园社会教育的内容

一、《幼儿园教育指导纲要（试行）》中对社会领域的内容要求

通过对《纲要》的分析，社会领域课程内容大致地、相对地可以划分为四个板块：人际关系、社会环境、社会行为规范、社会文化。

（一）人际关系

1. 自　己

使幼儿建立良好的自我意识，学会自我认识、自我调控和自我体验。

2. 同伴及同伴交往

同伴的姓名、性别及年龄；同伴的外貌特征、同伴的爱好、同伴的优点和缺点；与同伴愉快地从事共同的活动；与同伴友好地讨论和商量事情；同伴间轮流游戏、阅读、玩玩具；同伴间分享食品、玩具、图书及高兴的事；关心有困难的同伴或比自己小的同伴；能用礼貌的语言与同伴交谈，注意倾听同伴的讲话；与同伴产生矛盾和冲突时会讲道理，会寻找解决问题的办法；同伴之间相互学习，相互帮助；会帮助同伴改正缺点。

3. 集　体

自己所在的小组、班级及幼儿园的名称；小组成员的姓名、性别及年龄；小组长及值日生的姓名及职责；小组经常进行的集体活动；自己小组的优点和不足；班级的环境特点；幼儿园的环境特点；幼儿园其他班级的名称；幼儿园里工作人员的称呼以及他（她）们的活动；能适应集体的生活，乐于与人交往。

（二）社会环境

1. 家　庭

家庭的住址、电话；有关自我安全保护的知识；家里主要的生活用品、娱乐工具和学习用品；家庭成员与自己、邻里的关系。

2. 幼儿园

幼儿园的名称、地址；幼儿园的环境和设施；集体活动的基本规范；自己的班级和小组，幼儿园的工作人员及其与自己的关系。

3. 社　区

社会主要机构（如银行、商店、邮局、政府部门、消防站、体育馆、文化站、图书馆、农贸市场、学校、敬老院等）的名称、工作人员、主要活动及其与人们生活的关系；社区的交通设施，包括码头、车站等。

4. 行政区划

所在省（市）、区（县）、街道（乡、镇）、街（村）的名称，家庭和幼儿园的门牌号。

5. 祖　国

国名、国旗、国歌、国徽、首都；我国的人种特征、主要的少数民族；一些主要的风景名胜，如长江、黄河、黄山、长城、故宫、兵马俑等；一些主要的特产，如茶叶、文房四宝等；中国人民解放军海、陆、空三军等。

6. 世界知识

国家与国家之间的交往，有关世界和平的最粗浅的知识。

7. 重大节日和重大社会事件

知道一些重大节日的名称、时间、意义及庆祝方式，如元旦、妇女节、劳动节、儿童节、教师节、国庆节以及植树节、爱鸟周、世界环境日等；一些重大的社会事件及其影响，如抗洪救灾，大型运动会等。

（三）社会行为规范

1. 公共规则

公共惜物规则，如爱护公共财物、节约粮食和水电、保护植物和动物及环境等；公共卫生规则，如不随地乱扔杂物、不随地吐痰等；公共交通规则，如走人行道、看红绿灯等。

2. 集体规则

集体活动的一般规则，如服从集体意见、遵守集体指令、愿为集体服务等；学校活动规则，如保持安静、不影响他人、会同他人合作、勇于发表意见、注意倾听他人的意见等。

3. 交往规则

使用礼貌用语；对老师、长辈行鞠躬礼；礼貌待客，礼貌做客；注意倾听他人说话，不无故打断他人说话，会合作和谦让。

4. 基本道德准则

知道别人的和集体的东西不能占为己有；能分清是非；诚实守信；能改正自己的缺点和错误等。

（四）社会文化

1. 社区人文景观

所在社区著名人文景观的名称、特征及有关的故事、传说。

2. 民间节日

一些重要的民间节日，如春节、元宵节、端午节、中秋节等，它们的名称、时间、主要特点。

3. 民间艺术

本地的一些主要工艺品，它们的名称、用材及简单的制作方法；本地的一些天然工艺品；本地主要的剧种；一些健康有益的民间歌谣、故事等。

4. 文化精品

汉字，中国书法；我国的一两个主要剧种；有关中国民乐、国画等方面最基础的知识。

5. 世界文化

世界主要著名文化圣地，如金字塔、凡尔赛宫等；世界上流传最广的乐器，如钢琴、小提琴等；世界上流传最广的艺术形式，如油画、雕塑等；世界有名的儿童文学作品，如《格林童话》等。

以上内容，大部分被系统组织在社会教育课程中，也有一部分渗透在语言、音乐、美术等其他领域的教育内容中。

二、选择和组织社会教育内容应遵循的原则

（一）从幼儿的生活经验出发由近趋远的原则

幼儿园社会教育的内容，首先应从幼儿生活周围的知识开始，选取贴近幼儿生活经验、易于幼儿理解的内容，挖掘其教育价值，逐步向四周延伸和扩展，以保证幼儿的社会学习有相应的经

验支持。

（二）由易至难，逐步深入的原则

幼儿园社会教育的内容安排应从比较简单容易的开始，逐步提高难度和要求，幼儿学习起来较为困难的一些内容应该安排在最后。如了解与自己有关的家庭成员间的关系，大致可遵循这样一个顺序：父母亲——祖父母、外祖父母——其他亲属及其他伦理关系。

（三）渗透性原则

社会教育是做人的教育。因此，凡是有利于达到增进幼儿社会认知、培养社会情感、促使社会行为技能发展目标的，均可以被看作社会教育的内容。正是从这个角度出发，我们认为，幼儿园社会教育的内容应渗透在幼儿日常的生活和活动之中，使幼儿在潜移默化中受到教育。应渗透在各个领域的学习之中，互相结合，给幼儿的社会性发展以整体的影响。做到正规社会课程内容与非正规课程内容协调一致，显性社会课程和潜在的社会课程内容协调一致。

同时，选择和组织的教育内容还要做到具有时代感，即使是民族传统文化方面的内容，也要从时代需要的角度去挖掘其积极意义，使之符合现代先进的价值观。总之，所选的教育内容具有一定的发展价值，有利于促进幼儿身心全面和谐地发展。

第三节　幼儿园社会教育的方法

幼儿园社会教育的方法，包括一般的教育方法和专门的教育方法。

一、幼儿园社会教育的一般方法

（一）语言法，包括讲解法、谈话法和讨论法

1. 讲解法

向幼儿说明一些简单的道理、规则及其意义，使幼儿明辨是非，懂得应该怎样做和为什么要这样做。讲解法是社会教育活动中运用得非常普遍的方法，无论是幼儿对人际关系的了解，对社会环境的认知，还是对社会行为规范的学习和社会文化的吸取，都需要教师用生动浅显、富有感染力的语言进行讲解、启发和引导。

2. 谈话法

教师与幼儿相互提问，对答。谈话法的运用可以使教师借助恰当的问题，帮助幼儿分析、提炼原有的社会知识经验，使之系统化、明确化。谈话法中幼儿的提问与回答是其真实思想活动的反映，有利于教师把握其思想实质。

3. 讨论法

这种方法有利于幼儿自由发表意见和感受，帮助幼儿养成独立思考的习惯和能力，懂得不同的人对待问题的看法不同，有利于幼儿摆脱自我中心。使用时应注意在讨论的过程中，教师不轻易、简单评价，鼓励幼儿对问题以及其他幼儿的意见发表自己的看法，讨论结束时，教师简明阐述正确的观点，引导幼儿对问题做出正确的小结。

（二）直观法，主要包括演示法、参观法

1. 演示法

教师通过展示实物、教具或情境表演，引导幼儿对其中隐含的社会问题进行思考，明白社会规范。展示给幼儿的情景可以是图片中的情景，也可以是幼儿或幼儿与教师共同表演的情景。这

种方法的运用，能增进幼儿对社会教育活动的兴趣，增强活动的效果。

2. 参观法

即根据社会教育的目的和内容，组织幼儿在园内或园外通过对实际事物和现象的观察、思考，获得新的社会知识与社会规范的教育方法。它能使幼儿社会教育活动与其实际生活紧密联系起来，在身临其境中接受教育。

（三）行为练习法

即组织幼儿按照正确的社会行为规范去进行实践的一种方法。它能使幼儿明白正确的社会行为规范，形成和巩固幼儿的社会行为习惯。

运用行为练习法时要注意，教师要让幼儿明确行为练习的内容和要求；练习的内容应是幼儿可以接受的，做到循序渐进；行为练习的要求应前后一致，长期坚持以便幼儿能持之以恒形成习惯；活动中应给每个幼儿提供练习的机会，练习的时间不宜太仓促，要让幼儿真正在练习中体验到快乐，达到练习的目的和效果。

（四）行为评价法

行为评价法是指对幼儿符合社会言行的表现给予褒贬判断，从而使幼儿受到教育。行为评价法可分为肯定性评价和否定性评价。无论采用哪种评价方式，都应尊重幼儿、信任幼儿、理解幼儿，注意用发展的眼光看待幼儿，使用纵向评价并且及时评价。

（五）陶冶法

陶冶法主要利用人际关系、行为环境、社会风气、情感气氛等来陶冶幼儿的性情，培养幼儿良好的社会公德、社会行为和亲社会情感。它包括环境陶冶法和艺术感染法。

1. 环境陶冶法

通过优美的自然环境、良好的社会环境和教师有意识创设的教育情境，对幼儿进行社会化培养。幼儿由于其年龄特点，对事物、问题尚未形成积极稳定正确的认识，容易受外界环境的影响，所以教师有必要引导幼儿感受与体验外部环境的熏陶，并有意识地创设良好的教育环境，使幼儿的社会性情感、社会习惯得到良好的培养和陶冶。

2. 艺术感染法

即利用音乐、绘画等艺术形式，激发幼儿的情感，并使之化为行动的一种教育方法。艺术感染法主要运用于社会文化教育活动中，因为社会文化中的人文景观、文化精品、优秀的艺术作品等本身就体现了较高的艺术性。幼儿在学习、观赏中获得了直接积极的情感体验，有利于社会情感的激发与培养。

二、幼儿园社会教育的特殊方法

（一）移情训练法

移情是指设身处地地站在他人的位置和立场上考虑问题，理解他人的感情和需要。移情训练法是通过故事、情景表演等形式使幼儿理解和分享别人的情绪体验，使幼儿在日后生活中对他人类似的情绪体验会主动地、"习惯性"地产生理解和分享的教育方法。它在幼儿社会教育活动中是一种很重要的教育方法。

（二）角色扮演法

角色扮演法即教师创设现实社会中的特定情境，让幼儿扮演一定的社会角色，使幼儿表现出与这一角色一致的且符合这一角色规范的社会行为，并在此过程中感知角色间的关系，感知和理解他人的感受、行为经验，从而掌握自己承担的角色所应遵循的社会行为规范和道德要求。

（三）观察学习法

观察学习法指幼儿通过模仿或观察学习，直接学会新的行为模式，获得相应的社会行为的方法。这种方法可以使幼儿即刻学习新的行为模式，可以激励将隐藏在内心的行为倾向变为外部的实际行动，可以通过对行为模式的模仿，改变、消除或强化个体原有的行为模式。

幼儿社会教育的方法多种多样，在实际操作中，要做到正确选择与灵活运用，从而有效地推动幼儿社会教育活动的开展，达到较好的教育效果，有效地实现幼儿社会教育的目标。

第四节　幼儿园社会教育活动的设计与组织指导

幼儿园社会教育的目标和内容是通过具体的社会教育活动来实现的。社会教育活动的形式多种多样，有专门组织的社会活动，更多的是渗透在幼儿一日生活活动中的社会教育等。

一、专门的社会教育

幼儿园中专门的社会教育，是指教师为了实现教育任务、完成教育内容而精心设计的一切社会教育活动。

（一）集体教育活动

教师围绕某一社会教育的内容，从目标的制订、活动的准备、教学的过程整体进行设计和组织实施。在设计活动过程时要注意以下几点。

1. 分析教学内容，合理地确定教学的重点和难点。

2. 考虑活动环节，确定教学内容呈现的顺序。

3. 考虑教育方法、手段和组织形式的选择和运用。不同的内容，可运用的方法是不一样的。如果是社会认知方面的内容，可以用讲解、讨论、谈话、参观等方法；如果是社会情感方面的内容，可以用陶冶法、移情训练法、角色扮演法等；如果是社会行为方面的内容，可以用行为训练法、观察学习法等。

4. 提问。教师的提问要精练，而且要注意提问的层次性、导向性，以真正调动幼儿的已有经验。

（二）参观和实践活动

陈鹤琴先生说过："大自然、大社会都是活教材。"教师有目的、有计划地组织幼儿参观一些重要的历史建筑、文化名胜和社会设施，能够加深幼儿的认识，萌发幼儿对社会和自然的喜爱之情。

二、渗透在一日生活中的社会教育

渗透在一日生活中的社会教育是专门的社会教育的补充和延伸，它潜移默化地对幼儿施加影响。

（一）日常生活活动

幼儿在园的一日生活的各个环节都可以渗透进社会教育的要求。如在盥洗室时，教育幼儿要遵守一定的规则。

(二) 其他领域的教学活动

幼儿园语言、科学、数学、音乐、美术等教育教学活动都存在着进行社会教育的契机。如在学习诗歌《梳子》时，除了感受诗歌的优美情境，还可以引导和激发幼儿对妈妈的爱；在集体舞教学活动中，可以引导幼儿尝试寻找舞伴合作，体验共同舞蹈的快乐。

(三) 角色游戏

游戏是儿童的天性，游戏是儿童最乐于从事的活动。所有的游戏活动都有可能发展幼儿的社会性，但角色游戏是对幼儿进行社会教育最为直接的途径。

(四) 环　境

"环境是第三位教师。"经过良好设计的环境，可以起到诱发幼儿积极行为的作用。如教师在美工区放一个废纸篓，这个废纸篓就可以起到暗示幼儿不随地扔垃圾的作用，而教师不必三令五申地宣讲不随地扔垃圾的道理。又由于环境的作用是潜移默化的，所以效果要比教师的言传身教来得更为实在。

 章末小结

1. 幼儿园社会教育主要是指对幼儿进行社会认知、社会情感、社会行为等方面的教育。具体而言，幼儿园社会教育是可以帮助幼儿正确地认识自己、他人和社会，形成积极的社会情感，掌握与同伴、成人、周围环境的交往和互动技能，以便更好地实现社会化的教育。

2. 幼儿园社会领域的目标是：能主动地参与各项活动，有自信心；乐意与人交往，学习互助、合作和分享，有同情心；理解并遵守日常生活中基本的社会行为规则；能努力做好力所能及的事，不怕困难，有初步的责任感；爱父母、长辈、老师和同伴，爱集体，爱家乡，爱祖国。

3. 社会教育课程内容大致地、相对地可以划分为四个板块：人际关系、社会环境、社会行为规范、社会文化。

4. 选择和组织社会教育内容遵循的原则：从幼儿的生活经验出发由近趋远的原则；由易至难，逐步深入的原则；渗透性原则。

5. 幼儿园社会教育的方法，包括一般的教育方法和专门的教育方法。

幼儿园社会教育的一般方法有语言法，包括讲解法、谈话法和讨论法。

幼儿园社会教育的特殊方法包括：

(1) 移情训练法

移情训练法是通过故事、情景表演等形式使幼儿理解和分享别人的情绪体验，使幼儿在日后生活中对他人类似的情绪体验会主动地、"习惯性"地产生理解和分享的教育方法。

(2) 角色扮演法

角色扮演法即教师创设现实社会中的特定情境，让幼儿扮演一定的社会角色，使幼儿表现出与这一角色一致的且符合这一角色规范的社会行为，并在此过程中感知角色间的关系，感知和理解他人的感受、行为经验，从而掌握自己承担的角色所应遵循的社会行为规范和道德要求。

(3) 观察学习法

观察学习法指幼儿通过模式模仿或观察学习，直接学会新的行为模式，获得相应的社会行为的方法。

6. 幼儿园的社会教育分为专门的社会教育和渗透在其他活动中的社会教育。

幼儿园中专门的社会教育，是指教师为了实现教育任务、完成教育内容而精心设计的一切社会教育活动。包括集体教育活动、参观和实践活动。

渗透在一日生活中的社会教育是专门的社会教育的补充和延伸，潜移默化地对幼儿施加影响。包括日常生活活动、其他领域的教学活动、角色游戏和环境。

 拓展阅读

基础教育教学研究课题组.幼儿园社会教育活动指导［M］.北京：高等教育出版社，2014.

 案例

《开心枕》（中班）

【活动目标】

1. 体会"开心枕"的含义并愿意尝试用语言表达出自己的情感。

2. 通过故事欣赏、游戏活动感受情感的传递与感染力。

3. 懂得关心别人，分享快乐的事。

【活动准备】

1. 抱枕一个。

2. 幼儿用书《开心枕》。

【活动过程】

一、玩"传抱枕"的游戏

1. 请所有的幼儿围成一个大圆圈坐，教师介绍游戏玩法

（1）边念儿歌边传抱枕：我喜欢你，和你在一起，抱抱的感觉真是好！

（2）当儿歌停止的时候，手持开心枕的幼儿要与大家分享一件开心的事。

2. 大家一起玩游戏

二、与幼儿一起打开幼儿用书，阅读《开心枕》

1. 教师引导幼儿讨论

刚才大家在一起传抱枕时开心吗？是谁带给我们喜悦？认识乐先生和乐小姐。

2. 共同阅读

边阅读边自然地进行交谈：

乐先生和乐小姐是什么样的人？他们有什么特别的法宝？

你觉得自己需要"开心枕"吗？什么时候需要？

如果你有了"开心枕"，会做什么事？

（教师注意引领幼儿将班上最近发生的事讲述出来，教师用笔记录在海报上。）

三、再次玩"传抱枕"的游戏

游戏时请幼儿观看海报，说说班上开心、不开心的事。说到不开心的事时，教师引导幼儿说：假如我是……，我就不生气啦！

学习经验延伸：

1. "传抱枕"的游戏可以隔2—3天进行一次，在游戏中通过彼此语言的交流，了解让同伴高兴的或生气的是些什么动作或语言。

2. 逐渐在游戏中引进"出气包"，让幼儿不高兴时捶捶"出气包"。

第九章　整合教育活动模式

 考纲提要

理解整合各领域教育的意义和方法，能够综合地设计、开展教育活动。

 内容结构图

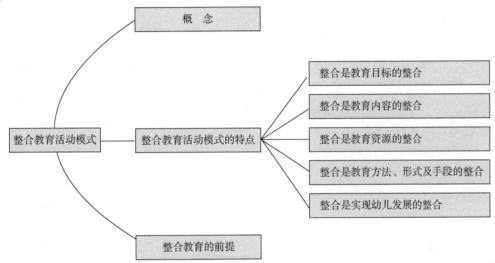

一、概　念

"整合"是指在一个系统内各要素整体协调，互相渗透，并使系统各要素发挥最大效益。在幼儿学习过程中，提供"整合"的课程，就是将知识、技能、能力、情感多方面内容有机地组合在一起，相互联系，相互渗透，互通互补，以产生最大的学习效益。

20 世纪 80 年代以来，国际幼教界逐步认识到"整合"对幼儿学习的重要意义，给幼儿提供"整合"的课程成为国际国内幼教工作者的共识。我国《幼儿园教育指导纲要（试行）》提出了幼儿园教育内容的"全面性"、"启蒙性"和各方面教育内容"相互渗透"，反映了新的幼儿教育课程整体观念的导向。

二、整合教育活动模式的特点

（一）整合是教育目标的整合

《幼儿园教育指导纲要（试行）》中把教育目标划分为健康、语言、社会、科学及艺术五个方面。整合教育活动把五个领域的教育目标进行了多领域的、有机的、整体的规划，并将五个领域目标与幼儿的八种智能发展对应起来，从总体教育目标到现实的活动目标是一个"整合——分解——整合"的过程。

（二）整合是教育内容的整合

教育内容的整合是幼儿教育整合的主要表现，也是一种最基本的整合。幼儿教育的整合最终要体现在内容的整合上。整合教育活动内容的整合是以目标的整合为前提的。

（三）整合是教育资源的整合

教育资源的整合是与教育内容紧密相关的，教育资源中蕴含了多种教育内容，对教育资源的整合，有利于教育内容的整合，有利于拓展幼儿教育的空间，丰富幼儿教育的方法、形式和手段。整合教育活动将幼儿园、家庭及社区丰富的教育资源充分地加以运用，并进行有机地整合，使它们真正协调一致地对幼儿的成长产生积极的、有效的影响。

（四）整合是教育方法、形式及手段的整合

方法、形式及手段的整合体现在整合教育活动的设计过程中。

（五）整合是实现幼儿发展的整合

幼儿发展的整合是幼儿教育整合中核心的整合，是其他各项整合的出发点和归宿，只有实现了发展的整合，才能促进幼儿整体的发展。整合教育活动的初衷就是要在考虑幼儿学习特点的基础上，去关注幼儿发展的各个领域，并提供适应他们需要的经验内容。

三、整合教育的前提

领域整合研究的前提是要对各领域的基本教育规律有所掌握。要很好地实现这个教育整合的理想，必须大大提高幼儿园教师的教育理论水平和教育技能。

 案例

《小蛇多多》（中班）

【设计意图】

故事《小蛇多多》是一篇富有童趣、语言生动形象的故事。它以小蛇多多看见各种水果为线索，引出了故事的主题，将秋天的多种水果的特征描写得淋漓尽致，惟妙惟肖。在设计本次活动的过程中，教师尝试将语言与艺术活动有机结合起来，让幼儿设计美观、形象具有一定艺术价值的物品，采用生动、形象的语言进行交流，设置生动有趣的情节，使幼儿直接感知形象、描述形象、制作形象，从而促使幼儿的思维活动呈现出多样性、独特性、变通性。同时鼓励幼儿愉快地表演故事，发展其语言表达能力、表演欲望，使其体验艺术创造活动带来的快乐。

【活动目标】

1. 理解故事内容，能说出几种水果的味道，知道再好吃的东西也不能贪吃。

2. 在理解故事的基础上，用已掌握的搓、团圆、捏、压印等技能，制作出故事中出现的形象。

3. 活动中能大胆创作，充分想象，发展其语言表达能力、表演欲望及动手能力等。

【活动准备】

1.《小蛇多多》多媒体课件。

2. 小蛇、蝴蝶、香蕉、葡萄、苹果、西瓜的图卡若干。

3. 人手一份泥巴，各种废旧材料，如梳子、纽扣、瓶盖、牙签、枝条等。

【活动过程】

一、语言活动——理解故事内容

1. 导入故事情节，播放多媒体课件

师：美丽的秋天到了，小蛇多多想到外面去玩，于是它和妈妈打了个招呼。

2. 幼儿分段欣赏故事内容

（这一环节在应用了多媒体的同时充分利用了各种感官，让幼儿脑、眼、耳、手、口并用，使他们通过视觉、听觉、言语等器官的相互联合，在想想、看看、听听、说说中学会运用语言。）

3. 完整欣赏故事，表演故事情节（播放多媒体课件）

师：小蛇多多和小蝴蝶真有趣，让我们再来听听故事，学学它们的样子。（引导幼儿随音乐做一些模仿动作）

讨论：如果你看见这么多好吃的东西，你怎么做呢？为什么？

（在这个环节中支持、鼓励、吸引幼儿与教师、同伴交谈，体验语言交流的乐趣。孩子们对故事的情节加深了印象，为下面的手工制作起到了较好的铺垫作用。）

引导幼儿讨论角色分配以及道具的运用。

幼儿分角色进行故事表演。

二、艺术创作——故事中的形象

1. 引　入

师：今天我们就用泥巴来制作故事中可爱的小蛇、苹果、香蕉、葡萄、西瓜、蝴蝶，做好以后，就用自己的作品表演《小蛇多多》的故事，好吗？

2. 讨论制作方法

师：我们可以怎样制作这些东西呢？

幼儿讨论。

幼A：我用搓圆的方法制作圆圆的苹果，再用枝条做它的柄；

幼B：我用泥条盘成蝴蝶的翅膀，然后在它身体上装饰花纹（瓶盖、梳子、纽扣等）；

幼C：我要用做绳子的方法制作小蛇多多的身体（幼儿演示做法）。

教师小结：小朋友们真棒，一下就想出了它们的制作方法。今天我把你们收集的各种材料都带来了，你们可以用这些材料来制作水果上的花纹、小动物的眼镜，等等，让我们来制作吧！

3. 幼儿制作，教师巡回指导

（这一环节鼓励幼儿用不同的艺术形式大胆地表现自己的情感、理解和想象，尊重每个孩子的想法和创造，肯定和接纳他们独特的审美感受和表现方式，分享他们创造的快乐。）

4. 利用自己的作品，边摆弄边讲述故事

（这一环节幼儿拿着自己的手工作品，心情无比的快乐，个个滔滔不绝地讲起故事的内容，体验着成功的快乐。幼儿的语言能力、创新意识、动手能力等有了很大的发展。）

【活动反思】

本次活动符合幼儿年龄特点，活动设计新颖，别具匠心，整个活动气氛浓厚，每个幼儿都被活动创设的情境所吸引，孩子们自由地表现内心感受，同时不断从同伴处获取更多的信息，产生灵感，并大胆、有创意地表达。在制作过程中尊重每个孩子的想法与创造，接纳孩子独特的审美感受和表现形式。

这一活动充分体现了《纲要》提到的幼儿园教育内容的"全面性"、"启蒙性"和各方面教育内容的"相互渗透"，反映了新的幼儿教育课程的整体观念导向，活动中渗透了语言、艺术、科学等多方面内容。

章末小结

1. 在幼儿学习过程中，提供"整合"的课程，就是将知识、技能、能力、情感多方面内容有机地组合在一起，相互联系，相互渗透，互通互补，以产生最大的学习效益。

2. 整合教育活动模式的特点：整合是教育目标的整合；整合是教育内容的整合；整合是教育资源的整合；整合是教育方法、形式及手段的整合；整合是实现幼儿发展的整合。

3. 整合教育的前提：领域整合研究的前提是要对各领域的基本教育规律有所掌握，要很好地实现这个教育整合的理想，必须大大提高幼儿教师的教育理论水平和教育技能。

 拓展阅读

1. 许卓娅. 幼儿园音乐教育 ［M］. 北京：人民教育出版社，2004.

2. 黄瑾. 学前儿童音乐教育 ［M］. 上海：华东师范大学出版社，2006.

3. 张俊. 幼儿园科学教育 ［M］. 北京：人民教育出版社，2004.

4. 张琳. 幼儿园教育活动设计与实践 ［M］. 北京：高等教育出版社，2005.

5. 夏力. 学前儿童科学教育活动指导 ［M］. 上海：复旦大学出版社，2007.

6. 周兢，虞永平. 学前儿童语言与社会教育 ［M］. 苏州：苏州大学出版社，2002.

 模块自测

一、单项选择题

1. 关于幼儿园社会教育的论述，不正确的有（　　）。

　　A. 幼儿园社会教育就是品德教育在幼儿园中的体现

　　B. 幼儿园社会教育是幼儿社会性发展所需要的

　　C. 幼儿园社会教育应该从幼儿的生活经验出发

　　D. 幼儿园社会教育要渗透到幼儿日常生活和活动中进行

2. 在歌唱活动中，帮助幼儿清晰准确地表现内容和富有感染力地表达情感的方法，主要是（　　）。

　　A. 倾听录音范唱　　　　　　　　　　B. 欣赏录像带中的优秀表演

　　C. 倾听教师精湛的弹奏　　　　　　　D. 教师正确的范唱

3. 在幼儿教育活动中，最能为幼儿提供交谈机会的组织形式是（　　）。

　　A. 班集体活动　　　B. 小组活动　　　C. 全园活动　　　D. 个别活动

4. 教育内容既要符合幼儿已有的发展水平，又能促进其进一步发展，这符合（　　）。

　　A. 兴趣性原则　　　B. 价值性原则　　　C. 基础性原则　　　D. 发展适宜性原则

5. 幼儿园教师选择教育教学内容最主要的依据是（　　）。

　　A. 幼儿发展　　　B. 社会需求　　　C. 学科知识　　　D. 教师特长

6. 科学活动中，教师观察到某幼儿能用数字、图表来记录和整理自己观察到的现象，该幼儿的年龄可能是（　　）。

　　A. 2—3 岁　　　B. 3—4 岁　　　C. 4—5 岁　　　D. 5—6 岁

7. 在"秋天的树"美术活动中，教师不适宜的教法是（　　）。

　　A. 组织幼儿观察幼儿园附近的树　　　B. 让幼儿按照教师的范画绘画

C. 引导幼儿观察并欣赏有关树的名画　　　D. 提供各种树的照片并组织幼儿讨论

8. 教师在讲故事时，经常会用不同的语气、语速来表现故事中的不同角色。这样做是为了引起幼儿的（　　　）。

A. 有意注意　　　　　B. 有意后注意　　　C. 无意注意　　　　　D. 注意转移

9. 幼儿形成数概念的关键是（　　　）。

A. 掌握数的组成　　　　　　　　　　　B. 掌握数的顺序

C. 能辨数　　　　　　　　　　　　　　D. 知道数的实际意义

10. 下列选项中，对健康检查的目的论述有误的是（　　　）。

A. 了解儿童生长发育和健康状况

B. 尽早发现儿童的疾病或身体缺陷

C. 杜绝疾病的发生

D. 尽早对有疾病或有身体缺陷的儿童采取矫治措施

二、简答题

1. 简述学前儿童数学教育内容的选择原则。

2. 如何指导幼儿进行户外体育活动？

三、材料分析题

请为大班实验活动"挑战空隙"设计恰当的教学活动目标，并对该活动过程进行评价。

活动名称：科学——挑战空隙

活动准备：

蚕豆、核桃、米、托盘、塑料小碗、小勺、视频、图片。

活动过程：

一、提出问题

1. 我们一起来看看我们的托盘里都有些什么东西。

2. 这些材料都混在了一起，要请小朋友来帮帮忙，用最快最好的方法把核桃、蚕豆、米分别装在托盘前面的三个小碗里。

3. 提出要求：米又小又多，小朋友们在装的时候要小心一点，动作慢一些，不能把米撒在地上，因为米是粮食，可不能浪费。我也给小朋友提供了小勺，你需要用的时候，可以用小勺来舀米。

4. 大家现在可以来试一试。

二、幼儿操作

1. 提问：你们是用什么方法这么快就分好的呢？

2. 你们都很能干，帮助我把材料都分开了，谢谢你们！下面我还要请小朋友再来帮个忙，想请小朋友把这三碗材料全部装进一个透明的杯子里，行吗？下面请你们试一试吧！请小朋友记住自己杯子的号码，不要拿错哦！

三、幼儿再次操作，尝试将三样材料全部装进容器里

四、幼儿围坐成半圆形，交流经验

1. 谁愿意来说说看，你刚才有没有把三样材料都放进杯子里，你是怎么放的，先放的什么，又放的什么，谁还想来说一说？

2. 刚才好多小朋友都没有将三样材料全部装进去，实际上是能装进去的，我这儿就有一杯小朋友动脑筋想办法装进去的，我们一起来研究研究，他是怎么装进去的。

3. 对比成功和不成功的杯子，发现空隙。我们一起来看看这个杯子里的材料是怎么放的，

有什么不一样。

4. 师幼共同讨论填满空隙的方法。除了将小空隙都用起来，还要有好的方法才可以将三样材料都装进去，你们用到哪些方法呢？

五、幼儿搬椅子回桌边，第三次操作

1. 下面再请大家试一次，看看这一次可不可以把三样材料都装进杯子里。

2. 请完成的小朋友将装满的杯子放在前面的小桌上，并将小碗、托盘收好。

六、播放视频，教师小结

1. 杯子大小还是一样的没有变化，装的东西变多了，这种方法就是什么？其实在我们的生活当中也会用到这种方法，叫作合理利用空间。你听过吗？你知道生活中哪些是合理地安排利用空间的呢？举个例子吧。

2. 其实我也带来了两段视频，讲的就是合理利用空间的。我们一起来看看吧。

3. 结束：今天我们知道了空隙，会将小空隙用起来，让空间变大，回家以后，仔细看看你们家里还有哪些空间是可以再利用起来的，和爸爸妈妈一起把你们的家变得更舒服一些。

四、活动设计题

1. 设计幼儿园美术教育活动：大班绘画"郊游"。

2. 请根据幼儿园文学作品活动设计和组织要求，以"猜猜我有多爱你"为题，设计一个大班的语言教育活动。

活动设计要求：

(1) 活动目标要全面，符合大班幼儿发展特点，目标表达要明确；

(2) 活动过程结构完整，体现领域活动的设计组织思路；

(3) 列出活动过程每一环节的要点。

附大班故事：

猜猜我有多爱你

小兔子要上床睡觉了它紧紧抓着大兔子的长耳朵，它要大兔子好好地听它说："猜猜我有多爱你？"

"噢！我大概猜不出来。"大兔子笑着说。

"我爱你这么多。"小兔子把手臂张开，开得不能再开。

大兔子有一双更长的手臂，它张开来一比，说："可是，我爱你这么多。"

小兔子动动右耳，想：嗯，这真的很多。

"我爱你，像我举的这么高，高得不能再高。"小兔子说，双臂用力往上撑举。

"我爱你，像我举的这么高，高得不能再高。"大兔子也说。

这真的很高，小兔子想：希望我的手臂可以像大兔子一样。

小兔子又有个好主意。它把脚顶在树干上倒立起来了。它说："我爱你到我的脚趾头这么多。"

大兔子一把抓起小兔子的手，将它抛起来，飞得比它的头还高，说："我爱你到你的脚趾头这么多。"

小兔子笑起来了，说："我爱你，像我跳的这么高，不能再高。"它跳过来又跳过去。

大兔子笑着说："可是，我爱你，像我跳的这么高，高得不能再高。"它往上一跳，耳朵都碰到树枝了。

跳得真高哇！小兔子想：真希望我也可以跳得像大兔子一样高。

小兔子大叫:"我爱你,一直到过了小路,在远远的河那边。"

大兔子说:"我爱你,一直到过了远远的小河,越过山的那一边。"

小兔子想,那真的好远。它揉揉红红的双眼,开始困了,想不出来了。它抬头看着树丛后面那一大片的黑夜,觉得再也没有任何东西比天空更远了。

大兔子轻轻抱起频频打着哈欠的小兔子,小兔子闭上了眼睛,在进入梦乡前,喃喃说:"我爱你,从这里一直到月亮。"

"噢!那么远。"大兔子说,"真的非常远,非常远。"

大兔子轻轻地把小兔子放到叶子铺成的床上,低下头来亲亲它,祝它晚安。

然后,大兔子躺在小兔子的旁边,小声地微笑着说:"我爱你,从这里一直到月亮,再……绕回来。"

参考答案

一、单项选择题

1. A 2. D 3. B 4. D 5. A 6. D 7. B 8. C 9. A 10. C

二、简答题

1. 学前儿童数学教育的选择原则包括:

启蒙性、生活性、可探索性、系统性。

2. 指导幼儿户外体育活动包括:

(1) 保证幼儿足够的户外体育活动时间;

(2) 提供足够的活动器械和活动内容,提供幼儿充分的自由活动的机会和条件;

(3) 活动前应向幼儿提出活动的具体要求和注意事项;

(4) 启发幼儿在活动中积极思考;

(5) 灵活运用多种活动和指导方式开展幼儿的户外体育活动;

(6) 注意户外体育活动的内容与其他形式的身体锻炼活动的密切配合;

(7) 保证户外体育活动的安全和卫生。

三、材料分析题

活动目标:

1. 通过操作感知物体与物体之间是有空隙的,探索合理、有序地安排空间。

2. 能积极动脑筋想办法把所有材料全部装进容器里,体验成功的快乐。

3. 感受合理地安排空间给人们生活带来的方便。

活动评价(略)

四、活动设计题

(略)

模块七 教 育 评 价

 考试目标

1. 了解幼儿园教育评价的目的与方法，能对保育教育工作进行评价与反思。
2. 能够利用评价手段发现教育活动中出现的问题，提出改进建议。

 内容详解

本模块首先介绍了幼儿园教育评价的概念、作用与类型等基础知识，接着介绍了幼儿园教育评价的方法与内容。

第一章 幼儿园教育评价概述

 考纲提要

了解幼儿园教育评价的概念、作用。

 内容结构图

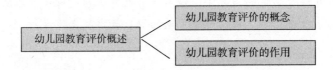

幼儿园教育评价是园所管理的一个必不可少的内容和环节，它涉及园所工作的各个方面。客观有效的评价对于推动园所各方面的管理工作，提高保教质量十分重要。

《幼儿园教育指导纲要（试行）》中明确指出："教育评价是幼儿园教育工作的重要组成部分，是了解教育的适应性、有效性，调整和改进工作，促进每一个幼儿发展，提高教育质量的必要手段。"

一、幼儿园教育评价的概念

幼儿园教育评价是依据一定的标准与程序，有目的、有计划、有组织地对园所的各个方面的工作进行科学调查，搜集、整理、处理相关信息，并做出价值判断的过程。幼儿园教育评价的目的在于获得改进管理和保教质量的依据，促进教育改革，提高保教质量。

二、幼儿园教育评价的作用

（一）促进每个幼儿的发展

幼儿园教育评价不是为了对幼儿进行选拔，而是旨在发现每个幼儿的智力潜力和特点，培养他们区别于他人的智能和兴趣，帮助他们实现富有个性特色的发展。

（二）促进教师的自我成长

《幼儿园教育指导纲要（试行）》指出："评价的过程，是教师运用专业知识审视教育实践，发现、分析、研究、解决问题的过程，也是其自我成长的重要途径。"对评价中的反馈信息进行分析，遇到不足或不利之处可立即加以调整、修改，以期重新获得良好的教育教学效果；取得成绩等有利因素，可鼓励教师再接再厉，形成良好的工作情绪，促进教师成长。

第二章 幼儿园教育评价的类型

 考纲提要

了解幼儿园教育评价的类型。

 内容结构图

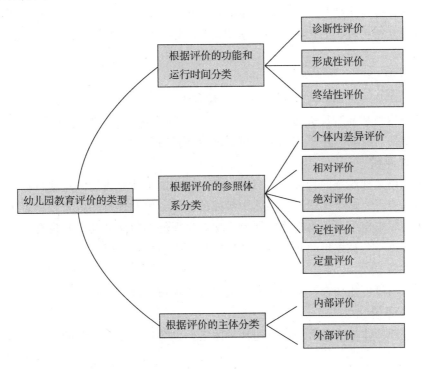

根据不同的标准，幼儿园教育评价可分为以下几种类型。

一、根据评价的功能和运行时间分类

（一）诊断性评价

诊断性评价是在教育活动之前进行的预测性评价或"事实评价"，目的在于了解幼儿的基础情况，包括对幼儿的智力、技能、行为、能力、个性、情感、态度等进行诊断，做出判断，为有效制订教育活动计划或解决某些实际问题提供依据。一般在教育活动开展前或在学期初进行这类评价。

（二）形成性评价

形成性评价是在教育过程中持续进行的，目的在于及时地做出反馈性调节，从而调整、修改、补充活动的计划、内容和方法，使教育活动更合理、更完善地开展，促进幼儿的发展。这类评价在教育过程中进行。如幼儿园使用一套自己开发的新教材，为了及时发现该教材的问题，需要在工作中每隔一段时间对教师的使用情况和幼儿的发展情况进行一次评价，以便总结经验，找出问题，调整修订教材直到完善。

（三）终结性评价

终结性评价是在完成某个阶段教育活动之后进行的，目的在于全面了解该阶段教育的结果，对达成目标的程度做出终结性评价，为以后制订教育活动的计划、设计方案提供客观依据。如幼儿园进行某项科研后进行的成果验收、幼儿园办园等级评定就属于总结性评价。

二、根据评价的参照体系分类

（一）个体内差异评价

个体内差异评价是指把某类评价对象中的每一个个体的过去和现在相比较，或者将同一评价对象的若干侧面互相比较。如把某个幼儿学期初与学期末的动作发展测试成绩相比较，评价其进步的程度。

（二）相对评价

相对评价是在某一类评价对象中选取一个或若干个作为基准，将该类对象逐一与基准相比较，判断其是否达到基准所具备的特征及其程度。如将某班幼儿身高、体重的平均水平作为基准，可以对每个幼儿身高、体重在该班上所处的位置进行评价。

（三）绝对评价

绝对评价是以某种既定的目标为参照，目的在于判断个体是否达到这些目标，而不受被评价团体的影响与约束，忽略个体状况在团体中所处的位置。绝对评价中应重视稳定的绝对标准的合理性。幼儿园实际工作中经常出现绝对评价。如卫生保健部门对幼儿生长发育的评价就属于绝对评价，它要求将每一个被评价幼儿生长发育情况与客观指标相比较。

（四）定性评价

定性评价是用尽可能切合实际的语言、文字来描述被评价对象的性质。

（五）定量评价

定量评价是评价体系中包含的相应的计量体系，以数量来显示对象的性质或功能，或反映其中的数量关系。

定量评价是定性评价的基础，定性评价是定量评价的出发点和结果。只有两者有机结合，才能做出公正合理的评价。

三、根据评价的主体分类

（一）内部评价

也称自我评价。是被评价者通过自我认识和分析，对照某种标准，对自己组织的活动做出判断。由于被评价者又是评价的主动参与者，所以可使评价进程成为自我认识与提高的途径，有利于改进工作，并接受评价结论。

（二）外部评价

也称他人评价。是由有关方面人士组成评价小组，或由专门人员实施评价，对被评价者某方面的实态进行评价。

第三章 幼儿园教育评价的方法

 考纲提要

了解幼儿园教育评价的方法。

 内容结构图

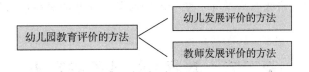

第一节 幼儿发展评价的方法

幼儿发展评价的方法是指收集评价信息的方法。幼儿园教师所运用的方法应符合幼儿园教育工作的特点，符合幼儿身心发展的特点，并易于为教师学习、掌握和运用。

1. 观察法。
2. 作品分析法。
3. 谈话法。
4. 问卷调查法。
5. 档案评估法。

个别幼儿发展观察记录表

_____班

姓　名		性　别		时　间		地　点	
行为 表现							
教育 过程							
效果							

记录人_____

幼儿游戏观察记录表

时间：_____ 班级：_____ 幼儿姓名：_____ 记录：_____

游戏过程实录				游戏行为分析	
发展评价					
动作	语言	社会性	想象	经验	情感

分析：

　　这一记录形式既有对幼儿游戏行为的客观记录，又有教师对幼儿游戏行为所做的分析，最后又将这一游戏行为涉及的发展方面进行概括。"发展评价"一栏，可以是仅仅打钩，也可以做一个表示层次的符号，如三角或五角星等，便于教师对某个幼儿的资料进行整理归类，然后进行综合分析和评价。

第二节　教师发展评价的方法

　　幼儿园教育评价实行以教师自评为主，园长以及有关管理人员、其他教师和家长采纳与评价的制度。因此，对教师发展评价可采用以下方法。

一、自我评价

　　自我评价是幼儿园教师发展评价的主要方法，重在帮助教师学会反省，成长为反思型的教师。

二、观察记录

　　管理者将平时与教师共同研讨、听课活动、沟通交流等环节中的所看、所听进行详细记录，了解教师发展情况，提供支持与服务，帮助教师不断发展。

三、家长评价

　　家长评价也是对教师发展评价的一种手段。通过家长问卷、家长座谈等形式可以了解家长对教师工作的看法以及对教师专业能力的评价等。

第四章　幼儿园教育评价的内容

 考纲提要

了解幼儿园教育评价的内容，能够利用评价手段发现教育活动中出现的问题，提出改进建议。

 内容结构图

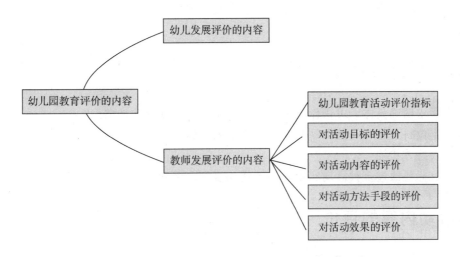

幼儿园教育评价的内容包括幼儿发展评价的内容和教师发展评价的内容。

第一节　幼儿发展评价的内容

幼儿发展评价的内容是多元化的，包括以下几方面：

1. 可选择课程领域对幼儿发展进行评价；
2. 可选择按课程进行的主题所经历的不同阶段对幼儿发展进行评价；
3. 可选择多元智力的各方面对幼儿发展进行评价；
4. 可选择按某一事件、某一活动对幼儿发展进行评价；
5. 可选择对幼儿的活动风格进行评价。

具体的评价内容，教师可根据评价目的、教育工作的需要进行选择。不论使用哪种内容的划分方式，评价者在进行幼儿发展评价时都要有正确的评价价值取向，要采用动态评价的方式，教师在与幼儿互动的过程中持续地观察和评估他们的发展潜能，调整教学策略，调整环境和材料的适宜性，并给予支持，引导幼儿发展。

第二节 教师发展评价的内容

对教师的评价包括对教师教育活动的评价和对教师素质的评价两方面。对教师素质的评价可从职业道德、专业知识、教学能力、文化素养等方面进行。下面就幼儿园教育活动评价展开论述。

一、幼儿园教育活动评价指标

1. 活动计划和活动的目标是否建立在本班幼儿现状的基础上。
2. 活动内容、方式、策略、环境条件能否调动幼儿学习的积极性，能否兼顾群体需要和个体差异，使每个幼儿都有成功感。
3. 活动过程是否为幼儿提供有益经验和符合其发展需要。
4. 教师的指导是否有利于幼儿主动、有效学习。

二、对活动目标的评价

1. 目标要求明确具体，可操作性强，避免过于笼统、概括和抽象。
2. 目标定位科学合理，符合幼儿的认知水平和情感需要。
3. 目标表述方式统一。
4. 一个目标要通过多种活动实现，一个活动要指向多种目标（目标内容表述整合性）。

三、对活动内容的评价

（一）内容的适宜性、有效性

主要指活动内容是否依据教育目标，是否符合幼儿的年龄特点，是否尊重幼儿的学习兴趣和需要，并能从幼儿的角度来选择孩子喜欢的、感兴趣的内容。此外，还体现为教育活动内容选择的难易程度以及重点确立等方面，是否符合小中大班不同幼儿的认知水平，能够有利于幼儿更好地获得新的知识经验以及活动适宜性的发展。

（二）内容的针对性和挑战性

教师能否把握住各领域幼儿关键经验以及应该获得的基本经验，同时在关注幼儿现实生活经验的基础上，对幼儿已有的经验进行整合，使教育活动内容更体现出挑战性、针对性，能促进幼儿在最近发展区的水平上实现经验的提升。

（三）内容的多元性、整合性

指将各领域的关键经验进行有机的、自然的整合，或是将某些发展领域中的内容围绕某个领域，结合其他领域方面统整到某一主题中。整合的内容应是有内在关联并有逻辑主线贯穿的，是一种自然、有效的整合。

案例

小班活动"洗澡真开心"

活动的主线是认知科学领域方面的内容，教师在设计中通过情景渲染、动作模仿，让幼儿认识并说出自己身体上主要部位的名称，了解一些常用的、熟悉的沐浴用品的名称，交流它们的不同用法等过程内容，同时，也自然带动了幼儿愿做一个"香喷喷"宝宝的愉快情绪情感体验。这样的活动内容设计不仅整合了幼儿已有的生活经验、认知经验，而且能够在自然、多元的整合中进一步带动、丰富和加深幼儿的情感体验。

四、对教育方法手段的评价

1. 要根据教育目标选择教育方法。
2. 要依据儿童心理特征与认知特点。
3. 根据学习内容，采取适合不同年龄和不同个性幼儿的学习方式。
4. 教师能激发幼儿的主动性，整合幼儿的多种经验。
5. 教师提问要体现有效性。

（1）提问要目的明确。有效的提问应指向明确，能引起幼儿的思考、探究，帮助幼儿把握重点，拓展思维，从而达成教育目标。

（2）提问内容要紧扣幼儿生活经验，激发幼儿回答问题的积极性。

（3）提问要根据幼儿年龄的特点，提出不同层次的问题。

（4）多进行开放式的提问，为幼儿提供创造性想象和思维的空间。教师应当多设计一些有思维指向的开放性问题，让幼儿从不同的角度来思考问题，让幼儿的发散思维能力得到进一步提高。如："如果……，那么……"；"你认为接下来会发生什么"；"你认为应当怎样做"；"你喜欢谁，为什么"；"谁的方法好，假如是你会怎么办"；"关于这个问题你还有其他看法吗"；"你最喜欢这本书的哪一页"；"你还有什么不懂的地方"等。

五、对活动效果的评价

1. 教学目标达成度高。
2. 注重面向全体，能满足幼儿个体差异。
3. 幼儿思维活跃，思路开阔，敢于大胆表现自己，同时参与活动兴趣浓厚，自信心强。

案例

中班语言领域活动案例及评价

【活动背景】

幼儿对太阳熟悉又陌生，熟悉的是它经常出现，照射大地；陌生的是它为什么会发光、发热、它在哪里等。诗歌《调皮的太阳》以独特的视角、细腻的笔触描写了一天中太阳的调皮形象。这样调皮的太阳对幼儿有着极大的吸引力，能够激发幼儿去了解调皮的太阳，亲近调皮的太阳。诗歌中拟人修辞的运用，营造了一种温馨可爱的气氛，感染着幼儿。同时《调皮的太阳》以孩子的视角描写太阳，是一篇适合中班幼儿欣赏的诗歌佳作。

【活动目标】

1. 能专心欣赏散文诗，理解内容。

2. 感受散文诗《调皮的太阳》所带来的调皮、活泼的情绪。

3. 能领会散文的拟人手法，并能由此展开联想，进行仿编。

【活动准备】

散文诗《调皮的太阳》、教学挂图、《调皮的太阳》课件、调皮的太阳小贴图 30 个、活泼的音乐一首。

【活动过程】

一、幼儿发散联想引题

师：夏天到了，天气热了起来，太阳也变得调皮了！当你听到"调皮的太阳"这个名字时，会想到什么？好像看到了什么？

幼：好像看到太阳；太阳很热；太阳很调皮；太阳到处跑；把小朋友都晒晕啦……

评价：《纲要》要求"幼儿能清楚地说出自己想说的事"，教师在活动之前让幼儿来个热身，即让幼儿有创造性语言思维的空间和用语言表达的时间。

二、欣赏散文诗第一遍

1. 教师完整朗诵，幼儿欣赏。

2. 欣赏完教师提问：你听到了什么？

幼：我听到了太阳；我听到了太阳来到果园里；我听到了调皮的太阳睡午觉。

评价：欣赏散文诗首要的是欣赏，教师注重让幼儿学习注意倾听的能力。教师的肯定和赞许是幼儿愿意表达自己的动力，当孩子回答了教师的问题之后，教师回以："哦！这是你听到的！""你听得真仔细！""你还听到什么啦？""你能说给我们听听吗？"孩子们得到教师的肯定性评价后说得更起劲了。

三、出示图片，边看图片边欣赏第二遍

1. 教师边出示图片边朗诵，幼儿看图欣赏散文诗。

2. 欣赏完了教师提问：

你听到散文诗中调皮的太阳来到哪里，做了什么？

幼：调皮的太阳来到屋子里，掀开被子，叫小朋友早早起床。

师追问：为什么调皮的太阳叫小朋友早早起床？

幼：因为要起来锻炼身体。

师：你说得真有道理。因为我们要早睡早起锻炼身体，才能长大长高。

幼儿能够看着图片把散文诗的内容全说出来，教师注意引导幼儿理解散文诗的内容。

谁还听到什么了？把你听到的说出来，让我们大家都听听！

理解了散文诗内容之后，幼儿提问：为什么太阳可以照那么多地方？

师：这个问题提得真好！谁能回答他的问题？

幼儿：因为太阳可以照完这个地方再去另外一个地方！

幼儿马上反驳：那太阳去另外一个地方了，这个地方不是又没太阳了吗？

（这时全班小朋友几乎都陷入了沉默，把目光投向了教师，教师利用自己已有的知识对幼儿进行了解释，为什么太阳可以照那么多地方。并且请小朋友回家和父母一起找更多的资料来认识太阳，把资料带来和小朋友分享。）

　　评价：《纲要》对教师提出，创造一个自由、宽松的语言交往环境，支持、鼓励、吸引幼儿与教师、同伴或其他人交谈，体验语言交流的乐趣。教师在活动中确实比较注重努力去创造这样的环境。

　　在散文诗欣赏活动中幼儿只有理解了，才能从诗歌中接受教育，感受诗歌的美，所以教师运用生动的图片帮助幼儿理解散文诗的内容。在帮助幼儿理解诗歌的过程中，教师注意幼儿对散文诗中的调皮手法的理解，如太阳用什么来掀开被子？为什么能把庄稼往高处拔？是因为什么小朋友才往河里跳？（教师及时进行安全教育，要求小朋友有家长的陪同才可以去）幼儿边看图片边回答问题，很轻松地就理解了散文诗的内容，达到了教师预设的目的。

　　四、看课件再次欣赏

　　师：调皮的太阳还来到了老师的电脑里，我们一起看看吧！

　　教师边放课件边朗诵，幼儿欣赏。

　　评价：教师利用多种活动形式帮助幼儿加深对作品的体验和理解，通过看课件欣赏，幼儿感受了散文诗语言的丰富和优美。让幼儿在有声有色有动画的意境中，体验散文诗的美。

　　五、开发创造性语言想象游戏结束

　　师：如果你是调皮的太阳，你会来到哪里？你想做什么事？

　　幼1：如果我是调皮的太阳，就到宇宙中去，把地球拿来当球玩！

　　幼2：如果我是调皮的太阳，就到幼儿园的草地上把雨水晒干，小朋友就可以到草地上玩了。

　　幼3：如果我是调皮的太阳，就晒红小朋友的脸蛋。

　　幼4：如果我是调皮的太阳，就把很多很多的水果晒熟。

　　师：如果你是调皮的太阳，你会干些什么事？怎么做？用动作表现出来。

　　教师放音乐，小朋友在轻松愉快的气氛中边把自己想做的调皮的太阳的动作做出来，边结束活动。

 模块小结

　　1. 幼儿园工作评价是教育评价的一个组成部分。它是依据一定的标准与程序，有目的、有计划、有组织地对园所的各个方面的工作进行科学调查，搜集、整理、处理相关信息，并做出价值判断的过程。幼儿园工作评价的目的在于获得改进管理和保教质量的依据，促进教育改革，提高保教质量。

　　2. 根据不同的标准，幼儿园教育评价可分为以下几种类型：根据评价的功能和运行时间，可分为诊断性评价、形成性评价和终结性评价；根据评价的参照体系，分为个体内差异评价、相对评价、绝对评价、定性评价和定量评价；根据评价的主体，可分为内部评价和外部评价。

　　3. 幼儿园教育活动评价指标：活动计划和活动的目标是否建立在本班幼儿现状的基础上；活动内容、方式、策略、环境条件能否调动幼儿学习的积极性，能否兼顾群体需要和个体差异，使每个幼儿都有成功感；活动过程是否为幼儿提供有益经验和符合其发展需要；教师的指导是否有利于幼儿主动、有效学习。

　　4. 对活动目标的评价：目标要求明确，具体，可操作性强，能够避免过于笼统、概括和抽象；目标定位科学，合理，符合幼儿的认知水平和情感需要；目标表述方式统一；一个目标要通过多种活动实现，一个活动要指向多种目标（目标内容表述的整合性）。

5. 对活动内容的评价：内容的适宜性、有效性；内容的针对性和挑战性；内容的多元性、整合性。

6. 对教育方法手段的评价：要根据教育目标选择教育方法；要依据儿童心理特征与认知特点；根据学习内容，采取适合不同年龄和不同个性幼儿的学习方式；教师能激发幼儿的主动性，整合幼儿多种经验；教师提问要体现有效性。

 模块自测

一、单项选择题

1. 幼儿园教育评价的作用是反馈作用、促进作用和（　　）。
   A. 积极作用　　　　　　　　　　B. 诊断作用
   C. 纠偏作用　　　　　　　　　　D. 反思作用

2. 教育评价中的形成性评价是一种（　　）。
   A. 内容取向评价　　　　　　　　B. 方法取向评价
   C. 过程取向评价　　　　　　　　D. 结果取向评价

3. 幼儿园教育工作的评价以（　　）。
   A. 园长评价为主　　　　　　　　B. 家长评价为主
   C. 社会评价为主　　　　　　　　D. 教师自评为主

4. 下列选项中，不是按照评价参照标准对学前教育评价分类的是（　　）。
   A. 终结性评价　　　　　　　　　B. 相对评价
   C. 绝对评价　　　　　　　　　　D. 个体差异评价

5. 按照评价主体的不同，可将教育评价分为（　　）。
   A. 围观评价和宏观评价　　　　　B. 自我评价和他人评价
   C. 绝对评价和相对评价　　　　　D. 评价者和被评价者

6. 评估幼儿发展的最佳方式是（　　）。
   A. 期末测查　　　　　　　　　　B. 问卷调查
   C. 家长访谈　　　　　　　　　　D. 平时观察

7. 教师根据幼儿的图画来评价幼儿发展的方法属于（　　）。
   A. 观察法　　　　　　　　　　　B. 实验法
   C. 档案袋评价法　　　　　　　　D. 作品分析法

8. 教师为了更好地了解和获取每个幼儿在活动中的发展情况和信息，及时调整教育策略，以最大限度支持和满足每个幼儿发展的需要，应更多地采用（　　）。
   A. 个体评价　　　　　　　　　　B. 内部评价
   C. 形成性评价　　　　　　　　　D. 总结性评价

9. 评价是课程的重要组成部分，它的主要目的是为了（　　）。
   A. 改进并完善课程　　　　　　　B. 判断课程是否合适
   C. 进行筛选　　　　　　　　　　D. 进行评比

10. 在教育活动前实施的为了摸清情况并发现问题的评价叫作（　　）。
    A. 诊断性评价　　　　　　　　　B. 总结性评价
    C. 过程性评价　　　　　　　　　D. 绝对性评价

二、简答题

  1. 简述教师发展评价的方法。

  2. 简述幼儿发展评价的方法。

参考答案

一、单项选择题

1. B 2. C 3. D 4. A 5. B 6. D 7. D 8. C 9. A 10. A

二、简答题

  1. 教师发展评价的方法包括：

  （1）自我评价；

  （2）观察记录；

  （3）家长评价。

  2. 幼儿发展评价的方法包括：

  （1）观察法；

  （2）作品分析法；

  （3）谈话法；

  （4）问卷调查法；

  （5）档案评估法。

中小学和幼儿园教师资格考试书目

书 号	书 名	编著者	出版日期	开本	定价（元）
中小学和幼儿园教师资格考试学习参考书系列					
978-7-5602-7453-9	中小学和幼儿园教师资格考试标准及大纲（试行）	教育部考试中心教材研究所	2011.12	大 32	8.00
978-7-5602-7454-6	综合素质	教育部考试中心教材研究所	2019.05	国际 16	49.00
978-7-5602-7455-3	保教知识与能力	教育部考试中心教材研究所	2019.01	国际 16	52.00
978-7-5602-8514-6	中小学和幼儿园教师资格考试相关法律法规解读	教育部考试中心教材研究所	2017.06	国际 16	36.00
978-7-5681-6114-5	综合素质. 小学	刘航 何玉龙	2019.07	国际 16	56.00
978-7-5681-6174-9	教育教学知识与能力. 小学	徐玲 俞劼 何玉龙	2019.08	国际 16	56.00
978-7-5681-6115-2	综合素质. 中学	刘津池 何玉龙	2019.07	国际 16	56.00
978-7-5681-6187-9	教育知识与能力. 中学	郑葳 徐玲 何玉龙	2019.08	国际 16	56.00
978-7-5681-0705-1	面试讲义（适用于幼儿园教师资格申请者）	沈龙明	2015.04	国际 16	27.00
978-7-5681-0706-8	面试讲义（适用于小学教师资格申请者）	沈龙明	2015.04	国际 16	30.00
978-7-5681-0707-5	面试讲义（适用于中学教师资格申请者）	沈龙明	2015.04	国际 16	30.00
幼儿园教师资格考试同步辅导系列					
978-7-5602-8622-8	综合素质同步辅导	教育部考试中心教材研究所	2013.01	偏 16	35.00
978-7-5602-8582-5	保教知识与能力同步辅导	教育部考试中心教材研究所	2013.01	偏 16	35.00
幼儿园教师资格考试面试指导系列					
978-7-5602-8628-0	幼儿园教师资格考试面试指导分册	教育部考试中心教材研究所	2013.01	偏 16	28.00
国家教师资格考试专用教材					
978-7-5681-1263-5	幼儿园教师必备综合素质	刘海燕 贾学书	2015.09	偏 16	45.00
978-7-5681-1262-8	幼儿园教师必备保教知识与能力	刘海燕 李慧梅	2015.09	偏 16	55.00
幼儿园教师资格考试应试真题模拟测试卷系列					
978-7-5681-6129-9	综合素质应试真题模拟测试卷	教师资格考试研究中心组织编写	2019.8	8	32.00
978-7-5681-5915-9	保教知识与能力应试真题模拟测试卷	教师资格考试研究中心组织编写	2019.8	8	32.00